Ez a könyv független mindennemű politikai vagy vallási szervezettől és bárminemű ideológiai vagy egyéb jellegű csoportosulástól. A könyv szellemisége minden Élőt egyenlőnek tekint, így nyilván nincs is szükség arra, hogy bármilyen csoportosuláshoz tartozzon. Jelen könyv egyetlen és önzetlen célja, hogy segítse az Embereket a lelki fejlődésük útján.
Ez az elv már önmagában kötelezővé teszi a könyv számára, hogy mindennemű gazdasági, vallási, spirituális vagy egyéb érdekközösségtől mentes legyen. Ellenkező esetben elvesztené értékét, objektivitását és használhatóságát...

A szerző

Tartalom

A TUDOMÁNY ÉS A SPIRITUALITÁS VÉGRE EGYBEKAPCSOLÓDOTT! 15

1. FEJEZET: REZGÉSSZINTEK MINT ÉLETMÓD, AVAGY VEZESS SPIRITUÁLIS NAPLÓT 19

2. FEJEZET: TUDATOSSÁG VAGY SPIRITUALITÁS .. 31

3. FEJEZET: A BOLDOGSÁG ALAPJA A HELYES NÉZŐPONT 35

4. FEJEZET: LELKI REZGÉSSZINTEK „UPGRADE" 37

4.1. A lelki rezgésszintek és a helyes boldogságkép 37
4.2. A lelki rezgésszintek és a szeretet szintjei 43
4.3. A lelki rezgésszintek és a szex 51

5. FEJEZET: RÉSZLETESEBB TUDÁS AZ EGORÓL 73

5.1. Az egod megfigyelése 73
5.2. A pusztító-ego főbb eszközei 78
    5.2.1. A pusztító-ego alapvető stratégiája 78
    5.2.2. Lelkiintimitás-gátlás, diszharmonikus emberi kapcsolatok 80
    5.2.3. Szélsőségek 89
    5.2.4. A stresszhelyzetek generálása 93
    5.2.5. A fegyelmezetlen elme 98
    5.2.6. Az álvakság, a rögeszmék 102

6. FEJEZET: A TUDAT ÉS JELZŐRENDSZERE, AVAGY MENNYIRE VAGY AZ UTADON? 107

6.1. Az egod mögötti valódi éned:
ki vagy te, mi az életed értelme? 107
6.2. Egység vagy elkülönültség – minden érzés gyökere 118
6.3. Sose becsüld le a tudatalattid erejét 125
6.4. Álmok 130
6.5. Testi tünetek, betegségek (pszichoszomatika) 136
6.6. Véletlenek 141
6.7. Intuíciók, megérzések, sugallatok 147
6.8. Látomások, víziók 148
6.9. Szenvedés 149
6.10. Kineziológia, testválaszmódszer 150
6.11. A tudatosság igazi alapja 151

7. FEJEZET: A MINKET IRÁNYÍTÓ UNIVERZÁLIS ALAPTÖRVÉNYEK 153

7.1. Vonzás-törvény, tükörelv 152
7.2. Az ok-okozat törvénye és a szabad akarat törvénye 159
7.3. Az entrópia és az Élet törvényei 161
7.4. Az energia-kiegyenlítődés törvénye 162

8. FEJEZET: A LELKIREZGÉSSZINT-SPEKTRUM MÓDSZERE 165

8.1. Mi az a lelkirezgésszint-spektrum? 165
8.2. Figyeld meg mélyen az érzelmeidet!
(gyengítendő és erősítendő érzelmek) 168
8.3. A lelkirezgésszint-spektrumok részletes bemutatása 172
    A szégyen lelkirezgésszint-spektruma 176
    A bűntudat lelkirezgésszint-spektruma 178
    A fásultság lelkirezgésszint-spektruma 180

A bánat lelkirezgésszint-spektruma 182
A félelem lelkirezgésszint-spektruma 184
A vágyakozás lelkirezgésszint-spektruma 186
A harag lelkirezgésszint-spektruma 188
A büszkeség lelkirezgésszint-spektruma 191
A bátorság lelkirezgésszint-spektruma 194
A pártatlanság lelkirezgésszint-spektruma 195
A hajlandóság lelkirezgésszint-spektruma 197
Az elfogadás lelkirezgésszint-spektruma 199
Az észszerűség lelkirezgésszint-spektruma 201
A szeretet lelkirezgésszint-spektruma 202
Az öröm lelkirezgésszint-spektruma 204
A béke lelkirezgésszint-spektruma 206
A megvilágosultság lelkirezgésszint-spektruma 207
8.4. A lelkirezgésszint-spektrumok megértésének eredménye: a gyengítendő és fejlesztendő érzelmek összegzése 209

9. FEJEZET: AZ ÉRZELEM-TRANSZFORMÁCIÓ MÓDSZERE ...211

9.1. Az érzelem-transzformáció módszerének bemutatása a vágyakozástól való megszabadulás példáján 214
9.2. Az érzelem-transzformációs létra – transzformációs segédérzelem 229
9.3. Néhány gyakori hiba, amelyeket, kérlek, kerülj el 231

10. FEJEZET: AZ ÉRZELEM-TRANSZFORMÁCIÓ MÓDSZERE A GYAKORLATBAN 235

10.1. Néhány jó tanács az induláshoz 237
10.2. Melyik érzelemmel kezdjük? 238
10.3. Írd meg a küldetésnyilatkozatodat! 239
10.4. Dagonyázz, avagy néha szükséges a reverzterápia 244
10.5. A szégyen transzformációja 246
10.5.1. Valódi és hamis szégyen 246

10.5.2. A szégyen érzelmének szinonimái 252
10.5.3. Tanuld meg a törzsmantrádat! 253
10.5.4. Egészítsd ki a küldetésnyilatkozatodat 254
10.5.5. Gyakorold a személyre szabott
    transzformációs érzelmeidet és tudatosítsd
    a fejlesztendő érzelmeid listáját! 255
10.5.6. Az elmeforrású szégyen transzformálása 257
10.5.7. A testforrású szégyen transzformálása 261
10.5.8. A lélekforrású szégyen transzformálása 264
10.5.9. A szégyen transzformálásának
    rövidített összefoglalása 267
10.6. A bűntudat transzformációja 268
10.6.1. Valódi és hamis bűntudat 268
10.6.2. A bűntudat érzelmének szinonimái 273
10.6.3. Tanuld meg a törzsmantrádat! 273
10.6.4. Egészítsd ki a küldetésnyilatkozatodat 274
10.6.5. Gyakorold a személyre szabott transzformációs
    érzelmeidet és tudatosítsd a fejlesztendő
    érzelmeid listáját! 274
10.6.6 Az elmeforrású bűntudat transzformálása 275
10.6.7. A testforrású bűntudat transzformálása 277
10.6.8. A lélekforrású bűntudat transzformálása 279
10.6.9. A bűntudat
    transzformálásának rövidített összefoglalása 282
10.7. A fásultság transzformációja 283
10.7.1. Valódi és hamis fásultság 283
10.7.2. A fásultság érzelmének szinonimái 287
10.7.3. Tanuld meg a törzsmantrádat! 288
10.7.4. Egészítsd ki a küldetésnyilatkozatodat 288
10.7.5. Gyakorold a személyre szabott transzformációs
    érzelmeidet és tudatosítsd
    a fejlesztendő érzelmeid listáját! 289
10.7.6. Az elmeforrású fásultság transzformálása 289
10.7.7. A testforrású fásultság transzformálása 291
10.7.8. A lélekforrású fásultság transzformálása 294

10.7.9. A fásultság transzformálásának rövidített
összefoglalása... 296
10.8. A bánat transzformációja 297
10.8.1. Valódi és hamis bánat.. 298
10.8.2. A bánat érzelmének szinonimái 299
10.8.3. Tanuld meg a törzsmantrádat! 300
10.8.4. Egészítsd ki a küldetésnyilatkozatodat 300
10.8.5. Gyakorold a személyre szabott transzformációs
érzelmeidet és tudatosítsd a fejlesztendő
érzelmeid listáját!.. 300
10.8.6. Az elmeforrású bánat transzformálása 301
10.8.7. A testforrású bánat transzformálása.................303
10.8.8. A lélekforrású bánat transzformálása 305
10.8.9. A bánat
transzformálásának rövidített összefoglalása 308
10.9. A félelem transzformációja 309
10.9.1. Valódi és hamis félelem 309
10.9.2. A félelem érzelmének szinonimái........................ 311
10.9.3. Tanuld meg a törzsmantrádat!............................ 312
10.9.4. Egészítsd ki a küldetésnyilatkozatodat................ 312
10.9.5. Gyakorold a személyre szabott transzformációs
érzelmeidet és tudatosítsd a fejlesztendő
érzelmeid listáját!..313
10.9.6. Az elmeforrású félelem transzformálása............ 313
10.9.7. A testforrású félelem transzformálása 315
10.9.8. A lélekforrású félelem transzformálása 318
10.9.9. A félelem
transzformálásának rövidített összefoglalása 320
10.10. A vágyakozás transzformációja 321
10.10.1. Valódi és hamis vágyakozás 321
10.10.2. A vágyakozás érzelmének szinonimái 327
10.10.3. Tanuld meg a törzsmantrádat! 328
10.10.4. Egészítsd ki a küldetésnyilatkozatodat 328

10.10.5. Gyakorold a személyre szabott transzformációs érzelmeidet és tudatosítsd a fejlesztendő érzelmeid listáját! 329
10.10.6. Az elmeforrású vágyakozás transzformálása .. 329
10.10.7. A testforrású vágyakozás transzformálása 331
10.10.8. A lélekforrású vágyakozás transzformálása.... 334
10.10.9. A vágyakozás transzformálásának rövidített összefoglalása 336
10.11. A harag transzformációja 338
   10.11.1. Valódi és hamis harag 338
   10.11.2. A harag érzelmének szinonimái 342
   10.11.3. Tanuld meg a törzsmantrádat! 342
   10.11.4. Egészítsd ki a küldetésnyilatkozatodat 343
   10.11.5. Gyakorold a személyre szabott transzformációs érzelmeidet és a tudatosítsd a fejlesztendő érzelmeid listáját! 343
   10.11.6.Az elmeforrású harag transzformálása 344
   10.11.7. A testforrású harag transzformálása 346
   10.11.8. A lélekforrású harag transzformálása 348
   10.11.9. A harag transzformálásának rövidített összefoglalása 350
10.12. A büszkeség transzformációja 352
   10.12.1.Valódi és hamis büszkeség 352
   10.12.2. A büszkeség érzelmének szinonimái 354
   10.12.3. Tanuld meg a törzsmantrádat! 355
   10.12.4. Egészítsd ki a küldetésnyilatkozatodat 355
   10.12.5. Gyakorold a személyre szabott transzformációs érzelmeidet és a tudatosítsd a fejlesztendő érzelmeid listáját! 356
   10.12.6. Az elmeforrású büszkeség transzformálása 356
   10.12.7. A testforrású büszkeség transzformálása 358
   10.12.8. A lélekforrású büszkeség transzformálása 361
   10.12.9. A büszkeség transzformálásának rövidített összefoglalása 363

11. FEJEZET: A 200-AS REZGÉS FELETTI ÉRZELMEK TÁMOGATÓ EREJE (KIEGÉSZÍTŐ TUDÁS AZ ÉRZELEM-TRANSZFORMÁCIÓ MÓDSZERÉHEZ) 367

11.1. A bátorság ereje 368
11.2. A pártatlanság ereje 369
11.3. A hajlandóság ereje 369
11.4. Az elfogadás ereje 370
11.5. Az észszerűség ereje 371
11.6. A szeretet ereje 371
11.7. Az öröm ereje 372
11.8. A béke ereje 372

12. FEJEZET: NÉHÁNY TÁMOGATÓ GONDOLAT AZ ÉRZELEM-TRANSZFORMÁCIÓ MÓDSZERÉNEK AZ ÉLETEDBEN VALÓ GYAKORLATI MEGVALÓSÍTÁSÁHOZ 375

13. FEJEZET: KAPCSOLÓDÁS A TUDATHOZ 379

13.1. Miért érdemes kapcsolódni a tudattal, avagy miért érdemes meditálni? 383
13.2. Gyakorlatok a tudattal (bevezetés a meditációba) 393
   13.2.1. Kapcsolódás a tudattal (alapgyakorlat) 393
   13.2.2. Tudatos jelenlét – mindfulness-alapok 395

ZÁRSZÓ 401

KÖSZÖNETNYILVÁNÍTÁS 407

FELHASZNÁLT ÉS AJÁNLOTT IRODALOM 409

AJÁNLOTT FILMEK 411

MELLÉKLETEK **413**

I. melléklet: Az egyes lelkirezgésszint-spektrumok ábrái 413

I/1. ábra: A lelki rezgésszint spektrumokat
együtt bemutató ábra: 414
I/2. ábra: A szégyen lelkirezgésszint-spektruma
és a hozzá tartozó érzelmi eloszlás 415
I/3. ábra: A bűntudat lelkirezgésszint-spektruma
és a hozzá tartozó érzelmi eloszlás 416
I/4. ábra: A fásultság lelkirezgésszint-spektruma
és a hozzá tartozó érzelmi eloszlás 417
I/5. ábra: A bánat lelkirezgésszint-spektruma
és a hozzá tartozó érzelmi eloszlás 418
I/6. ábra: A félelem lelkirezgésszint-spektruma
és a hozzá tartozó érzelmi eloszlás 419
I/7. ábra: A vágyakozás lelkirezgésszint-spektruma
és a hozzá tartozó érzelmi eloszlás 420
I/8. ábra: A harag lelkirezgésszint-spektruma
és a hozzá tartozó érzelmi eloszlás 421
I/9. ábra: A büszkeség lelkirezgésszint-spektruma
és a hozzá tartozó érzelmi eloszlás 422
I/10. ábra: A bátorság lelkirezgésszint-spektruma
és a hozzá tartozó érzelmi eloszlás 423
I/11. ábra: A pártatlanság lelkirezgésszint-spektruma
és a hozzá tartozó érzelmi eloszlás 424
I/12. ábra: A hajlandóság lelkirezgésszint-spektruma
és a hozzá tartozó érzelmi eloszlás 425
I/13. ábra: Az elfogadás lelkirezgésszint-spektruma
és a hozzá tartozó érzelmi eloszlás 426
I/14. ábra: Az ésszerűség lelkirezgésszint-spektruma
és a hozzá tartozó érzelmi eloszlás 427
I/15. ábra: A szeretet lelkirezgésszint-spektruma
és a hozzá tartozó érzelmi eloszlás 428

I/16. ábra: Az öröm lelkirezgésszint-spektruma
és a hozzá tartozó érzelmi eloszlás 429
I/17. ábra: A béke lelkirezgésszint-spektruma
és a hozzá tartozó érzelmi eloszlás 430
I/18 ábra: A megvilágosultság alsó tartományának
lelkirezgésszint-spektruma
és a hozzá tartozó érzelmi eloszlások 431
I/19 ábra: A megvilágosultság felső tartományának
lelkirezgésszint-spektruma
és a hozzá tartozó érzelmi eloszlások 432

II. melléklet: Az érzelmi eloszlások összefoglaló táblázata .. 433

III. melléklet: A lelki rezgésszintekhez tartozó
érzelmek gyűjteménye (érzelmi szinonimák) 439

IV. Törzsmantrák minden lelki rezgésszinthez 442

V. melléklet: A lelkirezgésszint-spektrumok matematikai
megoldásának részletes bemutatása 444

A tudomány és a spiritualitás végre egybekapcsolódott!

Kedves régi-új Olvasó! Szeretettel hívlak egy újabb és még erőteljesebb önismereti-önfejlesztési kalandra! Hálásan köszönöm, hogy kitartasz azon az úton, mely egy magasabb tudatosságú világba vezet téged. Tudom, hogy az általam bemutatott út nem az egyszer bevehető pirula, de cserébe hatékony és eredményes. Ha olyan egyszerű lenne boldogan élni vagy megvilágosodni, akkor csupa ilyen ember mászkálna az utcákon.

Itt az elején azt is fontos kijelentenem, hogy csak akkor érdemes folytatnod ezt a könyvet, ha az **É.L.E.T-Módszer I. – Életed megértésének könyve** című művemet (*továbbiakban I. kötet*) már olvastad (*Dittrich, 2023*). Ez a kötet az iménti említett műnek a folytatása. A megértés akkor lesz teljes, ha egymás után olvasod el ezeket a könyveket.

Csodálatos időszakban élünk! Az elmúlt évszázadokban a spiritualitás (beleértve a vallásokat is) és a tudomány két teljesen különálló világ volt. Akkoriban úgy tűnt, mintha a racionális anyagi világ független lenne a lélek rejtelmeitől. Azonban az elmúlt 3-4 évtizedben a kvantumfizika és a húrelmélet tudományos vívmányaira alapozva a tudósok egyre több területen igazolták azokat az alapvetéseket, melyeket a spirituális mesterek, tanítók már évezredek óta tudnak. Például a kvantumfizikában felismert nullponti mező léte bizonyította, hogy az Univerzumban tényleg minden mindennel összefügg. Ez egy kvantumszinten létező energiahálózat, melyben az Univerzum minden eleme az összes többivel kapcsolatban áll. Sőt a nullponti mező alaptulajdonsága az is, hogy amit a mező egyik eleme sugároz a környezete felé, azt fogja a környezete visszasugározni rá. Ez nem más, mint a vonzás-törvény létezésének fizikai igazolása. Azt is tudjuk már, hogy minden energia, és mindennek van rezgése, mely fizikai alapvetésre épül maga az É.L.E.T.-módszer is. Az *É.L.E.T.-Módszer I. – Életed megértésének könyve* segítségével megismerhetted, hogy az elme, a test és a lélek rezgései hogyan határozhatók meg és hogyan csoportosíthatók. Az abban a könyvben rögzített alapvetéseim nagyobbik fele tudományosan igazolt tény, kisebbik fele pedig a tudomány jelenlegi állásából egyenes ági következmény. Már az első kötet írásakor is alig vártam, hogy a jelenleg kezedben tartott második kötetet befejezhessem. Mert ez a kötet az, ahol **a tudomány és a spiritualitás tökéletesen kapcsolódnak egymással és harmóniába kerülnek.** Az első kötet legfőbb célja ennek a kötetnek a megalapozása volt. Általa azt szerettem volna elérni, hogy mire ezt a könyvet a kezedben tartod, egy nyelvet beszéljünk. Most, hogy ez így van, alig várom, hogy elindulj velem ezen a csodálatos kalandon, ahová ez a könyv vezetni fog! Úgy vélem, a **jelen írásmű** által bemutatott valóság óriási **áttörést jelent az emberiség fejlődésének történetében.** Hangsúlyozni szeretném, hogy ezt a kijelentést alig mertem leírni, mert nem nagyképűségnek szánom, hanem ez egy tiszta életérzés, amely a jelen könyvet megalapozó gondolatok kikristályosodása óta átitat. Az érzés legfőbb alapja az, hogy az emberiség mindig azt hitte: a lélek annyira bonyolult és irracionális rendszer, ami tudományosan nem írható le és nem is értelmezhető. Az e kötetben kidolgozott lelkirezgésszint-spektrum módszere azonban tudományos szempontból és spirituális nézőpontból is tökéletesen leírja a lélek fejlődésének 17 fő lépcsőjét a mély szégyentől a megvilágosultságig. Így **a lélek tudományos igényességgel leírhatóvá vált!** Ezzel **a tudással a spiritualitás és a tudomány egybekapcsolódott.**

Az emberiség a történelme során amikor egy-egy folyamatot megértett, azon a területen hatalmas fejlődésnek indult. A klímarendszerünk drasztikus összeomlását mutató állapotok a 6. nagy kihalási folyamat kezdete, az egyre növekvő társadalmi feszültségek, a digitális „kultúra" miatti tömeges butulás és tompultság, a gazdagok és szegények közötti elhatalmasodó távolság, a háborús konfliktusok egyre fokozódó feszültségei, az emberek tömeges érzelmi elfojtásai és az abból fakadó nyugati típusú ember infantilizmusa mind-mind egyértelmű jelei annak, hogy **itt az idő! Az emberiség egy óriási változás előtt áll...** A változás lényege az, hogy az önzés társadalmaiból szeretetalapú közösségek, majd azok egyesüléséből szeretetalapú társadalom fog kialakulni. Ez az út sok olvasónak még hihetetlen, pedig már ok-okozat szintjén is láthatók a halványan kibontakozó tendenciák. A változás nagy szenvedés árán vagy a tudatosság és megértés tömegessé válása által is megtörténhet. A nagyon közeli jövőben az emberiségen fog múlni, hogy ez hogyan zajlik le! Jelen könyv abban segít, hogy tömegesen a megértés–tudatosság útját választva emelkedjünk az új társadalom felé.

Minden társadalmi változást egyének generálnak, így rajtad ugyanúgy múlik a változás, mint rajtam. Kérlek, kezdj bele életed legizgalmasabb küldetésébe és önmagad boldogságának, valamint az emberi társadalom pozitív irányú változásának érdekében emeld tovább a lelki rezgésszintedet! Folytasd az utat, melyet az I. kötettel már elkezdtél.

Jelen könyv megmutatja neked azt a tudást, melynek révén **tisztán érthetővé válnak a lélek rejtelmei.** Továbbá tudatos és tudományosan megalapozott lépésekben fogom bemutatni az érzelem-transzformáció módszerén keresztül, hogyan kerülhetsz egyre magasabb rezgésbe, mellyel boldogabb, egészségesebb és sikeresebb életet élhetsz, és mind többet tehetsz embertársaidért, valamint a földi ökoszisztémáért is (*Dittrich, 2021*).

Fontos kiemelnem, hogy az ebben a **könyvben leírt módszerek akkor is működnek, ha nem hiszel bennük!** Pont az a nagy áttörés ebben a könyvben, hogy a modern tudományos eredményekkel magyarázza meg az ősi spirituális tudást. Ezáltal az itt leírtakat mind a spirituális útkeresők, mind a racionális emberek jól el tudják sajátítani és életük boldogabbá tételére hasznosítani.

Az előző kötethez és jelen könyvhöz is értékes, a megértést segítő teljesen ingyenes kiegészítő információkat és videókat találsz YouTube-csatornámon, blogomon és Facebook-csoportunkban is. Természetesen tanfolyamaim közül is választhatsz, ha az itt olvasható tudás gyakorlati elsajátításában további támogatásra van szükséged. (A címeket és az elérhetőségeket a könyv első oldalán találod.) Ugyanakkor fontos kijelentenem, hogy a könyvet úgy írtam meg, hogy minden szükséges tudás birtokosa lehess!

A védikus bölcselet azt tanítja, hogy mondd el, amit tudsz, szeretettel és jószándékkal, de utána engedd, hogy a másik ember végtelen szabadságában tegye azt, amit ő jónak lát. Ez a szellemiség hatja át ezt a könyvet.

Hálás köszönetem David R. Hawkinsnak, akinek munkásságára alapozhattam a saját eredményeimet. Az ő zsenialitása nélkül nem léphettem volna erre az útra, és ez a könyv sem jöhetett volna létre.

1. FEJEZET

Rezgésszintek mint életmód, avagy vezess spirituális naplót

Az első kötetben sok mindent megérthettél és az ott bemutatott módszerek segítségével elkezdhetted a tisztulás útját járni. Azonban az ott megismert módszerek nem feltétlenül elegendőek ahhoz, hogy gyökeresen megváltozzon az életed! Ez a könyv azonban már mélyebb rétegekbe nyúl bele, így hatékonyabb fejlődésben lesz a segítőd. Az álmok világában a ház általában a lélek jelképe. Amilyennek látod álomban a házat, amelyben vagy, olyan állapotban van a lelked. Ha a ház belülről omladozó, penészes, koszos, rendetlen, sötét, esetleg más kellemetlen dolgok vagy lények találhatók benne, az jól érzékelteti, hogy bőven van takarítani való a lelkedben. Az első kötetet és az abban lévő módszereket úgy képzeld el, mint amikor beköltözöl egy romos házba és elvégzel egy alapos nagytakarítást. Ez nagyon jó, hiszen legalább el lehet lenni a házban. De a romos épület szerkezeti és egyéb komolyabb problémáit nem oldja meg egy nagytakarítás. Amikor az otthonunk koszos és rendetlen, észre sem vesszük, hogy az milyen demoralizálóan hat a lelkünkre (erről az első kötetben részletesen olvashattál). Csak akkor eszmélünk rá, hogy mennyire kellemetlen hatása volt a mindennapjainkra, amikor kitakarítunk, és ránk tör a rend és a tisztaság öröme. Szóval a lelkünkben is fontos a rendszeres takarítás! Ezért az előző kötet módszereit, kérlek, használd kitartóan! Hiszen ha nem takarítasz rendszeresen, akkor a lelked óhatatlanul beszennyeződik. Ahogy a házban is fent kell tartani a rendet, úgy a lélekben is ezt kell tenni. A könyv elején lévő idézet is ezt szemlélteti.

Az entrópia törvénye miatt mindig tenni kell a romlás ellen! Ez az Élet legfőbb feladata!

Most azonban nekiállunk a felázások, a penészesedések, a szerkezeti problémák megoldásához, azért, hogy a házad (lelked) állaga-állapota is jobbá váljék. Ismereteim szerint a rezgéseid optimalizálása a leghatékonyabb út, melynek révén azzá válhatsz, amiért a tudatod (szellemed) a Földre érkezett. Mindannyiunknak vannak életfeladatai, megélni valói, melyek kiemelten fontosak a számunkra. De fontos tudnod, hogy ezek általában önzetlen feladatok. Csak az egonak vannak önző céljai, melyekkel eltérít téged a tudatod (szellemed) valódi céljaitól. Pedig megéri a helyes ösvényen maradni, mert az boldogsághoz, egészséghez, sikerhez és belső békéhez vezet. Annál nagyobb valószínűséggel maradunk a helyes ösvényen, minél magasabb a lelki rezgésszintünk, a testünk rezgésszintje, és az elménk rezgésszintjének átlaga minél alacsonyabb. Az erre való törekvés a rezgésszintünk optimalizálása, mely nem más, mint egy életmód. Hiszen a test-lélek-elme hármasságát érintő aktivitások mentén fokozatosan egyre boldogabb, sikeresebb, egészségesebb pályára állítod az életedet. Tehát minden aktivitásodban ott van annak a lehetősége, hogy a rezgésszinted optimálisabb vagy kedvezőtlenebb irányba mozduljon el. Fontos, hogyan lélegzünk, milyen a testtartásunk, mennyit mozgunk, mit eszünk, mit iszunk, mivel töltjük a szabadidőnket, milyen munkát vállalunk, milyen emberi kapcsolataink vannak és milyen természeti környezet vesz minket körül. Minden összefügg a rezgéseiddel! Ezért fontos megértened, hogy a rezgésszinted optimalizálása egy olyan életmód, mely a jövőben minden tevékenységedet új fényben mutatja be neked! A mai naptól a rezgések szemszögéből figyelve a világot gondolkodj!

Egy jó ismerősöm pár napja azt mondta nekem, hogy ő a rezgésszintek optimalizálásának útját járja, de tulajdonképpen ezzel az én utamat követi. Így nem biztos benne, hogy ez a helyes út, hiszen minden ember útja egyedi. Azt is elmondta, hogy azért járja ezt az utat, mert a tapasztalatai szerint ez tényleg működik az életében, de mégis benne van a belső bizonytalanság. Az észrevétele meglepett és szerencsére meg tudtam győzni arról, hogy megingása alaptalan. Ezt a gondolatmenetet most neked is leírom, mert fontosnak érzem ennek a könyvnek az elején.

A rezgésszinted optimalizálása nem egy tipizálási folyamat! Ez csak egy eszközrendszer. A lelked, a tested és az elméd rezgéseinek optimalizálásával azt tudod elérni, hogy a képességeid lehető legfejlettebb változatával rendelkezz. Pont ez az, ami abban segít, hogy mindenki az egyedi útját járhassa és az egyedi életfeladatait teljesíthesse. Amikor ezeket a sorokat írom (2024. augusztus), éppen 680-as átlagos lelkirezgésszint-értéken rezgek. Ugyanez az érték az én esetemben 480 volt 1,5 évvel ezelőtt, és 324 kb. 2,5 éve. Bő 10 évvel korábban 125, míg 12 évvel ezelőtt 39-es értéken éltem. Ha megnézed ezt a hihetetlen emelkedést, abból jól láthatod, milyen izgalmas útra invitállak.

Jól emlékszem, hogy milyen volt 39-es lelki rezgésszinten élni. Akkoriban szégyen–bűntudat–fásultság itatta át az életemet. Soha semmivel nem voltam elégedett. Csörtettem, hajtottam nap mint nap, hogy elérjem a céljaimat, azok mégsem közeledtek. Gyógyszerek és kávé segítségével tartottam magamban némi erőt ahhoz, hogy valamit tenni tudjak önmagamért. Mindennaposak voltak a kapcsolati, pénzügyi és egészségi problémák az életemben. Rendszeresen kerülgettek őszinte öngyilkossági gondolatok. Hihetetlen sebességgel kattogott az agyam, állandó zaj volt benne. Nem mellesleg többféle addikció „tarkította" az életemet. Sötét volt az emberekről és a jövőről alkotott véleményem. Mivel nap mint nap a problémáimmal küzdöttem, ezért nem volt erőm, lehetőségem, módom, hogy tegyek a világért, másokért, a környezetemért, pedig belső igényem lett volna rá. Az összes erőmet felemésztették a hétköznapok küzdelmei. Mindent azonnal akartam, és az egész világot okoltam a problémáimért. Szóval bármilyen életfeladattal is jöttem erre a Földre, akkoriban nem volt erőm annak megvalósítására. Sőt azt sem tudtam igazán, mi az életfeladatom, mert az egom rövidlátó, szűk látókörű érdekeit hittem életfeladatomnak. Nem voltam több, mint egy anyagi javakat és rövidtávú kéjérzeteket habzsoló és azokért sóvárgó lény, aki nap mint nap az elérésükért dolgozott. De nagyon fontos, hogy higgy nekem: az ember több egyszerű önző, fogyasztó és biorobotként dolgozó lénynél!!! Teremtő lények vagyunk, de azt az énedet eltakarják a könyv borítóján látható sötét rétegek. Erre emberek milliói döbbennek rá a halálos ágyukon, de akkor sajnos már késő. Most van az a nap, amikor elkezdheted az igazi, mélyreható változást! Itt a kezedben az eszköz, melyben mindent meg fogsz kapni ehhez.

Valójában minden ember egy csodálatos teremtő lény! De ezt 200-as lelki rezgésszint alatti szintekről nézve én sem tudtam elhinni önmagamról. Ez nem véletlen, hiszen azokon a rezgéseken messze nem önmagad vagy! Az egod által épített páncélt hiszed önmagadnak. Képzeld el, hogyha az emberiség pusztító biorobotból teremtő lények harmonikus sokaságává válna. Szerinted milyen lenne ez a bolygó? A **Megoldás a klímaváltozásra, avagy a változás 6 programja** című könyvem (*Dittrich, 2021*) ezt a jövőbeni boldog, békés társadalmat mutatja be, és azt az utat, ahogyan társadalmi szinten eljuthatunk oda. Ez a könyv viszont, amit most a kezedben tartasz, abban segít, hogy te hogyan válhatsz azzá, aki ennek a boldog jövőbeni társadalomnak egy építő, teremtő tagja lehet. Tehát ezzel nemcsak a saját boldogságodért, hanem a világért is a lehető legtöbbet teszed! A lelki rezgésszinted emelése nemcsak a saját boldogságod, hanem a világ sorsa szempontjából is egy nagyon fontos út! Ez nem szimplán egy életforma, hanem egy igaz küldetés!

Ahogy egyre optimálisabb szintre hozod a rezgéseidet, mind jobban kiteljesedsz. Így marad energiád az egyediségeidre! Fejlődő önismereted révén egyre inkább kikristályosodik, ki is vagy valójában, és mik az életfeladataid. Ennek következtében pont a rezgéseid optimalizálásával válhat igazán egyedivé az életed. Tehát ez nem egy sablonos út, hanem egy eszközrendszer, mely arra alkalmas, hogy megtaláld a valódi önmagadat, az légy, akinek ténylegesen lenned kell, és ezáltal megélhesd az egyedi utadat!

Remélem, meggyőzött az érvelésem és továbbra is velem tartasz ezen az úton! Én csupán az eszközt adhatom a kezedbe, az egyedi utadat csakis te járhatod be és te alakíthatod jó irányba a sorsodat! Kezdjünk is bele a közös munkába...

Ez a kötet első ránézésre elég vastagnak tűnhet. Ez azért van, mert egy olyan könyvet írtam, amelyet sok-sok éven keresztül fogsz használni. Ez amolyan önfejlesztő kézikönyv. Mindig annak a lelki rezgésszintnek a fejezeteit fogod újra elolvasni, amelyik meghaladásával foglalkozol. Felesleges elolvasnod egyszerre az egész könyvet! A 10.5.–10.12. fejezetek közül csak azt az egyet tanulmányozd, amelyik érzelem megahaladásával szeretnél foglalkozni. Aztán ha azt teljesítetted, akkor ráérsz újra elővenni a könyvet és elolvasni a következőt!

Végül ehhez a könyvhöz is ugyanazt a tanácsot adom neked, mint az előzőhöz. Ezt a könyvet se fald be! Nagyon fontos, hogy lassan haladj az olvasásával. Minden önmagaddal kapcsolatos felismerésnél állj meg, jegyezd fel a megfigyeléseidet és alaposan gondold végig. Építsd be a mindennapjaidba a tudást! Különben értéktelen lesz a belefektetett idő. Ami még fontosabb, hogy mindig fogok feladatokat adni, amelyek közül lesznek nehezek is. De ha őszintén boldogabb akarsz lenni, akkor tessék megcsinálni a feladatokat! Csak akkor lépj tovább a könyvben, ha elvégezted a feladatot! Ha elakadsz és tanácsra van szükséged, bátran írj e-mailt a könyv elején található e-mail-címre. Néhány napon belül mindenkinek szoktam válaszolni....

És most lássuk a spirituális napló kérdését! Erről kellett volna már írnom az I. kötetben, elnézésedet kérem, amiért nem tettem. Ez hihetetlenül fontos a lelki fejlődés útjára lépőknek. Ahhoz, hogy megértsd, miért olyan fontos spirituális naplót vezetni, kezdésképpen arra kérlek, képzelj el egy hatalmas képet, amit sok-sok puzzle-ból raktak össze. Ez a kép a te valódi személyiséged. Az első kötetből már jól tudod, hogy a legtöbb ember önismerete nagyon gyenge. Pedig az ego álságossága miatt szinte mindenki pont az ellentétét gondolja magáról. Általában minél határozottabban tudjuk, hogy kik is vagyunk valójában, annál tévesebb az énképünk. Szóval képzeld el, hogy a nagy puzzle-kép előtt van egy másik kép. Ez tökéletesen takarja az alatta lévőt, azonban teljesen mások rajta a grafikák és a színek is. Amikor ránézel, biztosan tudod, hogy a jó képet látod, és sejtelmed sincs arról, hogy mögötte van a művész igazi alkotása. Ez egy figyelemelterelő hamisítvány. A hasonlat érzékeltetése szempontjából ez a kép (amely takarja az eredetit) az egod által feléd sugallt személyiség képe. Ennek gondolod magadat. Miért alakult ki önmagunkról ez a hamis kép? Azért, mert – legtöbbször már – kisgyermekkorunkban történtek olyan fájdalmak, traumák az életünkben, amelyeknél önmagunkat okoltuk. Ez természetes, hiszen a kisgyermek a felnőtteket, és különösen a szülőket, isteni lényeknek tekinti, hiszen ők teremtették és tőlük függ az élete, valamint végtelenül bölcseknek tűnnek. Ha valami fáj a gyermek lelkének, akkor az csak azért lehetséges – őszerinte –, mert ő selejtes. Ezért ledobja magáról a „selejtesnek" vélt személyiségrészeket és helyettük olyanokat épít, amelyek megvédik őt a lelki fájdalomtól és megfelel velük a legtöbbször selejtes szülőnek. Így apró mozaikokból kiépül az elülső, hamis kép és mögé elrejtődik az eredeti csodálatos kép. Az igazság az, hogy kisgyermekkorodban tökéletes voltál, csak elrontott ez a téves beidegződésekkel teli világ. Ma pedig már azért vagy boldogtalan, mert nem az igazi személyiséged szerinti életedet éled, hanem mások által rád aggatott kódoknak akarsz megfelelni nap mint nap! Nem azt az életet éled, amiért idejöttél a Föld nevű bolygóra, hanem egy torz, mások által formált életet. Letértél az útról! Ha valaki az úton van, azt onnan lehet felismerni, hogy az életében nincs szenvedés, nincsenek szégyenek, bűntudatok, fásultságok, bánatok, félelmek, vágyakozások és büszkeségek. Aki az úton van, az folyamatosan szerencsés, flow-ban van. Az Élet támogatja őt! Aki nem így él, az részben vagy teljesen letért az útról és az önismerete részben vagy teljesen téves!

No, de hogy találhatunk vissza az eredeti önmagunkhoz? Ehhez szükséges a spirituális napló! Tudniillik a tudatod folyamatosan segíteni akar visszatalálni az eredeti önmagadhoz. Az egod viszont nem akarja, hogy ez megtörténjen. Az ego csak önmaga megerősítésével foglalkozó energiarendszer, amit úgy ér el, hogy azt sugallja: téged boldoggá tesz és megvéd, ha hallgatsz rá. Valójában ez csapda, mert ez nem igaz! Az ego csak önmagával foglalkozik, de mint már jól tudod, az ego nem te vagy. Az ego a hamis puzzle a valódi kép előtt. Szóval a tudat folyamatosan igyekszik neked jeleket, üzeneteket küldeni, az egod pedig mindent megtesz, hogy ezek az üzenetek ne érkezzenek meg hozzád, vagy ha megérkeznek, akkor minél előbb felejtsd el azokat.

Hogy mélyebben megértsd ennek a komolyságát és a hatékonyságát, kérlek, térj velem vissza a puzzleképekhez! Képzeld el, hogy a tudatod üzen, és ennek hatására a hamis puzzleképből kiesik egy darabka, így megláthatod a mögötte lévő valódi kép egy darabkáját. Ilyenkor szokott lenni amolyan „wow-élményünk", amikor önmagunkkal kapcsolatban ráébredünk valamilyen összefüggésre vagy jellemzőre. Igen ám, de az ego három napon belül elfelejteti veled ezt a felismerést. Az ego visszateszi a hamis kép kiesett hamis darabját. Később megint kapsz a szellemedtől segítséget, megint kiesik egy hamis puzzle és megláthatod a mögötte lévő valódi kép egy újabb darabját. Ha egyáltalán felfigyelsz rá (sokan azonnal elhessegetik vagy elfojtják), akkor egy újabb wow-élmény keretében ráébredsz valamire önmagaddal kapcsolatban. Ekkor az ego újra trükkhöz folyamodik. Eltereli az érzéseidet és a gondolataidat, majd ezt is elfelejted, azaz visszakerül a hamis képbe a kiesett darabka. Ezt a „játékot" játssza a legtöbb spirituális úton járó ember! Persze a többiek is, csak nekik még a wow-élmények sincsenek meg ebből...

Az utóbbi időben számos, évtizedek óta a spirituális utat járó emberrel dolgoztam, és a sikertelenségük legfőbb oka az volt, hogy nem láttak át ezen a csapdán! Az egyik tanfolyamom célja az, hogy egy intenzív hétvége alatt egyszerre sok mozaikdarabkát szedjünk le a hamis képről (*részletek a* **www.dittricherno.hu oldalon**). No de a spirituális napló vezetésével tanfolyam nélkül is eredményre juthatsz! Ha minden tudatod által sugallt üzenetet felírsz a spirituális naplódba, akkor rögzítheted a leesett mozaikok mögötti valódi kép részleteit. Ettől ugyanúgy el fogod felejteni, azonban tudatosan újra és újra el kell olvasnod ennek a naplónak a lapjait! Ezzel óhatatlanul véglegesen a hosszú távú memóriádba kerül és az ego kénytelen lesz hozzáidomulni. Egy idő után az egymástól függetlennek tűnő mozaikok egyre nagyobb képet fognak alkotni. Ahogy ezen az úton haladsz előre, egyre teljesebb részeket fogsz látni a valódi képből. Így a „ki vagyok én?" kérdésre mind sokszínűbb és valósabb választ fogsz tudni adni.

Miket írj fel a spirituális naplódba? A tudatod (szellemed) többféle módon tud üzenni. Ezeket foglalom össze, hiszen ezeket szükséges leírnod a spirituális naplódba:

- **Felismerések:** Az önmagunkkal, a belső működéseinkkel kapcsolatos felismerésekre fókuszálj! A spirituális fejlődésed szempontjából csak ezek fontosak. A felismerések bármikor jöhetnek, gyakran egy film nézése vagy vezetés közben törnek ránk. Sokszor más emberek mondandóiban vannak elrejtve az üzenetek. A jó spirituális könyvek olvasásakor általában töményebben érkeznek az ilyen felismerések. Fontos, hogy azonnal írd fel, mert az ego elintézi, hogy fél óra múlva már ne emlékezz rá! Ezt a könyvet és az I. kötetet is úgy írtam meg, hogy sok ilyen felismerésed legyen, mire a végére érsz! Főleg ha nem falod be egyszerre, hanem mindig megállsz, amikor valami önmagaddal kapcsolatos felismerést hoz számodra ez a könyv. Ez egyben egy fontos kérés is tőlem! Ha szeretnéd, hogy ez a könyv segítsen az életed jobbá tételében, akkor, kérlek, tartsd be!

- **Intuíciók:** A szellem sosem logikus érveléssel kommunikál. Az az ego beszédstílusa. Ugyanakkor az ego is szeret sugallatokat adni, különösen a szentimentális (érzelmi alapon döntő) emberek esetében. Az érzelmekhez kapcsolódó sugallatok az ego csapdái. Ezért olyan sikertelen a legtöbb érzelmi alapon működő ember, mert nem veszi észre, hogy az érzelmeink is az ego részei, és abban a hiszemben élnek, hogy ha az érzelmeikre hallgatnak, akkor helyes úton járnak. A valódi – egomentes, tudat által közölt – intuíciót onnan tudod megismerni, hogy az érkezés pillanatában nem kapcsolódik érzelemhez, hanem semleges. Az érzelmekhez kötődő „intuíciók" vezetnek a rögeszmékhez. Ez az ego kemény és álságos trükkje, melybe a spirituális úton járók közül nagyon sokan beleesnek. A vágyaik vezérlik őket, és ezért az egojuk gyorsan megtanulja, hogy a vágyaik szerinti álintuíciókat küldve tovább tud erősödni bennük. Ez a spirituális egonak hívott jelenség. Tehát komoly munka megtanulni a valódi intuíció és az ego által sugallt álintuíciók elkülönítését! Nekem kb. 1,5 évembe telt, mire már pontosan meg tudtam különböztetni ezeket, de néha még ma is be tud csapni az egom. Így fontos teendő, hogy nap mint nap kezdj el figyelni az intuícióidra és tanuld meg elkülöníteni az igazit az ego hazugságától. A megkülönböztetéshez nagy segítség a visszacsatolás. Azaz mindig hallgass az intuíciódra, mert annak mindenkor igaza van. Ha azonban nem jött be a dolog, akkor sajnos az nem valódi intuíció volt, hanem az ego trükkje. Ha bátor vagy és rendszeresen visszacsatolsz, akkor hamar rá fogsz érezni a különbségre. Ne feledd, a valódi intuíció mindig semleges!
- **Véletlenek:** Azt biztosan tudod, hogy nincsenek véletlenek! De az ego szereti a fontos eseményeket véletleneknek titulálni. Pedig a véletlenek a legfontosabb üzenetek

az életedben! A véletlenek olyan szinkronicitások, melyek a 4D-s világban logikátlannak tűnnek, azonban már a fizika tudománya is bizonyította, hogy 11 dimenzió létezik. Tehát a véletlen valójában egy 11D-s nézetből egy logikus ok-okozati esemény (*Kryon, 2014*). Azonban a 4D-s rálátásunkkal nem értelmezhető, mégis megtörténik. A szellem 11D-s nézetből küldi ezeket a véletleneket. Ha visszagondolsz az életedre, akkor a legtöbb sorsfordító vagy meghatározó esemény nem tervezés eredménye (mindig az ego tervez!), hanem véletlenek következménye volt. Tehát minden véletlent írj fel a naplódba, aprónak tűnőket és nagyokat egyaránt. A negatív és a pozitív véletleneket is írd fel, kérlek! A negatív véletlenek általában olyan pofonok, melyek megpróbálnak észhez téríteni. Nemrég például egy hölgy „véletlenül" halálra gázolt egy férfit. Szerencsétlen most nagyon szenved a bűntudattól, amiért egy apró figyelmetlenség miatt megölt valakit. Az ego szintjén (érzelmi sík) ez borzalom. A szellem szintjén azonban ez az üzenet: „itt az utolsó esélyed, hogy felébredj!". Hogy részleteit tekintve mit akar üzenni ezzel a tudat? Pont ennek feltárásához, fokozatos megértéséhez kell a spirituális napló! Hiszen sok apró üzenetből áll össze a teljes kép! A pozitív véletlenek, természetes megerősítések, hogy azon az életterületen belül a helyes úton vagy.

- **Álmok:** Az álmok nagyon fontos üzenetek! Különösen azokra a motívumokra és érzésvilágokra figyelj, melyek rendszeresen visszatérnek az álmodban! Érdemes venni egy jó álmoskönyvet és értelmezni az álmokat. Hiszen az álmokban jelképekkel üzen a tudat. Sosem szabad szó szerint értelmezni a dolgokat. Például ha meghalsz az álmodban, akkor az ego szintjén az egy borzalmas álom. Valójában a tudatod az újjászületést üzeni neked. Ha félelmetes dolgok elől futsz álmodban, akkor az ego értelmezése szerint ez egy félelmetes álom, és fel is riadhatsz belőle. Pedig a tudatod azt üzeni, hogy sajnos a valódi önmagad elől menekülsz, de ez így nem helyes! Itt az idő szembenézni a valódi önmagaddal! Az álmokról bővebben a 6.4. fejezetben olvashatsz.

- **Univerzális üzenetek:** Az univerzális üzenetek általában meditáció során jönnek, de ritkán előfordulhatnak normál ébrenléti állapotban is. Ezek olyan felismerések, melyek teljesen ellentmondanak az addigi hitrendszerednek és tudásodnak, mégis olyan elemi erővel érkeznek meg hozzád, hogy onnan kezdve tudod: ez a valóság. Ilyen volt például az egyik régi meditációmban, amikor megláttam az életem aranyfonalát, amely egy nagyon hosszú kacskaringós fonál volt a térben. Egy egészen rövid szakasza fényesebb volt, mint a többi. Tudtam, hogy az a jelenlegi életem. Ekkor elemi erővel tudatosult bennem, hogy a szellemem egy végtelen lény, mely rengeteg életen keresztül fejlődik, és a szellemem szempontjából a jelenlegi életem olyan, mint a saját (egom) életében pár másodperc. Onnantól tudtam, hogy létezik lélekvándorlás (helyesen tudatvándorlás), és abban is biztos voltam, hogy bármit is teszünk az életünkben, nehezen tudunk igazán nagyot rontani. Tehát az a pokolra jutsz „duma", amivel a keresztény egyház riogatja az embereket, nem igaz, és csak az emberek félelmen keresztüli sakkban tartását szolgálta évszázadokon keresztül. Ugyanakkor eddig a meditációs élményig meg voltam győződve róla, hogy nincs lélekvándorlás, és ez csak a spirituális úton járó emberek túlzott belemagyarázása a dolgokba. Ma már tudom, hogy igaz. Szóval az univerzális üzeneteknek ilyen erős tudatformáló erejük van. Ezért fontos, hogy leírd az összes ilyet...

Ha ezeket mind felírod, akkor szépen lassan a hamis kép mögötti valódi kép egyre nagyobb és egyre összefüggőbb darabjai tárulnak fel előtted, és visszatalálsz önmagadhoz. Ehhez nagyon fontos, hogy kb. 1–3 havonta ne csak újraolvasd a naplódat, hanem rendszerezd is a felismeréseidet! Hiszen a rendszerezés révén kapcsolódnak össze nagyobb képrészletekké az egyes mozaikdarabkák. Ha a füzeted rendszerezésekor valamire nem találsz magyarázatot vagy önellentmondásokba ütközöl, akkor mindig kérj segítséget! Az egonk miatt gyakori, hogy nem látjuk a fától az erdőt. Ilyenkor egy külső segítő nagyot tud lendíteni a megértésünk szintjén. De a legfontosabb, hogy vezess spirituális naplót!

2. FEJEZET

Tudatosság vagy spiritualitás

A magyar nyelv csodálatos, mert azon nyelvek egyike a Földön, mely még magas százalékban megtartotta az ősi nyelv tartalmi sajátosságait. Egyes nyelvészek szerint a magyar nyelv ebben egyedülálló Európában. Azonban számos szó jelentése eltorzult és sokan nem a helyes értelemben használják. Jelen fejezet célja, hogy rendbe tegyünk pár fogalmat, hogy a későbbiekben jól értsd, amiről írni szeretnék neked. A szavak mögötti valódi tartalom tudatosítása ugyanakkor segíthet önmagad mélyebb megértésében is. Hiszen ősi bölcsesség rejtőzik a nyelvünkben, melyből csak nagyon minimális ízelítőt adok most. Nézzünk néhány fontos fogalmat:

Tudat, szellem: Az I. kötetből már megtanultad, hogy a tudat az egon kívüli részünk. A tudat az az energiarendszerünk, mely kapcsolódik az Univerzummal és már születésünk előtt is létezett, illetve utána is létezni fog. A lélekvándorlás igazolása és bemutatása ugyan a következő kötet egyik fontos témája lesz, így ha ez a téma neked még „too much", az teljesen érthető. Nekem is az volt néhány éve. Nem is kívánlak meggyőzni a lélekvándorlás létezéséről. Jelen kötet tartalma szempontjából annak a megértése fontos, hogy a tudatunk vagy más szóval a szellemünk az a részünk, mely egységben él az Univerzummal (az Univerzum szó helyére bármely hitrendszered szerinti szót behelyettesítheted), és az intuícióidért felel. A tudatod adja neked azokat a sugallatokat, megérzéseket, melyek már annyiszor jobb irányba terelték életed alakulását, vagy pedig terelték volna, ha hallgattál volna rájuk. A tudatot a mai racionális ember összekeveri az elmével. A tudat és a tudás szavak összemosódtak, így sokan nem tesznek különbséget a kettő között. Pedig a tudás az tanult dolog, ami az elme „gyártmánya", tehát az ego része. A tudat (szellem) pedig az az energiarendszer, mely az intuíción keresztül próbál a helyes úton tartani minket. Aki mélyen az egoban él, az nem hallgat az intuícióira. A racionális ember a tudására büszke, és ezért nem érdekli a tudat által közölt megérzések világa. A szentimentális ember pedig az érzelmei rabságában él, és a megérzéseit összekeveri a lelke érzelmi sugallataival. Számára az érzelmek a dominánsak. De az I. kötetből már jól tudod, hogy a lélekből fakadó érzelmek is az egonk részei.

Tudatosság és tudatlanság: Aki a tudást összekeveri a tudattal, azok a gondolkodást össze szokták keverni a tudatossággal. Sokan azt hiszik, hogy a tudatosság azt jelenti, hogy a tudásom által vezérelten élek, és nem hagyom, hogy az érzelmeim irányítsanak. Ez egy tévedés! Ez a racionális egoból élő ember téves „definíciója". A tudatosság azt jelenti, hogy az intuícióim, a megérzéseim vezérelnek. A tudatosság az egomentes állapotra való törekvést jelenti, azt, hogy igyekszem a tudatom (szellemem) irányítására bízni önmagamat. A tudatlan szó is téves jelentést kapott az elmúlt kb. 150 évben, amikor a racionalitás uralomra került világunkban. A tudatlan szó mai értelme az, hogy az egyén buta, alacsony a tudásszintje. De ez nem a helyes értelme ennek a csodás magyar szónak. A tudatlan szó azt jelenti, hogy az egyén teljesen az egojában él, és semmit sem tud a tudata létezéséről. Ez a könyv meg fog tanítani arra, hogyan tudsz kapcsolódni a tudatoddal, így a régen elfeledett tudás újra felszínre törhet benned, ha te is így akarod.

Tudatalatti: Ehhez a kifejezéshez is sokan helytelen értelmezést kapcsolnak. A tudatalatti valójában egy elfojtásokkal teli réteg a tudat és az ego felszíni rétege között. Ezért mondja olyan szépen a magyar nyelv: a tudat alatt van, azonban az ego fölött. A gyermekkori elfojtásaink közül nagyon sok olyan lehet, melyre már nem is emlékszünk, mégis folyamatosan kisugározva programozza a kedvezőtlen jelenünket és jövőnket. A tudatunk sokféle módon igyekszik a felszínre juttatni, hogy végre ráláss és ezáltal tudatossá válhass rá. Azaz láss rá és kezdd el begyógyítani az elfojtott fájdalomokokat. A tudat hogyan tudja számodra láthatóvá tenni a tudatalattidban rejlő részeidet? A jelen kötet tudattal kapcsolatos fejezeteiben erre a kérdésre izgalmas válaszokat fogsz kapni. A lényeg az, hogy minél több mindent felnyitsz a tudatalattidból és felszínre hozol, úgy vékonyodik a tudatalatti réteg, mely a tudatod és az egod közötti elválasztóként funkcionál. Szóval a tudatalattival rengeteget kell dolgozni, hogy kiürüljön, amennyire csak lehet. Ezzel a tudatod egyre közvetlenebbül tudja irányítása alá vonni az egot.

Spiritualitás: A spiritualitás szó szerinti fordításban nem jelent mást, mint lelkiséget. A magyar nyelvben így ez a szó a lelki fejlődés ikonikus szava lett. Egyébként kiválóan alkalmas is erre. Azonban a spiritualitás kifejezéssel kapcsolatban két problémát látok. Az egyik az, hogy nagyon sok olyan elképzelés született már a világban, melyet spiritualitás címen hirdetnek és a bolond rögeszmék, habókos víziók kategóriába lehetne sorolni. Így sajnos a „spirituális ember" sokak szemében „bolond ember" lett. Ezek miatt a spiritualitás szónak bizonyos körökben egy „elment az esze" jellegű pejoratív értelme is lett. Igazság szerint erre sokan rá is szolgáltak a spiritualitás „hírvivői" közül, mert tényleg rengeteg közöttük az olyan rögeszmék áldozata, ahol nincs szó másról, mint hogy az egojukba beépült a spiritualitás. Ezáltal furcsa emberek rögeszméik miatt teljes körű bizonyossággal állított vízióikat hirdetnek. Hangsúlyozni szeretném, hogy a fenti sorokat nem kritikának szánom. Mindenki azt tesz, amit akar és ahogyan akarja. Csak szörnyű látni, hogy ezek az emberek nemcsak a saját életüket élik egojuk csalfa délibábjának elvakult fátylában, hanem sajnos rengeteg embert vezetnek tévútra és tesznek boldogtalanná. Ezért fontos, hogy a spiritualitásban légy nyitott, de maradj bizalmatlan! Például én is lehetek egy ilyen „habókos bolond". Ezért arra kérlek, maradj nyitott, és vizsgáld meg, hogy abból, amit tőlem tanulsz, mi az, ami működik, és mi az, ami nem. Csak saját magadnak higgy! A spiritualitás másik téves értelmezése, amikor a spiritualitást és a tudatosságot keverik össze egymással. A spiritualitás a lelki fejlődés útja. Az I. kötetben bemutattam neked, hogy az én tapasztalataim szerint ez a legkönnyebben a lelki rezgésszintek emelésén keresztül érthető meg. A spiritualitás tehát az én értelmezésemben azt jelenti, hogy emeljük a lelki rezgésszintünket, ezáltal érünk el lelki fejlődést, és az egonkat a pusztító-ego szintjéről először a semleges-ego szintjére, majd onnan a teremtő-ego szintjére emeljük. A tudatosság ugyanezt a kérdést fordítva közelíti meg. Hiszen az egon kívüli énünkre való figyelemre fókuszál. Tulajdonképpen két egymást kiegészítő, egymást segítő folyamatról van szó. Hiszen a tudat az egon kívüli részed. A spirituális út az ego átformálásán, fokozatos gyengítésén dolgozik. A tudatosság pedig az egoról igyekszik áthelyezni a fókuszt egyre nagyobb arányban a szellemedre, azaz az egon kívüli énedre. A legideálisabb, ha mindkettővel foglalkozol, ezért ez a könyv már szólni fog a tudattal való munkáról is.

3. FEJEZET

A boldogság alapja a helyes nézőpont

Meggyőződésem, hogy a legtöbb ember boldogtalanságát a rossz nézőpont okozza, nem pedig az, hogy alkalmatlanok lennének a boldogságra. A válaszokhoz egy másik kérdésen keresztül vezet az út: mi a jó és mi a rossz? A legtöbb ember válaszként arra gondol, hogy a jó mindenkinek más, és ugyanez igaz a rosszra is. Szóval elvileg nincs olyan rendezőelv, ami mentén ez egyértelműen eldönthető lenne. Sőt, egyébként sem lehet a világot jóra és rosszra felosztani, hiszen az Élet nem fekete és fehér. Szóval minden rosszban van valami jó, és fordítva.

Én mégis azt állítom, hogy van ilyen rendezőelv! Mindössze két szabály létezik, amelyek segítségével bármiről eldönthető, hogy valójában rossz-e vagy jó. Ennyi kell csak hozzá, hogy helyes nézőpontból kezdjük el figyelni a világot, és elinduljunk a boldogság útján. Nézzük ezt a két szabályt:

Az első szabályt a Beszélgetések Istennel című csodálatos könyvben (*N. D. Walsch, 2018*) olvastam, miszerint életünk végén nem az alapján fog megítéltetni földi életünk, hogy mit értünk el, mi mindent gyűjtöttünk össze magunknak az életünk során. Hanem az alapján leszünk megmérettetve, hogy **mit tettünk másokért, milyen hatással voltunk a környezetünkre!**

A második szabályról az előző könyvemben (*Dittrich, 2021*) részletesen írtam, mely így szól: minden jó, ami élettámogató és minden rossz, ami életpusztító.

Ezzel a két szabállyal bármiről eldönthető, hogy jó-e vagy nem. De miért is érdemes mélyebben elgondolkodnunk ezen? Azért, mert az egonk mindenről egy pillanat alatt eldönti, hogy valami jó-e vagy rossz, de sajnos ezt csak az ő saját szemszögéből teszi.

Ez miatt nagyon sokszor cselekszünk rosszat az életünkben úgy, hogy közben meg vagyunk győződve az igazunkról, vagy arról, hogy jót teszünk. Az még gyakoribb, hogy ugyan felmerül bennünk a cselekedetünk helytelensége, de az egonk egy másodperc törtrésze alatt elhessegeti azt valami kényelmesebben elfogadható indokkal. Ugye, milyen sokszor jártál már így? Pedig ezek az ego csapdái, melyek a boldogtalanságunk építőkövei. Ennek a két szabálynak a nagy előnye, hogy megtanít minket az egonk mögé nézni és szembenézni tetteink valódi értékével. Így **ez a két szabály megtanít minket a boldogság felé vezető úton maradni, vagy éppen arra rálépni.**

Persze sokkal nehezebb eszerint a két szabály szerint élni, mint az egonk elvei szerint. Nem véletlenül van az a mondás, hogy a „pokolba vezető út mindig jó szándékkal van kikövezve". Tehát szépnek, jónak tüntetjük fel önmagunk előtt a saját tetteinket, miközben valójában nem azok. Éppen ez a legfőbb gond a mai társadalommal és a mai átlagemberrel. A legtöbbször pont fordított a nézőpontja azzal, ami helyes. A legtöbben az egonk önzése szemszögéből nézzük az Életet. Igyekszünk a lehető legnagyobb biztonságot, gazdagságot, a legtöbb élményt, hatalmat stb. összeharácsolni magunknak az életünk során. Pedig azt már tudjuk, hogy az egonk nem mi vagyunk, az csak egy lelki parazita. De életfeladataink szempontjából az ego önző döntései a legtöbbször teljesen értéktelen törekvések. Akkor haladunk a boldogságunk irányába, ha az életfeladataink irányába ható döntéseket, cselekedeteket viszünk véghez. Mik az életfeladataink?! Erről részletesen a 6.1. fejezetben lesz szó.

4. FEJEZET

Lelki rezgésszintek „upgrade"

Ebben az alfejezetben a lelki rezgésszintekről szeretnék neked pár olyan értékes gondolatot átadni, mely terjedelmi okok miatt nem fért bele az I. kötetbe. Azonban úgy érzem, lényegesek a lelki fejlődés útján. Ismétlésképpen ebben a könyvben is bemutatom a lelki rezgésszintek ábráját, mert a későbbiekben is még többször fogok utalni rá:

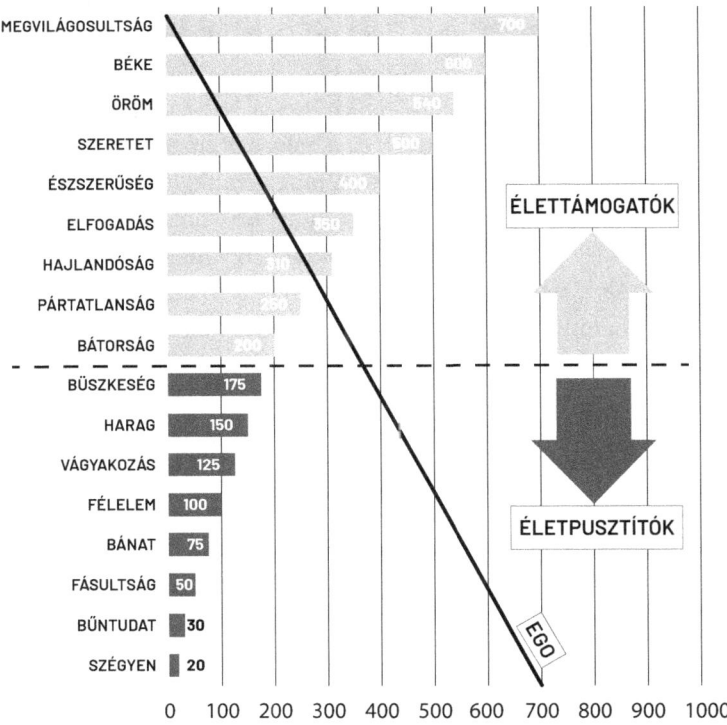

1. ábra: Lelki rezgésszintek és az ego kapcsolata (Hawkins-skála)

4.1. A lelki rezgésszintek és a helyes boldogságkép

A legtöbb ember boldogtalanságának egyik fő oka, hogy helytelen boldogságképet hajszol. Az egész nyugati társadalom téves ideákat sugároz felénk, így állandó csábításaival boldogtalanságba sodorja az embereket. A társadalom tipikus csábításai a pénz, az egzisztencia, a hatalom, a kényelem, az élmények, a jó külső, a szexualitás és egyéb élvezetek. Ezek azok, amelyekből minél több van, a nyugati „kultúra" szerint, annál jobb az Élet. A legtöbben bele is esünk abba a csapdába, hogy ezt el is hisszük. Ahogy dr. Bistey Zsuzsa mondta az egyik riportjában: „A félelem és kényelem társadalmában élünk". Az emberek azt az utat választják, ami kényelmes vagy a félelmeik elkerülését szolgálja. Mindkét út olyan, ami ritkán hoz boldogságot és még ritkábban fejlődést a személyiségben. Szóval a világ mai kísértéseinek szinte teljes arzenálja lelkirezgésszint-csökkentő hatású. Én is évtizedekig hittem, hogy ez a helyes út, mégsem lettem igazán boldog. Mindig mondogattam magamnak, hogy majd akkor leszek boldogabb, ha megveszem a nagyobb házamat, vagy amikor majd megveszem az újabb autómat, vagy majd akkor, amikor ledoktorálok, esetleg majd a fizetésemelésem után, vagy azután, ha kipróbálom ezt vagy azt a bizonyos dolgot stb. Furcsa, hogy mindezeket elérve ugyan rövid átmeneti boldogságot éreztem, de valahogy mindig visszatért vagy megmaradt a belső üresség em. Tartós boldogságot nem jelentett egyik célom elérése sem, maximum az önelégültségemet fokozta vagy a biztonságérzetemen javított. Éppen ezért vagyunk mi nyugati emberek olyan telhetetlenek, mert a tartós boldogságot ezen örömök állandó hajszolásával kívánjuk elérni. Csak átmeneti örömökből táplálkozunk, amelyekből sok kell. Ez természetesen nagyon sok életpusztító energiát szabadít fel, ennek következménye az extra nagy mértékű környezetszennyezés, a többi világrész soha nem látott mértékű kizsákmányolása, a sok társadalmi feszültség is.

Hihetetlen nagy árat fizetünk globális szinten ezekért az örömökért, és mégis soha nem látott mennyiségű boldogtalan ember van a nyugati világban. Akkor mi értelme ennek az egésznek? A helyzet az, hogy **a boldogságot belül kell keresnünk!** A saját élettapasztalatom is igazolja a nagy spirituális mesterek előbbi üzenetét. Amikor a lelkem elkezdett meggyógyulni, a belső ürességem mérséklődni, akkor megváltozott a világról alkotott képem, és ezáltal a boldogságom is fokozódott. De hogy tisztán lásd, mire is gondolok, a lelki rezgésszinteken keresztül mutatom be neked, hogyan módosul meg a boldogságképünk a lelki rezgésszintünk emelkedésével.

A **szégyen** és **bűntudat** szintjén az emberiséget mocskos, pusztulásra érett gonosz népségnek tartjuk. Ezeken a lelki rezgésszinteken meg vagyunk róla győződve, hogy az Élet nem a boldogságról szól. Nem érdemeljük meg az életünk során a boldogságot. Így, ha átmenetileg mégis boldognak érezzük magunkat, utána mindig bűntudatot vagy szégyent érzünk, amiért ezt egyáltalán meg mertük élni.

A **fásultság** lelki rezgésszintjén boldogság-érdektelenségünk van. Ezen a lelki rezgésszinten egyáltalán nem izgat minket a boldogság sem, mint ahogy semmi más. Az élet egy értelmetlen dolog, amelyben értelmetlenül létezünk. A boldogság pedig ugyanolyan értelmetlen dolog, mint maga az egész élet.

A **félelem** lelki rezgésszintjén már elkezdjük keresni a boldogságot, bár az nagyon távoli és nehezen elérhető dolognak tűnik. Ezen a lelki rezgésszinten nincs biztonságérzetünk a világban, hiszen az egy félelmetes hely. Fóbiáink, félelmeink, aggodalmaink uralnak minket, ezért a boldogságkeresésünk fő célpontja a biztonság maximalizálása. Azonban a teljes biztonság sosem érhető el, így ezen a lelki rezgésszinten mindig talál félnivalót az egyén. Ezért csak rövid időkre jelentkezhet a boldogságérzet. A nyugati társadalmi „kultúra" boldogságkeresésének egyik fő motorja a félelem elkerüléséről szól, így alapvetően nem lehet benne boldogságot találni!

A **vágyakozás** lelkirezgésszintjén a boldogságunk fő „célpontja" a céljaink elérésének vágya. Az egész személyiségünket átitatja a vágyakozás, a sóvárgás érzése. Ezen a lelki rezgésszinten mindig olyan célokat tűzünk ki, amiket vagy soha vagy csak nagyon-nagyon nehezen lehet elérni. Tipikusan hajlamosak vagyunk olyan emberekbe beleszeretni, akiket sosem kaphatunk meg, miközben meg vagyunk győződve arról, hogy ő a lelkünk másik fele (erre az ikerláng és ehhez hasonló hangzatos szavakat szeret használni a kérges ego). Az egyén nem veszi észre, hogy a vágyakozás maga a lényeg a lelke számára, ezért ha el is éri nagy nehezen valamelyik célját, annak már nem tud igazán örülni, mert addigra már más célok járnak a fejében. Ez miatt a boldogság mindig a jövőbe tolódik és maga a vágyakozás érzése stabil és folyamatos. Így a vágyakozás soha nem tesz boldoggá, hanem mindig távol tart tőle. Maximum erőt ad az alacsonyabb lelki rezgésszintekhez képest. Amikor rálépünk, nagy szükségünk van erre az útra, de csak egy rövid időre.

A **harag** lelki rezgésszintjén a világ tele van ellenségekkel. A boldogságképünk fő irányát ezért mindig az ellenségeink legyőzése, vagy az azok elleni védelem jelenti. Azonban ezen a lelki rezgésszinten sem érhető el a tartós boldogság, hiszen akárhány ellenséget győz le vagy akárhány ellenséggel szemben ér el teljes biztonságot az egyén, időközben mindig új ellenségképeket generál magának. Gyakori az is, hogy legyőzhetetlen ellenségeket talál, hiszen ezzel tudja konzerválni azt, ami a lelkében elrejtve valójában a lényeg: a szembenállás, a harag érzése, amelyet legmélyebben elfojtva önmagával szemben érez. Ennek tipikus megtestesítője Don Quijote.

A **büszkeség** lelki rezgésszintjén a világ egy önző hely, ahol mindenki csak magára számíthat. Ezért ezen a lelki rezgésszinten a boldogságunk iránya az, hogy minden vágyunk teljesüljön, amit csak kitalálunk. Ez a tipikus hedonista, önző ember világa. Azonban mire az egyén valamit megszerez, addigra újabb birtokolni, megszerezni vágyott célokat tűz ki maga elé, így sosem elég neki semmi és sosem érezhet tartós boldogságot. Ezen a lelki rezgésszinten azonban kialakul egy önámítás is. Mivel a megszerzett javak, élmények, külsőségek, a vagyon büszkeséggel tölti el őt, ezért ez egy álságos boldogságérzést generál. A büszkeség fűti az egonak ezt a hazugságát, amely mögé nagyon nehéz látni. Hiszen az ego ezen a lelki rezgésszinten olyan erős, mint egy páncél, és a személyt a saját lelkének sugallataira vakká teszi.

A **bátorság** lelki rezgésszintjén elkezdünk ráébredni a lelki problémáinkra, és elkezdünk merni szembenézni velük. Itt már próbálunk a helyes boldogságkép irányába fordulni. Bár még nem tudunk lemondani az eddigi lelki rezgésszintek keltette vágyakról, haragokról, büszkeségekről, de már kezdjük látni, hogy a boldogságunk egyetlen helyes útja, ha begyógyítjuk a lelkünkben megtalálandó sebeket, problémákat, ürességeket. Itt jelenik meg először a boldogságkeresés helyes iránya.

A **pártatlanság** lelki rezgésszintjén ráébredünk, hogy minden rosszért, ami velünk történik, mi felelünk. Hiszen ha lelkileg azonosulunk a körülöttünk lévő történésekkel, akkor azok óhatatlanul negatív érzelmeket keltenek bennünk. Itt a helyes boldogságkép fő iránya az, hogy egyre inkább megpróbálunk érzelmileg nem bevonódni a körülöttünk lévő negatív folyamatokba. Itt jelenik meg először a keleti filozófiák mondandójának az értelme, hogy a semlegesség által lehet megtalálni a boldogságot, és megtapasztaljuk az egyensúly érzését. Ugyanakkor itt még nem tudja elfogadni, megérteni az egyén, hogy a pozitív dolgokkal ugyanúgy semlegesnek kell lenni, mint a negatívakkal. Mert a pozitív energiahullámokat mindig negatívak követik.

A **hajlandóság** lelki rezgésszintjén az egyén elkezdi felismerni, hogy igazán az önmérséklet gyakorlásával és a tudatalattinkba rejtett összes trauma gyógyításával lehet közeledni a boldogság felé. Itt elkezdjük feladni régi hedonista életünk maradékait. Rájövünk, hogy nem azon múlik a boldogság, hogy mennyit fogyasztunk vagy milyen élvezeteket hajszolunk. Sőt, itt kezd letisztulni az is, hogy az ezekkel szembeni önmérséklet visz az igazi boldogság felé. Ezen a lelki rezgésszinten indul el a lélek, a test és az elme valódi tisztulása és megjelenik az egyre stabilabb belső béke érzése, mely már ezen a lelki rezgésszinten igazi boldogságot jelent.

Az **elfogadás** lelki rezgésszintjén a helyes boldogságkép azt sugallja, hogy semlegesek tudjunk maradni az ellenséges és negatív dolgokkal szemben, a világ összes többi részével pedig elfogadók. Majd ennek a lelki rezgésszintnek a csúcsán már az ellenséges emberekhez, eseményekhez is megértően és elfogadóan tud viszonyulni az egyén. Ez jelenti számára a boldogságot, hiszen az elfogadása okozta stabilitás által a világ már nehezen tud benne negatív érzelmeket kelteni. A boldogság mérőszáma pedig különböző érzelmeink egymáshoz viszonyított arányaiból adódik, ahogy azt az I. kötetből már jól megérthetted.

Az **észszerűség** lelki rezgésszintje az, ahol az egyén eléri az igazi semlegességet. Érzelmileg nem azonosul sem a pozitívval, sem a negatívval. A boldogságot az jelenti a számára, hogy objektív tisztaságában érzékeli a világot. Ez a tiszta, igaz felismerések állapota. Annak ellenére, hogy a racionális emberek ösztönösen erre a lelki rezgésszintre sorolják be magukat, a mai világban ezen a lelki rezgésszinten kb. 100.000 emberből csak egy-kettő él. Ezen a lelki rezgésszinten az életünk ok-okozat törvényébe való „belesimulása" jelenti a boldogság alapját.

A **szeretet** lelki rezgésszintjén az egész világot szeretjük. Itt már mindenki felé önzetlen szeretetet sugárzunk. Annál nagyobb a boldogságunk, minél több szeretetet tudunk adni, minél nagyobb önzetlenséggel. Egymillió ember között egy-egy ilyen ember él, bár az utóbbi néhány évben szerencsére hirtelen elkezdett nőni a számuk.

Az **öröm**, **béke** és **megvilágosultság** lelki rezgésszintjén maga a lét jelenti az örömöt. Minden pillanat a maga tökéletességében létezik, függetlenül attól, hogy az jó vagy rossz. Itt már nem kell keresni a boldogságot, hiszen az egyén folyamatosan abban él. Az öröm lelki rezgésszintjén egy ösztönös belülről fakadó örömérzés, derű, játékosság tölt el minket, ami szinte független a külvilág történéseitől. Amikor megtapasztaljuk a békét, rádöbbenünk, hogy ez még az örömnél is nagyobb boldogság. Ez az az állapot, amikor tökéletes rend és csend van bennünk, és a békénk belülről fakadóan itatja át minden cselekedetünket. A megvilágosultság állapotában tudatunk fénymagja egyesül az Univerzum fényével. Ez a boldogság már transzcendens, nem evilági, így szavakkal nehezen írható le. De teljesen felesleges ennek a megértése, mert nem az anyagi világból táplálkozik, így nem nagyon vannak rá szokványos szavaink.

Ha kitartottál idáig, akkor bizonyára a számodra is letisztult, hogy a lelki rezgésszintünk emelkedése során milyen hihetetlen mértékben megváltozik a boldogságképünk. Jómagam az összes boldogságképet megéltem hosszabb, rövidebb ideig. Bátran mondhatom, hogy minél magasabb a lelki rezgésszintünk, annál boldogabbak vagyunk és annál kevésbé kellenek külső megerősítések ahhoz, hogy boldognak érezzük magunkat. A belső békénk és harmóniánk, egyensúlyunk egyre fokozódik. Tehát a lelki rezgésszintünk emelését érdemes a tudatos életünk legfontosabb céljává tenni, mert így egyre tartósabb boldogság állapotába kerülünk.

4.2. A lelki rezgésszintek és a szeretet szintjei

Kétféle szeretetszükséglet-típust különíthetünk el, először nézzük ezeket:

Önző szeretet (hiány alapú szeretet): Ezen a szinten az ember hiányszükségletként éli meg a szeretetet. Mint minden hiányérzetnél, ugyanúgy arra törekszik, hogy ezt megszerezze magának, annak érdekében, hogy a hiányérzet megszűnjék. Tehát itt a szeretethiány kielégítése a cél, amiért általában sokféle módon igyekszünk megfelelni másoknak. Ezért hívta Osho (2009) az embereket szeretetkoldusoknak. Az ilyen érzésekkel élő emberek ezért jobban függnek más emberektől. Ez korlátozza a kapcsolataik minőségét, illetve több konfliktus jellemzi a személyes kapcsolataikat. Ezek az emberek nem hisznek az önzetlen szeretet létezésében, az embereket pedig inkább a hasznosság szempontjából ítélik meg. Az egyén által kimutatott szeretet sosem önzetlen, mindig valamiféle viszonzást vár cserébe, bár ez nem mindig tudatos. A szeretet általában birtokló jellegű és a szeretett személy „lecserélhető". Például elválsz és majd lesz másik párod. Az önző szeretet következménye az, hogy tudatosan vagy tudattalanul mindig elvárásokat tesz az egyén a szeretetkifejezése mögé. Amennyiben azt nem kapja meg, a szeretet kifejezője előbb vagy utóbb belső szorongást vagy ellenséges érzéseket érez. Amikor a szeretetnek ezt a változatát éltem, akkor mindig kínosan figyeltem arra, hogy amit nyújtok a páromnak, azt ő legalább olyan mértékben viszonozza-e. Aztán amikor úgy éreztem, hogy nem teszi meg, akkor szorongani kezdtem, hogy mi van, ha már nem is szeret annyira. Vagy számon kérő hangnemben szóvá tettem a hiányaimat, amiből veszekedések keletkeztek. Ezek a belső feszültségek sajnos olyan érzelmeket generálnak bennünk, amelyek eltorzítják az objektív látásmódunkat, és így sokszor olyan dolgokról is meg vagyunk győződve a párunkkal kapcsolatban, amiknek már nem sok közük van a valósághoz.

Önzetlen szeretet (növekedés alapú szeretet): Ez a „szeretetforma" a másik embert önmagáért szereti. Ez persze egy tipikus szlogen manapság, de mégis ritka az a kapcsolat, ahol ez tényleg igaz. Ezen a szinten a szeretett személy nem a szeretethiány kielégítésének az ezköze. Itt nincs elvárás arra nézve, hogy viszonozzák a szeretetünket. Azonban nagyon fontos, hogy az önzetlen szeretetet ne keverjük össze az önfeláldozó és főleg ne az aggódó szeretettel. Az önfeláldozó szeretet az, amikor valaki a saját élete rovására szolgál másokat és azt a szeretetével magyarázza meg önmagának és másoknak. Sok-sok édesanyára jellemző ez a minta. Itt valójában az van a háttérben, hogy az önfeláldozó személy a szíve legmélyén nem hiszi el önmagáról, hogy szerethető, és azért áldozza fel magát nap mint nap, hogy kiérdemelje mások szeretetét. Tehát ez is az önző szeretet egyik formája, csak álságosan önzetlennek van feltüntetve. Ez a pusztító ego egy tünete és messze nem az önzetlen szeretet valódi világa. A másik gyakori eset, amikor a szülők a szeretet jegyében állanódan aggódnak a gyermekükért. Az aggódás az félelem. A félelem pedig a szeretet ellenpólusa. Ez csak egy mentegetőzés a szülő részéről, és valójában így adja át a félelmeit a következő generációnak. Ez által transzgenerációs mintázattá alakul. Az önzetlen szeretet szintjén a szeretetet egyszerűen adjuk, mert jólesik szeretni, jólesik minél többet adni belőle. Mivel a szívünk túlcsordul pozitív szeretetenergiákkal, ezért semminemű önfeláldozást, fáradságot vagy egyéb negatív hatást nem okoz mások számára a szeretet nyújtása. Amikor fáradságot vagy terhet jelent szeretni, akkor az csak önző szeretet lehet, az önzetlen szeretetet nyújtó fél vágy- és érdekmentes. A másik embertől semmit nem várunk el a szeretetünkért cserébe. Az ilyen szeretet befogadására is elég érettnek kell lenni. Több olyan hölgyet ismertem, aki a magas szintű önzetlen szeretetet mindenféle játszmarendszerekkel, tudattalanul tolta le magáról. Régebben én is ösztönösen letaszítottam magamról, ha így közelített valaki felém. Ez a fajta szeretet egy lelkileg sérült embernél szabályosan rémisztő. Hiszen önzetlen szeretetünkhöz sok fájdalom kapcsolódhatott gyermekkorban. Nem véletlenül szoktam gyakran mondani a páromnak: „olyan rendes vagy, hogy hagyod, hogy szeresselek!". Ezen ő mindig jókat mosolyog, de ő is érti, hogy a szeretetet nemcsak adni nehéz önzetlenül, hanem játszmák nélkül tisztán befogadni sem könnyű. A másik embert ezen a szinten nem a mi szempontunkból vett hasznosság szabja meg, hanem pusztán azért szeretjük, mert méltó a szeretetre. A szeretetünk mértéke független attól, hogy a másik fél mennyit viszonoz belőle, vagy hogy éppen milyen napja van, vagy hogy néz ki. Birtoklási vágyunk sincs, inkább szimplán csodáljuk a szeretett személyt.

Ez az érzés sosem telítődik, vég nélkül élvezhető, bár a mértéke természetesen hullámzó lehet. Nem véletlenül képesek az ilyen típusú szeretetre alkalmas emberek egy életen át tartó meghitt kapcsolatra. Ugyanakkor az ilyen szeretetre képes emberek függetlenebbek egymástól. Ők egyedül is jól érzik magukat, csak együtt még jobb. Rájuk nem jellemző a féltékenység, a kapcsolati játszmák, a veszekedések és a kapcsolati szorongások. Az ilyen emberek örömmel és önzetlenül segítik a társukat az önmegvalósításukban, önzetlenül szeretnek gondoskodni a párjukról és nagyvonalúak a szeretteikkel. Ha valódi, mélyreható meghittségről és a másik fél mély megismeréséről beszélünk, akkor az csak ilyen szeretettel valósítható meg igazán.

A szeretettel összefüggésben nagyon mélyről indultam. Serdülő- és fiatalfelnőtt-koromban meg voltam győződve arról, hogy a szeretet valójában nem létezik. Az emberek ezzel kapcsolatban csak ámítják egymást, és ezzel a szeretettel kapcsolatos álszent dumáikkal próbálják szebbnek, jobbnak feltüntetni magukat mások előtt. A családunkban nem volt divat érzelmekről beszélni, különösen nem ilyen mély érzelmekről. A szeretetet a materiális gondoskodás szintjén mutatták ki, ami egy tiszta szívű, önzetlen szeretetet adó és váró gyermek lelkének értelmezhetetlen. Édesapám korai halála, valamint a szigorú és materialista nevelés következtében nem csoda, ha fiatalfelnőtt-koromban ezt az egész szeretetkérdést egy amolyan kamu-maszlagnak gondoltam.

Az első gyermekem születésekor jött valami belső fény, ami elkezdte velem elhitetni, hogy talán mégiscsak létezik szeretet. Ekkor 30 éves voltam. Ezt követően egy bő évtizedre leragadtam az önző szeretet szintjénél. Ez a „szeretetforma" a legtöbb férfire egész életében igaz. A nők legnagyobb része azonban, amikor életet ad egy gyermeknek, megtanulja az önzetlen szeretet létezését. Ez egyben a szeretet következő szintje. Amikor már érzünk önzetlen szeretetet, de azt még „csak" a hozzánk nagyon közel álló emberek iránt vagyunk képesek megélni. A „csak"-ot azért tettem idézőjelbe, mert szerintem a ma élő felnőttek legalább a kétharmada a haláláig nem jut el idáig a lelki fejlődésében. Így ez a szeretetnek már egy igen magas szintje. Nemrég beszélgettem egy auralátóval, aki akkor 60 év felett volt, és meggyőződéssel magyarázta nekem, hogy az önzés az Univerzumot átható mindent meghajtó erő. Természetesen ráhagytam, de megdöbbentett, hogy egy spiritualitás terén nyitott és másokat spiritualitásra tanító ilyen korú férfi hogyan tarthat még csak itt.

A szeretet következő szintje az univerzális szeretet. Pár éve a kertemben naplementénél a sétáló meditációt próbálgattam több-kevesebb sikerrel. A meditációs próbálkozások azonban arra jók voltak, hogy amolyan érzelmes és lenyugodott lelkiállapotba kerültem. Ekkor rám tört egy rendkívüli érzés, amelyhez hasonlót soha életemben nem éreztem előtte. Tiszta szívemből megéreztem, hogy minden emberben van egy belső rész, egy csodálatos, szeretetre méltó lény, és az emberi gonoszság, valamint minden egyéb rossz kifejeződése pusztán csak egy máz. Tiszta szívemből éreztem, hogy minden ember szerethető és hogy minden ember szeretetre vágyik, még azok is, akik az ellentétét állítják. Ez az érzés annyira egyértelmű és átütő volt, hogy átéltem azt, amiről a nagy spirituális tanítók mesélnek: **az Univerzumot átható egyik legnagyobb erő tényleg a szeretet.** Eddig a napig, ha ilyet olvastam, mindig vagy hitetlenkedtem, vagy azt gondoltam, hogy túlzásokba esik a szerző, esetleg azt, hogy de jó neki, hogy ilyet képes átélni... Soha nem gondoltam volna, hogy ez az érzés valaha bennem is meg fog jelenni. Az még inkább meglepett, hogy nem kellett hozzá több, mint három hónapnyi meditáció. (Az ehhez vezető út szükséges lépéseit tárgyalni fogja ez a kötet.) Ez a szeretet lelki rezgésszintje, amikor univerzálisan már minden létezőt önzetlenül olyannak szeretsz, amilyen. Jelen sorok írásakor ezt szinte egész nap alapérzésként érzem, és tudom, hogy ezt bárki képes megtapasztalni. Ez a szeretet harmadik szintje, az univerzális szeretet. Ezt a könyvet is azért írom, hogy segíthesselek ezen az úton. Ez az érzelemvilág olyan csodálatos, hogy nap mint nap megéri tenned érte.

Természetesen azon is sokat gondolkodtam, hogy hogyan lehetne definiálni, hogyan lehetne szavakba önteni az igazi mély szeretetet. Nagyon nehéz kérdés. Van egy pici könyv (*György Edit, 2003*) a polcomon, amely híres emberek szeretetről és boldogságról mondott idézeteit tartalmazza. Egyet sem találtam benne, amiről úgy éreztem, hogy a maga teljességében leírja az önzetlen, univerzális szeretetet.

Egy alkoholmentes sör mellett erről beszélgettünk a szomszédommal, amikor mondott egy dolgot, ami biztosan része a szeretet leírásának: „feltétel nélküli kötődés". Nagyon megfogott ez az állítás. Tudniillik kötődni veszélyes. A legtöbb ember egész életében tudattalanul menekül a kötődés elől. Vágyik rá, hogy szeressék, de amikor igazán szeretik, mindenféle pusztító-ego által generált okkal ösztönösen letaszítja magáról az őt szerető embert. Én is ilyen voltam. Akik szerettek, azokat elhagytam és mindig meg tudtam magyarázni, hogy mi volt a gond velük. Akiket pedig nem tudtam szeretetre bírni, azok szeretetéért reménytelenül sóvárogtam. Így mindig megvalósult az, amit legbelül éreztem magamról: nem vagyok szerethető.

Volt egy időszaka a lelki fejlődésemnek, amikor rádöbbentem, hogy tudok önzetlen lenni, elfogadó lenni, figyelmes lenni, kedves lenni, odaadó lenni. De mindezek együttese sem jellemzi a szeretetet. A szeretethez nem csak felétel nélküli kötődés kell, a szeretet egy olyan érzés, mely mindezek felett áll és mindezeknél mélyebb érzelem. Ekkor eszméltem rá, hogy valójában nem is tudok igazán szeretni. Abban az időben megdöbbentett ez a felismerés, hiszen nem ezt gondoltam magamról. De mivel megéreztem, hogy milyen is valójában a teljesen mély, igazi szeretet, elkezdtem dolgozni a szívem megnyitásán. Ennek eredménye lett az a séta, amiről jelen írás elején írtam.

Részletesen is írtam már arról neked az I. kötetben, hogy a külső világunk a belső lelki világunk tükröződése. Tehát amíg nem tudod önmagadat elfogadni, szeretni, addig más szeretetét sem fogod tudni tiszta szívből befogadni. Ebből fakadóan most térjünk át röviden a lelki rezgésszintek, az ego és a szeretet kapcsolatára, ha már az a frányа ego újra előkerült. A szégyen, a bűntudat lelki rezgésszintjein az egonk elhiteti velünk, hogy szeretet nem is létezik. Itt a szemünkben a világ egy szeretet nélküli álszent hely, ahol a szeretetről csak beszélnek, de valójában az már régen kiveszett a világból. Én jártam már itt, és tudom, hogy van kiút innen.

A fásultság és a bánat lelki rezgésszintjein nem igazán érdekel minket, hogy egyáltalán létezik-e vagy sem szeretet. Ebben az állapotban semmi sem számít, hiszen a létezés önmaga is egy gyötrelem. A félelem rezgésszintjén szó szerint félünk szeretni. Az egonk még csak az önző szeretet létében mer hinni, ezért a szeretet kifejezése esetén nagyon erősen vizsgálja a másik embert, hogy az ugyanannyit viszonoz-e belőle. Természetesen ezen a lelki rezgésszinten ez csak rövid ideig működhet, mert az attól való állandó félelem, hogy a másik fél nem viszonozza a kimutatott szeretetet, eltorzítja a látásmódot és egy csomó képzelt problémát generál az ego részére. Az ego pedig félelmében letaszítja magáról a szerető félt.

A sóvárgás lelki rezgésszintjén mindig olyan embert vonzunk be magunknak, aki nem szeret minket viszont, vagy olyat, akit mi nem tudunk szeretni. Így folyamatosan teljesül a lelki rezgésszintünkhöz illő tudatalatti vágy, mely szerint soha nem tudjuk tartósan megkapni a vágyott személy szeretetét. Természetesen ez akkor is így van, ha a racionális gondolkodásunk tudja, hogy nem ezt akarjuk.

A harag lelki rezgésszintjén, akinek a szeretetére a legjobban vágyunk, azzal veszünk össze a legjobban. Így teljesül az, hogy érzelmileg nem kerül túl közel hozzánk az adott személy, mert mielőtt ez megtörténne, az ego mindig kiprovokál egy konfrontációt, az ebből eredő harag pedig eltávolítja tőlünk azt, akinek a szeretetére vágyunk. Az is gyakori, hogy olyan párt választunk, akivel együtt tudunk utálni másokat.

A büszkeség lelki rezgésszintjén élő személyben kikövesedett, kérges ego jobban el van foglalva az önimádattal, mint a másik ember szeretetével. Elvárja a másik fél szeretetét, ugyanakkor ő nem igazán tudja megfelelően kimutatni azt. A szeretete önző és pont az önzősége miatt fordul a kezdetekben csodálatos párkapcsolat eltávolodásba.

Ezzel végigértünk az összes életpusztító lelki rezgésszinten. Sajnos a ma élő emberiség kb. 80%-a ezeknek a lelki rezgésszinteknek valamelyikén „dagonyázik" tudattalanul, és nem érti, hogy miért boldogtalan, miért sikertelenek a párkapcsolatai, miért nem jó a kapcsolata a gyermekeivel vagy a szüleivel. Ezeken a lelki rezgésszinteken tartósan nem lehetséges a valódi mély szeretet és a mély lelki intimitás.

A bátorság és a pártatlanság lelki rezgésszintjén már megjelenik az önismeret olyan foka, hogy a pusztító-ego elkezd lebomlani a valódi személyiségünkről. Felbukkan az önmagunkhoz való őszinteség és a mély önismeret igénye. Itt már felsejlik, hogy önzetlen szeretet is létezik, de csak rövid időkre vagyunk képesek érezni azt és csak a hozzánk nagyon közel állók iránt.

A hajlandóság lelki rezgésszintjén még objektíven állunk a szeretet kérdéséhez. Az önzetlen szeretet még itt is csak csírájában jelenik meg, inkább amolyan holttérbe kerül a szeretetélményünk. Már nem uralkodik rajtunk az önzés és már tudunk, merünk önzetlenek lenni. De ez még nem terjed ki a szeretet érzésére is.

Az elfogadás és az észszerűség lelki rezgésszintjén a mély elfogadás a lélek fő érzelmi motorja. Ezt sokan összekeverik a szeretettel, de ez még nem az. A szeretet az elfogadásnál egy magasabb rendű érzelem. Einstein is, aki az észszerűség lelki rezgésszintjén élők talán leghíresebb alakja, a halála előtt jött rá, hogy a szeretet áthatja az Univerzumot. Ugyanakkor itt már a hozzánk közel álló emberek iránt képesek vagyunk tartósan mély és teljesen önzetlen szeretetet érezni.

A szeretet lelki rezgésszintje az, ahol az univerzális, minden élő és élettelen iránt érzett feltétel nélküli szeretet folyamatosan átitatja a lelket. Ez Teréz anya lelki rezgésszintje. Ilyen magas lelki rezgésszinteken kb. egymillió emberből egy él napjainkban. Ők, vagy a még magasabb lelki rezgésszinteken élők a spirituális tanítóink, vezetőink. A szeretet feletti lelki rezgésszinteken pedig az univerzális szeretet már egy megszokott alapérzetté válik, melyre még magasabb szintű érzelmek rakódnak.

A szeretet mára már egy izgalmas témává alakult a lelkemben, a fejemben. Ezzel ellentétben régen egy felfújt, álszent és unalmas témának tartottam. Mindannyian változunk, és mindenki a maga tempójában. Egy a fontos, hogy haladjunk előre a lelki utunkon, hogy elérhessük azt, amiért szellemünk a Föld nevű bolygóra érkezett megfogantatásunk pillanatában...

Jelen fejezet végén izgalmas útra invitállak: kérlek, megfelelő bátorsággal, őszintén nézz magadba! Vajon a te szeretetkifejezéseid milyen mértékben és melyik csoportba tartoznak? Már bemutattam neked, hogy milyen hatalmas utat jártam be a szerettettel kapcsolatos viszonyom terén, mely lelki rezgésszintem emelkedésének következménye. Ez a könyv azzal az önzetlen céllal íródott, hogy ezt a csodálatos fejlődési utat a lehető legrövidebb idő alatt te is bejárhasd! Kérlek, tarts velem a könyv további részében is.

4.3. A lelki rezgésszintek és a szex

Az igazi önmagam megtalálása előtti időszakban lelkileg hullámzó életem során nagyon sok tapasztalatot szereztem a szexualitás terén. Voltak időszakaim, amikor szó szerint faltam a nőket, és állandóan szélsőséges szexuális vágyaim kielégítésén járt az eszem. Ma már tisztán látom, hogy akkor milyen mély lelki rezgésszinten éltem és mennyire helytelen volt tudattalan viselkedésem. Azonban tapasztalataimat ma valami pozitív dologgá formálhatom azáltal, hogy önzetlen, tiszteletteljes szándékkal másoknak segítő írásba öntöm. A lelki rezgésszintjeim változásával a szexualitásom is sokat változott, így mára már egyértelmű az összefüggés számomra e két terület között. Azonban két (vagy több) ember szexuális összekapcsolódásakor a két ember által kialakított átlagos lelki rezgésszint lesz az uralkodó, ezért különböző személyekkel mindig más a szexualitásunk. Tehát más ember mást hoz ki belőlünk, ahogy ezt a nők szokták mondani. Pedig ez a férfiakra is ugyanígy igaz.

Az alábbi sorok leírása előtt nagyon fontos kijelentenem, hogy minden világvallás nagy tisztelője vagyok, és ez különösen igaz a keresztény vallásra. Jézus a valaha a Földön élt legcsodálatosabb emberek egyike volt, akinek szavai az idők végezetéig formálni fogják az emberiséget. Azonban, mint mindennek, a vallásoknak is vannak árnyoldalai, még akkor is, ha ezekről nem illik beszélni. De az őszinte beszédet az Élet minden területén létfontosságúnak tartom, így ebben a témakörben is. Bízom benne, hogy az olvasó nem hitének sérelmét fogja érzékelni az alábbi sorokban, hanem az építő szándékú láttatás szükségességét.

Az egyházi dogmatizmuson azt értem, amikor a társadalomban vagy az egyházi gyakorlatban egy egyébként magasztos és csodálatos vallási szabály eltorzul és a társadalom fejlődésének gátjává vagy torzítójává válik. Az egyházi dogmatizmus egyik társadalompusztító megjelenése a szexualitás értelmezése körül forog. A tízparancsolat „ne paráználkodj" része nagyon sok hétköznapi emberben úgy rögzült, hogy a szexualitás=bűn. A katolikus papok szexualitásmentes fogadalma is ugyanezt jelenti a hétköznapi emberek számára. Szerintük ők azért teszik ezt, mert bűnmentesen kell élniük. Bár valójában ez messze nincs így, de mielőtt rátérünk a helyes értelmezésre, nézzük meg ennek a téves dogmatizmusnak a káros társadalmi hatásait.

Emlékszem, 11 éves korom körül jöttek az első ösztönös szexuális gondolataim, melyek természetesen ösztönszerű maszturbálást is generáltak. Gőzöm nem volt arról, hogy mi történik velem. A mi családunkban nem lehetett ilyesmikről beszélni és a szexualitás mint bűn sok tévéműsorból és egyes családi beszélgetésekből is belém ivódott. Tisztán emlékszem, hogy szexuális gondolataimért milyen mély bűntudatot éreztem. Ma már visszanézve azt is egyértelműen látom, hogy évtizedekbe tellett, mire teljes mértékben meg tudtam válni a szexualitás körül forgó bűntudat- és szégyenérzéseimtől. Fiatalfelnőtt-koromban rengeteget beszéltem a körülöttem lévő embereknek a szexuális szabadosságról, ezzel nem túl jó hatást gyakorolva környezetemre. De ma már az is egyértelmű, hogy ezzel csak elfojtott bűntudatomat kompenzáltam a világ felé. Mint ahogy már jól tudod: a szégyen és a bűntudat a legpusztítóbb érzések, amik csak léteznek. Mennyi ilyen felesleges érzéstől lehetett volna mentes a fiatalabb kori életem, ha nincs ez a vallási dogmatizmus?! Mi lett volna, ha ez helyett a tízparancsolat ennek e csodálatos szabályának a helyes értelmezését tanítja nekem meg valaki?

Ugyanakkor milyen sok embert itat át a világon a szexualitásával kapcsolatos bűntudat vagy szégyen érzése! Szerintem emberek százmilliói szenvednek ettől akár tudottan, akár a lelkükben elfojtott módon. A fiatalkorban előtörő bűntudatot általában nem rendbe tesszük, hanem elfojtjuk magunkban. Aztán nem értjük, hogy felnőttkorban miért nem tudjuk megélni egészségesen és tökéletesen, boldogan a szexualitásunkat.

A szexualitás – ugyanúgy, mint a vallás – lehet a világ legcsodálatosabb dolgainak egyike, és lehet bűn is. A vallásosság a lelki tisztaság és az erős Istenhit révén olyan lelki magaslatokra ad módot, hogy a vallást egy csodálatos dologként tartjuk számon. Ugyanakkor ha belegondolunk a vallásháborúkba, az inkvizícióba, a boszorkányégetésekbe és az eltorzult vallási dogmatizmusba, akkor a vallás sajnos a leggusztustalanabb dolgok közé is képes süllyedni. Mégis a vallást társadalmilag egy magasztos dologként fogadjuk el, és nem veszünk tudomást a sötét oldaláról. Ezzel szemben a szexualitást bűnként, tabuként éli meg inkább a társadalom, és nem veszünk tudomást annak magasztos oldaláról. Fontos megismételnem: a szexualitás is lehet az Élet legcsodálatosabb megnyilvánulásainak egyike, ugyanakkor lehet a legmélyebb bűnök gyökere is. A tízparancsolat „ne paráználkodj" felszólítása kizárólag ez utóbbira utal. Vegyük most górcső alá, hogy mitől lesz a szexualitás csodálatos vagy „paráznaság".

A válasz tiszta és egyszerű: a szexualitás annál felemelőbb és csodálatosabb, minél mélyebb egymás iránt érzett lelki intimitásból fakad a résztvevők részéről. Ez az állítás fordítva is igaz: a szexualitás annál inkább helytelen, minél kevésbé szól a lelki intimitás kifejezésének megéléséről. Az előbbi esetben a szexualitás a szeretetünk, a másik fél iránt érzett mély és őszinte pozitív érzelmeink, tiszteletünk kifejezésének egyik csodálatos eszköze. Míg a második esetben az élvhajhászásunk, perverzióink megélésének módjaként használjuk fel a partnerünket.

A testi érintés a fő szeretetnyelvek egyike (*lásd I. kötet 7. fejezet 10. lépés*). Szóval a szexualitást amennyiben a szeretetkifejezés egy ideális eszközének vagyunk képesek megélni – akár adjuk, akár kapjuk –, akkor tiszta lelkiismerettel, bűntudatérzés-mentesen és a maga tökéletességében tudjuk megtapasztalni.

A nőkben ez az alapvetés ösztönösen megvan, ezért nekünk, férfiaknak tisztelegnünk kell a női princípium csodája előtt. A nők legnagyobb része érzelmi alapon közelíti meg a szexualitást, és csak mély szerelmi érzés képes rávenni arra, hogy szexuálisan is megnyíljon egy férfi előtt. Azonban a társadalom rossz hatásai miatt a nők egyre inkább férfiasodnak. A nők az Élet minden területén igyekeznek elfojtani az érzéseiket és „erős nőnek" akarnak mutatkozni. Így egyre gyakrabban kötnek kompromisszumot a lelkükkel és egyre többször mennek bele olyan szexuális kalandokba, amelyeknek semmi vagy csak kevés közük van a lelkiséghez. Természetesen ez bennük tudottan vagy elfojtottan bűntudatot, esetleg egyéb más alacsony rezgésű érzelmeket generál. De a sokadik ilyen után már fel sem figyelnek a lelkük jelzéseire. Aztán egy idő után ők sem értik, hogy hol rontották el, hol hagyták el a valódi önmagukat, miért boldogtalanok.

A férfiak sokkal inkább hajlamosak az érzelmek nélküli szexualitás megélésére. A női test szépsége minket, férfiakat mindig elvarázsol. Annyira izgalmas számunkra a női test kívánatos valósága, hogy gyakran elvakít bennünket a szexuális vágy, és sajnos nekünk, férfiaknak ehhez a legtöbbször nem igazán kellenek mély érzelmek. Természetesen ha szeretettel, szerelemmel párosul az ilyen irányú vágyunk, akkor legbelül mi is tisztának érezzük a lelkünket. Mi, férfiak azonban könynyebben kötünk kompromisszumot a lelkünkkel. Ennek a fő oka az, hogy alapvetően arra nevelnek minket, hogy legyünk kemények, akik nem foglalkoznak holmi lelkiséggel. Itt ez nagyon károsan üt vissza, hiszen hajlamosak vagyunk az érzelemmentes szexualitás megélésére, a nők szexuális hajszolására. Amikor pedig ezt megtapasztaljuk, utána mindig rádöbbenünk, hogy ez nem is olyan nagy szám. Száraznak érezzük, de a legtöbb férfi nem is érti, hogy miért, csak megy tovább a következő élvezethajszolásba. Az érzelmek megélése nélkül valahogy nem az igazi a szexuális élmény. Szóval minden egyes elcsábított nő után mi, férfiak is kompromiszszumot kötünk mélyen a lelkünkkel, amikor pusztán szexuális örömszerzés céljából tettük őket magunkévá. Ez viszont a paráznaság kategóriába tartozik.

Ezzel szemben amikor két ember egymásba szeret és a szexualitás által az egyre mélyülő lelki intimitásukat élik meg, az egy kompromisszummentes, bűntudat nélküli csodálatos szexualitást jelent. Ha ezt tisztán látjuk és értjük, akkor az is letisztul bennünk, hogy a szexualitás nem bűn, és hogy valójában mit jelent a „ne paráználkodj" parancsolat. Ez azt jelenti, hogy:

Ne szexelj (mély) lelki intimitás nélkül!

Ha belegondolsz, akkor rá fogsz jönni, hogy mennyire nehéz ezt a vallási szabályt helyesen betartani a mai világban, amely mindenhol a felszínes szexuális csábítást sugározza felénk. Ugyanakkor ez a szabály mentesít minden felesleges szégyen- és bűntudatérzés alól. Fontos kiemelnem, hogy az is egy eltorzult vallási dogmatizmus, hogy csak a gyermeknemzést szolgáló szexualitás nem bűn, hiszen ez mellőzi a szexualitást mint szeretetkifejezési módot értelmezni. Pedig akiknek a testi érintés az első számú szeretetnyelvük, azoknak ez lehetetlen lenne, és így egész életükben bűnösnek érezhetnék magukat. Az ilyen emberek testi érintés nélkül elsorvadnak, boldogtalanok. De szerintem ez mindannyiunkra igaz…

A szexualitáshoz való férfiúi és női hozzáállás különbözőségeiből adódnak a helyes udvarlási rituálék. A férfiak kezdeményeznek, hiszen ők azok, akiket beindít egy nő külső megjelenése. Míg a nők érzelmi szenzoraikkal kiszűrik a csalfa udvarlókat és „kiválogatják" az őszinte szívűeket, majd választanak. Ezért valójában mindig hölgyválasz van, még ha nem is úgy tűnik. Ők döntenek, hogy el akarják-e fogadni az udvarlási szándékot vagy sem, és hogy azt milyen mértékben akarják elfogadni. Sajnos a társadalmi trendek ebben is nagyon sokat pusztítanak a normális kapcsolatok esélyén. A nők egymással versengve kívánnak egyre szebbnek és szexibbnek tűnni. Ez a nők legnagyobb részében állandó belső önelfogadási problémákat okoz. A nők a szexben is igyekeznek a többieknél bevállalósabbnak tűnni. Ugyanakkor a férfiak állandó szexuális csábításnak vannak kitéve. A nők nem igazán értik ezt a problémát, hiszen ők nem indulnak be szimplán egy jó férfi külsőre (ez az állítás egészséges lelkületű nőkre igaz). De mi, férfiak igenis beindulunk egy szexi fenékre, combra, bokára, csuklóra, szájra stb. Azzal, hogy minden nő kiemeli a legszexibb részeit és igyekszik azt a lehető legkívánatosabb módon feltüntetni a világ előtt, mi, férfiak állandó kísértésben élünk. Ennek következtében a férfiak agya túl sokat forog a szex körül, és a nők túl sok lelkiségmentes férfi közeledésnek vannak kitéve. Mindenki szenved a rendszertől, mégis erre haladunk. Ebből az aspektusból érthető az iszlám vallás női idomokat eltakaró előírása. Persze egy európai emancipált nő erősen kifejlett női hiúsága ezt nem képes értelmezni, és mi, férfiak is silányabbnak éreznénk a hétköznapokat a szexi nők mindennapos látványa nélkül. Pedig ha ez a szabály etikai normaként igaz lenne a társadalomra, rengeteg felesleges feszültségtől mentesülne a társadalom és drasztikusan emelkedne az átlagos boldogságszint. Mérséklődne a női perfekcionizmus, a nők egymással való versengése, és a férfiak agya kevesebbet járna feleslegesen a szexualitáson. Ez a rengeteg energia így sokféle élettámogató, lelkirezgésszint-emelő dologra fordítódhatna.

Főleg fiatalabb, de számos középkorú nő szájából is gyakran hallottam azt a szubjektív női véleményt, hogy „milyen undorítóak, agyatlanok a férfiak, amiért ennyire a külső alapján képesek dönteni". Nyilván az imént idézett hölgyek elkövetik azt az alapvető hibát, hogy a férfiakat a saját női szűrőjükön keresztül ítélik meg. Ha a férfiak nem ilyenek lennének, akkor nem jönnének létre kapcsolatok, hiszen akkor senki sem tenné meg az első lépést! Mi, férfiak azért vagyunk így bekötve, mert nekünk kell kezdeményeznünk. Ez evolúciós alapvetés. A kezdeményezéskor viszont még általában semmit sem tudunk a hölgy jelleméről és egyéb csodálatos tulajdonságairól. Szóval az evolúció nem véletlenül alakította így ki a férfit. Ugyanakkor a fiatal férfiak, de számos középkorú férfi sem képes megérteni, hogy miért kell körüludvarolni a nőket. A legtöbb férfi szintén elköveti azt a hibát, hogy a saját férfi szűrőjén keresztül ítéli meg a nőket. Így ők azt hiszik, hogy a külső megjelenés alapján a nők is egyből döntenek. Ezért igyekszünk mi, férfiak a nők szemében olyan fura módokon felhívni magunkra a figyelmet. Pedig ez nincs így. Nekik a külső csak egy szempont a sok közül. Ők meg akarják ismerni a férfit, szeretnének lelkileg ráhangolódni. Ezért szükséges a mélyebb ismeretség eléréséhez az udvarlás. A legtöbb férfi számára érthetetlen, hogy miért nem lehet egyből az ágyban landolni és minek ez a sok „felesleges" hűhó. Hát ezért.

Tehát tökéletesen van kitalálva a férfi is és a nő is. Egymás szűrőinek mélyebb megértése és elfogadása sokat segít abban, hogy több jó kapcsolat fejlődjék. **A szexualitás mint az intim kapcsolat egyik legnagyobb ajándéka annál nagyobb csoda lesz, minél mélyebb lelki intimitásból és önzetlen szeretetkifejezési vágyból táplálkozik!**

Sajnos a pornóipar pont ennek az ellentétét sugározza! A pornónézés azért „paráznaság", mert azt sugallja a néző számára, hogy a szexualitás érzelmek nélkül is szuper dolog lehet. Pedig nem az! Nagyon sokszor próbáltam lelkileg megzuhant korszakaimban. Az érzelmek nélküli szexualitás száraz és lelkileg mélyre húzó élmény, a pornónézéssel együtt nagyon alacsony szintre süllyeszti a lelki rezgésszintet. A pornóipar egy délibábot állít elénk, ami egy óriási csábítás. Amikor meg a való életben végre megéljük a pornófilmben látott dolgokat, akkor nem értjük, hogy miért is nem volt olyan nagy szám ez az egész. Azért, mert nem volt benne lelkiség, szeretet, önzetlenség, lelki odaadás! Szóval a pornónézés erősen torzítja a lelket és eltávolít a lelki intimitás iránti belső vágytól, nem beszélve arról, hogy súlyosan csökkenti az átlagos lelki rezgésszintünket. Ettől annyira veszélyes és ettől annyira helytelen, ha valaki nagy mennyiséget „fogyaszt" belőle. A vágyakozás lelki rezgésszintjén élők között sokan hajlamosak a pornófüggésre, mely által a szexuális addikciók gyökeret vernek a lelkükben. Nagyon nehéz ebből kijönni, saját tapasztalatból tudom, de lehetséges!

A társadalom összességében nem jó irányba tart. A helytelenül értelmezett vallási szabályok és a társadalomban terjedő erős csábítások mind a lelkünkkel való kompromisszumok megkötésére késztetnek minket. Így egyre silányabb szexuális kapcsolatokba bonyolódunk. Nem veszünk tudomást a sérült lelkünkről, nem nézünk szembe vele, és ezáltal egyre boldogtalanabbak leszünk. A lelki intimitás ezzel szemben a nehezebb, de helyesebb út. Itt nem kötünk lelki síkon kompromisszumokat, de ezáltal egyre boldogabbak leszünk, és a szexualitásunk is mind nagyobb lelki magasságokba emel minket. Ezáltal emelkedik a lelki rezgésszintünk.

Akik mélyről jönnek, azok csak fokozatosan képesek megtenni ezt a hatalmas távolságot. Ilyenkor akár évek is szükségesek a lelki intimitás kialakulásához és elmélyüléséhez. Ehhez kell az, hogy kéz a kézben egymást segítve jöjjünk ki a fénybe, és ezáltal boldogabbak lehessünk. Ehhez azonban elengedhetetlen a bátorság és a kitartás, a bizalom és egymás elfogadása, amihez nagyon sok türelem és idő szükséges... A lelki intimitás csak lassan és fokozatosan építhető fel, ha tartós bástyát akarunk létrehozni belőle... Mint már számodra is egyértelmű, a szexualitásnak alapvetően két fő pólusa van:

- ☯ Az önzetlen szeretet kifejezése
- ☯ A testi kéjelgés

Az önzetlen szeretet kifejezésen azt értem, amikor két ember egymás karjaiban elveszve szeretkezik úgy, hogy a szexualitásuk egymás önzetlen érintésének végeláthatatlan sorozata. A cél nem maga az orgazmus (persze ebben az esetben is végződhet azzal), hanem az együttlét, a közelség megélése, az egymás iránti önzetlen szeretet kimutatása és annak a lehető legtovább tartó nyújtása. A meghittség, a bizalom és a tisztelet átitatja az egész együttlétet, mely a szeretet csodájának egy létélménye. Akiknek a testi érintés az első számú szeretetnyelvük és legalább az aktus időtartamára az Élettámogató bátorság feletti lelki rezgésszintre tud emelkedni a lelkük, azok képesek erre. Itt a lelki fejlődés szintje és az Életszeretet a szexualitásunkkal párhuzamban áll. A tantra tanainak is ez az egyik fő pillére, ha egyszerű „nyugati" nyelvezetre fordítjuk le azt. A szexualitás így lehet az életünket felemelő és a lelkünket fejlesztő dolog (*Osho, 2009*). Ezt ebben a könyvben egyszerűen szeretkezésnek hívom. Tapasztalatom szerint a nők legnagyobb hányada mindent szeretkezésnek szeret mondani, ami a szexszel kapcsolatos, de, kérlek, jelen írás végéig a fenti „definíció" szerinti dolgot értsd alatta, nem a hölgyek „kecses" és gyakran felszínes zsargonját. A testi kéjelgés célja maximálni a szexuális örömérzést. A fő cél a kéjérzet fokozása, melynek csúcspontja legtöbbször az orgazmus. Az is gyakori, hogy a lehető legtöbbször magát az orgazmust akarjuk megélni. Ezt a folytatásban szimpla szexként fogom említeni. Ha önzetlen, odaadó típus vagyok a szexben, de szexuális kéjelgési céllal, az még nem tesz engem a szeretkezők csoportjába, hiszen olyankor a másiknak való szexuális örömszerzés okoz nekem kéjérzetet. Évekig ebbe a csapdába is beleestem, amikor azt hittem, hogy attól, hogy én önzetlen, odaadó vagyok az ágyban, már minden ezzel kapcsolatos lelki problémám meg is van oldva.

Az átlagemberek szexualitása valahol a szeretkezés és a szimpla szex között mozog, vagy annak egyvelegét élik meg. Legfőképpen attól függően, hogy éppen mennyire fáradtak, mennyire simult egymáshoz a lelkük stb. Azok az emberek, akik csak szeretkezésre képesek, lelkileg nagyon érzékenyek és mindent lelki alapon közelítenek meg. Ha picit kisarkítom, ők azok, akik utálnak racionálisan gondolkodni és az Élet minden területén mindent érzelmi alapon döntenek el. Náluk még az sem racionális kérdés, hogy mennyi üzemanyagot tankoljanak az autóba vagy hogy mit vegyenek a boltban. Ez az „embertípus" semmit sem képes érzelmek nélkül eldönteni vagy megtenni. A mai túlracionalizált világunkban sok sérelem éri ezeket az embereket, ezért általában eléggé összezavarodnak és nehezen boldogulnak. De már jól tudod, hogy az érzelmeink is az ego részei...

Azok az emberek, akik ritkán vagy egyáltalán nem szeretkeznek, hanem a szimpla szexet választják, legtöbbször túlzottan racionalizálók. A racionalitást az érzelmeik és az önmaguk elől való menekülés eszközéül használják fel. A szexuális öröm is egy olyan menekülési hely, ahol nem kell önmagával szembenéznie az egyénnek. Ezért az ilyen emberek inkább az orgazmusok számában élik meg a szexualitás „minőségét", ami teljesítményalapú, azaz racionális megközelítés, vagy az a perverziók mélységében és típusában jelentkezik. Az orgazmus és az az utáni állapot egy olyan hely, ahol béke van, mert olyankor nem jönnek elő azok a dolgok a tudatalattiból, amiket elfojtunk, ami elől nap mint nap menekülünk. A testet elöntő boldogsághormonok átmeneti harmóniaérzéseket hoznak, ezért jó ide menekülni önmagunk és a világ problémái elől. Természetesen ennek a legtöbb ember nincs is tudatában, annyira erősek ezek az elfojtások, hogy az ilyen írásokra az első reakcióik az, hogy nekik biztosan nincsenek ilyen lelki problémáik. Az ego erős és nehezen lehet megtalálni rajta a repedéseket. Minél biztosabb, hirtelenebb és erőteljesebb az ellenérzés, annál inkább igaz, hogy elfojtott probléma dolgozik a háttérben. Maximum az egyén még nem készült fel a szembenézésre. Ez viszont Életpusztító lelki rezgésszintre utal.

A szexuális dominancia is egy izgalmas önismereti kérdés. A nők általában alárendelődni szeretnek, míg a férfiak inkább dominánsak. Ez evolúciós alapvetés. Szóval a közel egyenrangú szexualitás, vagyis inkább az, ha a nő enyhén alárendelődő és a férfi enyhén domináns, az a megszokott alapfelállás. Sok olyan nőt ismertem meg régebben, akik erős, kemény alárendelődésre vágytak. A gyönyörű nők között is számos ilyennel találkoztam. A kecses tündér „imidzse" mögött mély vad vágyak tomboltak. Elegük volt abból, hogy minden férfi palotapincsiként liheg a lábuk előtt, és alig várták, hogy végre egy vagy több férfi nagyon kemény és alárendelő legyen velük. Ezek közül sokan, mivel ezt nem kapták meg a férfiaktól, biszexuálisak vagy leszbikusak lettek, és domináns női partnert választottak. Itt a fő meghajtóerő a vágyakozás, hiszen mindig az kell, amit nehezen lehet megkapni. (Természetesen a biszexualitásnak vagy a homoszexualitásnak számos más oka is lehet. Másik megjegyzésem, hogy fordítva ugyanez férfiak esetében is igaz.)

A nők jó része álmodozik mély alárendelődésről, de kevesen élik meg. Minél szélsőségesebb ez az alárendelődési vágy, annál komolyabb lelki problémák munkálnak elfojtva a tudatalattiban.

A mély mazochista vágyat legtöbbször az önmagammal szembeni bűntudat vagy szégyen táplálja, melyet leggyakrabban kisgyermekkorban a lelkünk mélyén rejtettünk el. Több olyan nőt is ismertem, akik még a 30-as éveikben is meg voltak arról győződve, hogy a szex kizárólag a férfiak örömszerzéséről szól, és a nők dolga ennek kiszolgálása. Ezek a nők úgy vélekednek, hogy a szex nem lehet jó a nőknek, a nők nem erre „valók". Ez egy áldozati szerepkör. Az ilyen nők általában diktatórikus vagy más módon uralkodó típusú apa mellett nőttek fel, akik lelkileg elhanyagolták a gyermeküket. Ez miatt a szexben önző és gyakran erőszakos párt vonzanak be maguknak. Számukra jó hír, hogy ha találnak egy lelkileg érzékeny, odaadó párt, akkor hamar rá fognak jönni, hogy az ágyban is lehet csodálatos a világ. Igaz, hogy az ő helyzetük sem könnyű, mert sajnos nagyon sok az uralkodó típusú, szexualitásában önző férfi. De mindjárt erről is lesz szó...

Ugyanakkor a nőknél ritkább a dominancia. Ennek a legfőbb oka, hogy sok nő vágyik erre, de elfojtja magában, mert a társadalmi elvárás a fordítottja. Ez miatt a legtöbb nő annyira elnyomja ezt az igényt, hogy fel sem ismeri magában. Találkoztam olyan hölggyel, aki az új kapcsolatában a mély lelki bizalom felépülése után, amikor már mert a társához és önmagához is elég őszinte lenni, a negyedik X környékén jött rá, hogy domináns hajlamai vannak. A domináns hajlam egy nőnél legnagyobb valószínűséggel a megbízhatatlan és/vagy erőszakos apa miatt alakul ki. Az ilyen apák mellett felnőtt lánygyermekek felnőttként akkor mernek érzelmeket is beletenni a szexbe (persze mértékkel), ha uralkodhatnak a férfin, mert a kontroll alatt nem kell félniük a férfi kiszámíthatatlanságától vagy agressziójától, ami gyermekkorban beléjük ivódott. Az ilyen nők általában ösztönösen fiatalabb vagy egykorú férfit választanak, hiszen itt is fontos a kontroll és a tekintély, ellenkező esetben képtelenek megbízni a másikban. Leggyakrabban egyébként még így sem képesek rá. Gyakori az is, hogy gyermekkorban szexuális molesztálás áldozata a lánygyermek. Az ilyen helyzetet megélt nők közül ismertem olyat, aki biszexuális lett és szolgaként használta a nőket, a férfi társa felett pedig domináns nőként érezte jól magát. Az ok egyértelmű. A megbízhatatlan férfiak miatt kell a kontroll, ugyanakkor női mivolta miatt mélyen elfojtott bűntudata van, hiszen gyermekkorában önnön testét okolta azért a borzalomért, ami vele történt. Ezért büntette a nőket azzal, hogy szolgaként használta őket. Természetesen ez nagyon mély lelki rezgésszintre utal. A fiatalkori szexuális molesztálás áldozatai közül rengetegen lesznek prostituáltak és mélyen alárendelődők. Ez a lelki reakciók másik változata, amikor a saját testét egy szemétdombként, szexuális segédeszközként éli meg. Ez miatt érzi „jól" magát egy prostituált szerepében, miközben a szégyen, a bűntudat és a fásultság lelki rezgésszintjein él.

A férfiaknál hasonló dolgok fedezhetők fel, bár picit fordítva. A férfiak evolúciós szempontból érthető okokból általában dominánsak. Azonban az enyhe dominancia egészséges, az erős dominancia nem az. Minél szélsőségesebb ez a domináns aspektus, annál komolyabb a nő feletti kontroll iránti igény. Ez a legtöbb esetben megbízhatatlan vagy elhanyagoló anya miatt van, aki mélyen rejtett önbecsüléshiányt és bizalmatlanságot okozott már gyermekkorban az ilyen férfiak lelkében. Ezért a legtöbben még teljes kontroll alatt sem képesek megbízni a párjukban és megnyílni a lelki intimitás útján.

A férfiak gyakran elfojtják magukban az alárendelődési vágyukat, hiszen a társadalmi elvárások és minták nem ezt várják el tőlük. Az alárendelődés vágya egy kemény, érzelmeket kimutatni képtelen anyára utal. A fiúgyermek ahhoz szokott hozzá, hogy az érzelmi szeretetkifejezéseire nem nagyon kap önzetlen szeretetteljes választ az édesanyától. Ez az elfojtott szeretethiány azt hozza, hogy azonos korú vagy idősebb nőt választ magának, illetve szereti, ha a szexben a nő a domináns. Az ilyen típusú férfi élvezi az alárendelődést. Nagyon sok társadalmi életben „erős férfi" (politikai vagy cégvezetők) otthon szexuálisan alárendelődnek, mert a társadalmi létük során kifelé mutatott erejük éppen belső önbecsüléshiányuk kompenzálása. Ugyanakkor amikor végre intim környezetbe érnek, alig várják, hogy letehessék a külső maszkot. Sokan persze otthon is maszk mögött élnek, ezért otthon sem tudják megélni a valódi szexuális vágyaikat. Leggyakrabban ezt is táplálja a szégyen és a bűntudat. A több személlyel való szexualitás megélésének vágya vagy valós megélése erős lelkiintimitás-gátlásra utal (*erre az 5.2.2. fejezetben részletesen visszatérek*). Ennek okai is általában gyermekkorban keresendők. A szülők elvesztése vagy a velük való önzetlen lelki kötődés gátjai, a szeretetük hiánya, a kisgyermekkori érzelmi csalódások mind-mind intimitásgátlást eredményeznek. A csoportos szexualitás komoly vágya leggyakrabban szintén mélyen elfojtott szégyenhez, bűntudathoz vagy feldolgozatlan bánathoz köthető.

A téma kapcsán még két fontos dolgot ki kell emelnem. Az első az, hogy serdülőkorban és fiatalfelnőtt-korban, amikor még ismerkedünk a testünkkel, a szexualitásunkkal, és a határainkat is keressük, minden picit más. Akkor nem szabad egyértelmű következtetéseket levonni. De a szexuális szélsőségesség már ott is komoly előjel lehet. Én akkoriban naponta kb. 6-szor maszturbáltam, mert a bennem élő lelki sebek elől az orgazmusba és az utána lévő percek kellemes állapotába menekültem. Persze ez ösztönös és tudattalan volt, gőzöm nem volt arról, hogy egyáltalán vannak lelki problémáim. Ugyanakkor a barátaim mindig elképedtek azon, hogy milyen sokszor csinálom. Én meg büszke voltam erre, mert extra szexuális teljesítőképességemként fogtam fel, és lássuk be, hogy ez egy fontos eleme a férfi önbecsülésnek. Így erős önbizalomhiányommal szemben magam előtti kompenzálásnak is jó volt.

A másik fontos dolog, hogy bármilyen is a szexualitásunk, az úgy van jól! Fogadjuk el a szexualitásunkat, bármilyen is az! Ha az iménti írás azt sejteti, hogy komoly lelki problémák okozzák a szexuális attitűdödet, akkor a szexuális vágyak elfojtása és agyból történő megváltoztatása csak ront a helyzeten.

A megoldás a lelki okok gyógyítása, melynek hatására a szexuális vágyaink, attitűdjeink szép lassan fokozatosan maguktól, erőltetés nélkül megváltoznak. A szexuális vágyaink csak a tünetet jelentik, az okot kell rendbe tenni, nem a tünettel foglalkozni. Ha egészségtelennek érzed a szexualitásodat, és ez miatt nem fogadod el önmagadat olyannak, amilyen vagy, az csak tovább ront a helyzeten. Természetesen ebben is sokat segíthet egy olyan társ, akivel őszintén meg tudod beszélni és meg is tudod élni a legmélyebb szexuális vágyaidat. A legtöbb ember még a párkapcsolatában sem meri ezt megtenni. A legtöbbször ez is önelfogadási hiányokra utal. Hiszen ha nem merem elmondani a páromnak azt, amire vágyom, az azt mutatja, hogy szégyellem, tehát bűntudat vagy szégyen terheli a szexualitásom bizonyos részeit. A szégyen és a bűntudat lelki rezgésszintje pedig a legpusztítóbb a lélekben. Már azzal, hogy beszélünk róla, és azzal, hogy találunk valakit, aki elfogad minket a legmélyebb, legperverzebb vágyainkkal, sokat fejlődik az önelfogadásunk és rengeteg bűntudati gátlás szabadul fel bennünk. Az elfogadás gyengíti a szexuális szélsőségek iránti vágyat (emeli a lelki rezgésszintet), az elfojtás pedig erősíti (csökkenti a lelki rezgésszintet). Szóval pont fordítva működik, mint ahogy a legtöbben gyakorolják.

A szexuális viselkedésünkben, attitűdjeinkben koncentrálódik a lelkünk valódi állapota. Ebbe a legtöbb ember nem gondol bele, hanem ösztönszerűen éli meg. Azonban ha nagyító alá teszed a saját szexualitásodat, azzal mélyítheted az önismeretedet. A szexualitásunk valójában egy jó lelki tükör. A szexualitásunk szélsőségessége is egy jelrendszer a személyiségünk szerkezetéről. A szexuális szélsőségességet a perverziók világának megismerési és gyakorlási vágyán is lehet „mérni".

Van, akinek minden, a hagyományos közösülésen kívüli aktusforma perverz és bűnös dolog vagy undorító. Ők általában a vallásos vagy egyéb nagyon etikus neveltetés gyermekei és nem mernek, illetve nem is kívánnak ezen a hatókörön kívülre kerülni. Ha ez mögött nincsenek elfojtott bűntudatok, szégyenek, félelmek, akkor ez rendben is van így, hiszen a lelki tisztaságuk a magas lelki rezgésszint jele. Ha azonban a vallási, társadalmi, szülői elvárásoknak való megfelelési vágy, az önmagukkal szembeni szigor a motorja, akkor már lelki elfojtások vannak mögötte és mély lelki rezgésszintre utaló magatartás. A túl normális legtöbbször nem normális, hiszen mindenkiben van egyaránt jó és rossz is. Tehát itt is gyakran az önmagunkkal való szembenézés hiánya a fő gyökér. A bennünk élő rossz elfojtása előbb-utóbb gondokat okoz az életünkben, csak ebben az esetben nem a szexualitáson keresztül tör elő, hanem más módon. Ismerek olyan hölgyet, aki ilyen, és állandóan veri a gyermekeit, akiket gyűlöl. A fentiekből már számodra is logikus, hogy miért...

Ezzel szemben van, akinek egy keményebb szadomazo felállás alig hat az ingerküszöbére. Ilyen házaspárt is ismertem, amelynek tagjai a szexfüggésből eredő túlfűtött életvitelükből adódóan már a fásultság lelki rezgésszintjéig süllyedtek. Mindent kipróbáltak, megéltek, és mivel nem gyógyították a lelki okot, ezért a vágyakozás lelki rezgésszintjéről a fásultság lelki rezgésszintjére süllyedtek. A vágyakozás lelki rezgésszintje hajszolta őket bele az egyre vadabb és mélyebb szexuális élményekbe, aztán már egyre kevesebb újdonságot lehetett kipróbálni. Ez az irány egy feneketlen lelki kút, amelyben lelki rezgésszintünk szemszögéből nézve mind mélyebbre süllyedünk.

Az orgazmus kérdésköre is utalhat a lelki intimitásra való képességünk mértékére, a lelkünk állapotára. Azoknak a nőknek, akik nem képesek a hüvelyi orgazmusra, általában komoly lelkiintimitás-gátlásuk van. Ez nem jelenti azt, hogy ne szeretnék a párjukat, sokkal inkább azt, hogy nem mernek teljesen érzelmileg megnyílni a szexualitásban. A hüvelyi orgazmushoz a női lélek teljes bizalma, érzelmi megnyílása kell, és a hiedelemmel ellentétben édeskevés köze van a rossz genetikához. Akik gyermekkorukban nem kaptak elég elfogadást, szeretetet az édesapjuktól, vagy az megbízhatatlan, esetleg agresszív volt velük, azok általában képtelenek a hüvelyi orgazmusra. Ha ebből az aspektusból vizsgáljuk a kérdést, akkor érthető, hogy a nők 2/3 része miért nem képes erre. Sajnos túlracionalizált világunkban ezek a nők elkönyvelik, hogy ők genetikailag képtelenek rá, és kész. Persze ez legtöbb esetben nincs így. (A fiatal nőkre ez még nem érvényes, hiszen ők még nem állnak azon a szinten a testük megismerésében. Szóval ők még ne vonjanak le magukról ilyen következtetéseket!)

A férfiaknál az orgazmus sokkal könnyebb dolog. Náluk már a fiatalkori maszturbálás mint ösztönös gyakorlási forma minden esetben orgazmussal végződik. Így nekik ez könnyen megy. A férfiaknál a túlzottan korai orgazmus vagy a nagyon nehezen létrejövő orgazmus a jele annak, hogy lelki problémák húzódnak a háttérben. Itt is legtöbbször gyermekkorban és az ellenkező nemű szülővel „alkotott" viszonyban kell keresni az okokat. Az érzelemszegény, kemény anya okozza általában a férfiak nehezen „összehozható" orgazmusát. Ezek a férfiak, mivel igen kitartóak tudnak lenni az ágyban, a nők szemében „jó pasik". Hiszen tőlük megkapják azt, amire vágynak, megkapják, hogy kitartóan kívánják őket. Ezek a férfiak azonban gyakran a normál szeretkezés hatására nem tudnak megélni orgazmust. Vagy valami egyéb szélsőségesebb szexuális aktusra van hozzá szükségük, esetleg arra, hogy közben valami ilyesmire gondoljanak. Természetesen itt is a lelkiintimitás-gátlás áll a probléma hátterében. A „gyorslövetű" férfiak esetében nehezebb a helyzet, hiszen nekik az elvártnál gyengébb szexuális teljesítményük miatt komplexusuk is van. Ez a női nemmel szembeni kisebbrendűségi érzés is legtöbbször az anya neveléséből ered. Az ilyen férfiak között gyakori, hogy tökéletesnek gondolt anya mellett nőttek fel, akihez egyetlen párjuk sem mérhető. A férfiúi nem kisebbségi érzését nevelte az anya a fiúgyermekbe. Nem ritka, hogy az édesanyjuk még felnőttkorukban is érzelmileg uralkodik rajtuk. Ezek a férfiak általában soha nem tudnak lelkileg leválni az anyjukról, ami egészségtelen párkapcsolatok sorozatát hozza az életükbe.

Izgalmas kérdéskör az is, hogy a szimpla szex vagy szeretkezés közben mire gondolunk. Minél inkább a jelenre és a párodra figyelsz szex közben, az annál egészségesebb lélekre és magasabb lelki rezgésszintre utal. Nagyon gyakori, hogy szex közben más emberre vagy emberekre gondolunk. Az is sokszor előfordul, hogy mindig olyan aktusokra vagy érzelmekre vágyunk, amiket ott és akkor nem élhetünk meg. Ezek tipikusan a vágyakozás lelki rezgésszintjének tünetei. Lehet, hogy szex közben félelem uralkodik rajtunk (pl. nemi betegségtől, teherbe eséstől, mit gondol éppen rólam? stb.), ami a félelem lelki rezgésszintjének jele. Megeshet, hogy szex közben vagy közvetlenül utána szégyent, esetleg bűntudatot érzünk, amelyből ezek a lelki rezgésszintek következnek. Az is gyakori, hogy az aktus alatt unottak vagyunk és akár még azon is jár az eszünk, hogy mit kellene venni a boltban (a fásultság lelki rezgésszintje). Az sem ritka, amikor arra gondolunk az együttlét alatt, hogy milyen dögös, kívánatos, szexi vagyok, nem csoda, hogy a partnerem úgy odavan értem (a büszkeség lelki rezgésszintje). Ugyanakkor az is hétköznapi történés, amikor szex közben még mindig az előtte lévő veszekedés sérelmein rágódsz, vagy a pároddal közös külső sértettségeket vezetitek le (a harag lelki rezgésszintje). Én ezek közül már mindegyiket megéltem. Amíg ezeken a lelki rezgésszinteken jártam, komoly lelkiintimitás-gátlás uralkodott a lelkemen. Nem véletlen, hogy régebben zátonyra futottak a párkapcsolataim. A lelkiintimitás-gátlás gyógyítása komoly feladat, melyhez az esetek többségében érdemes külső segítséget kérni, mert ez mindenképpen az alacsony lelki rezgésszint tünete. De erre még részletesen visszatérek az 5.2.2. fejezetben.

Vannak tipikus nőhabzsoló férfiak és férfihabzsoló nők. Ők azok, akik sűrűn váltogatják a partnereiket. Maximum pár évig képesek tartós, hűséges kapcsolatra, és amikor utána áttör a gát, nagyon sok embert „hajtanak fel". Nekem is voltak ilyen korszakaim. Ezek az emberek általában kétféle lelki gyökér miatt lehetnek ilyenek. Az egyik az, ha az azonos nemű szülői minta nem állt rendelkezésre a családban (elhunyt, elhagyta, külön élt stb.), és így nem alakult ki benne egy kép arról, hogy milyen a helyes női/férfi viselkedés. Ezért nagyon sok embertől van szüksége visszacsatolásra, mire kialakul benne, hogy valójában milyen nő/férfi akar lenni. Ezért ezek a nők vagy férfiak későn érő típusok is. Lassan alakul ki bennük a felnőtt férfiúi/női attitűdrendszer. Jómagam is csak 26 éves koromban éreztem, hogy elkezdtem felnőni, és 40 éves korom után éreztem igazán érett férfinek magamat, olyannak, aki pontosan tudja, hogy ki is valójában. A másik lelki gyökér a sok szeretet iránti sóvárgás az ellenkező nemű szülő szeretete iránt. Itt is a rideg, szeretetkifejezésre képtelen vagy már sajnos nem is létező anya/apa okán alakul ki egy hatalmas lelki űr, amit az ilyen emberek sok embertől „beszerzett" szexuális elfogadással próbálnak betömni. Az ilyen nőknél és férfiaknál tipikus a szexmánia. Sok közöttük az olyan nő is, akik képtelenek orgazmusra, de hihetetlen mennyiségben habzsolják a szexualitást. A nőknél az apa, a férfiaknál az anya iránt érzett elfojtott mély szeretethiány miatt gyűjtik be a soksok testi elfogadást az ellenkező nemtől.

Így a szexuális aktusok számára való igény mennyisége is utal arra, hogy a lelkünk mennyire kiegyensúlyozott. A túl sok és a túl kevés is lelki problémákra utal. A szexuális anorexia, illetve a szexmánia hasonlóan komoly lelki problémák okán alakulhat ki. Bár a szexuális anorexia nagyon magas vagy nagyon mély lelki rezgésszintet is jelenthet. A béke vagy az annál magasabb lelki rezgésszinteken az emberi lélek olyan, mint egy tükörsima felszínű tó. Itt maga az egyensúly és a derűvel átitatódott béke a lélek alapállapota. A szexuális aktus kilengést okozna ebben. Itt már az Univerzumot átitató szeretet állandó érzete miatt nincs szükség testi kontaktusra ahhoz, hogy szeretetet fejezzünk ki vagy éljünk meg. Az ilyen magas lelki rezgésszinten lévő emberek száma több millió emberből 1 fő, így gyakoribb eset, hogy a szexuális anorexia mély lelki rezgésszinthez kapcsolódik. Általában az elfojtott szégyen, a bűntudat, a fásultság, a bánat, a félelem a szexuális anorexia fő meghajtóereje. Nem véltelen, hogy a katolikus egyház papjai közül némelyeknek a szexmentességi fogadalom megvilágosultságot és lelki békét hoz, míg a mélyebb lelki rezgésszinten lévő papokban olyan torzulásokat idéz elő, amelyek igen szélsőséges szexuális perverziók feltörését eredményezi. A sokéves tudatos, erőből visszafojtott vágyak egy idő után összesűrítve törnek át és szélsőséges perverziókban manifesztálódnak.

Ugyanakkor a párkapcsolatokon belül is gyakori az alkalmi, akár fokozatosan megszűnő szexuális aktus. Ennek legfőbb oka a lelkiintimitás-gátlás felerősödése. A párkapcsolatban a szexuális együttlét mennyisége és minősége a lelki intimitás mértékének egy elég egyértelmű „mérőszáma". Ha valaki a lelke legmélyén – általában elfojtva – nem hiszi el magáról, hogy szerethető, akkor az a párkapcsolat eleji szenvedélyes szakasz után fokozatosan elkezd ürügyeket kitalálni a testi kontaktus kerülésére. Így szép lassan a kapcsolat egy közös tevékenységeket végző közös vagyonkezelő szervezetté torzul. A folyamat gyakran olyan lassú és fokozatos, hogy a pár elfogadja: ez a normális. Ez a folyamat a feloldódás, amelyre később még visszatérek.

Ismertem olyan hölgyet is, aki a nemi betegségektől való félelem miatt nem volt hajlandó férfiakkal szexuális kapcsolatot létrehozni (a félelem lelki rezgésszintje), miközben sokat maszturbált és álmodozott róla (a vágyakozás lelki rezgésszintje). A túlzott mennyiségű aktusra való vágy vagy annak megélése megfelelési vágyból, önmagunk elfogadásának hiányából, önmagunk elől menekülésből fakad. Rengeteg külső megerősítést akarunk begyűjteni, hogy elhiggyük magunkról: nem vagyunk értéktelenek. Sajnos itt is a lélek gyógyítása a megoldás, nem a szexualitás habzsolása. A külső megerősítések nem segítenek. Hiába szereztem be több mint száz nő teljes szexuális elfogadását életem régebbi szakaszában, mégsem javult az önértékelésem, sőt gyakran még mélyebbre süllyedt a lelki rezgésszintem, mint előtte. Ezzel csak magam és a világ előtt tudtam kompenzálni, hiszen ettől jó pasinak éreztem magamat. De valójában a lelkem legmélyén egy szeretet- és önbizalomhiányos férfi maradtam, aki még az etikai normáknak sem tud megfelelni. Ez miatt csak mélyült bennem a bűntudat, ami lelkileg még mélyebbre sodort. De innen is van kiút, hiszen ennek a könyvnek a léte is ezt igazolja, minden sora azért íródik, hogy te rövidebb idő alatt találd meg a boldogságodat, mint én. E könyv segítségével nem kell felesleges szamárbetűket leírnod életed vonalában, hiszen egy pontos és célirányos programot adok a kezedbe ahhoz, hogy magasabbra emelkedhessen a lelki rezgésszinted.

Természetesen a szexuális gondolataink, vágyaink annál szélsőségesebbek, minél nagyobb hiányt szenvedünk belőlük. A tartós intim párkapcsolatok előnye, hogy lecsökkennek a szexuális szélsőségek, hiszen a rendszeres testi érintésből eredő kielégültség mérsékeli az ilyen irányú vágyat, és ezáltal kevésbé lesznek szélsőségesek a szexuális gondolataink. Nem véletlen, hogy a tartós és testileg-lelkileg intim párkapcsolat sok lelki problémára jó gyógymód. Ahhoz azonban, hogy képesek legyünk erre, szükséges életünk fő céljává tenni a lelkünk fejlődését, és dolgozni is kell érte nap mint nap... Ehhez jelen könyv második felében bőven fogsz találni gyakorlati „muníciót".

5. FEJEZET

Részletesebb tudás az egoról

Jelen fejezetben olyan kiegészítő tudást szeretnék átadni neked, mely nem fért bele az I. kötet egoról szóló fejezeteibe. Ezzel is támogatva a mélyebb önismeretet és mások alaposabb megértését. Kérlek, fogadd nyitottsággal, hogy mélyebben az egod mögé láthass.

5.1. Az egod megfigyelése

Mindig sokkal könnyebb mások kedvezőtlen lelki folyamatait észrevenni, mint a sajátunkat. Vajon miért van ez így? A választ az I. kötetből már te is jól tudod: Az egod a tested-lelked-gondolkodásod parazitája (*Eckhart Tolle, 2021*). Ez annál inkább igaz, minél alacsonyabb a lelki rezgésszinted. A pusztító-ego a legerőteljesebb lelki parazita. Magasabb lelki rezgésszinteken a semleges-ego már nem annyira dominánsan teszi tönkre az életünket. A parazita olyan élőlény, amely úgy használja ki a gazdatestet, hogy az a legtöbb esetben észre sem veszi. Gondolj a fagyöngyre, mely beépül a tölgyfába. A tölgyfa azt hiszi, hogy a fagyöngy az ő testének a része, és táplálja azt. A fagyöngy semmi előnyt nem okoz a tölgyfának, sőt létével felgyorsítja a halálát és növeli a szenvedését. A tölgyfa nincs tudatában annak, hogy a fagyöngy nem ő maga, ezért táplálja azt, amíg bele nem pusztul. Ha tudatában lenne, ki tudná zárni önmagából. A fagyöngy annyira beépül a tölgyfa testébe, hogy egy másik nézőpontból nézve tényleg a testének a része. Az ego pont olyan, mint a fagyöngy. Beágyazódik a lelkedbe, a gondolataidba, melyeken keresztül közvetlen hatást gyakorol a testedre és az elmédre, mindeközben elhiteti veled, hogy az egod te magad vagy! Utána már semmi mással nem foglalkozik, minthogy elhitesse veled: milyen fontos az ő léte, és nem figyel arra, hogy neked valójában mi a jó! A lelkedbe, a gondolataidba és közvetve a testedbe települve parazitaként csak a saját létével és fontosságával törődik. És itt a legfőbb baj! Az egod léte nem a te léted, hiszen **az egod valójában nem te vagy** (*Eckhart Tolle, 2021*)! Amikor először olvastam erről, akkor feltettem magamnak a kérdést: Na jó! Tételezzük fel, hogy az egom nem én vagyok, de akkor ki vagyok én? Ekkor még elég szkeptikus voltam. Az egom annyira elhitette velem, hogy ő én vagyok, hogy hirtelen gőzöm sem volt arról, ki is vagyok valójában. Kérlek, te is tedd fel magadnak ezt a kérdést, és gondolkodj el rajta! Nem véletlen, hogy a keleti filozófiák egyik legfőbb kérdése a „ki vagyok én?". Nekem hónapok kellettek, mire valamiféle válasz kezdett körvonalazódni, és azóta is mindig újabb és újabb válaszok érkeznek, ahogy mélyül az önismeretem. Tehát ez egy egész életre szóló alapkérdés, amely végigvezet a lelki fejlődés útján!

Az ego (különösen a pusztító-ego) egy lelki síkon létező, gondolataidba beépülő és ezáltal a hormonháztartásodra kiható negatív energiacsomag, mely a boldogtalanságodért felel. Mindezt úgy teszi, hogy közben elhiteti veled, hogy az egod mögött nincs senki más. Arról is meggyőz, hogy megvéd téged, ő az, akinek a létedet köszönheted. Szerinte neki lehetsz hálás azért, hogy most ott tartasz, ahol éppen tart az életed. Vigyázz, ezek hamis sugallatok! Ezeket csak azért kapod, mert az egod félti a saját létét, és ezért a hamis valóságot igyekszik benned erősíteni. **Ha az egod el tudja veled hitetni, hogy ő valójában téged véd, akkor ez a bizonyítéka annak is, hogy voltaképp az egod nem te vagy.** Hiszen ha te lennél az egod, akkor nem téged kellene védenie, hanem önmagát. Amikor erre rádöbbensz, az az önismeret egy mélyebb szintjére lépésének a kapuja. Miért nagyon fontos ez? Azért, mert a pusztító-egod irányítja az összes olyan lelki folyamatodat, melyeknek a boldogtalanságodat „köszönheted"! Vagyis a valóság pont a fordítottja annak, mint amit az egod neked sugall. Mivel az egod csak a saját létével törődik, nyilván azt kell hogy sugallja feléd (te vagy a gazdatest), hogy ego nélkül nem is léteznél vagy alkalmatlan lennél az életre.

Ezek után térjünk rá arra a kiinduló kérdésre: Miért könnyebb észrevenni mások káros lelki folyamatait, mint a sajátot? Azért, mert az egod minden olyan dolgot, ami őrá nézve negatív, rejtve tart saját magad előtt, hiszen önmagát védi! Ugyanakkor az egod kritikus másokkal, mert ha másokban negatív dolgokat találsz, akkor ő ezt is a saját létének megerősítésére használja fel. Azt sugallja neked, hogy például: látod, ő milyen béna, bezzeg én... Ugye, mindig végigsuhan rajtad az a bizonyos másokhoz való viszonyítás? Figyeld meg, hogy mennyit címkézed gondolatban a környezetedben lévő embereket! Ez a pusztító-egod, ő az, aki mindig viszonyít. A tudat másokkal egységben él, neki nincs szüksége viszonyításra vagy mások címkézésére. Ő tiszteli a sokszínűséget, hiszen az Univerzum csodája maga a sokszínűség.

Az önismereted további mélyítéséhez szükséges az a felismerés, hogy milyen erős az egod, mennyire pusztító és mennyire települt beléd. Amióta ilyen szemmel nézem az embereket, látom, hogy mindenkiben van, hiszen egomentes, azaz megvilágosodott embert sajnos nem ismerek személyesen. Bár jómagamnak volt abban a szerencsében része, hogy tartós megvilágosult állapotban kerültem. Nemrég megnéztem a YouTube-on egy megvilágosodott chan-mestert, aki persze sosem állította magáról, hogy mester. Valami hihetetlen nagy dolgot vártam az élménytől[1]. Megdöbbenve tapasztaltam, hogy olyan szerénység és egyszerűség sugárzik belőle, hogy semmiféle wow-élményt nem jelentett a videó megtekintése. Többször újranéztem a beszélgetést,

---

[1] Őt Galambos Péternek hívják, aki jelen sorok írásakor sajnos már nincs az élők sorában. Azonban a YouTube-on egy riporterrel beszélget Tibetről, így fennmaradt valami belőle az internet világában is, még ha a világi dolgoktól elzárkózva eléggé elvonultan is élt.

mire rájöttem, hogy a mester hülye kérdésekre adott hülye válaszokat, teljes elfogadással kezelve, hogy egy ilyen riporterhez keveredett. Minél magasabb lelki rezgésszinten élünk, annál közelebb jutunk a megvilágosult egomentes élethez. Ennek egyenesági következménye, hogy az egonk ereje gyengül, és egyre szerényebbek, elfogadóbbak, békésebbek, türelmesebbek, tisztábbak és egyszerűbbek leszünk. Ezzel mindjárt fel is soroltam a lelkirezgésszint-emelés eszközeinek is tekinthető fontos fejlődési irányokat. Ugyanakkor a lelki rezgésszintünk emelkedésének hatására ezek ösztönös belső igényként jelennek meg az életünkben, hiszen az említett erények alacsony lelki rezgésszintről nézve általában unalmasnak vagy elérhetetlennek tűnnek. Azt is ki lehet jelenteni, hogy minél jobban sérült valakinek a lelke, annál erősebb és pusztítóbb egoja van. Ne tévesszen meg az, hogy nagyon sok gazdasági értelemben sikeres ember erős egoval rendelkezik. Ez azért van, mert nagyon erős bennük az önérvényesítő képesség, de legbelül – legtöbbször mélyen elfojtva, tudattalanul – igen komoly fájdalmak munkálkodnak a lelkükben. Ezek az emberek boldogtalanok vagy a boldogságuk önámítás, amelyet az egojuk víziónál eléjük. Erős egoval kompenzálnak a világ és önmaguk előtt, és a gazdagságuk legtöbb esetben sok ember kihasználásából vagy a természeti erőforrások pusztításából származik. Valahol mindig megnyilvánul a pusztító-ego. Természetesen ezzel nem azt állítom, hogy minden gazdag ember pusztító-egoval rendelkezik. A gazdagság valójában az igazságos újraelosztás erénye. Csak az erényes gazdagok kiveszőben vannak.

Bennem is nagyon-nagyon erős ego volt. Minél erősebb volt bennem eddigi életem során, annál jobban hittem, hogy helyes úton járok, mégis egyre boldogtalanabb lettem. Ma már kristálytisztán látom, hogy az egom és én mennyire eltérőek vagyunk, és nap mint nap az egom fokozatos átalakításán dolgozom. Boldogabb is vagyok... Echart Tolle (akit sokan a világ egyik legmegvilágosodottabb emberének tartanak) amikor ráébredt, hogy az egoja a boldogtalanságának a középpontja, egyszerűen szakított vele.

Annyira megundorodott az egojától, hogy letépte magáról. Amikor én is átéltem ezt az érzést, akkor volt életem első megvilágosodás áttörésélménye. Ennek a csodálatos élménynek a kiindulópontja egy olyan lelkiállapot volt, amikor szó szerint kinevettem, sajnáltam az egomat, és még viszolyogtam is tőle. De azóta az egom visszatalált bennem, így az áttörés nem volt maradandó, mint Eckhart Tolle életében. Nekem csak fokozatos lassú átalakítással megy ez a dolog. Ezért én ezt az utat tudom neked megmutatni. Azonban egy biztos: ő is és én is tudjuk, hogy ez a helyes irány. Minél gyengébb lesz benned az egod, annál boldogabb lesz a lelked, hiszen annál gyengébb parazita fogja terhelni.

5.2. A pusztító-ego főbb eszközei

5.2.1. Az pusztító-ego alapvető stratégiája

A **pusztító-ego alapstratégiája mindig a következő:** tudatalatti szintről előidéz egy bajt, problémát vagy egyéb kellemetlen eseményt, majd utána eljátssza neked, hogy ő megvéd attól, hogy legközelebb ne történhessen ilyen. Mindezt azért teszi, hogy ezzel még nagyobb hatalmat adj neki. Tudniillik az Univerzum egyik alaptörvénye a szabad akarat törvénye (*lásd később a 7.2. fejezetben*), melyet neki is tiszteletben kell tartania. Tehát valójában te adsz engedélyt neki minden alkalommal anélkül, hogy ennek tudatában lennél, amikor azt mondod: „nem akarom, hogy ez többet megtörténjen velem!" Figyeld meg majd, kérlek, hogy a probléma után milyen sunyi módon teszi föl neked a kérdéseit az ego, amire így fogsz válaszolni. Így a pusztító-egód érdeke, hogy boldogtalan légy, mert akkor még több alkalommal tud azzal a kéréssel fordulni hozzád, hogy adj neki több hatalmat magadból. Ezután az egod szép lassan átveszi a teljes fennhatóságot a tested, a lelked és az elméd felett. A tudatod (szellemed) pedig teljesen kiszorul onnan, és így elfeledkezel az életfeladataidról, és arról is, hogy ki is vagy valójában. Egy elkülönült, rövidtávú örömökből boldogságért kolduló önző biorobottá torzulsz, aki nem más, mint az ego gazdateste.

Az ego abban olyan ármányos, hogy a tudatalatti felől indítva provokálja ki a váratlan nehézségeket az életedbe. Ezt azért teszi így, hogy ne derüljön ki, hogy ő van mögötte. Ha a tudatalattiból érkeznek ezek a váratlan nehézségek, akkor egyszerű elhitetni veled, hogy külső okok okozzák, és te (vagyis az egod) nem tehet semmiről. Így éri el az ego a külső okok és ellenségképek gyártását benned. Ezáltal állandó félelem és önvédelem áldozatává válsz, mely tovább erősíti az ego létét. Hiszen megint csak az ő védelmére van szükséged.

Ugyanakkor az ego ezért ellenkezik minden olyan próbálkozásoddal, amellyel a tudatalattidban rejlő sérülésekre, lelki sebekre rálátsz, hiszen ő ezekből táplálkozik. Ezek a működésének forrásai. Ha rálátsz ezekre és begyógyítod őket, akkor gyengül a léte! Ezért nagyon nehéz a lelki fejlődés, és ezért kell igen tudatosnak lenni rá. Az ego mindenféle ürüggyel állandóan le akar téríteni róla, ezek közül néhány tipikusat felsorolok itt neked:

- Mindent hülyeségnek titulál, ami a létét veszélyezteti.
- Amikor rálátsz valamilyen lelki problémádra, utána hamar elfelejted! Ezért fontos a lelki fejlődési napló írása!
- Azok a tanítók, gyógyítók, akik segíteni tudnának, számodra nem lesznek szimpatikusak.
- Ha elkezdesz fejlődni egy módszer által, akkor az egod unalmasnak vagy értéktelennek fogja titulálni.
- Az ego gyakran lenézően véleményezi ezeket a látásmódokat.
- Gyakori, hogy ellenérveket keres és olyan ellenpéldákkal jön elő, ami elbizonytalanít.
- Talán a legtipikusabb reakció az elbagatellizálás: „ez nem is olyan nagy dolog" vagy „rám ez nem is annyira jellemző" vagy „lehet, hogy van benne valami, de ebből nem kell olyan nagy ügyet csinálni".
- Az is gyakori, hogy furcsa érzéseket, főleg félelmet hoz elő, és igyekszik a komfortzónán kívülinek érzékeltetni az új gondolatminták következményeit.
- Az aggodalom is gyakori taktikája az egonak, pl. ilyen esetekben: „mi lesz, ha mégsem döntök jól?" vagy „biztos bajt okozok magamnak, ha errefelé haladok".

Ezeket még sokáig lehetne sorolni, de a lényeg, hogy ne hagyd magadat! Légy kitartó és tudatos! Ez a hazug, ármányos rendszer a pusztító-ego világa. Most pedig nézzünk meg néhány speciális gyakorlati startégiát arra, hogy ezt miként viszi végbe a mindennapokban. Ezek jól ki fogják egészíteni az I. kötetben már elsajátított ezzel kapcsolatos tudásodat.

5.2.2. Lelkiintimitás-gátlás, diszharmonikus emberi kapcsolatok

Mi kell egy jó kapcsolathoz? Erre sok ember sokféle választ adna. De egy dolog biztosan a legfontosabb alapkövek egyike: ez pedig a lelki intimitás. Mit jelent ez a gyönyörű kifejezés? Számomra azt jelenti, hogy bízom a páromban, önzetlenül, teljes őszinteséggel, titkok és játszmák nélkül szeretem őt, és az ő szeretetét is teljes nyíltsággal és örömmel fogadom be a lelkem legmélyebb szintjein is. A lelki intimitás számomra azt is jelenti, hogy gyengéd figyelemmel és elfogadással szeretem a páromat, és sem érzelmileg, sem tettekben nem erőszakolok ki többet tőle, mint amennyit önmagától képes adni.

Ki az, aki nem szeretne olyan kapcsolatban élni, ahol ezek mindegyik fél részéről fennállnak? Szerintem az emberek 99,9%-a a lelke legmélyén egy ilyen kapcsolatra vágyik. Azonban hányan képesek erre valójában? Bár pontos statisztikai adatot nem ismerek erre vonatkozóan, mégis a saját tapasztalataim azt mutatják, hogy kb. a lakosság egy százaléka képes erre. Azaz kb. száz nőből és kb. száz férfiből egy-egy pár él igazi, tartós, mély lelki intimitásban. Ez csak egy nagyságrendi becslés a részemről, és nem pontos érték. Jómagam is csak 44 éves koromra értem meg arra, hogy ezt meg tudjam élni. A lelkiintimitás-gátlásaim leküzdése sok évembe telt.

Ha már tudjuk, mit jelent a lelki intimitás, akkor azt is nézzük meg, hogy mit takar a lelkiintimitás-gátlás! Ez egy olyan komplex lelki működési rendszer, amely képtelenné tesz minket arra, hogy önzetlenül, tisztán és teljes nyíltsággal szeressünk. Továbbá arra is képtelenné tesz bennünket, hogy mások szeretetét teljes mértékben, torzítások, játszmák és tompítások nélkül a lelkünk legmélyéig befogadjuk. Ugye, egyből beugrik már, hogy ez melyik részed miatt van? Az egod szuper, kifinomult eszközei között szerepel, hogy önző érdekein keresztül tönkreteszi az emberi kapcsolataidat, azért, hogy még jobban bebiztosítsa léte szükségességét. Amikor a pároddal veszekszel, akkor az egod veszekszik vele. A bűntudat vagy a dac, amelyeket a vita után az elméd neked sugall, szintén az egod termékei. A cél az, hogy tudatalatti szintről külső ellenséggé tegye a párodat, majd utána a te védelmedre tudjon kelni. Ugye, emlékszel az előző fejezetre? Ez a mintázat itt is megjelenik!

A lelkiintimitás-gátlás egyébként egy nagyon alattomos dolog (mint ahogy a pusztító-ego összes eszköze). Hiszen mindenki szeretetre vágyik és mindenki úgy is viselkedik egy kapcsolat elején, hogy a jót és a szépet mutassa önmagáról. A szeretetre méltó énünket láttatjuk, hogy kiérdemeljük a másik fél szeretetét. Ez azonban általában nem tartós állapot. A kapcsolat egy idő után elkezd egy lefelé húzó spirálba fordulni, aminek legtöbbször a lelkiintimitás-gátlás az oka (mögötte persze a pusztító-ego). Hiszen akinek ilyenje van, az ösztönösen mindenféle eszközt bevet annak érdekében, hogy letolja magáról a másik szeretetét vagy hogy kiprovokálja: a másik fél tartsa távol az ő szeretetpróbálkozásait. Természetesen ezeket tudattalanul tesszük! Nézzünk meg néhányat ezen eszközök közül:

- ☯ szegényes vagy nem őszinte kommunikáció
- ☯ veszekedések generálása
- ☯ játszmák
- ☯ manipulációk
- ☯ hatalmi harcok
- ☯ visszahúzódás
- ☯ hibáztatás
- ☯ túlzott birtoklás vagy uralkodás
- ☯ túlzott alárendeltség
- ☯ hazugság, megcsalás
- ☯ féltékenység

- érzelmi hárítások
- „túlszeretés"
- testi vagy lelki agresszió
- szexuális perverziók, sekélyes vagy nem megfelelően működő szexualitás
- feloldódás

Biztos voltál már olyan kapcsolatban, ahol ezen eszközök egy részét vagy használtad, vagy alkalmazták veled szemben. A feloldódás azonban egy alattomos és kevesek által ismert eszközrendszer, ezért részletesebben írok róla. A feloldódás tulajdonképpen egy a két fél között létrejött – általában kölcsönös tiszteleten alapuló – egyezség arról, hogy a két fél mindig mindenben egyetért. Eddig ezzel nem is lenne olyan nagy baj. Valójában azonban ezáltal egy álintimitás alakul ki, ahol mindenki eljátssza az ideális párkapcsolati szerepeket, és a kölcsönös tisztelet elve alapján a felek ebben segítik egymást. A párkapcsolat amolyan felszínes baráti kapcsolatként működik és nincsenek benne mély érzelmek. Így nem alakul ki a két fél között a valós lelki intimitás, hiszen alkalmatlanok erre, és nincsenek is ennek a problémának tudatában, mert a felszínen, úgy tűnik, minden rendben. Kívülről is szép párnak tűnnek, hiszen sosem veszekednek. De könnyű úgy egyetérteni szinte mindenben, vagy ráhagyni a másikra a dolgokat, ha nincs érzelem a kapcsolatban, csak objektív operatív együttműködés. A feloldódás lényege az, hogy az objektív együttműködés érzelemszegény világában az érzelmi kockázatok elkerülése érdekében távol tartjuk magunktól a másikat. Nekem ilyen volt a házasságom, de akkor még mit sem tudtam ezekről a dolgokról. Nem értettem, hogy miért van az, hogy mindig mindenben egyetértünk és mégsem vagyunk igazán boldogok, mégsem működik a testi és a lelki intimitásunk. Ma már tisztán értem...

Miért használjuk ezeket az eszközöket? Miért nem tudunk békésen és szeretetben élni, ha valójában erre vágyunk? A választ a múltunkban szükséges keresnünk, melyek hatásai az egonkban kövesedtek meg. Ha a családunkban nem volt valós lelki intimitás, akkor nem láttunk erre pozitív mintákat. Azonban ha a családunkban rendszeresen torz felnőtt reakciókat (bántalmazás, felnőtt uralmi játszmák, kigúnyolás, kinevetés, visszautasítás, elhanyagolás, hazug szeretetnyilvánítás, szülői önzés, molesztálás, hazugság stb.) kaptunk a valós, önzetlen gyermeki szeretetünkre, akkor rengeteg szégyen, bűntudat, félelmek és egyéb negatív érzelmek halmozódnak fel bennünk. Hiszen a gyermek istenként néz fel szüleire, és ha nem viszonozzák az önzetlen kiáradó szeretetét, akkor magát tartja értéktelennek, hibásnak, problémásnak. Már csak attól, hogy a szülő sosem ér rá odafigyelni (mert mindig van fontosabb dolga), eléri azt, hogy a gyermek hamar elhiszi magáról: ő nem különleges, nem egyedi, nem fontos és nem szerethető! Akkor képzeld el, hogy a többi – általában tudattalan – szülői „bűntett" mennyi lelki betegséget generál a gyermekben. Így a gyermek mire felnő, már azt sem tudja, hogy valójában kicsoda. Szakít önmaga azon darabjaival, amelyekről úgy hiszi, hogy a szülei azokért nem szeretik őt, és megpróbál egy olyan valakit kialakítani önmagából, amely megfelel a szülei elvárásainak, csakhogy szeretetet kaphasson. Így hamis énképpel, önmaga elfogadása nélkül, tele elfojtott negatív érzelmekkel és megfelelő lelki intimitási minták hiányában kezdi el a felnőttek világában való életét.

Ebből következően a legtöbb párkapcsolat azon bukik el, hogy lelkiintimitás-gátlásos emberek jönnek össze úgy, hogy ennek nincsenek is tudatában. Így tudattalanul játsszák el a vágyaik szerinti kapcsolat színházát, miközben valójában képtelenek a vágyaik valós lelki szinten történő tartós megélésére. Természetesen a legtöbb esetben az emberek a másikat okolják azért, mert a kapcsolatuk félresiklott, vagy nem működik megfelelően. Ez a pusztító-ego trükkje! Ugye, felismerted?

A gond az, hogy ezek az emberek legtöbbször nincsenek tudatában ennek a belső gyengeségüknek és ezekben az intimitás-gátlásos kapcsolatokban még gyermekeket is nemzenek.

Akik ugyanilyen lelkiintimitás-gátlásos emberek lesznek. És az ördögi kör újra és újra megismétlődik.

Egyszer egy hölgy ismerősöm, akinek nagyon magas szintű lelkiintimitás-gátlása volt és 39 évesen a segítségemmel látott rá erre, mesélt nekem a családjáról. Nem értette, hogy neki hogyan lehetnek ilyen gondjai, amikor az anyja és az apja mindenben egyetértett, a családban mindig béke volt, és szerették őt. A válasz egyszerű. A két szülő a feloldódás rendszerében élt, és mivel lelkiintimitás-gátlásosak voltak, ezért a gyermeküket sem szerették elég mélyen és önzetlenül (hiszen nem voltak képesek erre), viszont jól eljátszották a jó szülői és jó párkapcsolati szerepeket. A szülők elég intelligensek voltak ahhoz, hogy az agyukkal tudják, hogy kb. milyen a helyes családmodell. Azonban a lelkük legmélyén sosem voltak képesek kilépni az önzetlen szeretet világába. Milyen sok gyermek nő fel ilyen hazug rendszerben? Milyen sok gyermek nő fel ennél jóval rosszabb rendszerekben? Sajnos a legtöbb... Saját tapasztalataim szerint a nyugati emberek 99%-a nem képes az önzetlen szeretetre. De ez már nem sokáig lesz így. Napjainkban elindult a tömeges változás, és ez már megállíthatatlan lesz. Igaz, hogy most még a népességhez viszonyított kis százalékuk miatt ez sokak számára nem tűnik egyértelműnek.

A párkapcsolatok legtipikusabb „menetrendje" napjainkban a következő: ismerkedés, szerelem, egyre nagyobb megnyílás és eközben a társunk mind mélyebb megismerése, utána összeköltözés, együttélés, majd egyre több probléma, feszültségek, szétválás. Ennek a folyamatnak a leggyakrabban 2,5–4 év az időtartama. Van olyan ismerősöm, aki 42 éves korára ezt már egymás után nyolc alkalommal élte végig. Természetesen mindig a másik fél volt a hibás. A gyönyörűen felfelé ívelő kapcsolatok mitől kezdenek el lefelé haladó tendenciába fordulni 0,5–2,5 év után? Általában mindez miért az összeköltözés után történik?

Van egy másik megfigyelésem is. Ez a hosszabb házasságoknál jellemző. Tipikusan mikor válnak el a párok? Amikor elkészült a ház, megvan a kocsi, a gyerekek és a kutya. Végre minden tökéletes, mindent megkaptak, amiért küzdöttek. És akkor elválnak...

Egyszer egy hölgy azt kérdezte tőlem, hogy „miért van az, hogy ha hosszú vergődés után az ember végre eljut arra a pontra, hogy felismeri: ez a kapcsolat nem vezet sehova, és kilép a kapcsolatból, mire a másik fél egyből megváltozik (nyilván átmenetileg)? Tipikus esete a virágcsokor, süti, randik, meg a jegygyűrű, amiknek a jelét addig nem mutatta..."

Ennek három fő oka lehet, mely általában vegyesen jellemző az adott személyre, és szintén erősen kapcsolódik a lelkiintimitás-gátláshoz:

Az egyik az, hogy az adott személy kapcsolatfüggő és nagyon fél a magánytól. Amíg nincs biztos B terv, addig nem bírja elengedni az A tervet. A másik a rideg, érzelemszegény ellentétes nemű szülő, akinek gyerekkorában mindig kepeszteni kellett a szeretetéért, és ritkán vagy sosem kapott viszonzást. Ennek hatására felnőttkorában, amikor kapja a szeretetet, nem tudja kellő értékként kezelni és befogadni. Ezért kiprovokálja, hogy neki kelljen kepeszteni a szeretetéért, ahogy anno a szülő felé „tanulta". Ez krónikus lelkiintimitás-gátlás. A harmadik oka az önbizalomhiány. Ha az ilyen személyt elhagyják, akkor szembe kellene néznie a saját értéktelenségének elfojtott érzésével és ez elől menekül. Ezek természetesen téves érzelmek és berögződések, de sajnos sok ilyen téves gyökérproblémát hozunk a gyermekkorunkból.

Mi a közös a három tipikus folyamat között? A választ a kötődési képességünkben kell keresni.

Amikor mindent megkaptam a másiktól és én is mindent megadtam neki, akkor lelkileg már nem marad más vissza mint az utolsó lépés: a végső elköteleződés, a végső lelki kötődés kialakulása. Ez az a kötődési szint, ahol már tényleg nem tudod elképzelni az életedet a másik nélkül. Ez az a szint, amikor már soha többet nem akarsz lenni más nővel/férfivel. Ez nem egy üres szlogen, mint ahogy sokan gondolják. Ez egy létező dolog. Több olyan idős házaspárt is ismertem, akiknél ha a férj vagy a feleség meghalt, akkor az amúgy egészséges társ 1-2 éven belül hirtelen egészségromlást követően követte őt. Már képtelenek voltak itt maradni a Földön a társuk nélkül. A sok közös erőfeszítés, a kéz a kézben eltöltött élet úgy összekovácsolta őket, hogy már a létezés alapjai sem képzelhetők el a társuk nélkül. Több olyan középkorú pár is van az ismeretségi körömben, akikről tudom, hogy ugyanez a mély kötődés alakult ki bennük, és életük végéig fogják egymás kezét, jöjjön jó vagy rossz.

Miért nem sikerül ez a legtöbbünknek? A lelkiintimitás-gátlás teszi lehetetlenné a végső kötődést. Most jó mélyen nézz önmagadba, kérlek:

Mersz teljesen, tiszta szívből, tökéletes és végleges hűséggel, feltétel nélkül kötődni a párodhoz?

Ha agyból gondolsz bele, akkor nyilván igen lesz a válaszod. De olyankor tedd fel magadnak ezt a kérdést, amikor éppen valamilyen játszmával tolod le magadról a párod szeretetét, és igazán magadba mersz nézni. Vagy olyankor, amikor kiprovokálod, hogy érzelmileg ő toljon le magáról téged.

Őszintén megmondom, hogy az agyammal hiába szerettem volna ezt, sokáig én nem voltam rá alkalmas. Valójában sosem mertem teljes mélységben kötődni. A tudatalattim mindig bebiztosította magának a kiutat, mindig tett valamit, hogy ez ne történhessen meg. A gyermekkorban megélt kudarcaink miatt elfojtva, tudatalatti szinten rettegünk a végső kötődéstől! Mert borzalmasan fájt, amikor az önzetlen és feltétel nélküli szeretetünket visszautasították a szüleink!

Tehát miért az összeköltözés után kezd leromlani a kapcsolat vagy akkor, amikor kész a ház? Mert itt már csak egy következő lépés lenne: a végső kötődés. A tudatalattink rettenetesen megijed és minden addikciót, játszmát felerősít a lelkünkben, hogy letaszítsuk magunkat a másikról. Ez természetesen ösztönös és tudattalan. Annyira beépült az egoba, hogy fel sem tűnik a mögöttes ok.

Ilyenkor bekapcsolnak az önelfogadási problémáink. A tudatalattink nap mint nap jelzi, hogy miért nem vagyunk elég szerethetők. Ezt úgy reagáljuk le, hogy elkezdjük a másikat hibáztatni, a másikat piszkálni, a másiknak hazudni, a másikat megcsalni, a másikkal veszekedni, a másikkal erőszakoskodni, a másikkal kötekedni, a másikban meglátni és felerősíteni a rosszat. A módszerek tárháza végtelen. Ugyanakkor párhuzamosan elkezdenek felerősödni az önző szenvedélyeink, függéseink. Hány kapcsolat megy azon tönkre, hogy „a párom egyre többet játszott a számítógépen" vagy „egyre többet ivott" vagy „annyit evett, hogy úgy nézett ki, mint egy tehén"...? Mennyi ilyet lehet hallani nap mint nap? A valós ok az, hogy nem bírjuk elfogadni önmagunkat, ezért önmagunkról letaszítjuk a másik fél végső kötődési szándékát. Okokat keresünk, hogy miért ne történhessen ez meg. Ezért elhízunk, bunkók leszünk, agresszívek leszünk, igénytelenek leszünk, nem törődők leszünk, alkoholisták vagy kábítószerfüggők leszünk, hazugok leszünk, csalfák leszünk, egyre többet dolgozunk vagy bármi mást teszünk, csak nehogy még jobban kötődjön hozzám a másik, vagy én őhozzá. Mivel ezt nem merjük bevallani önmagunknak, ezért mindig a másikat hibáztatjuk! A nő a férfit okolja: „azért, mert már a számítógépe fontosabb, mint én". A férfi meg a nőt: „egy ilyen nőt ki tudna megkívánni, aki 15 kg-ot szedett fel magára az utóbbi két évben? Úgy néz ki, mint egy..." Közben mindkét embernek magába kellene néznie! De az félelmetes!

Ha a társunk egyre erősebben kapaszkodik belénk, akkor még erősebbek lesznek ezek a letaszító erők. Ezért fajul annyi kapcsolat a másik megalázásáig, sárba tiprásáig. A lelkiintimitás-gátlásosabb fél egyre keményebben lép fel, hogy érzelmileg ki tudjon menekülni a kötődés félelmetes zsákutcájából. Emlékszem, az egyik ilyen kapcsolatomban amellett, hogy bunkón és nagyon elutasítóan viselkedtem nap mint nap, már az öngyilkossági gondolatok is elkezdtek járni a fejemben. Annyira félelmetes a végső kötődés, hogy a tudatalatti gyakran inkább végezne önmagával, minthogy oda be merjen menni. Ilyen erősek lehetnek a gyermekkorban beégett félelmek. Nagyon-nagyon komolyan kell venni őket... Sose becsüld le a tudatalattid erejét! (*Bővebben lásd a 6.3. fejezetet*).

Jó hírem is van, meg rossz is. A rossz hír az, hogy amíg nem tárod fel magadban a lelkiintimitás-gátlásodat, amíg nem fogadod el, hogy van benned, és nem kerülsz tisztába vele, addig az összes kapcsolatod zátonyra fog futni! Jó hírem is van a számodra: ez a könyv segíteni fog neked, hogy e téren is javuljon a helyzet életedben. A lelki rezgésszint emelkedésével párhuzamosan emelkedik a lelki intimitási képességünk is.

Az intimitásgátlás más, számunkra fontos emberi kapcsolatokban is érvényesül. Ha őszintén meg akarod látni, hogy milyen mély benned a lelkiintimitás-gátlás, akkor nézd meg a számodra legfontosabb 10-15 emberrel való kapcsolatod érzelmi minőségét! Mindegyik embernél értékeld 1-10-es skálán, hogy milyen mély érzelmű, önzetlen, szeretetteljes és őszinte a kapcsolatotok. Vedd figyelembe, hogy mennyit veszekedtek, vagy hogy menynyiszer tartod tudatosan távol tőle magadat. Nyilván ha nem beszélsz az édesapáddal vagy a testvéreddel, akkor az nem jelenti azt, hogy nem fontos számodra! Minden vér szerinti családtag fontos! Ha nem így érzed, akkor a pusztító-egod csapdájában élsz. Tehát a vér szerinti közeli családtagok legyenek a listában. Ha megcsináltad a listát és a lelki intimitás mértékének szempontjából osztályoztad az összes kapcsolatot, akkor megláthatod, hogy mekkora a lelkedben elfojtott baj! Ezután egy jó pszichológus vagy kineziológus könnyen segíteni fog abban, hogy ráláss a tényleges okokra, ha egyedül nem megy. De ez a módszer is fog neked izgalmas felismeréseket hozni. A lényeg az, hogy az emberi kapcsolataink minősége annak a tükörképe, hogy mekkora lelkiintimitás-gátlás van bennünk. Légy magaddal könyörtelenül őszinte és ne szépítsd a valóságot! Csak így láthatsz a pusztító-ego mögé.

5.2.3. Szélsőségek

A pusztító-ego egyik eszköze az, hogy szélsőségeket generál az életünkben. Így érdemes ezt a módszerét mélyebben is megértenünk. Ennek a fejezetnek az inspirációját A Gyűrűk Ura című könyv (*J. R. R. Tolkien, 2021*) alábbi sorai és egy váratlan családi esemény együtt adták:

„*...aztán elragadott a sötétség és én kiballagtam gondolatból és időből és olyan utakat jártam, amelyről nem is beszélek... egyedül voltam elfeledve, kiúttalanul... csak hevertem, bámultam felfelé, miközben keringtek fölöttem a csillagok, s minden nap hosszú volt, mint egy-egy korszak a Földön. Halványan elhatolt fülemig a világ minden országának nesze, a rügy fakadásé, a halálé, az énekéé, a zokogásé, a túlterhelt kő soha nem szűnő panaszáé...*"

Szürke Gandalf szembenézett és megküzdött Barloggal, a Föld mélyéről jött hatalmas ősi tömény gonoszsággal, mely gigászi csata közepette a mélybe zuhant vele. Gandalf a zuhanás közben folyamatosan Barloggal csatázott, míg meg nem nyerte azt. A küzdelem nagyon megviselte, kifárasztotta őt, és már-már úgy érezte, hogy ő sem éli túl. Ebben az állapotban, véglegkimerülten, reményét vesztetten feküdt, melyet J. R. R. Tolkien idézett sorai (melyek a filmes változatban is megjelennek) oly csodálatosan mutatnak be. Gandalf, a szürke végül túlélte ezt a csatát, sőt ennek hatására Szürke Gandalfból Fehér Gandalf lett. A fehér szín a teljes megvilágosultságot mutatja a könyvben. A folyamat, amin áthaladt, egy csodálatos jelképi világ, mely tökéletesen érzékelteti legtöbbünk lelki fejlődésének útját. Szürke Gandalf egy alacsonyabb lelki szinten lévő lény, aki e folyamat hatására jóval magasabb lelki szintre lépett. Barlog a sötétség jelképe, mely a mélységben született. A sötétség a bennünk élő rosszat, a mélység a bennünk élő tudatalatti mély rétegeit jelenti. Gandalf azzal, hogy szembenézett Barloggal, annak a hihetetlen szép kifejezése, ahogy önmagunk mély tudatalattijából feljönnek a legmélyebb fájdalmaink, félelmeink, a legsötétebb elfojtott gondolataink. Amikor ezek néha-néha megjelennek, mi legtöbbször elfutunk, elmenekülünk előlük. Hová? Hát szélsőséges tevékenységekbe! Mindegy mi az, csak aktivitás legyen benne! Minél nagyobb a lelkünkben elfojtott „Barlog", annál jobban menekülünk, azaz annál szélsőségesebb tevékenységeket végzünk. Vizsgáld meg magad, kérlek, ebből a szempontból, és mélyebb önismeretre tehetsz szert, vagy nézd ilyen szempontból az embereket, hogy jobban megérthesd, elfogadhasd őket. Bármilyen életterület lehet a menekülésünk eszköze. Nézzünk pár példát:

- Milyen fűszeresen, zsírosan, édesen táplálkozol?
- Milyen italokat és mennyit iszol?
- Mennyire szélsőségesek az alvási/pihenési szokásaid?
- Milyen szélsőségesek a szexuális vágyaid?
- Milyen gyorsan, pörgősen élsz?
- Milyen rendszertelenül élsz?
- Mekkora rendetlenség, káosz uralkodik az életedben?
- Mennyire extrém sportokat űzöl vagy űznél?
- Mennyire sokat dolgozol, mennyire vagy munkamániás?
- Mennyire szélsőségesek az érzelmeid?
- Mennyire szélsőségesek a gondolataid?
- Vannak-e függőségek az életedben?
- Mennyire vagy nagyravágyó?
- Mennyire sokat utazol?
- Mennyire hajszolod az élményeket?
- Mennyire vagy hedonista?
- Mennyire szélsőséges, ingadozó az anyagi helyzeted?
- Mennyire változó az egészségi állapotod?
- Mennyire vagy önző?
- Mennyire hektikus az időgazdálkodásod?
- Mennyire sokszínűek az emberi kapcsolataid a minőségük szempontjából?
- Mennyire vagy önfeláldozó?

- Mennyire vagy perfekcionista?
- Mennyire vagy maximalista?
- Mennyire akarsz kitűnni, különb lenni a többiek közül?
- Mennyire vagy gazdag, vagy mennyire akarsz gazdag lenni?

Akármennyire is meglepő, ha ezen területek közül bármelyik szélsőséges, az mind a pusztító-egod eszköze. Valakiben minél több a szélsőség, annál kevésbé tudja elfogadni önmagát, annál jobban menekül a valódi önmaga elől. Nekem ezek közül szinte mind része volt a régi életemnek. Eddigi életemben 3-szor zuhantam a mélybe. A lelki fejlődés lehet tudatos, fokozatos és lassú, ugyanakkor lehet hirtelen és áttörő. Ahogy például Eckhart Tolle (akinek összes írását és videóját tiszta szívből ajánlom minden kedves olvasónak) végleg szakított a saját egojával. Hihetetlen erő kellhetett hozzá, hogy végleg letépje önmagát a saját egojáról. Gandalf sem menekült el a belső félelmei, elfojtásai elől. Ő is megküzdött a Barlogjával. Rád is ez vár! Hiába menekülsz zenehallgatásba, számítógépes játékokba, szenvedélybe, munkába, alkoholba, evésbe stb. Előbb vagy utóbb a Barlogod végleg szembenéz veled! Gandalf óriási csatája, amelybe majdnem belepusztult, annak a hatalmas küzdelemnek a jelképe, amin át kell esnünk ahhoz, hogy megküzdjünk a lelki elfojtásainkkal. Azokban, akik állandóan menekülnek a tudatalattijuk elől, egyre csak erősödik és növekszik a Barlogjuk. A következmény az lesz, hogy végleg sarokba szorít és tovább már nincs menekvés. Ilyenkor szokott valami nagy baj kerülni az életünkbe. Általában ilyenkor omlik össze az életünk vagy az egészségünk vagy az anyagi helyzetünk vagy bármi más, ami fontos nekünk. Bár legtöbbször „csőstül jön a baj", ahogy mondani szokták. Egyszerre szinte minden összeomlik. Ekkor már nem lehet tovább halogatni, hogy szembenézzünk a valódi önmagunkkal, és elfogadjuk, feldolgozzuk, rendbe tegyük azokat a lelki sebeket, melyeken

Barlogunk ül és őrködik. Aki legyőzi a Barlogját, annak az lesz a jutalma, hogy mélyebb önismerettel és boldogabban élheti a hátralévő életét, de csak akkor, ha utána nem követi el azt a hibát, hogy még erősebb pusztító-egot növeszt. Aki nem győzi le, az sajnos egyre mélyebbre zuhan, míg szép fokozatosan elhagyja az élők táborát. A nagy csata után jön a mély szembenézés önmagunkkal, a belső béke állapota, amelyben minden perc egy évszak hosszúságú. Ilyenkor a lelki érzékenységünk is megnő, tisztán érzünk, látunk olyan dolgokat, melyeket máskor elfed előlünk a sok aktivitásunkból eredő lelki zaj. Gandalfnak ezt az állapotát mutatják a fent idézett sorok. A tudatalattinkban lelt belső béke a megújulás feltétele. Aki újra feljön innen, az már sosem feledi el, hogy mi a helyes út. Ezért olyan értékes a lelki fejlődésünkben a szenvedés. A szenvedés az, amitől félünk, ő a mi Barlogunk, és mindent megteszünk az elkerüléséért... Ebben a menekülésben a nyugati „kultúra" sajnos igencsak segít minket. A nyugati világ a menekülésre buzdít. Sőt, inkább csábít! Pedig pont ez az állandó elkerülő manőver hozza azt, hogy még nagyobb szenvedésbe sodorjuk önmagunkat. Ezért helyesebb út a fokozatos lelki fejlődés útja, mert így sok kis csatát vívunk meg, nem pedig egy akkorát, amit nem biztos, hogy túlélünk... Kevesünkben van meg Gandalf ereje, bár nagyon sok hétköznapi hőst ismerek, aki megküzdött a Barlogjával. Azóta mindegyikük kiegyensúlyozott ember, akinek béke és elfogadás sugárzik a tekintetéből...

Az első lépés ezen az úton az, hogy ismerd fel a szélsőségeidet, és azokból következtess a pusztító-egod erejére. Ezután kezdd el szép fokozatosan mérsékelni a szélsőségeidet. Az így felszabaduló energiát és időt pedig mindig fordítsd önfejlesztésre! Ne feledd! **Nem a pozitív szélsőségek, hanem a semlegesség visz a tartós boldogságba!** Jelen könyv bőven ad neked újabb módszereket ahhoz, hogy ezt az időt a lehető leghatékonyabban ki tudd tölteni, sőt az I. kötet módszerei is rendelkezésedre állnak.

5.2.4. A stresszhelyzetek generálása

A pusztító-ego kedvenc módszere, hogy igyekszik szinte folyamatosan stressz alatt tartani az egyént. Ennek a fő oka az, hogy a tudatoddal (szellemeddel) csak stresszmentes, ellazult állapotban tudsz kapcsolódni. Mivel az ego teljes feletted álló uralomra törekszik, ezért az a célja, hogy folyamatosan stressz alatt tartson. A stresszhelyzetben állandóan a félelemokok elkerülésére fókuszálunk, és mint tudjuk, a félelem az egyik fő tápláléka a pusztító-egonak nevezett energiarendszernek.

A stressz és annak testi következményei egy természetes reakció, melynek az őskorban igencsak sok mindent köszönhetett az emberiség. Ha ezt megértjük, akkor azt is megértjük, hogy bizonyos mértékig és bizonyos helyzetekben szerepe és létjogosultsága van az életünkben. Amikor egy ragadozó megtámadta az ősembert, a szervezetben bekapcsoltak a túlélési reakciók, aminek következtében stresszhormonok öntötték el a testét. Ilyenkor felgyorsul a szívverés, az izmok megfeszülnek és a szervezet rövidtávon extra teljesítményre képes. Ugyanakkor az érzékszerveink fókuszáltak lesznek, kizárjuk a pozitív érzelmeket, és csak a közvetlen környezetünkre összpontosítunk, hiszen a koncentrált figyelem lehet a túlélésünk záloga. Vagy vedd fel a harcot, vagy menekülj (üss vagy fuss) – e két stratégia közül választ ilyenkor az agyad, és a döntést követően fokozott erőbedobással hajtja végre a választott túlélési startégiát. Ilyenkor nincs a szürkének ötven árnyalata, hanem csak fekete vagy fehér van.

Bár civilizált világunkban is kerülhetünk közvetlen veszélybe, de a legtöbb ember életében szerencsére ez ma már nem jellemző. Ennek ellenére a stressz sokkal magasabb szinten terheli az egyént, mint az őskor idején. Az ősember csak tényleges életveszélyes helyzetekben stresszelt. Ezzel szemben a mai ember szinte mindenen: Hogy leszek készen határidőre? Mi lesz, ha nem érek oda? Megint nem száll le rólam a főnököm! Megint beteg a gyerek! Hogyan oldom meg az anyagi gondjaimat? stb.

Összetett és „fejlett" világunkban sokkal komplexebb társadalmi elvárásoknak kell megfelelnünk, melynek következtében a legtöbb ember nagyon sok stressz hatása alatt van. De valójában az egonk erősödése fokozta a stresszt, hiszen egyre apróbb dolgokból is óriási problémát csinálunk. Olyan magas egy mai átlagos emberben a stresszhormon szintje, mint amekkora az 1700-as években elmegyógyintézetbe sodorta az akkori embereket. A pusztító-ego annál erősebben él bennünk, minél apróbb dologból teremtünk stresszt. Elvárjuk az Élettől, hogy minden úgy teljesüljön és akkor, amikor mi akarjuk. Ez a pusztító-ego alapvetése. Ha pedig picit nem úgy van akár a legapróbb dolog is, már indul bennünk a stresszelés. Ez a pusztító-ego tökéletes megnyilvánulása. Azonban jó hírem van a számodra! A stressz nagyon hatékonyan minimalizálható! Az első kötetben már belekezdtünk ebbe a munkába, és a következő kötet is fog újabb eszközöket átadni neked. Ez a könyv pedig közvetett úton fogja mérsékelni a stresszt az életedben. De most azzal szeretnék foglalkozni, hogy a stresszhelyzetek folyamatos teremtése által hogyan telepszik bele a testbe, a lélekbe és az elmébe a pusztító-ego.

A stressz és annak testi reakciói rövidtávú igénybevétel céljára fejlődtek ki az emberben az evolúció során. Az írás elején bemutatott ősember példájához visszatérve amikor elmúlt a ragadozó okozta veszély, a test hormonháztartása visszaállt a normális szintre. Az ősember így rövid időkre volt kitéve a stressznek, egyúttal ez a túléléséhez egy segítő erőt is adott. Ezzel szemben a modern emberek többsége akár egész nap stressz alatt áll. Még éjjel is felébrednek, mert álmukban is stresszelnek életük aktuális problémái miatt. Azonban amíg a rövid idejű stressz a barátunk, addig a tartós idejű stressz az ellenségünk. A tartós idejű stressz következménye az, hogy állandó fokozott stresszhormontermelés alatt áll a szervezet. Fontos tudni, hogy ilyenkor az immunrendszerünk erősségéért felelős hormonok drasztikusan fogynak a szervezetben. Ha ezt már tudod, akkor képzeld el, hogy milyen következményei vannak ennek az egészségedre.

A tartós stressz először legyengíti az immunrendszeredet, aminek következtében gyakrabban kapsz el különböző fertőzéses betegségeket. Ha továbbra is tartós stressz hatása alatt maradsz, akkor jönnek a gyulladások a test különböző pontjain, amelyek rendszeres fájdalommal járnak. Itt a szervezet már igen erősen jelez neked! „Ne terhelj tovább, nem fogom bírni a strapát, ha így folytatod!" Képzeld el, hogy a szervezeted itt már akár hónapok óta folyamatosan túlélő üzemmódba kapcsolva létezik, azaz túlzott tartós stressz alatt áll. Ha ezek után sem tudod csökkenteni a tartós stresszt az életedben, akkor jönnek a komolyabb betegségek, mint például a rák, a szív- és érrendszeri károsodások, a gyomor- és bélrendszeri betegségek, a magas vérnyomás és sorolhatnám tovább. Tehát a tartós stressz nemcsak legyengít minket, hanem ha fokozott mértékű tartós stresszről van szó, akkor az meg is ölhet! A stresszhormonok folyamatos jelenléte olyan káros kémiai összetételt okoz a szervezetben, melynek következtében a test elindul egy egészségügyi lejtőn.

Nézzük meg a stressz egy másik nagyon komoly aspektusát is! Ez a lelki aspektus. Azt már tudod, hogy a stressz hatása alatt az idegrendszer fokozott figyelmet fordít a közvetlen környezetére. A tartós stressz hatására tehát az idegrendszer huzamosabb ideig kizárja a pozitív érzelmeket, megérzéseket, és leginkább a közvetlen környezetében lévő tárgyiasult világra fókuszál. A tartós stressz hatására leszünk túl racionálisak, valamint csőlátók, és ezáltal teljesen beszűkül a látókörünk. Míg a beszűkült látókör a ragadozó rövidtávú veszélyhelyzete hatására fókuszáltságot kölcsönöz nekünk, addig tartós stresszhatás alatt ez a fókuszáltság egy roppant erős beszűkült tudatállapotot eredményez. Kizárjuk a pozitív érzelmeinket, az intuíciónkat, görcsösekké válunk, és így szinte nullára redukálódik a kreativitásunk is. A fókuszáltság káros következménye az is, hogy mindenki más nézőpontja csak hülyeség lehet. Ezek a negatív lelki folyamatok sok olyan elfojtást okoznak, melyek továbbrombolják az egészségünket. A pozitív érzelmek által termelődő hormonok tudják ellensúlyozni a stresszhormonok káros hatásait, de ha beszűkül a látókörünk és görcsösen hajtunk a céljainkért, akkor egyre nagyobb arányban zárjuk ki az életünkből ezeket a pozitív érzelmeket. Ugyanakkor felerősödnek bennünk a negatív érzelmek, melyeket egyes szerzők „túlélési érzelmeknek" is hívnak. Ilyenek például: a harag, a veszélyérzet, a zaklatottság, a szorongás, a frusztráció, a depresszió, a félelem stb. Így elindul egy ördögi kör, mely két egymást erősítő lefelé húzó folyamat. Az emelkedett stresszhormonszint gyengíti az egészségünket, a fokozódó görcsösség és szűk látókörűség pedig egyre kevesebb esélyt ad a regenerálódásra. Közben érzelmileg aszimmetrikussá válunk. A negatív érzelmek felerősödnek, a pozitívak legyengülnek bennünk. Ha olvasol a sorok között, akkor egyből beugrik neked, hogy ezek a pusztító-egora jellemző vonások. A baj, hogy ez az elménkre is kihat. Hiszen a gondolkodásunk is beszűkült lesz. Annyira önfejűvé válunk a tartós stressz hatására, hogy senkinek sem tudjuk elfogadni a véleményét vagy a segítő szándékú tanácsait. Meg vagyunk győződve róla, hogy mindenki hülye, aki nem úgy gondolkodik, ahogy mi. Ismersz ilyen embereket a környezetedben? Nem véletlenül stresszes időszakokban mennek tönkre leggyakrabban a párkapcsolatok. Ilyenkor tényleg szó szerint eltűnik belőlünk a jobbik énünk. Hiába mondja a párunk, hogy nem vagyunk önmagunk, nem is értjük, miről beszél. Hiszen a fentebb leírtak miatt torz a valóságképünk.

A tartós stressznek van egy harmadik nagyon erőteljes negatív hatása. Ez pedig a hormonfüggőség kialakulása. A szervezetünkben a stresszhormonok tartós jelenléte függőséget okoz. Azaz ha elmúlik a stressz az életünkben és a szervezet elkezd regenerálódni, aminek hatására a testben elkezd csökkenni a stresszhormonok szintje, akkor az egyén ösztönösen olyan cselekvésbe kezd, amely megemeli a stresszhormonszintet. Például kiépítünk olyan emberi kapcsolatokat, melyekben rendszeresen veszekedhetünk, vagy alvászavarral fokozzuk a bennünk lévő feszültségeket, esetleg szándékosan szabályokat hágunk át, netán állandóan aggódunk a külsőnk vagy a gyerekek miatt. Vannak, akik extrém sportokban, túlzottan gyors vezetésben vagy más sebességmániás viselkedési mintákban élik ki a stresszhormonfüggésüket. Olyan emberről is olvastam, aki nappal hétköznapi emberként dolgozott, de éjjel az adrenalinigényének biztosítása érdekében hobbiból kocsikat lopott. A pszichés „eszközök" száma szinte végtelen. De a pusztító-ego generál magának olyan aktivitási formákat, melyek pótolják a stresszhormontermelési „hiányt". A tartós stressz ezáltal a függőségek kialakulásának melegágya is, melyek tovább mélyítik az előbb már bemutatott ördögi kört.

Összegezzük tehát a tartós stressz három fő hatását:
1. Egészségromlás
2. Beszűkült, érzelemszegény élet, túlzott racionalitás
3. Stresszhormon-függőség és abból felerősödő egyéb függőségek

Ez egy elég kemény „koktél", igaz? Aki rendszeresen ilyen koktélt iszik, az garantáltan kiüti magát. Tehát mindent meg kell tenned azért, hogy csökkentsd a stresszt az életedben! A stressz csökkentésére számtalan módszer létezik. De ha a gyökerénél akarod megfogni a problémát, akkor a lelki rezgésszint emelésével alakítod át a pusztító-egod, először semleges-, majd teremtő-egová. A lelki rezgésszint emelkedésével belülről változunk meg és egyre kevésbé fogunk stresszelni ugyanazokon a dolgokon. Én is évtizedekig egy végtelenül stresszes életet élő ember voltam. Ma cégeket vezetek, egyetemen tanítok, kutatásokat vezetek, könyvet írok, blogot és videócsatornát üzemeltetek, előadni járok az országban mindenfelé, tanfolyamokat és elvonulásokat vezetek, találmányokat fejlesztek, 3000 m²-en biokertészkedem és még egy 5 gyermekes családban is helytállok családfőként. Képzeld el, hogy mindezt teljesen stresszmentesen végzem. Pont a stresszmentesség teszi lehetővé, hogy ennyi mindent magas színvonalon tudjak csinálni. Tartós stresszmentesség esetén felerősödik a kreativitás és az intuíció, és rengeteg régebben feleslegesen elégetett energia teremtőerővé változik. Ezek már a semleges-ego tartományában is gyönyörűen kifejtik a pozitív hatásukat, hát még a teremtő-ego állapotában! Gandhi, Teréz anya, Sri Chinmoy úgy tudtak olyan hatalmas eredményeket elérni, hogy a teremtő-egoban éltek. Ott még jobban felfokozódik a kreativitás és az intuíció végtelen ereje.

5.2.5. A fegyelmezetlen elme

Az egész nyugati társadalom egy téves paradigmára épít: a tudat legmagasabb szintű működése a gondolkodás. Descartes elhíresült mondása: „gondolkodom, tehát vagyok" bár igaz, de csak részigazság, hiszen a gondolkodás felett többféle – jóval magasabb – tudatállapot is létezik. Az álmok, bizonyos transzállapotok, a megvilágosultság vagy az egység állapotai mind magasabb tudatállapotok, mint a gondolkodás. A buddhizmusban ez alapvetés, de mi itt Nyugaton csak most kezdünk erre ráeszmélni. Tehát nem az elménk a legmagasabb szintű tudatosság központja!

Az elménk a gondolkodásunkért, a gondolatainkért felel. Ugyanakkor a gondolkodásunk mögött gyakran működnek rejtett programok. Ha például racionálisan tudod azt, hogy szeretnél jómódban élni, de közben ennek ellenére szegény vagy és ez miatt sok szenvedést élsz át, akkor nagy valószínűséggel a tudatalattid hiánygondolkodásra, szűkösségre van programozva. Tehát az elméd szintjén a gazdagságra koncentrálsz, míg a tudatalattid szintjén benned él a szegénység hitrendszere. Ezért van az, hogy hiába akarsz jómódban élni, valahogy mindig úgy alakulnak a dolgok, hogy az nem jön össze.

Az elméről azt kell tudni, hogy teljesen programozott. Ez azt jelenti, hogy amire programozták, azt automatikusan végrehajtja. Mert az elménnek ez a dolga. Ezért kiemelten fontos a gyermekkor.

Hiszen gyermekkorban az elménk 99%-ban „végleg" programozottá válik.[2] Ezután felnőttkorunkban nehéz és komoly munka átírni a programokat. Sajnos mindig a tudatalatti győz az elme felett, de erre nemsokára részletesen visszatérek. A pusztító-ego egyik fontos eszköze, hogy ezeket a tudatalatti negatív programokat elrejti önmagunk elől, ezáltal a legtöbb esetben vakfoltunk lesz rá. Ezért hasznosak a külső segítők, mert így könnyebben tudsz az egod mögé nézni.

A sikeres emberek abban különböznek a sikertelenektől, hogy a tudatalatti programjaik és a racionális gondolataik egy irányba néznek. Azaz a tudatos és a tudatalatti énjük összedolgozik. Amikor azonban a racionális gondolkodásunkat más vágyak fűtik, mint amire a tudatalattink programozódott, akkor abból belső feszültégek keletkeznek. Ettől vagyunk stresszesek, ingerültek, dühösek. Persze nem az összes stressznek, de soknak ez az oka.

Ha rá akarsz jönni a sikertelenséged okaira, akkor figyeld meg az elmédet! A keleti filozófiák ebben is jóval bölcsebbek a túlracionalizált nyugatinál. A buddhisták és a hinduk azt mondják, hogy **a fegyelmezetlen elme minden boldogtalanság okozója.** Tehát minél fegyelmezetlenebb az elménk, annál több szenvedés és boldogtalanság vár ránk. A fegyelmezetlen elme a pusztító-ego eszköze arra, hogy elvonja a figyelmedet a szellemed intuitív sugallataitól, azaz távol tartson a magasabb szintű tudatállapotoktól. A fegyelmezetlen elme azt jelenti, hogy az elme állandóan jár valamin, még akkor is, amikor nem kell. A fegyelmezetlen elme tipikus tünetei, hogy túlpörgünk, amikor semmi okunk rá, de az alvászavar is lehet tünet. Hiszen még éjjel is agyalunk és ez miatt nem tudunk aludni. A fegyelmezetlen elme másik tünetcsoportja a szélsőségesség, amiről már volt szó. Minél több gondolat pörög át az agyadon egy időegység alatt és azok minél szélsőségesebb távolságok között cikáznak, annál fegyelmezetlenebb az elméd.

---

2 A végleg szó azért került idézőjelbe, mert ez azt jelzi, hogy általában csak speciális belső munkával vagy oldási módszerekkel orvosolható a helytelen kisgyermekkori programozottság.

Amikor serdülőkorú, majd fiatalfelnőtt voltam, hihetetlenül fegyelmezetlen elmém volt. Tele voltam tűzzel, szenvedéllyel, vágyakkal, csapongó szélsőséges érzelmekkel, belső lelki feszültségekkel, melyek elkalandozó, túlpörgött gondolkodást eredményeztek. Abból kiindulva, hogy milyen terheket hoztam gyermekkoromból, ma már ez tisztán érthető a számomra. Azonban akkoriban borzasztóan pechesnek, szerencsétlennek éreztem magamat. Úgy éreztem, mintha az egész világ ellenem lenne. A párkapcsolati próbálkozásaim állandóan kudarcba fulladtak, folyamatos harcban álltam a környezetemben lévő emberekkel, sokszor úgy éreztem, hogy nem ért meg senki. Hol túláradóan boldog vagy lelkes voltam, hol hihetetlenül mélyre zuhantam és ezzel párosultak optimista, illetve pesszimista gondolataim. Amikor másoktól utalásokat kaptam arra, hogy ez így nem jó, az erősen pusztító egom azonnal bevédte önmagát azzal, hogy szélsőséges érzelmek és gondolatok nélkül szürke és unalmas lenne élni. A csapongó, fegyelmezetlen elmém meg akart élni mindent, amit csak az élet hozhat, és a pörgős és élményeket habzsoló élethez a szélsőségek adták neki az energiatöltetet. Hedonista és végletekig önfejű voltam. Természetesen nagyon sok szenvedéssel fizettem ezekért. Például két óriási, szélsőségesen túlfűtött szerelembe estem egymástól 10 évre, melyek természetesen csalódással zárultak. Az első szerelmemet 10 év lelki gyötrelem után, míg a másodikat 6 év szenvedés után hevertem ki. Tehát 38 évesen a felnőtt életem 80%-át mély lelki fájdalomban éltem le. Ez csak egy példa a sok közül. Ma már hálás vagyok ezeknek a nőknek, hiszen részt vettek a pusztító-egom összetörésében, anélkül, hogy ennek tudatában lettek volna. Öngyilkossági kísérletekig süllyedtem, és bár hajszálon múlott, de megküzdöttem a Barlogommal.

Ami jó hír, hogy az elme átprogramozható. Az elme programozására jó módszer a kitartó ismétléses gyakorlás. Erre az alapelvre épülnek a küzdősportok edzései is. A rengeteg ismétléssel azt érik el, hogy a mozdulat automatikus és ösztönös legyen.

Ezzel új mozdulatot építenek be a régi ösztönös védekező mozdulatok helyett. Akkor jó igazán az adott küzdősportból valaki, amikor már minden mozdulatot ösztönösen végez, mert akkor a legváratlanabb támadások esetén is a lehető leggyorsabban és a legjobb technikával reagál. Tehát **bármit szeretnél az elmédben átprogramozni, ahhoz kitartó gyakorlás kell nagy ismétlésszámmal.**

Tegnap például jót mosolyogtam magamon, mert a párom kocsiját vezettem (amit ritkán szoktam). Az ő autójában még hagyományos bedugós kulcs kell a motor indításához, az enyémben csak meg kell nyomni egy gombot. Amikor beültem az autójába, odanyúltam és benyomtam a nem létező gombot, majd kb. tizedmásodpercig nem értettem, miért nem indul az autó. Az elmémbe beprogramozódott az autó indításához a gombnyomás mozdulata. Kb. 1,5 éve vettem ezt az autót. Tehát simán lehetséges az elme átprogramozása. Mindössze kb. 1000 autóindítás kellett hozzá. Ugyanezt mondta anno a capoera mesterem is, hogy kb. 1000-szer kell elvégezni egy gyakorlatot, mire ösztönössé válik. Ez gondolati síkon is ugyanígy működik. Ha bármilyen területen sikeresek akarunk lenni, először az elménkben kell átprogramozni azokat a gátló dolgokat, melyek a vágyaink elérését akadályozzák. Ha szűkösségre, szenvedésre, fájdalomra, szeretethiányra programozták gyermekkorunkban az elménket, akkor azt át kell programozni bőségre, örömre, harmóniára, szeretetre. Természetesen kitartónak kell lenni. Több mint ezerszer végezd el az átprogramozást a tudatos énoddel, amely módszerei a megerősítések, illetve a kaleidoszkóp-videók használata (az I. kötetben erről volt szó). Hatékonyabb módszerhez is fordulhatsz, mint például a meditáció (erről jelen kötet végén kapsz izgalmas útmutatásokat).

Tehát figyeld meg önmagadat! Figyeld meg, mennyire szélsőségesek a gondolataid. De akár a szexuális gondolataid féktelensége is segíthet ebben. Minél szélsőségesebb az önvizsgálat eredménye, annál biztosabb a boldogtalanságod a jövődre nézve.

Fontos, hogy légy őszinte önmagaddal! Az ego állandóan szépít, ha fel akarjuk fedni a „bénaságait". Az ego másik módszere az, ahogy anno én is reagáltam. Nekem nem kellett belső béke, harmónia, nyugalom, mert az unalmas és szürke. Az egom csapongani akart, mert az szenvedélyes, tüzes és izgalmas. Amit az ego ilyenkor nem sugall neked, az az a tény, hogy a **pozitív szélsőséget mindig negatív szélsőség követi!** Miért van ez így? Egyszerűen azért, mert csak így tud energetikailag egyensúly lenni. Az emberek mindig a pozitív szélsőségeket hajszolják, és azt hiszik, hogy elég ügyesek lesznek és elkerülik a rosszat! De nem lehet kikerülni az energia-kiegyenlítődés törvényét, akárhogy okoskodik az ego (erről nemsokára külön fejezetben lesz bővebben szó). Tehát az ego mindig megidealizálja, hogy miért helyes minden úgy, ahogy eddig csináltad a dolgokat. Jó hírem van! A belső béke, a nyugalom és a harmónia abszolúte nem unalmas. Annyira csodálatos és mély érzés, hogy a szélsőséges csapongás minden tüze sem ér fel hozzá. Én mindkét oldalt ismerem, így biztosan tudom, hogy így van. Tehát érdemes változtatni.

5.2.6. Az álvakság, a rögeszmék

Nagyon sok ember él önismeret és tudatosság nélküli életet, és szinte fel se fogja, mi miatt történnek a dolgok körülötte. Amikor „váratlanul" beüt a baj, nem érti, mit csinál rosszul. Maga körül okol mindenkit, ám nem néz önmagába. A baj miatt állandóan kattog az agya is, de ez a sok értékes energia külső ellenségképek gyártására fordítódik. Ez a fajta befelé vakság tökéletesen alkalmas az ego burjánzására, mert ahogy a valódi belső én megismerése nem érdekli az illetőt, úgy a következmények valódi okaira is teljesen vak. Ahogy Jézus mondta: „mások szemében a szálkát is, saját szemünkben a gerendát sem" vesszük észre. Ez az embertípus a tudatosságmentes infantilis lény tipikus esete, aki egyébként pont nem ezt gondolja magáról. A kérges ego egy téves énképet épített, mely sok-sok bajba sodorja az illetőt. De ebből semmi nem tűnik fel neki. A keleti spirituális körökben ezekre az emberekre azt mondják, hogy még nem ébredtek fel. Az ébredés első szakasza a valódi önmagunkkal való szembenézés, melyhez nagyon sok belső munka és bátorság szükséges!

Ha a lelki rezgésszintek szempontjából vizsgálod meg magad körül az embereket, akkor észrevehetsz egy érdekes párhuzamot a lelki rezgésszintek és az emberek igazsághoz való viszonya között. A párhuzam a következő: minél alacsonyabb valakinek a lelki rezgésszintje, annál jobban ragaszkodik a saját igazságához, és annál kevésbé tudja elfogadni mások igazságát. Mint ahogy már az első kötetben írtam, 8 milliárd embernek 8 milliárd eltérő igazsága van, azonban csak egyetlen igaz valóság létezik. Annál nagyobb részt látunk reálisan a világból, minél magasabb a lelki rezgésszintünk. Az egyetlen igaz valóságot a maga teljességében csak a megvilágosodottak érzékelik. Tehát rajtuk kívül senkinek sincs igaza.

Ezzel szemben mindenki azt hiszi, hogy az őáltala tudott igazság az egyetlen valóság. Az érdekesség az, hogy minél inkább emelkedik a lelki rezgésszintünk, annál jobban közelít az igazságunk az egyetlen valósághoz, mégis annál inkább el tudjuk fogadni mások nézeteit. Furcsa mód pont azok, akiknek a mély lelki rezgésszintjük miatt van távol az igazságuk az egyetlen valóságtól, mégis foggal-körömmel ragaszkodnak hozzá, és mindenkit hülyének néznek, aki nem úgy gondolja, ahogy ők.

Az igazságunkhoz való túlzott mértékű ragaszkodás okozza a rögeszmék kialakulását! Legfőképpen akkor jellemző ez, amikor az adott alacsony lelki rezgésszintű személynél valamiféle lelkesedéssel, mély érzelemmel vagy hittel párosul a kikristályosodott nézet. Ez egy nagyon veszélyes világ! Itt olyan szinten meg vannak győződve az emberek az igazukról, hogy már csak az ego teljes összetörése esetén láthat mögé a tulajdonosa. Sajnos ez gyakran elmegyógyintézetig is viheti az illetőt. Rengeteg rögeszmés ember szaladgál szabadon az utcán, sőt még a vezető beosztású emberek között is hihetetlen sok ilyet lehet látni. Ezek az emberek azonban nemcsak önmagukra veszélyesek, hanem kifejezetten káros a hatásuk a környezetükre és gyakran a társadalom távolabbi szegmenseire is. A rögeszméikbe vetett végtelenül felerősödött hit a megingathatatlan tudás látszatát kelti az elmében. Ez miatt ezek az emberek legtöbbször sok más embert igyekeznek meggyőzni az igazukról. Ezért az igazi tanítót nehéz megkülönböztetni az alacsony lelki rezgésszintű rögeszmés embertől. Az internetes világ tele van ilyenekkel, nagyon komoly káros hatást gyakorolva a nézőkre. Mivel legtöbbjükre a jó kommunikációs képesség is jellemző, ezért sajnos a hétköznapi emberek beveszik, amit a neten feléjük árasztanak, ezzel rájuk is káros hatást gyakorolva.

A rögeszmék másik jellemzője a másoktól önmagunkat elkülönítő kiemelő énkép. Általában jellemző, hogy ezek az emberek nagyon magas szintű önbecsüléshiánnyal küzdenek és a rögeszméjükbe való kapaszkodás által a többiekhez viszonyítva többnek, jobbnak, másabbnak érezhetik magukat. Például ismerek egy hölgyet, aki a Hawkins-skála szerinti szeretet lelki rezgésszintjén tudja önmagát, miközben krónikus intimitásgátlás, reménytelen szerelmi sóvárgás és instabil lelkiállapotok jellemzik az életét. Így a valódi önmagával való szembenézés helyett egy rögeszmébe menekült, ami már több mint 10 éve tart. Pont azért tudják ezek az emberek a rögeszméiket nehezen vagy soha elengedni, mert abban az esetben szembe kellene nézniük a valódi önmagukkal. Sajnos azonban ez félelmetesebb annál, minthogy egy hazug valóságképet fogadjanak el igazságnak, és az évek alatt azt keményítsék fel egyre jobban.

6. FEJEZET

A tudat és jelzőrendszere, avagy mennyire vagy az utadon?

Jelen fejezetben a tudatról szeretnék az I. kötetnél mélyebb ismereteket átadni, illetve a tudatod (szellemed) azon főbb eszközeit fogom bemutatni, melyekkel igyekszik veled kommunikálni. Mivel a tudat nem tud neked e-mailt küldeni vagy elbeszélgetni veled, ezért kénytelen más módokon kapcsolódni. A legfontosabb azt megértened, hogy **a tudatod mindig a legjobb tanácsadód és segítőd!** Ezzel szemben az ego helytelen meg helyes tanácsadód is lehet. Az ego akkor ad neked helyes útmutatást, ha a nézőpontja éppen párhuzamban áll a valódi életfeladataiddal. De mivel az ego csak saját magával foglalkozik, ez sajnos legtöbbször szerencse kérdése, semmi több. Így általánosságban elmondható, hogy az ego gyakrabban rossz tanácsadónk, mint amikor nem az. Emiatt nagyon fontos megtanulnunk újra figyelni a tudatunkra!

6.1. Az egod mögötti valódi éned: ki vagy te, mi az életed értelme?

Sétáltam az utcán és elnéztem a 40–60 éves korú embereket. Különösen rájuk figyeltem. Csupa eltorzult testet és elnyűtt arcot láttam. Nem igazán sugároztak lelki, testi egészséget magukból. Inkább a stressz, a fáradtság, az elfojtott fájdalmak, a csalódások, a kudarcok nyomait lehetett rajtuk felfedezni. Néha persze láttam egy-egy emelt fővel és egyenes gerinccel járó, egészséges és kiegyensúlyozott tekintetű embert is. De sajnos ők a ritkák... Fiatalon legtöbben önhitten és nagy vágyakkal indultunk neki az Életnek[3]. Határozottan és csökönyös módon tudtuk, hogy mit akarunk elérni, és abban is biztosak voltunk, hogy nekünk sikerülni fog. A legtöbb fiatalban megvan az az önfejűség, aminek a révén hülyének nézik a felnőtteket és az időseket: „Nekik nem sikerült, de én jobban tudom náluk, hogyan kell!" Bárcsak így lenne! Bárcsak tényleg jobban tudnák a fiatalok, hogy kell! Bárcsak a mai feltörekvő új generáció már helyesebben élne! Azonban a legtöbb fiatal abban látja a megoldást, hogy még fókuszáltabb, még céltudatosabb, még önzőbb és ezeken keresztül még erősebb egot növeszt. Igaz, hogy a világ ezt is sugallja nekik. A médiában csak ez folyik. Pedig pont ez az út vezet a csalódott, fásult, testileg és lelkileg beteg 40 feletti élethez. Persze erre egy fiatal azt is rávágja azonnal, hogy mindent 40 éves korom előtt akarok elérni, mert 40 felett már úgysincs igazi Élet. Ez is egy óriási tévedés. Minden életszakasznak megvan a szépsége. Csak akik helytelenül élik az életüket, azok 40 felett már eléggé nagy bajban szoktak lenni. Azonban a helyes életvitel egyenes ági következménye, hogy 40 felett jön az igazi boldogság. Én legalábbis soha nem voltam még ilyen boldog, mint jelen sorok írásakor 47 évesen. A boldogság legfőképpen az önmagunk szeretetének minőségétől és mélységétől függ. Én sajnos 40 éves korom előtt sosem szerettem magamat, de így legalább megtapasztalhattam azt, hogyan lehet kilépni a legmélyebb lelki rezgésszintekből, és manapság ezáltal segíthetek sok-sok embernek boldogabbá válni.

No de kanyarodjunk vissza a címben olvasható nagy kérdésre. Ha az egom nem én vagyok, akkor viszont ki vagyok én? Ez egy igazán fontos kérdés. A boldogságod megtalálásához

---

[3] Sajnos a mai fiatalabb generációkban ennek az ellenpólusa is tömeges, már a vágyak sincsenek meg náluk. A virtuális világ által beszippantott fiatalok fásult vágymentességgel, zárkózottsággal és érdektelenséggel élik a mindennapjaikat. Ez is a pusztító-ego egyik válfajának erős tünete.

elengedhetetlen, hogy ezt meg tudd válaszolni. Ahhoz, hogy erre választ találj, célszerű elkezdeni kutakodni a múltadban és a gyermekkorodban. Ne gondold, kérlek, hogy ez pár másodperc alatt menni fog. Nekem kb. 4-5 hónap kellett, mire már nagyjából meg tudtam válaszolni magamnak ezt a kérdést. Persze egész hátralévő életedben jönni fognak az egyre mélyebb felismerések ezzel kapcsolatban. Szóval, kérlek, szánj rá elég időt és elmélkedj ezen! Ahogy egyes rétegeket feltársz, mindig újabbak jelennek meg. Így egész életedben bővülni és változni fog az erre a kérdésre adott válaszod.

Gyermekkorodban valószínűleg vagy még nem is volt egod, vagy jóval kisebb erővel rendelkezett, mint ma. Az egod csak a saját maga erejének fokozásával foglalkozik és őt nem érdekli a valódi boldogságod! Elhiteti veled, hogy amit ő sugall, az a te érdekedben van, pedig valójában te válsz ezáltal az ő szolgálójává. Ha ezt megérted, akkor egyből kitisztul a számodra, hogy az akár évtizedek óta benned lévő ego szinte az összes gondolatodat átszövi. Ezért nagyon nehéz mögé látni. Emiatt szükséges visszanézni a gyermekkorunkba. Amikor az egonk még gyenge kis parazitamag volt, még nem volt ereje behálózni az egész lelkünket-gondolkodásunkat. Ezt megértve és tisztán látva, kérlek, gondolj bele, hogy gyermekkorodban milyen gondolatok, érzések, vágyak, célok jártak az eszedben! Ki voltál akkor, ki szerettél volna lenni, mik voltak azok a dolgok, amik akkor nem tetszettek neked a felnőttvilágban, mik voltak azok a dolgok, amiket akkor meg akartál változtatni? Az ezekre a kérdésekre adott válasz segít megtalálni azt, hogy ki is vagy valójában és milyen életcélokkal érkeztél ide a Földre.

Én például nem értettem, hogy a felnőttek miért olyan bénák érzelemkifejezésből. Miért nem tudnak szeretetteljesebb és őszintébb kapcsolatokban élni? Tisztán emlékszem, hogy bennem volt a vágy, hogy majd felnőttkoromban ezt meg szeretném értetni velük. A másik, amitől forgott a gyomrom és utáltam a felnőttekben, hogy tönkreteszik a környezetet. Amikor leesett a hó és három órán belül az egészet mocskos latyakká alakították a felnőttek, az annyira felháborító volt számomra, hogy óriási vágyat éreztem, hogy üvöltsek velük: hogy lehettek képesek ilyeneket tenni?!

Aztán belesüppedtem az ego csapdájába és évtizedeken át nem azt csináltam, amiért idekerültem a Föld nevű bolygóra. Hanem elkezdtem megfelelni a társadalmi elvárásoknak, meghasonultam a lelkemmel, önző és céltudatos lettem. Miközben teljes magabiztossággal tudtam, hogy én majd megmutatom a világnak (ez az ego sugallata volt), hogyan kell helyesen élni, egyre lejjebb és lejjebb süllyedtem. Minél boldogtalanabb lettem, annál erősebb egot építettem, annál céltudatosabban éltem, és még mélyebbre kerültem. Nem értettem, hogy miért. Hiszen mindent megtettem: szorgalmas voltam, sokat dolgoztam, jók voltak a képességeim, diplomáim lettek, szerettem tanulni, odaadó, céltudatos, fókuszált, őszinte, érzelmes, kedves voltam. És mégsem jött az igazi boldogság, csak a nehéz, gyötrelmes Élet...

A pusztító-egod szinte sosem azt akarja, ami a valódi életfeladatod. A semleges-egod ritkán, viszont a teremtő-ego fejlődésével egyre inkább kezd egy irányba nézni az életfeladatod az egod szerinti céljaiddal. Ezért van az, hogy a mély lelki rezgésszinteken sok véletlennek tűnő – téves nézőpontunk szerint – rajtunk kívül álló okból negatív események érnek minket. Az egod csak magával foglalkozik. Így ha az egod miatt letérsz a valódi életfeladatodról, akkor nem érted, miért olyan nehéz az Élet és miért vagy legbelül boldogtalan. A véletlenek viszont csak azért is másik irányba igyekeznek terelni. Ők mutatják a helyes utat! Gondold végig az eddigi életedet, kérlek! **Milyen területeken értek váratlan szerencsék vagy balszerencsék?** Vedd számba, hogy a balszerencsék miben akadályoztak vagy késleltettek téged! Tekintsd át, hogy a szerencsék miben terelték más irányba az életedet. Ezek mind jelek, amikre szükséges figyelned! Ha ebből a szempontból végiggondolod az eddigi életedet, akkor az is segít kikövetkeztetni, ki vagy valójában és milyen céllal jöttél erre a Földre! Minél inkább az életfeladatodnak élsz, annál boldogabb leszel. Ami még érdekesebb, hogy minél inkább az életfeladatod szerint élsz, annál kevesebb nehézség fog eléd gördülni. Amikor szembemész az életfeladatoddal, akkor úgy érzed, hogy minden ellened van. Hiszen ellene mész az Élet feléd áramló energiáinak. Ez olyan, mintha szembeszélben hajóznál. Amikor az életfeladataid felé fordulsz, akkor felfekszel az Élet energiáinak hullámaira. Ezt hívják sokan a pszichológiában flow-nak.

Éreztél már olyat, hogy valakivel beszélgetsz valamiről vagy teszel valamit, és **kellemes bizsergés** fut rajtad végig? Olyat is éreztél már, amikor elvégeztél valamit és a **végtelen béke** érzete volt benned? Ezek azok a cselekedetek, amikor a valódi éned (tudatod) szerint működsz, amikor az életfeladataiddal összhangban teszel valamit. Most, amikor ezeket a sorokat teljesen önzetlen, segítő szándékkal írom, mély béke van bennem. Pontosan tudom, hogy éppen az életfeladatom szerinti cselekedetet végzek...

Van még egy izgalmas módszerem számodra a valódi önmagad megtalálására. Ezt a módszert csak az tudja használni, akinek már van gyermeke. A szülők egy óriási tévedés áldozatai!!! Nem azért jött pont hozzájuk a gyermek a világra, hogy ők azt a gyermeket majd jól megneveljék. Pont fordítva van az igazág. Az a szellem (tudat) azért jött a gyermek testébe, hogy segítse, építse, jó irányba terelje a szülő eltévelyedett lelkét! Mi pedig erőből megtörjük a gyermekünket, ő egot növeszt és rátér a helytelen útra, ugyanúgy, ahogy anno mi tettük. Szóval ha meg akarod találni a valódi önmagadat, figyelj a gyermekeid lelkedre ható jelzéseire! Minden gyermektől jövő rendszeres jelzés, ami az egodnak fáj, ami az egodat sérti, azt mutatja, hogy mit tudsz helytelenül, vagy mit fojtasz el magadban. Nemrég beszéltem egy házaspárral, és megtudtam, hogy a serdülő lányuknak nincs empátiás készsége, ezáltal nap mint nap dühítően viselkedik velük. Az ebből kialakuló veszekedések miatt a szülőpár rendszeres bűntudatot érez. Egymással összefogva a gyermeket meg akarják tanítani arra, hogyan legyen mélyebb az empátiás készsége és miként legyen jobban tekintettel rájuk. Pedig pont a szülőknek kellene megváltozniuk abban, hogy mélyebben megértsék a gyermekükben dúló valódi okot, és ezáltal kikerüljenek a családot átitató bűntudat körforgásából. Amíg nem változik a szülő, csak romlani fog a gyermek állapota, és ezt továbbviszi a felnőtt életébe, ahol boldogtalan emberi kapcsolatokban fog manifesztálódni. **Ha elkezded jó tanácsnak tekinteni azt, ami a gyermekedben idegesít, akkor rátalálsz a helyes utadra!**

Összegezve négy módszert adtam a kezedbe ahhoz, hogy megtaláld a valódi – egod mögötti – önmagadat:

- A gyermekkori gondolataid, érzéseid, vágyaid, céljaid újrafelfedezése
- Mikor érzel mély békét vagy kellemes bizsergést a hétköznapi életed során?
- A „véletlen" események fontos üzeneteinek értelmezése
- Figyelj a gyermeked rendszeresen visszatérő jelzéseire és ezek hatására a benned generálódó érzésekre!

Ha elég időt rászánsz ezekre a kérdésekre, akkor megtalálhatod, ki vagy valójában. Ha megtaláltad magadat, akkor szép fokozatosan kikristályosodik, hogy milyen céllal jöttél a Földre, pont ebbe a testbe, pont ebben az időben.

Szóval milyen céllal jöttél a Földre? Segítségül ez ügyben közölnöm kell veled néhány alapvető tényt, amelyek minden emberre igazak. Azonban a specifikus válaszokkal csak te egészítheted ki a saját listádat. Így arra kérlek, hogy jól jegyezd meg az alábbi 7-es listát és egészítsd ki 3 db személyiséged szerinti specifikus dologgal. Így lesz meg az életfeladatod top 10-es listája. Ez a minden emberre érvényes 7-es, amolyan alapvető életfeladat-lista:

- **Elsősorban élőlény vagy!** Ezért első rendű feladatod, hogy minden téren támogasd az Élet fejlődését és mérsékeld a pusztítását. Minél több élőlény (akár ember, akár más élőlény) életére gyakorolj pozitív hatást, légy Élettámogató. Az első könyvem, nem véletlenül, csak erről íródott. Környezettudatosság nélkül nincs belső boldogság (*Dittrich, 2021*) !

- ☯ **Másodsorban Ember vagy!** Ezért mindent meg kell tenned az egész emberiség egységéért, békéjéért és fejlődéséért. Legyél végtelenül Emberszerető és minden cselekedetedet ez itassa át! Ennek a rég elfojtott és elfeledett belső igényhez való visszatalálásban segít ez a könyv!
- ☯ **Harmadsorban szellemi lény vagy!** A tudatod fejlődni akar, ezért jött ide a Földre! Ezért a lelki rezgésszinted emelkedését tedd fókuszoddá és másokat is segíts ezen az úton! Ebben is segít neked ez a könyv és a következő kötet is!
- ☯ **Negyedsorban teremtő lény vagy!** Ezért céllal érkeztél a Földre, erre a helyre és ebben az időben. Ezt tudatosítsd! Sajnos az emberek legnagyobb része pusztításra használja a teremtőerejét, helytelenül. Találd meg a specifikus életfeladatodat (több is lehet), írd a lista végére és vidd véghez!
- ☯ **Ötödsorban szeretetlény vagy!** Minden ember életfeladata az önzetlen szeretet minél magasabb szintű és minél tartósabb megélése!
- ☯ **Hatodsorban önzetlen lény vagy!** Az egyéni életfeladataink mindig önzetlen célok! Az önző célok minden esetben az ego letérítései az igazi utadról. Teremtő lényként az Univerzum fejlődését szolgálod, ha az utadon vagy. A fejlődés szolgálata csak önzetlen célok mentén lehetséges.
- ☯ **Hetedsorban tudatos lény vagy!** A tudatod által kijelölt egyedi utat szükséges bejárnod, hogy a szellemed ebben az életben felvehesse azokat a megtapasztalásokat, amelyek által több lesz, fejlődhet, és ezáltal magasabb szintre léphet. Ezért szükséges a

habzsoló, önző ego beszűkült világa helyett tudatos életet élned.

Szóval légy Élettámogató, amennyire csak tudsz. Légy önzetlen és segíts másokat! Adj minél több pozitív érzelmet, legfőképpen szeretetet a környezetednek! Nem ezért jöttél a Földre, hogy minél több élményt, vagyont, hatalmat, pénzt stb. harácsolj össze magadnak! A szellemed azért jött erre a bolygóra, hogy mások életét segítse, támogassa a Földön az Élet fejlődését-virágzását, és hogy az ittléte során fejlődjék! Ne nézd, kérlek, hogy viszonozzák-e azt, amit adsz! Az ego az, aki mindig ellenőrzi, hogy mások mennyit adnak vissza! Ő téveszt meg! Amit adsz, add önzetlenül! A szellemednek és a lelkednek egyaránt az a fontos, hogy sugározhassa ki a pozitív energiákat. Amiért az egod elfojtja ezeket, azért vagy boldogtalan. Az a sok pozitív energia így frusztrációkba, dühbe, haragba, büszkesége, félelembe, bűntudatba, szégyenbe, önhittségbe és sok egyéb testi-lelki-gondolati következménybe torzul.

Az életed végén, amikor majd számot vetsz, senkit nem fog érdekelni, hogy milyen javakat vagy élvezeteket szedtél össze magadnak. Az lesz a kérdés, milyen hatást gyakoroltál a világra! Ha most felteszed magadnak a kérdést és őszintén magadba nézel, akkor rá fogsz ébredni, hogy mik azok a dolgok, amiket helyesen tettél, és melyek azok, amelyekre feleslegesen fecsérelted az életedet! Kérlek, még akkor is légy őszinte önmagaddal a válaszadásnál, ha fájó a felelet. Adj elég időt magadnak és ne menj tovább a könyvben, amíg tiszta szívből teljes választ nem adtál erre az egy kérdése: **Milyen hatást gyakorolt az eddigi életed a világra?** A válasz majd segít abban, hogy ráébredj: nincs több időd a halogatásra és itt a változás ideje!

Ahhoz, hogy a spirituális élet legfontosabb kérdésére igazi válaszokat találj, ellátlak még egy extra munícióval. A saját tapasztalatom az, hogy ez a kérdés végigkíséri az egész életünket. Hiszen folyamatosan változunk, így az erre a kérdésre adott válasz is minduntalan alakul. Ugyanakkor a lélek olyan szerkezetű, mint a hagyma. Ahogy egyre mélyebb „hagymarétegeket" tárunk fel a lelkünkben, újabb rétegek kerülnek a felszínre, melyek révén újabb válaszokat találunk a „ki vagyok én?" kérdésre. Erre sok spirituális vezető számos értékes választ adott már, de a legfrappánsabb válaszok egyike, amit valaha hallottam, a következő:

Te nem vagy más, mint a megélt pillanataid összessége.

Arra kérlek, hogy picit gondoljuk át együtt ezt a hihetetlen mély és összetett tartalmú mondatot. Nagyon értékes lesz az életed szempontjából, ígérem!

E mondat szerint valójában több millió megélt pillanat vagy. És a megélt szó igen komoly nyomatékkal emelkedik ki a mondatból.

Az egyik következménye, hogy mindig a jelenben szükséges élned! Eckhart Tolle (2021) csak ezt az egy szabályt tartja a boldogság kulcsának. Aki a gondolataiba mélyed, a múltban, a jövőben vagy egyéb fantáziavilágban él, az egy fiktív valóságot épít magának, aki önmagát nem valódi önmagaként, hanem egy fiktíven kialakított valóság elemeként éli meg. Ezt a fiktív részünket, ami a felesleges gondolataink összességéből táplálkozik és növekszik, hívják egonak. Ugyanakkor ezért van az, hogy emberek milliárdjai teljesen mást gondolnak magukról, mint akik valójában. Az önismeretük szintje alacsony, mert virtuális valóságot építettek maguk köré. Ezt mutatja be olyan jól a Mátrix című trilógia. **Tehát a jelen pillanat tökéletes megélései gyengítik az egot, mélyítik az önismeretet és közelebb visznek ahhoz, hogy megtudd, ki is vagy valójában.** A jelen pillanat megélése azt jelenti, hogy befogadod az érzékeléseid által beérkező tapasztalások maximumát, de nem teszel hozzá semmilyen címkét, véleményt, gondolatot. Ez utóbbiakat az ego teszi hozzá. Csak létezel a jelen pillanatban, és figyelsz. Próbáld ki, kérlek! Ülj le valahol egy nyugodt, csendes helyen. Lazulj el és egyszerre az összes érzékszerveddel kezdj el figyelni. Összpontosíts arra, hogy mit látsz, milyen illatokat érzel, milyen érzetek jelennek meg a bőrödön, mit hallasz, éppen akkor milyen ízeket azonosítasz. Közben ne gondolj semmire, csak figyelj. Meg fogsz lepődni, hogy mennyi minden történik, hogy minden pillanat a maga nemében egy csoda (ezt hívják mindfulnessnek, amire külön még részletesen vissza fogok térni jelen kötet vége felé). Ugyanakkor azon is meg fogsz lepődni, hogy milyen nehéz fenntartani ezt az állapotot. Egy mai átlagos felnőttnek maximum 5 másodpercig megy, azután kattogni kezd az agya. Minél tovább fenn tudod tartani ezt az állapotot, annál gyengébb az egod. A pusztító-ego világában ezek másodpercek. A semleges-ego világában ezek percek. A teremtő-ego világában pedig 10 percektől indul az egész napig a tökéletes jelenben élés képessége. Ez a próba egy jó önismereti feladat számodra. Kérlek, végezd el, és addig ne lépj tovább ebben a könyvben, amíg önmagadra nézve végig nem gondolod az eredményét!

Az agyi kattogás nem más, mint lustaság. Az agynak kisebb energia meglévő ismert gondolatokkal elvonni a figyelmedet, mint feldolgozni ezt a sok kintről érkező információt. Ez a lustaság az, ami az egodat növeszti, a fiktív valóságodat táplálja, rombolja az önismeretedet és észrevétlenül még tönkre is teszi az életedet! De ha belegondolsz, a fejlődés nem más, mint a lustaság leküzdése nap mint nap. Ez az Élet minden területére igaz! Miközben a nyugati emberek legtöbbje azt gondolja, hogy csendben ülni és figyelni a lustaság maximalizálása, pedig agyalni, gondolatok millióit átengedni magunkon az a valódi lustaság. Az a könnyebb és önpusztítóbb út, hiszen mint ahogy már leírtam az I. kötetben, a gondolataink 99,99%-a értéktelen és értelmetlen, mégis létező.

De térjünk most vissza az eredeti mondatra: „nem vagy más, mint millió megélt pillanat". Ennek a másik következménye a buddhisták jól ismert mondata, miszerint **sosem a cél, hanem az oda vezető út a fontos.** A nyugati ember a célra fókuszálja a figyelmét, és igyekszik a lehető leghatékonyabb lenni. Az ego maximalizálásával egyre hatékonyabban csörtet a céljai felé. Eközben nem veszi észre, hogy egy csőlátó emberré alakult. Csak a cél és az ahhoz vezető szűk ösvény látható a számukra. A vélt hatékonyságukért cserébe minden más elveszik. Így suhan el az Élet mellettük, anélkül, hogy valójában éltek volna. Mert mindig a célt hajtották és nem vették észre azt a sok csodát, ami mellett közben elmentek. Elvesztek a megélhető pillanatok, és ezért tűnik a halálos ágyukon úgy, hogy szinte elsuhant az életük. A spirituális idő fogalmát ebben a kötetben még nem tudom bevezetni, de az valójában nem más, mint a ténylegesen megélt idő minősége.

Ha nem kapod meg, amit akarsz, akkor azért vagy boldogtalan. Ha megkapod, tökéletesen úgy, ahogy vágytál rá, akkor egy rövid öröm után az üresség jön, és újabb vágy rabságába esel. Így tehát a cél sosem tesz boldoggá és a célorientáltság elhatárol a valóság megélésétől. Ha az oda vezető útra figyelsz, ami nem más, mint a jelen pillanatok összessége, akkor boldog leszel és önmagad maradsz, vagy visszatérsz önmagadhoz. De ez a mai nyugati embernek csak tudatossággal és gyakorlással megy. Rengeteg erő és önfegyelem kell ahhoz, hogy a pár másodperces valódi figyelem szintjéről a folyamatos figyelem szintjére emelkedjünk. Ezért hívják a keleti spirituális mesterek a nyugati átlagembert infantilisnek. Az ő szemükben olyanok vagyunk, mint az óvodások, hiszen ők sem tudnak tartósan figyelni.

A könyv későbbi fejezeteiben sokszor fogom használni azt a kifejezést, hogy „az utadat járod" vagy azt, hogy „letértél a valódi utadról". Ebből a fejezetből már bizonyára körvonalazódott benned, hogy mit is jelent ez. Aki a szelleme által kijelölt úton halad és az életfeladata szerint él, annak az a tünete, hogy a szerencse kegyeltje, a napjai flow-ban telnek. A boldogság és a magas rezgésszintű érzelmek, az optimizmus, az egyszerűség, a szeretet, a béke és a derű alapvetések az életében. Minél kevésbé élsz így, annál jobban letértél az útról. Mint említettem már, gyakran ki szoktam mérni az egyéni konzultációkon, hogy hány %-ban vannak az útjukon az emberek, és megdöbbenve tapasztalják, amikor itt, Nyugaton átlagosan 6–10% jön ki nekik. Ez nem véletlen, **a hagyományos nyugati típusú Élet az útról való letérés „művészete".** Nem véletlen, hogy ennyi a boldogtalan ember a nyugati világban és az sem, hogy pusztulás felé kergetjük az egész Földet. Ezek szorosan összefüggő kérdések (*Dittrich, 2021*).

6.2. Egység vagy elkülönültség – minden érzés gyökere

Ha a legalapvetőbb emberi érzésről kérdezed meg az embereket, akkor szerintem mindenki elsőre a szeretetre gondol, illetve annak ellentétére, a gyűlöletre. Pedig ez a két érzéspólus is csak egy következmény. Ugyanakkor fontos elmondanom, hogy a szeretet ellentéte nem a gyűlölet, hanem a félelem. Lehet, hogy ez elsőre furcsán hangzik, de, kérlek, nézd meg újra az **1. ábrát** (*a 4. fejezet elején találod*) és ott egyértelműen látszik, hogy az életpusztító lelki rezgésszintek középvonalában a félelem áll, az élettámogatókéban pedig a szeretet.

De mi az a két érzés, ami minden érzés alapja? A címben már „lelőttem a poént", de, kérlek, nézzük meg ezt a kérdést alaposabban!

Az egész életünk legalapvetőbb igénye az egység érzéséhez való visszatalálás, annak megélése és fenntartása. A kisbaba, aki világra jött, nem is tudja, hogy az édesanyjától elkülönült személyiség. Egyéves kora körül kezd arra ráébredni, hogy ő nem az édesanyjával azonos lény, hanem egy különálló valaki. Így az egység érzését pocaklakó korban és utána kisbabakorunkban is megéljük. Aki ebben az időszakban lelkileg tökéletes egységben van az édesanyjával, azok a babák csendesek, békések, sokat alszanak, jó étvágyúak és szinte sosem sírnak. Ezért van az, hogy a várandósság és a szoptatási időszak alatt az édesanya részéről a legjobb, amit tehet a gyermekével, hogy lelkileg ráhangolódik és önzetlen, őszinte szeretetet ad neki, melyet tiszta szívből folyamatosan átérez. Ettől alakul ki és stabilizálódik bennünk az ősbizalom. Az édesapák részéről a legtöbb, amit a gyermekükért ebben az időszakban tehetnek, az, hogy szeretik a gyermekük anyját és biztonságot nyújtanak neki, hogy ő ilyen harmóniában tudjon létezni a gyermekével. Nagyon sok párnál ez ösztönösen adott, és ezáltal mire a baba rádöbben arra, hogy ő nem azonos lény az édesanyjával, a stabil ősbizalom beépül a lelkébe. Az ilyen emberek felnőttkorban boldogabbak, nagy bennük az önelfogadás, optimistán néznek a jövőbe és számukra könnyebben megy az egységérzés átélése.

Mi történik akkor, amikor egy baba állandóan sír, alig alszik, nyűgös? Ilyenkor szokták azzal kezdeni a védőnők meg az orvosok, hogy biztosan nem tud pukizni a gyerek. Amikor ez nem jön be, akkor szétteszik a kezüket. A szerencsétlen szülőknek meg ötletük sincs, mi a baja a gyermeknek. Túlracionalizált világunkban, ahol az egonk az alapvető érzéseinket is felülírja, fel sem merül bennünk, hogy a lelkünkben kellene keresni a gyermek gondját. Ha az édesapa nem szereti az édesanyát, vagy nem tud neki érzelmi és anyagi biztonságérzetet nyújtani, akkor az édesanya aggódni fog a terhesség alatt. Az aggódás hormonjai átmennek a gyermekbe és erre adaptálódik (ugye, emlékszel az első kötetben a hormonok kérdéskörére?). Így sírós lesz a gyermek. De ennek a folyamatnak is az egység érzése az alapja, pontosabban annak hiánya. A gyermek, aki akkor még része az édesanya testének-lelkének, azt érzi, hogy valami nem stimmel vele. Hiszen az édesanyja lelke nem tudja őt olyannak szeretni, amilyen. Úgy éli meg, hogy ő az oka az édesanyja aggodalmának. Ezt ilyenkor úgy érzi, hogy az édesanyjának egy problémás darabja. Ezáltal nem tudja megélni az egység érzését, mert le akarja tépni magát az anyjáról. Az az érzése, hogy ő a hibás, valami baj van vele, ő a rossz rész. Ezért az ilyen gyermekek között nagyon gyakori a koraszülött. Idő előtt ki akar jönni az édesanyjából, mert nem érzi az egységet, hibásnak érzi magát és az édesanyját mentesíteni akarja önmagától. Hiszen imádja az édesanyját és nem akarja bántani a saját maga selejtességével. Az ilyen gyermekek hihetetlen mély gyötrelemmel jönnek a világba. Az egység érzését keresik. Keresik, hogy mit tehetnének azért, hogy az édesanyjuk elfogadja őket olyannak, amilyenek. De semmit nem tudnak érte tenni, mert babaként tehetetlenek. Tehetetlenül szenvednek, és ezért éjjel-nappal bömbölnek. A szülők persze egyre ingerültebbek, hiszen sosem tudnak aludni, fáradtak, nyűgösek és el vannak keseredve, amiért a gyermekük szenved. Ez miatt feszültek, amikor magukhoz ölelik és ringatják, amit a gyermek megérez és ezáltal még selejtesebbnek érzi magát. Az eredmény az, hogy a gyermek az egység érzése nélkül és az ősbizalom hiányával jut el oda, hogy már az elméjével is érzékeli: az édesanyja és ő nem egyek.

Képzeld el, hogy a túlracionalizált édesanyáknál az önzőségük, a rájuk ható munkahelyi stressz miként hat a pocaklakó gyermek egységérzésére. Nagyon sok anyuka érzelmileg nem képes ráhangolódni a várandósság alatt a gyermekére, mert fontosabb a karrier, a vagyon vagy egyéb önző érdekek. Ezek miatt az édesanya elfojtja a belülről jövő anyai ösztöneit, és ezzel már tönkre is tette a gyermeke boldogságát anélkül, hogy ennek a tudatában lenne. Ennyire fontos a pocaklakó kor! Ez ugyanígy van azokkal a babákkal, akiknek az édesanyja depresszióba esik, vagy azokkal, akik nem hajlandók elfogadni a gyermekük jövetelét. Sok édesanya haragszik a pocaklakójára, mert őmiatta lesz csúnyább a teste, vagy terhet jelent az élete előrehaladásának szempontjából. Sokáig lehetne sorolni az okokat, amiért már a pocaklakó korban, másoknál pedig a szoptatási időszakban megszakad a gyermek és az édesanyja közötti egységérzés. A születő gyermekek hány százaléka lehet olyan, akik ezen korszak teljes hosszában megélik a tökéletes egység érzését? Hány olyan anyuka van, aki teljes mértékben rá tud hangolódni a gyermekére ebben az időszakban, mert stresszmentesen él és a párja szeretettel és biztonságot adóan öleli körbe? Sajnos nagyon kevés! Többek között ezért van olyan sok boldogtalan ember.

Ha ezt megértjük, akkor ebből két nagyon-nagyon értékes következtetést lehet levonni:

- Az egyik az, hogy a gyermekvállalás szentségét a maga mélységében és tudatosságában kell felfogniuk az embereknek. Hiszen ezzel az egy dologgal már két generáció leforgása alatt drasztikusan fokozódna a Földön az átlagos boldogság (*Dittrich, 2021*). Ugyanakkor minden szülő ezzel tudja legjobban megalapozni a gyermeke boldog jövőjét.
- A másik következtetés az, hogy a legtöbb ember egész életében az egység érzését keresi, általában tudattalanul.

Akik megélték az ősbizalom érzését, azok könnyebben alakítanak ki olyan emberi kapcsolatokat, melyekben más emberekkel megélik az egység érzését. Nekik ez ösztönösen megy, így a legtöbb esetben ebbe bele sem gondolnak. Ez pusztán létezik bennük, és ez a boldogságuk, a biztonságérzetük alapja.

Akik pici korukban nem kapták meg az ősbizalom csodáját, azok az elkülönültség alapérzésében élnek. Ez az egység érzésének ellenpólusa. Az elkülönültség alapérzete tehát minden negatív érzésünk alapja, és minden 200 alatti lelki rezgésszint megalapozója:

- Az elkülönültségből ered a szégyen, hiszen szégyelljük magunkat amiatt, hogy nem vagyunk alkalmasak másokkal lelkileg eggyé válni.
- Az elkülönültség érzéséből fakad a bűntudat, mert bűnösnek érezzük magunkat azért, amiért nem tudnak minket olyannak elfogadni, amilyenek vagyunk.
- Ebből az érzésből ered a fásultság és a bánat is, hiszen erőtlennek, értelmetlennek, cél nélkülinek érezzük

magunkat az egységre való alkalmatlanságunk révén.
- Az elkülönültség alapérzete okozza a félelmet is, hiszen az elkülönült lélek retteg, mert csak magára számíthat. Az ősbizalom által az általános optimizmussal ellentétben általános pesszimizmus él bennünk.
- Az elkülönültség érzése okozza bennünk a vágyakozást is, mert állandó vágyat érzünk arra, hogy eggyé válhassunk másokkal, de az erre való képtelenségünk miatt ez csak sóvárgás marad, és nem több.
- Az elkülönültség érzésének következménye a düh is, mert legbelül önmagunkra haragszunk, amiért nem vagyunk alkalmasak a másokkal való lelki eggyé válásra.
- Az elkülönültség érzéséből következik a büszkeség is, ami azért alakul ki bennünk, mert megpróbáljuk elhitetni magunkkal, hogy az elkülönült állapotunk a helyes, és ezért büszkeséggel fűtjük magunkban azokat a tulajdonságokat, amelyektől másoknál többnek, jobbnak, különbnek érezzük magunkat. Persze ez csak egy délibáb, ami alkalmatlanná tesz a valódi boldogságra.

Az elkülönültség érzése tehát minden negatív Életpusztító érzés, azaz 200 alatti lelki rezgésszint alapja. Ebből következnek az egyén társadalmi léte során a különböző kóros próbálkozási formák az egységérzés megtalálására. Ezek nem mások, mint a pusztító-ego eddig már bemutatott eszközei. Hiszen mindenki alapvetően az egység érzéséhez akar újra visszajutni. Nézzünk meg még néhányat ez ego kóros próbálkozásaiból:

Az elkülönült ember szeret szélsőségesen azonosulni a különböző emberi csoportosulásokkal. Az ilyenekből lesznek például a szélőséges focidrukkerek, akik minden más csapat szurkolóit utálják és abban találják meg az egység érzését, hogy másokkal azonos csapatért szurkolnak. Mivel ez egy felületes emberi kapcsolatra épül, így esélytelen a valódi egység megélése. Ez csak egy gyenge pótlék, mely sajnos nem ér célt. Ugyanez az attitűd jellemez mindenkit, aki szélsőségesen kötődik bármely társadalmi csoporthoz (pl. politikai pártok, szakmai szervezetek stb.) vagy valamely véleménycsoportosulás szélsőséges szószólója (pl. abortuszellenes emberek csoportja).

Az elkülönült ember hajlamos lehet szélsőséges vallási aktivitásra. Az ilyen emberek az eltorzult mértékű Istenimádatuk révén fanatizálódnak. Belőlük lesznek a vallási terroristák, az önbüntetők, az aszkéták, a mindenkit megtéríteni akaró aktivisták. Belőlük lettek az inkvizítorok, a boszorkányégetők a sötét múlt időszakaiban, és ők az öngyilkos merénylők a mai korban. Az elvesztett egység megtalálását a szélsőséges isteni szolgálaton keresztül remélik kiérdemelni.

Az elkülönült ember a szexuális perverziókban és a csoportos szex világába is hajlamos belezuhanni. A szexuális egyesülés élménye rövid időre hozza az egység élményét. Ezért van az, hogy az elkülönült emberek nagy hányadára jellemző a szexuális túlfűtöttség. A szex élménye hoz egy rövid átmeneti (de éppen ettől felületes) egységélményt, és az egyén ezért ösztönös hajszolója lesz ennek. Az ilyen emberek hajlamosak a perverziók vagy a többes szex irányába torzulni, mert ezekben a még mélyebb egységérzés megtalálását remélik. Sajnos azonban mivel a szex mögött nincs valódi, önzetlen szeretet, ezért az egységélmény nem valós. A szexuális élmények hajszolása pedig még mélyebb elkülönültségbe taszítja azt, aki ebben keresi az egységet.

A szexualitás egyébként tökéletesen alkalmas az egység érzésének egészséges megélésére is, hiszen a férfi és nő polaritása felnőttkorban csak egymás segítségével élheti meg az egységet. A nő nem képes önmagában megélni ezt, sem a férfi, hiszen a polaritások négy dimenziójában élünk. Ehhez azonban a szexualitásnak a szeretet és az önzetlen odaadás motivációjával szükséges megvalósulnia, mint ahogy arról már írtam neked az előzőekben. Erich Fromm (1987) A szeretet művészete című könyvében az egység és az elkülönültség érzésének kapcsán magyarázta a homoszexualitást is. Szerinte a homoszexuális ember esélytelennek érzi, hogy valaha is képes lesz az egység megélésére. Így az ellenkező nem polaritása helyett az azonos neműt választja. Ez a sztereotípiákat áttörő gondolat is azt sejteti, hogy minden lelki okokra vezethető vissza, még a genetikailag magyarázott jellemzők is (*Joe Dispenza, 2019*). Természetesen fontos kijelentenem, hogy személy szerint nemi identitásától függetlenül maximálisan elfogadó és szeretetteljes vagyok minden emberrel, és nem állítom, hogy Erich Frommnak 100%-ban igaza van. De érdekes és elgondolkodtató nézőpont az övé! Az egyik későbbi kötetben bemutatok egy olyan – szerintem új és letisztult – Univerzumszemléletet, melyen keresztül ez a kérdés jóval árnyaltabban és izgalmasabban véleményezhető. Azonban annak megértéséhez még sok tudást szükséges átadnom az embereknek. Remélem, majd annál a kötetnél is megtisztelsz a bizalmaddal.

Az addikciók legnagyobb része is valójában az egységérzés kereséséről szólnak, melyekről már olvashattál az I. kötetben. Az addikciók tulajdonképpen a személyiségünk elől menekülés, azaz az elkülönülés „bebiztosításának" eszközei. Hiszen önmagunkban nem bírjuk elfogadni azt, aki képtelen az egységre, ugyanakkor már félünk az egység érzésétől. Az alkohol vagy a kábítószer hatása alatt, esetleg olyankor, amikor minden idegszálunkkal egy számítógépes játékra koncentrálunk, megszűnik az a belső üresség, ami nem más, mint az egység érzésének hiánya.

Évtizedekig hívtam belső üresség ezt az érzést, mert én sem tudtam pontosan megfogalmazni magamnak, mi ez. Megtaláltam a belső ürességet, sőt szembe is néztem vele és nagyjából be is gyógyítottam. De csodálatos érzés, hogy most már szavakba tudom önteni, mi ez a belső üresség, ami mindig is bennem tátongott: ez az egység érzésének hiánya, az elkülönültség érzése.

Az egység érzésének megélésére a legideálisabb környezet a harmonikus család, egy békés párkapcsolat, a testvéri szeretet, a szerelem, a lelki intimitás. Egy harmonikus családban kialakul az apa–anya és a gyerekek lelki egysége. Azonban ahol a szülők elválnak, ott sajnos a gyermekben kikristályosodik, hogy csak elkülönültség létezik. A gyermekek jövője szempontjából ezért olyan káros a válás. Ugyanez érvényes azokra a gyerekekre, akiket elhagynak a szüleik, vagy azokra, akik az állandó családi feszültségek, veszekedések világában nőnek fel.

Magasabb spirituális szinteken az egység érzését az összes élőlénnyel is, sőt az egész Univerzummal is képesek vagyunk átélni. Ez a könyv is segít abban, hogy ezeket te is megtapasztalhasd. Szóval az egységérzés megtalálására a helyes út a lelki fejlődésben rejlik. Ha a múltunkban az elkülönültség nehéz terhét kaptuk, attól még nem kell elfogadnunk ezt. A sok negatív érzésünk, az Életpusztító lelki rezgésszintünk az elkülönültség érzésének a következménye, melynek révén tudattalanul lelki síkon távol tartjuk magunktól az embereket, még ha valójában pont az ellentétére is vágyunk. A helyes út a lelki fejlődés, ahol Élettámogató lelki rezgésszintekre cseréljük az Életpusztítókat.

Gondold át, kérlek, hogy kivel és életed melyik szakaszában élted át az egység érzését! Emlékezz vissza, hogy a jelenlegi életedben kikkel kapcsolatban érzed őszintén és tiszta szívből az egység érzését! A boldog élet kulcsa, hogy mély emberi kapcsolatokon keresztül minél több emberrel éld át és tartsd fenn ezt az érzést. Ez a boldogságkeresés legalapvetőbb szabálya. Minden más szabály csak ennek valamilyen következménye…

6.3. Sose becsüld le a tudatalattid erejét

A 30-as éveim közepén elkövettem egy nagyon nagy hibát! Ennek a fejezetnek az egyik célja az, hogy a lelki fejlődésed útján

te ne ess bele ebbe. Olyanról fogok írni neked, amiről az önfejlesztő könyvek jó részében elfelejtenek tájékoztatni, pedig nagyon fontos! Bár az I. kötetben már többször utaltam rá, de most, kérlek, fektess bele ebbe a fontos kérdésbe egy alfejezetnyi figyelmet! Miután 26 éves koromban rádöbbentem, hogy minden rosszért, ami velem történik, én vagyok a felelős, elkezdtem több „fronton" megoldást keresni a problémáimra. Jártam hagyományos „beszélgetős" pszichoterápiába kb. 1,5 évig. Elolvastam legalább 50 pszichológiával, önismerettel foglalkozó könyvet, és igyekeztem egyre mélyebb önismeretre szert tenni. 34 éves koromra már pontos addikció- és játszmatérképem volt önmagamról. Jól láttam, hogy a játszmáim és az addikcióim hat fő témakör köré csoportosulnak (ez egyébként a legtöbb emberre igaz):
- Időbeosztási zavarok
- Pénzügyi gondok
- Lelkiintimitás-gátlás, párkapcsolat, szexualitás
- Egészségügyi gondok, pszichoszomatika
- Rendetlenség, rendszertelenség
- Párkapcsolaton kívüli emberi kapcsolatokból fakadó problémák

Ezt követően, miután már a „nagy tudás" birtokában voltam, óriási erővel és optimizmussal estem neki a játszmáim és addikcióim megoldásának, és ezen keresztül életem rendbe tételének. Meg voltam róla győződve, hogy innen már egyszerű az út. Hiszen elméből felülírom a játszmáimat és az addikcióimat, és utána boldog leszek. Sajnos szinte mindenki beleesik ebbe a hibába, de rossz hírem van: a **lelki problémák feltárása a lelki fejlődés útjának mindössze 1%-a.** Ezért annyira gyenge a hagyományos pszichoterápia, mert a probléma feltárása után már a páciensre bízza a megoldást.

Nagyon logikusan kitaláltam a következőt az imént bemutatott problémáim megoldására: először még többet dolgozom, hogy anyagilag utolérjem magamat. Utána, ha ezáltal rendeződnek a pénzügyi gondjaim, akkor már megtehetem azt, hogy kevesebbet dolgozom, és akkor megoldódik az állandó időzavar problémája. Ha több időm lesz az emberi kapcsolataimra, akkor mind a párkapcsolatom, mind az egyéb kapcsolataim minőségibbek lesznek. Ha ezek megvalósulnak, akkor nyilván kevesebb lesz az egészségügyi problémám, és ha az is rendeződik, akkor lesz erőm nagyobb rendet tartani az életem minden területén. Szerinted ez egy jó terv volt?

Lelövöm a poént, már az elején: NEM. Ez a pusztító-egom terve volt. A racionalitás fegyverével jól alátámasztotta ezt a dolgot. De miből látszik, hogy nem ez a helyes stratégia?! Legfőképp abból, hogy annak ellenére, hogy tisztán láttam, mennyi és milyen komoly lelki problémám van, mégis mindent egyedül akartam megoldani. Az ego sugallja azt, hogy nem kell segítség! Az ego sugallja azt, hogy elég erősek vagyunk ahhoz, hogy egyedül mindent megoldjunk. Azonban azért csinálja ezt az egod, mert nagyon jól tudja az alábbi törvényszerűséget:

A tudatalatti mindig bevonz annyi szenvedést az életünkbe, amennyire a sérültsége miatt szüksége van!

Hiába tudod az éned racionális felével, hogy nem akarsz szenvedni, hogy neked mi a jó, és hogy te mit szeretnél. Ha a lelkedben elfojtott lelki problémák vannak, akkor a tudatalattid pusztító-ego része játszmák, addikciók, balszerencsék és más eszközök segítségével mindig be fogja vonzani az életedbe a rosszat, a szenvedést. Ennek az az oka, hogy a lelked arra vágyik, amihez hozzászoktatták. Ha gyermekkorodban sok lelki szenvedésben volt részed, akkor hiába tudja a felnőtt agyad, hogy ezt nem akarod többé, a tudatalattid kikövetei magának azt, amihez szokott. Emlékszel? Már megbeszéltük, hogy az egod mindig a régi rendszert védi, és az I. kötetben megértetted, hogy a hormonfüggéseden keresztül ez hogyan működik a testedben.

Velem például az történt, hogy akármennyire szorgalmasan és odafigyelve dolgoztam a boldogságomért, a hat bemutatott területből kettőnél többet sosem tudtam egyszerre rendbe tenni. Amikor például végre rendbe jött az anyagi helyzetem és az időbeosztásom, akkor elváltam és minden összeomlott körülöttem. Kezdhettem mindent elölről. De ez csak egy példa a sok közül. Pedig minden erőmmel kontrollálni próbáltam az addikcióimat és a játszmáimat is abban a pillanatban, hogy elkezdtem őket, azonnal tudatosan tiltottam. Nem hagytam, hogy ezek továbbra is tönkretegyék az életemet! Amikor már évek óta ilyen keményen dolgoztam önmagam ellen, 40 éves koromban jött életem legkeményebb mélypontja. Ekkor az öngyilkosság komoly gondolata többször is megfordult a fejemben. Legfőképp a gyermekeim léte volt az, ami itt tartott a Föld nevű bolygón. Nem akartam cserben hagyni őket.

Miért jutottam ide? Hol tévedtem? Hol szúrtam el? A válasz a tudatalattiban keresendő! Óriási hibát követtem el, hiszen mély lelki problémákat „agyból" akartam rendbe tenni. Elhittem magamról, hogy ha tudom, hogy mi a probléma, akkor azt megfelelő odafigyeléssel, munkával, szorgalommal majd felülírhatom. De ez helyett mi történt? Úgy működött a lelkemben zajló önpusztító folyamatok tudatos lefojtása, mint egy kukta. A gőz egyre jobban feszítette a fedőt, míg egyszer a túlnyomás felrobbantotta az edényt. Ugyanez történt az életemmel is. A kemény önfegyelem következménye az volt, hogy a legváratlanabb helyek felől pár hét leforgása alatt hirtelen romba dőlt az életem, és olyan mély egészségi, pénzügyi, családi és lelki mocsárba zuhantam, amilyen mélyen még sosem jártam azelőtt. Innen majdnem nem jöttem ki élve! Az egom teljesen összetört. Igaz, **ez volt a legjobb, ami az életemben történt velem. Beláttam, hogy ezt a problémát önmagam nem tudom megoldani.** Amikor végleg elvesztettem a reményt, akkor került az életembe az az ember, aki integratív pszichoterápiával sokkal többet ért el 2,5 év leforgása alatt a lelkem gyógyítása terén, mint előtte én 14 év alatt minden más módszerrel (*részletesebben erről olvashattál az I. kötetben*). Alapvetően neki köszönhetem a boldogságomat! Azóta felfelé ível életem csillaga. Örökre hálás leszek neki!

A tanulság a történetemből, amit feltétlenül át szeretnék neked adni:

- A lelki problémák felismerése még csak a megoldáshoz vezető út 1%-a.
- Lelki problémákat nem lehet „agyból" racionálisan gyógyítani! Lelki problémát csak érzelmi síkon lehet gyógyítani!
- Ne becsüld le a tudatalattidat, mert legtöbbször a tudatalattid az erősebb, és keményen beépült az egod szándékos fátyla mögé!

Azzal, hogy meg tudtam magyarázni, melyik lelki problémám milyen gyermekkori sebek eredménye, vagy azzal, hogy tudtam, melyik viselkedési minta mögött milyen valós lelki indítékok munkálnak bennem, ugyan tisztábban láttam önmagamat, de sajnos ez messze nem elég a gyógyuláshoz! Azért írom a könyveimet, hogy ne ess bele ebbe a hibába, és ténylegesen működő, hatékony módszereket adjak a kezedbe!

A mai racionális világunkban elhisszük, hogy a racionalitásunk, a tudásunk mindenható, ami az ego csapdája. Pedig a tudatalattinkban hihetetlen erők munkálnak, amikről igyekszünk nem venni tudomást. Ez életünk legnagyobb hibáinak egyike. A tudatalattinkkal való szembenézés, a tudatalattink üzeneteinek megértése és elfogadása közelebb hoz a valódi önmagunkhoz, önmagunk mélyebb megértéséhez. A gyógyulásunk kezdete az, hogy elfogadjuk a létét és a fontosságát!

A jelen fejezetben említett mesterem pontosabban is megfogalmazta ezt a kérdést. Az ő sokéves tapasztalatai szerint egy lelki problémakör annál kisebb eséllyel orvosolható tudatosan, „agyból" végzett módszerekkel, minél fiatalabb korból származnak annak lelki okai. Az én lelki problémáim 90%-a a születésemtől

6 éves koromig terjedő időszakból erednek. Így nyilvánvalóan esélyem sem volt racionális módon rendet tenni a saját életemben. A tudatalattim mindig bevonzotta a bajt. Ezzel elvesztegettem az életemből 14 évet és majdnem rossz vége lett a helytelen iránynak. Szóval **minél fiatalabb korban szerzett lelki sebeket hordozol magadban, annál inkább kérj segítséget másoktól azok megoldására!** Ne feledd, hogy az egod azt tanácsolja neked: senkitől nem kell segítség! De mostanra már tisztán látod, hogy az egod mennyire rossz tanácsadód, amíg az alacsony lelki rezgésszinten létező pusztító-ego csírái is élnek benned.

Még egy fontos adalék: A tudatalatti feldolgozatlan részei elhatárolnak a tudatodtól! Ez egy távolságtartó réteg, mely az ego és a tudat közé ékelődött be. Ahogy feldolgozod a tudatalattid elfojtott, rejtett problémáit, úgy tud egyre hatékonyabban hatni az egodra a tudatod, és így kezd párhuzamba kerülni az életed az életfeladataiddal! Ezért is kiemelten fontos a tudatalattiban rejtett elfojtások feltárása és begyógyítása!

6.4. Álmok

Az álmok legelfogadottabb tudományos magyarázata az, hogy az nem más, mint az emlékképek véletlenszerű váltakozása alvás közben, miközben az agy pihen. Eszerint az álláspont szerint egy álomban kialakult történet a képek olyan véletlenszerűsége, amikor logikusnak tűnő eseménysorozat alakul ki belőle. Ez a tudományosan objektívnek tűnő álláspont azonban nagyon hiányos! Már C. G. Jung (2022) is részletesen fejtegette az álmok jelentőségét és megfigyelte, hogy az álmokban sok a közös motívum, függetlenül attól, hogy egy afrikai törzs lakója vagy egy nyugat-európai polgár álmairól van szó. Tehát teljesen eltérő élményanyagok esetén is találhatók közös jellegzetességek az álmokban.

Természetesen ő ezt továbbkutatta, és kiemelkedő munkássága igen izgalmas és összetett eredményeket hozott ezen a téren (is), melyből feltárta az archetípusok teljes rendszerét.

Több mint 20 éve foglalkozom álomfejtéssel. Sok éve fejtegetem a családtagjaim álmait és egy-két barátomét-kollégámét is, akik hajlandók beszélni ilyesmiről. Ma már biztosan ki merem jelenteni a következőket:

- Az álmodás időszakában a tudatalattink „kiszabadul", ezért az álmainkban megjelenő motívumok a tudatalattink „kommunikációja" felénk. Ezek fontos üzenetek saját magunknak. Tudatunk szeretné, hogy ezekre ráláss (végre).
- Az álmok motívumai jól értelmezhetők, ezáltal megfejthető, hogy a tudatunk mit akar velünk közölni a tudatalattink rejtett zugaiból.
- Az álmok, bár vannak olyanok, amikor tényleg csak véletlenszerű képek sorozatai (ahogy a tudományos hozzáállás állítja), azonban legtöbbször komoly lelki jelentéstartalmakkal bírnak.
- Az álmainkban a múlt élményeinek lelki feldolgozása is megtörténhet. Ilyenkor az emlékképekből azok emelődnek ki az álomban, amelyek a lélek szemszögéből voltak fontosak.

A tudatos álmodás ezért egy nagyon hatékony öngyógyító módszer, de erről és az ehhez hasonlóan hatékony módszerekről a következő kötet fog szólni.

Mire jó ez az egész? Miért írok most neked erről? A túl racionális neveltetésünk miatt a legtöbben nagyon profin megtanultuk elfojtani az érzelmeinket, a megérzéseinket, az intuícióinkat. A legtöbben már nem is figyelnek ezekre, annyira „agyból" élik a mindennapjaikat. Sok ember mondta már nekem azt is, hogy soha nem álmodik. Pedig mindenki álmodik (természetesen nem feltétlenül minden éjjel), csak ő annyira elfojtja az érzéseit, hogy semmire sem emlékszik az álmaiból. Ezeknél az embereknél a lelki fejlődés folyamatának egy jelentős előrelépése, amikor már elkezdenek emlékezni az álmaikra.

Pedig **nagyon fontos az álmainkra való odafigyelés.** Hiszen ezáltal újra kapcsolatba tudunk lépni a tudatalattinkkal. Így mélyül az önismeretünk, többet tudunk meg az elfojtásainkról, a lelkünk valódi állapotáról. Választ kaphatunk arra, hogy miért vagyunk boldogtalanok vagy feszültek, esetleg mely életterületeken járunk helyes vagy helytelen úton. Engem 20 év álomfejtés után is meglep, hogy mennyi mindent elbagatellizálok napközben, amik lelkileg komoly hatást gyakorolnak rám. A racionális énem úgy lesöpri ezeket a történéseket, hogy észre sem veszem. Az álom azonban jelzi, hogy azok a racionális énem szerint pitiánernek tűnő dolgok mennyire hatottak a lelkemre. Az ember az Univerzum legérzékenyebb faja (Osho, 2009)! Pont ez miatt alakítunk ki annyi érzelmi páncélt és elfojtási módszert. Szóval, ha mélyebb önismeretet szeretnél, jobban tisztába akarsz kerülni önmagaddal, akkor fejtsd meg álmaid üzeneteit! Hidd el, nagyon izgalmas kaland lesz. Egyébként ez könnyen elsajátítható dolog. Bár igaz, hogy ezen az úton is nehéz elindulni, hiszen másfajta gondolkodásmódot igényel, mint mondjuk a matek vagy a történelem az iskolában.

Jóval a 30-as éveim előtt kezdtem el komolyabban foglalkozni ezzel. Akkoriban rendszeresen menekültem, futottam, bujkáltam az álmaimban. A feleségem alig tudott aludni mellettem, mert ilyenkor felettébb hangosan csikorgattam a fogaimat alvás közben. Ez volt az ok, amiért elkezdtem ennek utánanézni. Az álom fő motívuma mindig az volt, hogy valakik kergettek, meg akartak ölni. Vagy egyedül vagy családtagokat is védve menekültem, bujkáltam álmomban. Az ellenség sokféle volt. Az álom valódi üzenete az, hogy önmagam elől menekülök, önmagamat nem akarom elfogadni olyannak, amilyen vagyok. Ma már nem törnek rám ilyen álmok. Sokat fejlődtem az önelfogadás terén. De akkoriban még a társadalmi és a családi elvárásoknak való megfelelés fűtötte az egész életemet. Minden tettemet ez vezérelte. A másoknak való megfelelési vágy mindig az önbizalomhiány tünete. Egy mindenki szemében ideális ember akartam lenni. Elfojtottam a valódi vágyaimat és a valódi személyiségemet, és nem csak magamat, hanem a környezetemet is nap mint nap győzködtem az igazamról. Nagyon tévúton jártam, de mivel gyermekkoromban szakítottam a valódi önmagammal, így érthető, hogy fiatal felnőttként még így éltem. Az a fontos a történetben, hogy akkor még nem tudtam magamról, hogy önmagam elől menekülök! Ez fel sem merült bennem. Meg voltam győződve arról, hogy az, amiket mások várnak el tőlem, azok az én vágyaim. Afelől is bizonyos voltam, hogy az a helyes, ahogy nap mint nap cselekszem. Biztosan tudtam, hogy az, akinek önmagam és a világ előtt tűnni akarok, az a valódi önmagam. Ennyire vakká tehet az ego(d). Vigyázz! Az egod mögé látásban a tudatod állandóan segíteni próbál. Ehhez az egyik kommunikációs csatorna az álmok világa, mert ilyenkor az ego kikapcsolt állapotban van, hiszen pihen az elme–lélek–test hármassága.

Az álomfejtés eredménye kezdte felnyitni a szememet. Ha menekülök önmagam elől, akkor ki vagyok valójában? Ha menekülök önmagam elől, akkor mik a valódi igényeim? Természetesen ezekre először mindig az ego önigazolása a válasz. Az ego visszahúz az eredeti szokásrendszer felé. De az álmok nem mérséklődtek, és hétről hétre jeleztek. A jelentésük pedig már egyértelmű volt. Így hát elkezdtem még mélyebben önmagamba nézni, és külső segítséget is kértem. Szép lassan elkezdődött bennem a változás. Hálás vagyok önmagamnak azért, mert nem söpörtem le az álmaim üzenetét azzal, hogy „ez baromság". Remélem a példám segít neked abban, hogy meglásd az álmaid fontosságát! Ezek komoly segítséget adnak számodra, hogy lásd, helyes úton jársz-e vagy sem, netán hogy éppen mi az, ami a tudatalattidban feszít vagy motoszkál.

Remélem, mostanra felmerült már benned ez a kérdés: „Jó, de hogy álljak neki?" Ehhez szeretnék most néhány jó tanácsot adni több mint 20 év gyakorlati tapasztalata alapján...

Először is érdemes beszerezni egy jó álomfejtéssel foglalkozó könyvet. Nekem Theresa Cheung (2012): Álmok enciklopédiája című könyve jött be a legjobban. Nagyon kevés álom volt, amit ne tudtam volna megfejteni ebből. De ma már elég széles ennek a témakörnek az irodalma. Cheung könyvében kb. 20.000 álommotívum és azok értelmezése található, így segítségével könnyebben értelmezhető az álom. Nagyon sok motívumnak teljesen más jelentése van, mint amit racionálisan gondolnánk. Például a tegnapi álomfejtésem fő motívuma az autó volt, ami leggyakrabban a mások vagy a saját magunk elvárásainak a jelképe az álomban.

Ha megvan a könyv, akkor az legyen mindig az ágyad környékén. Reggel vagy éjszaka, ha felébredsz, mielőtt elkezdesz a napi dolgokon kattogni, gondolj vissza az álmaidra. Az ébredés átmeneti szakaszában még jól tudunk rá emlékezni. Azonban amint teljesen felébred az agyunk és „racionális üzemmódba" kapcsol, akkor már nem emlékszünk az álmunkra. Ha ébredés után nincs időd kielemezni az álmot, akkor jegyezd fel írásban és elemezd ki később. Azt is jól tudod már, hogy a fontos álmokat és az álomfejtési eredményeidet írd le a spirituális naplóba!

Vannak esetek, amikor nem érted meg az álom értelmét, de 2-3 év múlva rá fogsz döbbenni! Olyan esetek is előfordulnak, amikor a jövődre vonatkozó üzeneteket kapsz az álmokon keresztül a tudatodtól. Egy ismerősöm például pontosan 10 évvel korábban álmodott valamit, azonban semmi értelmét nem látta az álom üzenetének, de 10 évre rá nagyon fontossá, szinte életmentővé vált az az üzenet! Viszont ha nem vezetett volna naplót és néha nem olvasgatta volna át, akkor nem emlékezett volna rá! Szóval nem elég minden fontosabb álomértelmezést leírni, de néha át is kell olvasni és rendszerezni is szükséges azokat. Vedd komolyan az álmok üzeneteit, és használd lelki fejlődésed eszközeként!

Mikre érdemes figyelni az álomban? Fontos, hogy megértsd: nem a történet a lényeg az álmaidban! Az alábbi kérdésekre keresd a választ:
- ☯ Mik az álom fő motívumai?
- ☯ Milyen érzések uralták az álmomat?

A fő motívumok azok, amelyek dominánsan vagy gyakran jelentek meg az álomban. Nemrég a serdülőkor küszöbén álló lányom olyat álmodott, ami főleg macskákról szólt. Az álom megfejtése szülőként nyugalommal és örömmel töltött el, mert az jött ki belőle, hogy elkezdett fejlődni a nőisége és ez lelkileg kiegyensúlyozott és önelfogadó módon történik meg benne.

A fő motívumok értelmét az előbb említett (vagy más) könyvből ki lehet olvasni. Az álom közben fellépő érzésekkel és az álmodó életében zajló lelki folyamatokkal összepárosítva gyönyörűen kirajzolódik az álom üzenete.

Nagyon fontos kiemelnem még azt, hogy a legjobban azokra a motívumokra kell figyelni, amelyek rendszeresen előfordulnak különböző álmainkban. Gyermekkoromban sokszor zuhantam, serdülő- és fiatalfelnőtt-koromban számtalan esetben menekültem, középkoromban rendszeresen voltam meztelen idegenek előtt az álmomban. Ezek nem véletlenek! Ezek egyértelmű lenyomatai az akkori lelki állapotaimnak.

Eleinte elég nehéz az értelmezés, hiszen ehhez is, mint minden máshoz, gyakorlás kell. Mivel ez egy másfajta gondolkodásmódot igényel, ezért szükséges a sok gyakorlás. Az önismereti vágy azonban elég inspirációt ad a gyakorlásra. Ez mellett némi lelki-pszichológiai érzékenység is kell a jó álomfejtéshez. Én nagyon szeretek ezzel foglalkozni. A családom legtöbb tagja örömmel osztja meg velem az álmait, és olyankor meghitt beszélgetések keretében együtt elemezzük ki, hogy mi zajlik most a lelkében. Ezek a beszélgetések nemcsak önismeretre adnak lehetőséget, de a családon belüli lelki intimitást is építik. Persze kellő óvatossággal kell ezt kezelni, nehogy kárt tegyünk a másik emberben.

Ezért célszerű pár évig csak magadon „edzeni", mire már más ember álmának értelmezését is fel mered vállalni. Ez is kétélű fegyver...

Ha nem boldogulsz a fontosabb álmaid megértésével, akkor fordulj pszichológushoz. Ők ezt tanulják az egyetemen/főiskolán, és tudnak segíteni neked. Gyakran az egonk eltakarja előttünk a nyilvánvaló válaszokat is, mert nem akarja, hogy mögé láss. Ezért sokszor jól jön a külső segítség. Én például a párommal szoktam megbeszélni, ha bizonytalan vagyok az álmom értelmezésében. Szerencsére elég nyitott rá, hogy ilyenről beszéljünk. Remélem, felkeltette az érdeklődésedet ez a módszer! Az önismeret fejlesztésére és a tudatoddal való kapcsolódásra most egy csodálatos eszközrendszert igyekeztem a kezedbe adni. Remélem, ezzel is tehettem azért, hogy még fényesebben ragyogjon az életed napja...

6.5. Testi tünetek, betegségek (pszichoszomatika)

A 30-as éveim elején évekig rendszeresen fájt a torkom. Egy évben kb. 200 napon fájt kisebb, rövidebb időszakokon át. A gyermekeim picik voltak és állandóan aggódtam, hogy el ne kapjanak tőlem valamit. A körzeti orvos, mivel nem talált rá megoldást, mindenféle kivizsgálásokra küldött. Legalább hatféle szakorvosnál jártam, de mindegyik azt nyilatkozta, hogy az ő szakmai szempontjából nézve egészséges vagyok. Akkoriban egyre gyakrabban fordult meg a fejemben a válás gondolata, amit annyira elképzelhetetlennek tartottam, hogy magamnak sem mertem bevallani. Nem mertem elfogadni az egyre erősebben rám törő érzést, még kevésbé mertem kimondani akárkinek is. Akkor még mit sem tudtam a pszichoszomatikáról. Racionális gondolkodású mérnökként valószínűleg el is utasítottam volna, ha valaki ilyesmivel hozakodik elő. Viszont gyógymód nem volt a bajomra, és amikor már szembe mertem nézni ezzel a nagyon mély és komoly lelki problémával, sőt beszélni is mertem róla a feleségemnek és a legjobb barátomnak, akkor hirtelen elmúlt a tünetegyüttes.

Ma már egyértelmű a számomra, hogy a testem jelzett arra a fojtogató lelkiállapotra, amit a ki nem mondott, magamnak be nem vallott érzések okoztak. Azóta – a lelki válságaim idején – többféle pszichoszomatikus tünetegyüttesem volt. Egyre profibban tanultam meg értelmezni ezeket és ezáltal is egyre mélyebb önismeretre tettem szert. Kitágult és fejlődött a nézőpontom, így egy idő után azt gondoltam, hogy vannak pszichoszomatikus betegségek, amelyek esetében a megoldatlan lelki problémák testi tünetekben is manifesztálódnak. De vannak olyan betegségek is, amelyeknek semmi közük az emberi lélek problémáihoz. Ezt ma is így gondolom, de az arányok jelentősen elmozdultak bennem. Ma már teljes bizonyossággal tudom, hogy a **legtöbb betegség vagy közvetlenül vagy közvetve pszichoszomatikus eredetű.** Nyilvánvaló, hogy ha a gyerekek hazahozzák az iskolából az influenzát és te ápolod őket és elkapod tőlük, nem szükséges minden esetben pszichoszomatikus okokat keresni. Bár az immunrendszer gyengeségének itt is komoly pszichoszomatikus háttere lehet. De az esetek több mint 99%-ában található egyértelmű kapcsolat a betegség oka és annak lelki gyökere között.

Egyszer egy kollégám, akit nagyon szerettem és tiszteltem, elvesztette a feleségét, akit imádott. Igazán soha nem tudta ezt feldolgozni, sőt nem volt hajlandó elfogadni a felesége halálát. Olyan volt, mint aki nem akarja tudomásul venni, hogy vége, nem akarja meghallani a tényt, hogy a párja nincs többé. Utána ezzel a keserűséggel átszőve telt az élete, és mindennap már csak a munkába temetkezett. Nemsokára rákot kapott. Ha jártasabb vagy a pszichoszomatikában, akkor biztos meg tudod tippelni, hogy hol jött a daganat... A fülén. Nem akarta meghallani, hogy a felesége nincs többé. Olyan helyre nőtt a daganat, ahol nem lehetett műteni, így hamar elment a kedvese után.

A lelki problémák és a betegségek között ilyen komoly kapcsolat található. Aki évekig fojt el vagy hordoz magában sérelmeket, fájdalmakat, meggyógyítatlan lelki sebeket, annak előbb-utóbb betegségek lesznek a tünetei. A tudatod a testeden keresztül is jelez! És ezt mondja neked: kérlek, változtass az irányon, mert nagy a baj! Ne légy vak! Nézz szembe a lelkeddel és ne menekülj tovább önmagad elől!

Ezek a tudatod (szellemed) jelzései. A tudatod könyörög neked, hogy térj észhez és menj vissza arra az útra, amerre helyes lenne tartanod. A tudat testi tünetekkel, sugallatokkal, véletlen eseményekkel és álmokon keresztül tud veled kommunikálni. Igen ám, de a pusztító-ego világában egyáltalán nem hallgatunk az intuíciónkra, nem figyelünk az álmainkra, és a véletlen eseményeket nem jelzőfénynek tekintjük, hanem valami külső ellenségre hárítjuk azokat. Ha ez a helyzet tartósan fennáll, akkor már mint utolsó esély csak a betegségeken keresztüli figyelmeztetés következhet.

A pusztító-ego azonban nem hagyja, hogy olyan könnyen mögé láss ezeknek, mert az a már jól megszerzett hatalmát gyengíti. Ezért a legtöbb ember tudattalanul szenved tovább és az orvostól várja a megoldást. Pedig a legtöbb betegségből bármelyikünk meg tudja gyógyítani önmagát! Amióta ilyen szemmel nézem az embereket, példák százait tudnám felsorolni. Még egyről írok érdekességképpen. Egy hölgy ismerősöm válás után volt, és óriási gyűlölet feszült a két elvált fél között. A válást még nem zárták le teljesen, nagyon régóta ment a vita a vagyoni kérdéseken. A hölgy nem volt hajlandó elengedni azt a nagy vagyont, amiben előtte élt, pedig a jog értelmében nem igazán jutott neki túl sok. Annyira belelovallta magát ebbe, hogy neki ez jogosan jár, hogy minden energiáját, gyűlöletét a vagyonba való kapaszkodás itatta át. Természetesen őrületesen kemény, nagy fájdalmakkal járó aranyere lett, amit műtéttel is csak minimálisan lehetett javítani. Ha nem akarunk valamit elengedni, amit el kellene, akkor ez is tipikus testi következmény. A teste jelzett, hogy nagy a baj, engedd el, nem ez az utad! De a konok ego itt sem volt hajlandó letérni erről az ösvényről.

Akinek nincs elég önismereti gyakorlata, az általában nem tud egyértelmű lelki okokat kibogozni a testi tüneteiből. Ennek a legfőbb oka az, hogy a pusztító-ego nem szeret önmagában hibát keresni. Az egonkat pont arra fejlesztettük ki, hogy elrejtse önmagunk elől a lelki fájdalmainkat, hogy az el nem fogadott lelki részeinktől védjen minket. Így legtöbbször vakok vagyunk, ha a saját testi tüneteink és a lelki problémáink között kell kapcsolatot keresni. Egy megértő társ vagy barát, egy jó pszichológus vagy kineziológus azonban segíthet a tisztánlátásban. Sajnos az egonk külső segítség nélküli megkerüléséhez elég magas szintű spirituális fejlettség kell. Ez keveseknek van meg. De ez nem jelenti azt, hogy az egonk által mutatott hamis délibábot kell elfogadni. Külső segítséggel nagyon könnyű mögé látni! Csak fel kell ismerned, hogy segítségre van szükséged! Tudniillik az ego azonnal több tucat érvet ki fog találni, hogy neked miért nincs szükséged segítségre. Amikor árad a folyó, akkor már késő csónakot ácsolni! Ez a mondás az egészségünkre is igaz. Ha sokáig hagyjuk, hogy a pusztító-ego irányítsa az életünket, akkor vagy már késő lesz, vagy hihetetlen sok szenvedéssel fizetünk a késlekedéseinkért.

A lelki problémák megváltoztatják a lelkünk rezgésszintjét, mely egy idő után a hormonháztartás közvetítésével elváltozásokat okoz a testünkben. Ez a fizikai magyarázata annak a folyamatnak, ami bennünk zajlik. A lelki problémák először még csak lelki változásokat okoznak, amelyek negatív érzelmek formájában jelennek meg. Azok tartós megléte és gyógyulatlan állapota, hosszú ideig való elfojtása azonban konzerválja a lelkünk torzult rezgésszintjét, melyre a test elváltozással reagál. Az első elváltozási szintek még egyszerűek. Ezek olyan jellegűek, amelyek megpróbálják kiengedni a negatív energiákat a testből (sírás, öklendezés, hányás, gyakori vizelés, hasmenés, savtúltengés vagy ezek ellentétei, például szorulás, görcsök stb.). Ha ezek nem segítenek, akkor jönnek a következő szintű elváltozások, melyek gyulladások, testi fájdalmak, erősebb görcsök (pl. migrénes fejfájás, nyirokgyulladás, gyomortájéki fájdalom stb.) jelennek meg. Ha ezek után sem történik javulás a lélek rezgésszintjében, akkor beindulnak a komolyabb elváltozások. Tartós izom- vagy ízületi fájdalmak, aranyér, magas vérnyomás és még sorolhatnánk a végtelenségig. A fájdalom helye segít következtetni arra, hogy milyen jellegű a lelki probléma. A legvégső stádium a krónikus betegségek szintje (gyomorfekély, bőrelváltozások, szív- és érrendszeri betegségek, rák stb.). Meggyőződésem, hogy a legtöbb esetben a rák is pszichoszomatikus alapú. A nagy gond az, hogy ha már ilyen elfajulásokat okoz, hogy legtöbbször a páciens annyira régóta és mélyen elfojtotta magában az okozó lelki fájdalmat, annyira megtanult együtt élni vele, hogy önmaga nem képes újra szembenézni vele. Egyszer egy rákgyógyítással foglalkozó szakemberrel egyeztettem erről a véleményemről. Azt mondta, hogy elfogadja, hogy ezeknek a betegségeknek sok esetben lelki hátterük van, de amikor már hozzájuk kerül a beteg, olyan mértékben elfajultak a testi állapotok, hogy már nincs idő ilyen jellegű terápiával foglalkozni. Mire ugyanis elkezdene mérséklődni a lelki probléma, addigra már valószínűleg meghalna a beteg. Ezért ők kénytelenek kemény orvosi módszerekkel nekiesni a betegségnek. Ugyanakkor azt is elmondta, hogy az egész kórházukban jelenleg nincs pszichológus, így szakorvosként nem is tud ilyen jellegű segítséget kérni. Tökéletesen egyetértek a szakember véleményével! Azonban hány esetben látjuk, hogy a betegek kigyógyulnak a rákból, majd pár éven belül újra visszaesnek. A visszaesés elkerülése érdekében fontos lenne foglalkozni a lélek gyógyulásával! Ez abban segítene, hogy csökkenjen a visszaesés kockázata, miközben javulna az adott személy átlagos boldogságszintje is.

Akit komolyabban érdekel a pszichoszomatika, azoknak jelzem, hogy a témában egyre több jó irodalom található. Az interneten magyarul is fent van egy pszichoszomatikai gyűjtemény, ami kezdőknek jó indulás lehet: Jacques Martel (2021) Lelki eredetű betegségek lexikona. Ebből el lehet indulni, ha a probléma mögött a magadnál vagy a családtagjaidnál jelentkező lelki okokat szeretnéd megkeresni. Jacques Martelről annyit kell tudni, hogy az egész életét a betegségek lelki okainak feltárására szánta.

Még két jó tanács! Az első az, hogy ha számodra egyértelmű egy szeretted pszichoszomatikus tünetegyüttese, de ő ezt nem akarja elfogadni, akkor, kérlek, NE erőltesd! Nála valamiért még nincs itt a lelki fejlődés ideje. Békés elfogadással sokkal többre mész vele (is), mint racionális érveléssel, meggyőzéssel. A másik fontos tanácsom az, hogy ha a racionális orvoslás két vagy több tünet között nem talál racionális kapcsolatot, akkor 100%, hogy pszichoszomatikus az ok. Ilyen volt egy ismerősöm, akinek a hónalji nyirokcsomó-gyulladásai és a herefájdalmai között nem talált egyértelmű kapcsolatot egyetlen szakorvos sem. Hiába járt annyi helyre kivizsgálásra. Hiszen anatómiai szempontból nincs is fizikai kapcsolat a két terület között. A megoldást és a gyógyulást nála is természetesen a lélek gyógyulása hozta el...

6.6. Véletlenek

Veled is biztosan megtörtént már sokszor, hogy feltetted magadnak a kérdést: miért pont velem történik mindez? Amikor valamilyen rossz esemény hatására úgy érezzük, hogy zsákutcába kerültünk és igazságtalanságnak tartjuk az Élettől, ami történt, akkor rendszeresen „bekattan" bennünk ez a kérdés. Ilyenkor általában elsőre nincs is válaszunk rá. Sőt gyakran másodszorra és harmadszorra sincs. Legalábbis ha belső okot keresünk! Pedig a válasz ott van az orrunk előtt, csak legtöbbször nem vesszük észre. Ugyanakkor ha külső ellenséget kell találni, akkor az gyorsan megy! Ez mostanra már neked is egyértelmű, hogy miért van így, ugye? Az ego mindig eltereli magáról a figyelmet! Hogy miért nem találjuk meg könnyen a belső okokat? Ez egy igazán izgalmas kérdés! Ahhoz, hogy megkapjuk erre a választ, először meg kell értenünk, hogy valójában miért történik mindez a sok rossz velünk. A válasz egy sokak által közhelynek gondolt mondásban rejlik: „minden okkal történik". Azonban ezt a mondatot sokan helytelenül értelmezik. Sokan azt gondolják, hogy ez az állítás arra utal, hogy van valami felsőbb rendű erő (pl. Isten), aki (vagy ami) mindannyiunk életét rendezgeti, és ha én nem is igazán értem, hogy ez miért történt velem, ő biztosan tudja. (Hangsúlyozni szeretném, hogy itt nem Isten létezését vitatom! Minden írásom vallástól független, ezzel kapcsolatban most nem célom állást foglalni!) Ennek a mondatnak a valós értelme azonban mást jelent. Az életünk legfőbb feladata a lelki fejlődés! Hogy miért? A lelki fejlődés által azok a problémák, amelyek régebben komoly gondokat okoztak, ma már nem jelentenek gondot számodra. Azok, akik nem fejlődnek lelkileg, azokat ugyanazok a szintű problémák ugyanolyan módon fognak megviselni (vagy egyre jobban), mint előtte. Ezt a gondolatmenetet most fordítsuk meg a te szempontodból. **Amíg nem lépsz meg a következő lelki fejlődési szintet, addig ugyanolyan jellegű problémákat fogsz kapni az Élettől egészen az életed végéig vagy addig, amíg meg nem oldod azokat.** Az ugyanolyan jellegű probléma azt jelenti, hogy bár mindig más ruhába bújtatva jön (tehát racionálisan nézve a probléma mindig másnak tűnik), de lelki síkon ugyanannak a fejlődni valónak a szükségességét fogja feszegetni. A probléma megoldása pedig azt jelenti, hogy az egyén lelki fejlődésében szintet lép, és ezáltal onnan kezdve ez a problématípus már nem jelent neki gondot többé, vagy jóval kisebb mértékűt jelent. Azért, hogy jobban bele tudd élni magadat ebbe, nézzünk erre egy valós példát! Egyszer megismertem egy hölgyet, aki épp párkeresési fázisban volt. Elmesélte, hogy 38 éves és fiatal kora óta nyolc tartós kapcsolata volt. Az utolsónak nemrég lett vége, és mivel magányos, most újra örömmel ismerkedik számára szimpatikus férfiakkal. Amikor udvariasan rákérdeztem, hogy mi történt az előző nyolc kapcsolatával, ő azt felelte, hogy mindegyik férfi más típus volt, de mégis hasonlóan zajlott le az összes kapcsolat. Mind a nyolc esetben kb. 3-4 évig tartott a kapcsolatuk, ami pár hónap őrült szenvedéllyel kezdődött, aztán 1-2 év „jól elvoltunk" szakasszal, majd kb. 1 év fokozatos eltávolodással folytatódott. Erre megkérdeztem a hölgyet, hogy milyen következtetést von le ebből. A válasza elég tipikus volt: „A válaszom egyszerű: még nem jött el az igazi". Ez a valós példa jól mutatja, miként működik ez folyamat és hogyan bújik meg a pusztító-ego a rendszer fenntartása érdekében. A hölgynek elég magas szintű lelkiintimitás-gátlása volt, amit ő nem tudott magáról, még csak fel sem merült benne. A lelkiintimitás-gátlás következménye az, hogy amikor el kellett volna mélyülnie a kapcsolatnak, akkor mindig elkezdett leválni a társáról. Ő tulajdonképpen a szerelembe és a szenvedélybe volt szerelmes, de sosem volt képes eljutni az aktuális párjával a mély lelki intimitásig. Az állandó szerelem és szenvedély a pusztító-ego egyik tünete, még ha ez sokaknak nagyon nem tetsző mondat is. Az Élet ugyanazt a problémát hozta neki mindig más férfi képébe bújtatva. A hölgy racionális gondolkodásával minden esetben tudta, hogy mi nem tetszett neki az előző férfiakban, és tudatosan igyekezett mindig más típusú férfit választani. Azaz a hölgy egyre erősebb egot épített. Mivel okos, jómódú és szép nő volt, ezért válogathatott a férfiak között. Így célirányosan mindig olyat választott, aki más volt, mint az előzőek. Mégis minden kapcsolatnak ugyanaz lett a vége. A valódi ok természetesen nem az, hogy még nem találta meg az igazit, hanem az, hogy az Élet minden egyes kapcsolatán keresztül figyelmeztette, hogy lelkiintimitás-gátlása van, melyet itt az ideje meggyógyítania. Itt az ideje az ehhez szükséges lelki fejlődési szintet megugrania. Ha nem lépi meg, akkor hasonló kapcsolatok, majd időskori magány lesz az osztályrésze. Elszáll a boldog élet esélye, és időskorában a magány szenvedése fogja meghozni a helyes válaszokat. Sajnos akkor már elenyésző szintre zsugorodik a boldog élet esélye és gyakran fogja megismételni maga felé a kérdést: miért velem történt mindez? Ha azonban ráeszmél arra, hogy a lelkiintimitás-gátlását kell rendbe tennie, és komoly elszántsággal el is kezd tenni érte, akkor jó esélyei vannak arra, hogy a következő kapcsolata már tartósabb, mélyebb és magasabb boldogságot adó lesz. A hölgy egyébként azóta sem volt hajlandó észrevenni, hogy ez a problémája, és természetesen azóta sem változott az élete. De azt már te is jól érted, hogy mennyire nehéz a saját egonk mögé látni.

Az előző történet egy másik vonulata, hogy ez a hölgy tulajdonképpen a véletlent okolta boldogtalanságáért. Hiszen ő nem tehet arról, hogy még nem jött el az igazi. A tudattalan ember egyik fő jellemzője, hogy balszerencsének, véletlennek hiszi a vele megtörtént kedvezőtlen dolgokat. Pedig a vonzástörvény és az ok-okozat törvénye egyértelmű okai annak, ami történik velünk (*erről részletesen a 7. fejezet fog szólni*). Csak a tudattalan ember nem képes erre rádöbbenni. Sokszor évekkel ezelőtti tettünk következményeit kapjuk meg napjainkban. Gyakran egyes embereknek okozott dolgokat más emberektől kapunk vissza. Tehát az ok-okozat törvénye nem azonnal érvényesül és nem is mindig abból az irányból, amerre a hatást indítottuk. Amikor évekkel ezelőtt a szembenállás lelki rezgésszintjén éltem, egy nagy projektben megbíztak azzal, hogy szakértőként ellenőrizzem a kivitelező munkáját. Nagyon kemény ellenőr voltam és állandóan azokat a felületeket kerestem, ahol beléjük tudok kötni. Akkor meg voltam győződve az igazamról és arról is, hogy jól végzem a munkámat. Kb. öt évre rá tervezőként dolgoztam két különböző egymás után következő projektben. Mind a kettőben kaptam egy-egy szakértőt, akik a harag lelki rezgésszintjén éltek, és az állandó kötekedésükkel hihetetlenül megnehezítették az életemet. Sokáig nem értettem, hogy ezt miért kapom az Élettől, hiszen ekkor már elég magas szintű spirituális fejlődésen voltam túl. Aztán eszembe jutott, hogy kb. öt évvel előtte én is pont így viselkedtem. Ezek az emberek addig tudták keseríteni az életemet, amíg meg nem tanultam úgy kezelni az idegesítő akadékoskodásukat, hogy az ne tudjon érzelmeket kiváltani belőlem. Amikor ezt a lelki fejlődési lépcsőt megléptem, utána elég hamar eltűntek az életemből. Szóval az ok-okozat törvénye működött, csak öt év késleltetéssel. Ugyanakkor a harag lelki rezgésszintjén élt éveim hatásai még öt évvel később is vonzottak be ezzel együtt rezgő embereket az életembe. Az ego állandó önvédelme és palástolása mellett ezek is nehezítő körülmények, hogy rádöbbenjünk, miért érdemeljük meg pont azt, amit éppen kapunk. A tudatos ember jellemzője, hogy ezeken átlát és tanul belőlük. Ezeket az Élet üzeneteinek tekinti, és általuk a lelki fejlődéséhez talál támpontokat. A tudatos ember általában semleges- vagy teremtő-egoban él, a lelki rezgésszintjétől függően. Ők egyre több pozitív véletlent vonzanak be az életükbe. Alacsony lelki rezgésszinten azonban negatív véletlenek sorozata az életünk. Amíg azonban ezeket tényleg véletleneknek hisszük, sajnos tudattalanok vagyunk, és esélyünk sincs a változásra.

Nemrég egy hölgy ismerősömet autóbaleset érte. A balesetet egyértelműen a másik fél okozta, így elkönyvelte, hogy balszerencséje volt. Ugyanakkor a hölgyről el kell mondani, hogy mindene megvan: ház, gyerek, egészség, férj, átlagos jólét. Ő mégis állandóan elégedetlen volt. Mindig savanyú volt, hogy milyen rossz az élete. Többre, jobbra vágyott és folyton azzal foglalkozott, hogy miért olyan borzasztó az élete. Szerinted ezek után mennyire volt véletlen, hogy beleszálljon az az autó? Ennyire működik a vonzás-törvény! A pusztító-ego pedig ennyire becsapós. Kérlek, könyveld el, hogy nincsenek véletlenek! Sőt megfordítom az állításomat: minden esemény, ami véletlennek tűnik, a legfontosabb események közé tartozik! Azok mind az életedre vonatkozó üzeneteket tartalmaznak! Csak rajtad múlik, hogy az egod mögé látsz-e és le tudod-e kódolni az üzenetet! Ha nem megy egyedül, kérj segítséget! De minden ilyen esemény mögöttes üzenetét fejtsd meg, és vedd nagyon-nagyon komolyan! Pont ebből a problémából indul ki a valódi önmagad megtalálására egy fontos módszer (arra, hogy az egod mögé láss), de ez a nehezebb módszer. Azért nehezebb, mert a felnőtt időszakodat nem könnyű őszintén egomentesen vizsgálni. De van egy segítséged! Ez pedig a véletlennek tűnő dolgok listázása a spirituális naplódba. Gondold végig az eddigi életedet, és keresd meg benne azokat a pontokat, amik véletlennek tűnő események következményei és mégis nagy hatással voltak az életedre. Az mindegy, hogy balszerencsének vagy jószerencsének érezted a véletlen eseményt. A lényeg, hogy véletlennek tűnő dolog legyen! Biztos hallottad már azt a mondást, hogy: „nincsenek véletlenek!". Ez igaz is. **A véletlen az Univerzum az egod számára logikai összefüggésekkel be nem látható részéből a feléd áramló energia által generált esemény.** Azaz a tudatod sugallata. Az nem véletlen, hanem véletlennek tűnik az ego szűk látóköréből. Ha egy hangyabolyt eláraszt a kiáradó patak, akkor a hangya szemszögéből ez egy megmagyarázhatatlan balszerencse, pedig abszolúte nem az. Ugyanígy van ez a mi esetünkben is. Mi sem vagyunk sokkal többek a hangyánál, ha az egész Univerzum szemszögéből nézzük. Önhitt racionális tudásunk olyan parányi, mégis meg vagyunk róla győződve, hogy amit nem tudunk előre jelezni, vagy amit nem tudunk megmagyarázni, az véletlen. Ez a pusztító-ego egyik nagy bénasága a sok közül...

A véletlenek mutatják a tudatod felől a feléd áramló energiák fő irányait! Ez a mondat a megoldás a sikerre, a boldogságra. Hiszen az egoba süllyedt ember meg van győződve arról, hogy ő pontosan és jól tudja, hogy mit és hogyan akar. Amikor a tudatod teljesen mást akar tőled, akkor az egod miatt dühöt, haragot, frusztrációt érzel, és csak azért is visszafordulsz az eredeti betervezett céljaid felé. Pedig az Élet (a tudatod segítségével) állandóan azt próbálja sugallni, hogy mi a helyes út! Aki nagyon egos, az azt érzi, hogy minden ellene van, pedig valójában csak önmaga ellen harcol. A valódi énje (tudata) állandóan igyekszik jeleket adni, hogy az ego mögött ő még létezik, és nem szeretné elfecsérelni az életét, hiszen nem ezért jött ide a Földre!

6.7. Intuíciók, megérzések, sugallatok

Az I. kötetben is és ebben is sok szó volt már erről. Így itt nem szeretném tovább részletezni ezt a kérdést abban a tekintetben, hogy ezek mennyire fontos eszközei annak, hogy meghallhasd a szellemed üzeneteit. Ami azonban nehéz, hogy megtanulj figyelni rájuk. Eleinte nem is észleljük őket, a fejlődésünk következő szintjén már felfigyelünk rájuk, de még jobban hiszünk az elménknek. Ez a szakasz azonban azért termékeny, mert rengetegszer rádöbbenünk, hogy az intuícióinkra kellett volna hallgatnunk. A harmadik szakaszban már tudatosan figyelünk e területekre, azonban ekkor az ego elkezd „bekeverni" és sugallatként feltüntet dolgokat. Tehát ez a szakasz azért nehéz, mert itt meg kell tanulni a valódi sugallatokat szétválasztani az ego játékától. A kettőt úgy lehet legkönnyebben megkülönböztetni egymástól, hogy ami az elméből fakadó bármilyen gondolkodási csíra következménye, az már nem lehet intuíció, illetve az sem, ami poláris. A negyedik szakasz már a magas tudatosságú emberek világa. Itt már tisztán érzékeljük az intuícióinkat és hallgatunk is rájuk. Ez leginkább a teremtő-ego fázisában jellemző. Szóval hosszú fejődési folyamat, míg idejutunk. Ugyanakkor sokaknak ez simán megy, mert valahogy gyermekkorukból fenn tudott maradni ez a képességük. Hiszen a gyerekek ösztönösen használják ezt az eszközt nap mint nap, amíg el nem rontjuk őket.

6.8. Látomások, víziók

A látomások és víziók világa elég veszélyes dolog! Amikor az emberek alacsony lelki rezgésszinteken elindulnak a spirituális úton, hamar az egojuk részévé válik az, amiket megtanulnak, vagy esetleg meditációs technikák segítségével megtapasztalnak. Ebből általában hamar rögeszmék keletkeznek! Ez a legfőbb ok, amiért nem javaslom elkezdeni alacsony lelki rezgésszinteken a meditációt. Nagyon sok olyan spirituális hangadót ismerek, akik látomásokra, küldetéstudattal összekapcsolódott víziókra hivatkozva győzködik a környezetüket. Sok embernél jellemző, hogy ezek kemény rögeszmékké keményednek, aminek középtávon nagyon csúnya vége szokott lenni. Ugyanakkor sokan mások manipulációjára is alkalmazzák ezeket, így nemcsak a saját életükre, hanem másokéra is igen káros hatással vannak. Onnan lehet megkülönböztetni a rögeszméket a valódi látomásoktól és vízióktól, hogy a rögeszmés emberek nem gyógyították be a saját lelki problémáikat. A rögeszmék akkor is azok, ha jó célt szolgálnak! Nagyon sok embernél az önmaga elöli menekülés következménye a pozitív szándékú küldetéstudat. Ezek az emberek nem képesek önmagukba nézni és begyógyítani a valódi lelki sebeiket, ezért az egojukba beépült spirituális fejlődést is arra használják, hogy tovább folytatódjék a saját belső sárkányaik elöli menekülés.

Ez miatt a meditáció gyakorlása előtt nagyon fontos a lélekgyógyító terápiák elvégzése! Ezért nem szólt meditációról az I. kötet, azonban ebben a könyvben már kettő alapgyakorlatot is át fogok adni neked.

A látomások és víziók általában meditációban jönnek, de érkezhetnek spontán módon is. Ezek (amennyiben nem az ego álságos délibábjai) fontos – általában életfeladatainkkal összefüggésben álló – üzenetek, melyeket ajánlott komolyan venni.

6.9. Szenvedés

A szenvedésről is nagyon sok szó esett már az I. kötetben és ebben is. Itt a tudatod szemszögéből szeretném ezt bemutatni. A tudatod feladata, hogy az életedet az életfeladataid felé irányítsa. Amikor erről a kijelölt ösvényről letérsz, amelyet mindig az ego önző, csak saját magára figyelő tulajdonsága okoz, akkor a tudatod igyekszik visszaterelni az utadra. Eleinte álmok, kisebb testi tünetek, sugallatok formájában próbál észhez téríteni téged. Ha ez nem megy, akkor egyre keményebb eszközöket használ. Sajnos a mai túlracionalizált ember legtöbbször a végletekig önfejű, ami természetesen az erős pusztító-ego egyik jellemzője. Ez a makacsság az ok, amiért szenvedünk! Nem hallgatunk semmiféle belső hangra, semmiféle külső jelre. Csak keményen, céltudatosan, csőlátóan törtetünk a céljaink felé. A céljainkhoz annyi érzelmet és gondolatot kapcsoltunk már, hogy észre sem vesszük: ezeknek már semmi közük sincs az életfeladatainkhoz, pusztán önző létélmények vagy létminőségi vágyak hajszolásáról van szó. Sajnos sok spirituális sikerkönyv is erre viszi az embereket, helytelenül. Az életfeladataink mindig valamely felsőbbrendű önzetlen célt szolgálnak, hiszen valójában ezek tesznek boldoggá. Aki elfelejtett nap mint nap önzetlen lenni, az biztos, hogy nincs az életfeladata felé vezető úton. A tudatod végül bemondja az unalmast és mivel évekig vagy akár évtizedekig nem hallgattál rá, egyre durvább szenvedéseket hoz az életedbe. Amikor szenvedsz, akkor az egod ezt úgy fogja fel, hogy nem érdemled meg a fájdalmat és mindig külső tényezőket okol a szenvedésedért. Pedig **a szenvedés nem más, mint a tudatod hangos könyörgő, zokogó üvöltése, hogy végre térj vissza a helyes útra!** Akik ezt ekkor sem hajlandók meghallani, azok általában belehalnak a szenvedésbe, mert már nincs esélyük rá, hogy ebben az életükben fordítsanak. Ők a haláluk pillanatában döbbennek rá erre, amikor lepereg előttük az életük filmje, és számot kell adniuk az életükről. Fiatalkoromban mindig azt mondtam magamnak:

a legfontosabb, hogy olyan tisztán éljek, hogy amikor életem végén lepereg majd a filmem, emelt fővel és tiszta lelkiismerettel adhassak számot! Ma is úgy vélem, hogy ez egy csodálatos életcél! Azonban sok mellékvágány és tévedés miatt lesz miért szabadkoznom majd a végén, ha addig nem tudom jóvá tenni a korábbi cselekedeteimet. Sosem a múlt a lényeg, hanem a jelen és a jövő. Mindent jóvá lehet tenni, csak akarni kell!

6.10. Kineziológia, testválaszmódszer

A kineziológia tudománya két alapvető tapasztalatból indult ki. Az egyik, hogy a test soha nem hazudik, a másik pedig az, hogy amikor te igazat mondasz vagy gondolsz, akkor az izmaid feszesek maradnak, amikor viszont hazudsz (akár élőszóban, akár gondolatban), akkor a tested elernyed. Ez utóbbi felismerésen alapulnak a hazugságvizsgáló gépek is.

A kineziológiai mérések a testválasz módszerével dolgoznak. Ennek az a lényege, hogy a kineziológus feltesz neked egy kérdést és megnézi a tested válaszát. A kérdést úgy kell feltenni, hogy csak igen vagy nem lehessen a válasz. Amikor igent mondasz a felett kérdésre és a tested elernyed, akkor hazudsz, tehát a nem az igaz válasz. Ha a feltett kérdésre igent mondasz és a tested feszes marad, akkor igazat mondasz. Ez azért fontos, mert az emberek maguknak is hazudnak, még úgy is, hogy nem is tudnak róla. Ez a rengeteg elfojtásunk miatt van. A felépített páncéljaink mindent megtesznek, hogy ne kelljen újra szembenézni a régi lelki fájdalmakkal.

A kineziológus ebben tud segíteni! Az őszinte, valós válaszokat segít megtalálni és így könnyebben visszatalálsz az utadra! A személyes tapasztalatom egyébként az, hogy minél alacsonyabb lelki rezgésszinten van egy kineziológus, annál pontatlanabbul mér. Sajnos, ahogy minden szakmában, így itt is nagyon sok a kutyaütő. Szóval magas lelki rezgésszintű, élet- és emberszeretetet sugárzó, kiegyensúlyozott életű kineziológust keress. Az összes többi úgy félrevezetheti az életedet, hogy még messzebb kerülsz az utadtól, mint ahol akkor voltál, amikor elkezdtél hozzá járni.

No de visszatérve a testválaszmódszerre, arra sokféle mérési eljárást fejlesztettek ki a múltban. Ezek közül szerintem az izomtesztelések a leghatékonyabbak. Ezeket a módszereket Uwe Albrecht (2012) Igen vagy nem? című könyvében gyűjtötte össze. Ha szeretnéd elsajátítani a mérési módszerek bármelyikét, akkor szeretettel ajánlom figyelmedbe ezt a könyvet. Fontos azonban kiemelnem, hogy saját tapasztalatom szerint 200-as lelki rezgésszint alatt akár 100%-os hibával dolgozhatnak az emberek. 200–350-as rezgés között kb. 20–50%-os a hiba szokványos mértéke. 350-es rezgésszint felett már kezd pontossá válni a mérési képesség.

Ugyanakkor azt is fontos kiemelni, hogy a mérés csak akkor lesz pontos, ha teljesen egomentesen tudjuk végezni. Ehhez a mérés idejére teljesen ki kell kapcsolni a szubjektív megítélésünket, érzelemmentesnek és gondolatmentesnek kell lennünk. Ezekből talán érted, hogy miért szükséges a magas lelki rezgésszint a pontos méréshez. Ha most még nem, akkor jelen könyv végére ezt is tisztán fogod látni.

Ez miatt úgy vélem, hogy 350-es lelki rezgésszint alatt nem érdemes elsajátítani a testválaszmódszerek bármelyikét, mert csak önbecsapás vagy mások becsapása lenne a vége. 350-es lelki rezgésszint alatt javasolt inkább egy magas lelki rezgésszintű kineziológus felkeresése.

6.11. A tudatosság igazi alapja

Most, hogy jobban átlátod, hogy a tudatod miként kommunikál veled, fontos tudatosítanod ezeket a lehetőségeket az életedben!

Ha ezek közül vannak olyan jelek, amelyekre szoktál figyelni, az szuper, és kérlek, tartsd meg ezt a jó szokásodat. Ugyanakkor nagyon fontos rutinszerűen figyelned a tudatod jelen főfejezetben bemutatott összes kommunikációs módjára! Ennek ösztönössé válásáig való elsajátítása az igazi tudatosság, amikor már megtanultunk figyelni a tudatunk jelzéseire és azokat meg tudjuk különböztetni az ego jelzéseitől. Tudniillik amikor például az intuícióidra figyelsz, akkor az ego elkezd nagyon ügyes álintuíciókat gyártani. Ez az egyik alattomos módja a spirituális-ego kialakulásának. A spirituális-ego azt jelenti, hogy az ego beépül a spiritualitásba és azt is felhasználja a saját maga erősödésére. Ezért fordulnak elő olyan szélsőséges példák, amikor egyesek a diliházig jutnak a spirituális úton! A rögeszmék világa nagyon veszélyes, ám erről már olvashattál az előző főfejezet végén.

De hogyan tudod megkülönböztetni az ego trükkjeit a tudat tényleges kommunikációjától? A válasz nagyon egyszerű:

Az ego mindig poláris, a tudat pedig mindig semleges.

Szóval az ego felől érkező álsugallatok mindig vagy a pozitív vagy a negatív kilendítés irányába akarnak vinni téged. A tudat valódi sugallatai pedig mindig a semlegesség és az egyensúly irányába akarnak mozdítani. Ez a szabály azonban nehezen értelmezhető az ego szemszögéből. Hiszen az ego a pozitív szélsőségeket szeretné semleges és szükséges állapotnak bemutatni. Ami persze álságos hazugság, hiszen az energetikai egyensúly miatt a pozitív állapotokat mindig negatív követi. Ezért egy pozitív kilengés állapotából nézve a semleges állapot gyakran egy negatív állapotnak tűnhet, ha hagyjuk, hogy az egonk irányítson.

Évekig gyakoroltam az ego sugallatainak és a tudat jelzéseinek szétválasztását. Néha még napjainkban is elvétem, de hála Istennek ma már ez ritka. Szóval fontos tudatosítanod, hogy állandóan résen kell lenni. Az ego az Univerzum legalattomosabb és legfurmányosabb negatív energiarendszere.

7. FEJEZET

A minket irányító univerzális alaptörvények

Jelen fejezetben olyan univerzális törvényekről lesz szó, melyek alapvetően irányítják az életünket. Az ego szeret ezekről nem venni tudomást, ami persze nagy bajokat okoz az életünkben. A tudat ezen törvények szabályrendszerei szerint játszik. Úgy is el lehet végezni az ego álsugallatainak megszűrését, hogy azok nincsenek összhangban az alábbi alaptörvényekkel. Ezen törvények megértése, ismerete segítségével számos szenvedést kikerülhetünk, amelyekbe feleslegesen hajszol minket az egonk. Ezek azok a törvények, melyek ellen hiába küzdünk, előbb-utóbb úgyis szerintünk fog alakulni az életünk, hiszen egész Univerzumunk ezek alapján működik.

A jelen fejezet nem teljes. Nem titkolt szándékom, hogy az Univerzum törvényeit részletesebben egy későbbi kötetben mutatom be. Amiket itt kiemelek, azok a lelki fejlődésed szempontjából azonban elengedhetetlenek ezen a szinten. Ezért nem várhatok velük a következő kötetig.

7.1. Vonzás-törvény, tükörelv

A sikeres emberek és a sikertelenek közötti legfőbb különbség az, hogy a sikeresek pozitívan használják a vonzás törvényét, a sikertelenek pedig negatívan. Amire sokan nem szoktak gondolni, az az, hogy a vonzás-törvény mindig működik! Hiszen ez egy általános törvény. Ezért mindenkire hat, függetlenül attól, hogy ennek tudatában van-e vagy sem. Természetesen léteznek olyan sikeres emberek, akik ösztönösen használják a vonzás törvényét, mások pedig tudatosan. Én ma már az utóbbi csoportba tartozom, mert régebben, a tudattalan időszakomban negatívan alkalmaztam a vonzás-törvényt, aminek sok szenvedés is lett az eredménye. Így ennek a törvénynek mindkét irányú következményét megtapasztaltam. A vonzás-törvény azt mondja ki, hogy az Univerzumban végtelen energia áll rendelkezésre, így az nem lehet korlátos az ember számára. Az emberek szűkösséggondolkodása csak egy rossz berögződés. A vonzás-törvény lényege az, hogy a gondolataink, a kimondott mondataink és a tetteink bevonzzák azt, amire azok valójában fókuszálnak. Így egyaránt az Életmenedzselésünk sikeressége és a lelki fejlődésünk szempontjából óriási jelentőségük van a gondolatainknak és az érzelmeinknek. Azt is tudod már az első kötetből, hogy a vonzás-törvényre 100-szor erősebben hatnak az érzelmek, mint a gondolatok.

A gondolatokra tekints úgy, mint magokra a tudat talaján! Az érzelmekre pedig úgy, mint a vízre, amely növekedésre serkenti a magot! Minden egyes gondolat egy talajba vetett mag. Egyes magok ki sem kelnek, egyes magok azonban bokorrá vagy fává fejlődnek. Ez különösen akkor valószínű, ha az adott gondolathoz érzelmeket csatolunk. Tehát nagyon nem mindegy, hogy mire gondolsz és milyen gyakran, hiszen azokból a gondolatokból nagyobb valószínűséggel lesz erdő a tudatod talaján, amelyek magjait sűrűbben veted el és tartósabban öntözöd.

Ugyanakkor az is tény, hogy minden teremtés gondolattal kezdődik. Az összes találmány, mérnöki megoldás egy gondolattal indult, de ez minden művészeti alkotásra is igaz. Szóval a tudatban fává nőtt gondolatok előbb-utóbb materiális képet alkotnak, manifesztálódnak a világunkban.

A vonzás-törvény nehezebben elfogadható része az, hogy **amire gyakran és hatékonyan gondolsz, azt bevonzod magadnak!** Ebben az esetben is fontos, hogy az érzelmek növelik a valószínűségeket. Akármennyire hihetetlen első olvasatra, tényleg működik. Az emberek legnagyobb hányada szűkösségben gondolkodik, ezért szűkösen is fog élni, míg az emberek kisebb hányada bőséggondolkodású és bőségben is él. Ez az alaptétel. Szóval, **ha szeretnél változtatni a sorsodon, akkor először a gondolkodásodon és az érzelmeiden kell változtatnod!** Ezért olyan hatékony az É.L.E.T.-módszer, mert egyaránt foglalkozik az elmével, a testtel és a lélekkel. Ugyanakkor a lelki rezgésszintünk emelkedésével a negatívakhoz képest megnő a pozitív érzelmeink és gondolataink aránya. Amikor 20–50 körüli lelki rezgésszinteken éltem, végtelenül pesszimista voltam, undorítónak tartottam az emberiséget és önmagamat is. Ma mélységesen tisztelem az emberiséget, humanista vagyok és optimizmus sugárzik minden gondolatomból, a lelkem tele van örömmel, szeretettel és békével.

Az első kötetben megadott feladatok kapcsán talán már rálátsz, hogy milyen nehéz változtatni az érzelmeinken és a gondolatainkon. Nem könnyű pozitívra cserélni a negatív gondolkodást. Hiszen a legtöbben úgy érezzük, hogy az eddigi élettapasztalataink eredménye a negatív gondolkodásunk. Ez igaz is, meg nem is. Mi van akkor, ha a negatív gondolkodásmintákat a családodtól vetted át kiskorodban? Akkor a negatív gondolkodás előbb volt, mint a sok rossz, ami azóta ért. Szóval melyik volt előbb: a tyúk vagy a tojás? Ugyanakkor ha a negatív gondolkodásodhoz érzelmek kapcsolódtak, ez a valóságképed szerves részévé vált. Ezért ellenkezik az ego, ha meg akarod változtatni, és mindenféle ellenérvet talál ki, hogy ez miért hülyeség! De, ugye, nem fogod hagyni becsapni magadat!? Ez a könyv és az előző kötete már minden tudást átadott neked, ahhoz, hogy átláss az egod szitáján! Kérlek, gyakorold a mindennapjaidban az egod tetten érését, és tedd hasznos tudássá az eddig olvasottakat!

A családomban a pozitív gondolkodásnak semmiféle formája nem volt divat. Nekem kellett elsajátítanom. Erről a törvényről már fiatalkoromban is sok könyv íródott, így ezt elég korán elkezdtem a magamévá tenni. A hiba az volt nálam, hogy a kudarcaim után évekre letettem a dolgot, mire újra nekiláttam. Akkoriban türelmetlen voltam és azt hittem, hogy ez gyors változást fog hozni. De nem egyszerű egy évtizedekig beépült séma átalakítása. Ha elkezded a pozitív gondolkodást, akkor nem fog egyik napról a másikra megváltozni az életed. Lesznek visszaesések, lesznek kudarcok. De fokozatosan egyre jobb lesz, viszont nem szabad abbahagyni! Tudniillik arra van szükség, hogy a pozitív gondolkodás egy életmóddá váljon. Rengeteget kell gyakorolni, amire ösztönös lesz. Akkor leszel igazán sikeres, amikor már teljesen automatikussá alakul benned. Én nagyon mélyről indultam, így nekem 24 év kellett ehhez az állapothoz. De ahogy említettem, sajnos sok volt benne a megszakítás és a téves mellékvágány is. De ismerek olyanokat, akik 1-2 év alatt eljutottak ide. Csak rajtad múlik, hogy neked ez mennyi időt fog igénybe venni, illetve azon, hogy jelenleg milyen mély lelki rezgésszintről indulsz.

Eleinte vannak a negatív gondolkodási mechanizmusaink, ezekhez agyból-erőből felvesszük a pozitív gondolkodási mintákat, amelyekhez még nem igazán tudunk pozitív érzelmeket kapcsolni. Emlékszem, milyen furcsán hangzottak a fejemben az első ilyen gondolatpróbálkozások, amelyek merőben elütöttek a régi negatív mintáktól. Totál hülyének néztem magamat, amiért ezt csinálom. Az egom álladóan érvelt, hogy ez miért hülyeség. Emiatt eleinte továbbra is sok negatív dolog ér minket. Hiszen legbelül, mélyen még nem hiszünk benne. De mivel minden esetben működik a törvény, ezért egyre több pozitív dolog fog történni az életünkben. Így a pozitív gondolkodás szép fokozatosan egyre inkább hittel párosul, és lassan lecserélődik a negatív gondolkodási szemlélet. Ez nem lineáris fejlődés! Lesznek hullámhegyek és hullámvölgyek. De **nem szabad abbahagyni! Gondolkozz pozitívan!**

A vonzás-törvényt én tükörelvnek hívom. Mert én fordítva „érzékelem" ezt a törvényt. A tükörelv azt mondja ki, hogy **amit sugárzol az Univerzum felé, ő azt fogja visszasugározni neked.** Például ha önzést sugárzol a világ felé, akkor veled sem fog senki foglalkozni önzetlenül. Ha önzetlen vagy, akkor mások is önzetlenebbek lesznek veled. Ez tényleg működik! Évek óta "tesztelem". Sokan csalódnak ebben az elvben, mert egy téves értelmezés áldozatai lesznek! Hiszen fontos, hogy tudd: nem feltétlenül attól az embertől fogod visszakapni az önzetlenséget (vagy bármi mást), akinek adod! Legtöbbünk gyermekkorunkban ösztönösen hisz a tükörelvben. Szeretünk adni, szeretünk önzetlenül és odaadóan szeretni. De amikor tartósan nem viszonozzák, akkor egot növesztünk és önzővé válunk. A hiba ott van, hogy a tükörelv univerzálisan működik. Ami azt jelenti, hogy mindenki visszakapja, amit az Univerzum felé sugárzott! Viszont azt nem lehet irányítani, hogy honnan kapom vissza, milyen formában és mikor. De az Univerzum visszaadja a jót is, meg a rosszat is.

A tükörelv (vagy a vonzás-törvény) az emberi kapcsolatok szintjén való megvalósulása segít abban, hogy megértsük, hogyan is működnek azok. Ahogy gondolkodsz és érzel, úgy fogsz viszonyulni a környezetedben lévő emberekhez, akikre ezáltal hatással vagy. Ők pedig a veled kapcsolatos tapasztalataik alapján fognak hozzád viszonyulni. Így ösztönösen azt sugározzák vissza, amit feléjük sugárzol. Például ha önző vagy, akkor mindenki felé az önzésedet sugárzod. Így a körülötted lévő emberek is így állnak hozzád. És visszakapod a megerősítést a világtól, hogy az emberek önzők. De ha elkezdesz önzetlenül viselkedni, akkor egyre több ember fogja merni viszonozni az önzetlenségedet, és egyre inkább azt tapasztalod, hogy az emberek nem is olyan végletekig önzők. Ugyanez érvényes a negatív gondolkodásra is. Ha negatívan gondolkodsz, akkor negatív véleményeket sugárzol az emberek felé, akik természetesen ilyen témákkal és véleményekkel fognak veled kommunikálni. Így visszakapod az önmegerősítést, hogy az Élet tényleg tele van negatív dolgokkal. Ha azonban pozitív gondolatokat kezdesz sugározni az emberek felé, akkor ők is pozitív kommunikációra váltanak veled szemben. Így egyre több pozitív megerősítést fogsz kapni. Akik pedig nem bírnak azonosulni a pozitív szemléleteddel, lassan kikopnak az életedből, ami

neked nagyon jó lesz, mert nem fognak lehúzni nap mint nap.
Oké, de hogy álljak neki? Remélem, ez a kérdés felmerült már benned! A válaszom egy egyszerű szabály:

Minden negatív gondolatod után kötelező 5-ször ugyanazzal kapcsolatos pozitív dologra gondolni!

Eleinte ez nagyon nehéz, hiszen az elméd nem fogja érteni, hogy ebben vagy abban mi a franc pozitív dolgot lehetne látni. Aztán fokozatosan egyre könnyebb lesz. Hiszen hogy a pohár üres vagy teli felét nézed, az csak rajtad múlik, és ez mindennel így van. Ha a sikeres emberrel történik valami rossz, akkor ő arra gondol, hogy ebből az üzenetből mi mindent tud tanulni annak érdekében, hogy ez többet ne forduljon elő vele. A sikertelen ember ebből csak annyit lát, hogy milyen rossz az Élet, mert már megint ezt teszi vele.

A vonzás-törvény vagy tükörelv kapcsán még nagyon fontos kiemelni a tudatalattid és a korlátaid erejét. Ez a törvény akkor működik igazán sikeresen, ha a tudatalattid és a tudatos éned egy irányba néz. Azaz a vonzás-törvény segítségével bevonzani kívánt cél összhangban van a tudatalattiddal, illetve a genetikai adottságaiddal. Hiszen a genetikai korlátaidat nem tudod átlépni, a tudatalattid pedig mérhetetlenül erős.

Én például serdülőkoromban Mr. Olympia akartam lenni, amikor belelkesedtem egy testépítő könyv hatására és elkezdtem őrült módon edzeni. A genetikai adottságaim nem voltak erre alkalmasak, de ezzel nem foglalkoztam, így komoly ízületi problémákkal zárult a „sportpályafutásom". Vékony testalkatú ember ne akarjon Mr. Olympia lenni. Ahhoz atlétikus testalkat szükséges. A rossz cél és a pusztító-ego együtt szenvedést hozott, ahogy annak lennie kell. Nem véltelen, hogy akkoriban miért voltam olyan betegesen maximalista, ami egy ilyen irreális cél kitűzését generálta bennem. De a jelen fejezet szempontjából a lényeg, hogy fontos a helyes és reális célkitűzés!

A tudatalatti még lényegesebb. Itt lép be a képbe, hogy a sikerünk, boldogságunk legfontosabb záloga a lelkünk folyamatos gyógyítása. Tudniillik csak akkor lesz igazán sikeres a pozitív gondolkodási minták tudatos elsajátítása, ha a tudatalattink is vágyik a jóra. Ez azonban nincs így, ha gyermekkorban komoly lelki sebeket raktároztunk el magunkban. Tehát a pozitív gondolkodás elsajátítása mellett párhuzamosan fejleszd az önismeretedet, és gyógyítsd be a feltárt lelki sebeket. Ehhez sok segítséget fogsz kapni a könyv hátralévő részében!

7.2. Az ok-okozat törvénye és a szabad akarat törvénye

Az Univerzum alaptörvényeiből már megismerhetted a vonzás-törvényt. Ebben a fejezetben két további fontos alaptörvényt és annak életedre kiható következményeit szeretném bemutatni neked. Az ok-okozat törvénye azt jelenti, hogy bármit teszel, gondolsz vagy érzel, annak következménye lesz az életedben. Minden egyes tetted, gondolatod, érzelmed hatást gyakorol a világra. A kvantumfizika által igazolt alapelvek az előzőekben ismertetett tükörelvvel összhangban azt támasztották alá, hogy amit a világ felé sugárzol, az Univerzum azt fogja visszasugározni feléd. Például régen, amikor tartósan a harag lelki rezgésszintjén éltem, eléggé kötekedő típusú ember voltam. Tudattalanul mindig olyan valóságot választottam helyesnek, amivel másokkal vitába kerülhetek. Ugyanakkor másokat okoltam azért, amiért velem veszekednek. Egy nagy biogázüzem építési projektjében felkértek szakmai ellenőrnek. Az volt a dolgom, hogy jó alaposan ellenőrizzem a tervező és a kivitelező céget. Én szívvel-lélekkel magamének éreztem a feladatot és őszintén megmondom, állandóan kötekedtem velük. Persze az akkori énem ezt tudatosan nem látta be, hanem meg voltam győződve az álláspontom igazáról.

Jó pár évre rá vezető tervezőként kerültem egymás után két nagy projektbe. Mindkét projektnél egy-egy szembenállás lelki rezgésszintjén élő embert kaptam műszaki ellenőrként, akik szó szerint pokollá tették az életemet minden nap. Állandó kötekedésükkel ellehetetlenítették a munkámat, és sokszor kihoztak a sodromból, pedig a lelki fejlődésem által akkoriban már a pártatlanság lelki rezgésszintjén éltem. Több hónap kellett, mire rádöbbentem, hogy az ok-okozat törvényének szenvedője vagyok. Amit évekkel ezelőtt adtam a világnak, most azt kapom vissza. Viszont ezt a negatív helyzetet a sikeres emberekhez méltóan pozitív dologként használtam fel és megtanultam az ilyen idegesítő szembenállás lelki rezgésszintjén lévő embereket úgy kezelni, hogy érzelmileg ne vonódjak be. Így ma már nem tudnak kihozni a sodromból, legalábbis kis esélyét látom. Megtanultam a harag végső elengedését, így most már hálás vagyok nekik. A tanulság az, hogy nem ugyanonnan és nem közvetlenül utána kapod vissza az Univerzumtól, amit felé sugároztál. De előbb vagy utóbb visszakapod. Ha mégsem, akkor ez áttevődik a következő életedre, amelyet karmának hívunk. Azonban erről a következő kötetben fogok részletesen írni. Remélem, akkor is megtisztelsz majd a figyelmeddel!

A szabad akarat törvénye egy másik olyan alapvetés, amely átszövi a mindennapjainkat. Ennek a jelentése a következő: az Univerzum (ide vallásod szerint bármely szót tehetsz, mint például Mindenható, Isten stb.) alapvetően jó, és mindenkinek a lehető legjobbat sugározza. De ha te mást akarsz, akkor az Univerzum azt is tiszteletben tartja. Szóval ha tudatosan vagy tudattalanul rosszra vágysz, akkor azt előbb vagy utóbb meg fogod kapni! A pusztító-ego téves hiedelme az, hogy nem a szabad akarat bolygóján élünk.

Az ego ezeket a törvényeket szereti a saját javára felhasználni, hiszen ha olyan dolgokat teszel, melyek félelmet, bűntudatot, szégyent vagy más negatív érzelmet okoznak benned, akkor elő tud hozakodni azzal, hogy milyen nagy szükséged van rá, hogy ez a jövőben ne forduljon elő. De az ego egy parazita, rafinált módon pont azért von be ilyen tettekbe, hogy újra és újra megerősíthesse benned önmagát. Ezzel a módszerrel az ego szép fokozatosan eltérít a sorsfeladataidtól és veszendőbe megy az életed.

7.3. Az entrópia és az Élet törvényei

Ahogy a jelen könyv elején írt szlogen kimondja: **amit nem emelsz, az szüntelenül süllyed!** Ez az entrópia törvénye miatt van. Ez a törvény azt jelenti, hogy minden az alacsonyabb energiaszint felé törekszik. A fizika ezen alaptörvénye értelmében a víz lefelé folyik, a hegyek lassan lekopnak és síkság lesz belőlük, a szerves anyag is lebomlik szervetlen alkotókká, a Nap is előbb-utóbb elveszti a sugárzását stb. Ahogy azonban Grandpierre Attila (2021) leírja a könyvében: az Élet az egyetlen dolog, ami az entrópia törvénye ellen hat. Amíg Élet van egy egyedben, addig a szövetei nem bomlanak le, amíg az Élet szövedéke belepi egy hegy felszínét, addig akár teljesen leállhat az erózió. A madár sem esik le, hanem repül a magasban, ahelyett, hogy az entrópia törvényére „hallgatva" lepottyanna. Ez is egy csodálatos nézőpont arra vonatkozóan, hogy miért szükséges feltétel nélkül tisztelni az Életet! Ahogy *A jövő neve Élet – Megoldás a klímaváltozásra, avagy a változás 6 programja* című könyvemben részletesen is leírtam: **ami az Élet tiszteletéből fakad, az emeli a lelki rezgésszintedet!** De ez az állítás fordítva is igaz: **ami a lelki rezgésszintedet emeli, az az Élet szövedékét támogatja, segíti.** Tehát ha bizonytalan vagy abban, hogy helyes-e, amit teszel, akkor arra az egyszerű kérdésre add meg a választ, hogy az, amit tenni szeretnél inkább **Élettámogató vagy Életpusztító?** Minden Élettámogató cselekedet emel téged és a környezetedet is, és az entrópia törvénye ellen hat.

Szóval nincs mese! **Nap mint nap tenned kell a fejlődésedért!** Ahogy a madár is minden egyes szárnycsapásával egyre feljebb jut, úgy te is mind magasabb lelki rezgésszintre kerülsz, ahogy folyamatosan teszel érte. Azonban amint a madár nem csinál semmit, zuhanni kezd. Ez ránk is jellemző. A lustaság, a tehetetlenség, a nemtörődömség automatikus következménye lesz a lelkirezgésszint-csökkenés és a boldogtalanság fokozódása. Szóval **nap mint nap emelned szükséges a lelki rezgésszintedet** azért, hogy ne az enyészet (entrópia) törvénye uralkodjon rajtad, hanem az Élet szárnyalása manifesztálódjék az életedben! Az enyészet tünetei a belső feszültségek, a testi betegségek, a depresszió, a stressz, a 200-as rezgés alatti érzelmek és minden más, ami a testedet-lelkedet pusztítja, az elmédet mérgezi, az állapotodat rontja. Szóval ha tudatosan, életvitelszerűen a lelki rezgésszinted emelésén dolgozol, akkor egyre boldogabb és vitálisabb nagybetűs Életet fogsz tudni élni.

7.4. Az energia-kiegyenlítődés törvénye

Te is jól tudod, hogy minden energia. Ez ma már olyan tudományos alapvetés, ami beleivódott a köztudatba. Azonban a gondolkodásunk még mindig anyagi síkon zajlik. Ha elkezded energiának tekinteni a világot és regzésekként, energiaváltozásokként vizsgálni, akkor rengeteg dologban könnyebbé válik az életed. Sok-sok mindenre fogsz ráébredni, melyek az anyagi síkon nem tűnnek annyira egyértelműnek, mégis azok.

Nagyon fontos megérteni az energia-kiegyenlítődés törvényét, mert ezzel rengeteg egocsapdát tudsz kikerülni. Ez a törvény azt mondja ki, hogy az energia mindig kiegyenlítődésre törekszik. Ez az életünk minden szegmensére igaz. Ez a törvény kiterjed jelen életünk teljes hosszára és ebből fakad a karma törvénye is. De a legfontosabb, hogy a gyakorlati életedben megértsd a hatását. Ennek érdekében, kérlek, képzelj el egy ingát! Ezt az ingát lendítsd ki az egyik irányba, és engedd el. Mi fog történni? Természetesen kileng a másik oldalra, majd egyre kisebb amplitúdóval fog jobbra és balra billegni, amíg függőlegesen meg nem áll. A való életben az inga kiindulási helyzete az a pozitív szélsőség, amit nap mint nap hajszolsz. Az ego mindig habzsolni akarja a „jó dolgokat". Ezzel energetikai szempontból az ingádat kilengetted az egyik irányba. A céljaidért befektetett energia mozdította ki az ingát. Az ego azonban ilyenkor nem figyelmeztet, hogy vigyázz, mert ennek negatív következménye is lesz, hiszen pont ez az érdeke. Ő majd a negatív csattanó hatására tudja még jobban megerősíteni önmagát benned. Tehát vakká tesz téged és arra biztat, hogy hajtsd végre a pozitív kilengést. Ezt előbb-utóbb óhatatlanul a negatív kilengés fogja követni, mert az energia-kiegyenlítődés törvénye megmásíthatatlan univerzális alaptörvény! Emlékszel a szélőségek című fejezetre? Ezért a pusztító-ego eszköze a szélsőségek hajszolása. Ugyanakkor emiatt törekszenek a spirituális mesterek a semlegességre, és ez okból vezet belső boldogsághoz a semlegesség. Hiszen ott nincsenek kilengések, csak egy belső boldogság, melynek egy tökéletes egyensúly az eredménye. Szóval ne a pozitív szélsőségekre törekedj, hanem az egyensúlyra és a semlegességre! Ez az egyetlen helyes út! A pozitív dolgok hajszolása helyett ez az egyetlen helyes gondolkodásminta, egyben a boldog élet kulcsa is.

8. FEJEZET

A lelkirezgésszint-spektrum módszere

8.1. Mi az a lelkirezgésszint-spektrum?

Mint ahogy azt az első kötetben már említettem, a lelki rezgésszintünk egy átlagérték. Ha valaki például a 200-as bátorság lelki rezgésszinten él, az nem jelenti azt, hogy a bátorság az egyetlen és domináns érzelem az életében. Ez csak annyit jelent, hogy egy átlagos napon megélt érzelmeinek átlagértéke 200. Egy ilyen ember hosszabb-rövidebb időkre megélhet szégyeneket, bűntudatokat is, ugyanakkor az elfogadás vagy az önzetlen szeretet állapotában is lehet. Ez azt jelenti, hogy mindenkire egy ún. **lelkirezgésszint-spektrum** (más szóval lelkirezgésszint-tartomány) a jellemző. Ez jelenti azt az érzelmi sávot, ami jellemző rád. Vagyis **fontos megismerned magadat abból a szempontból, hogy melyik az a legalsó lelki rezgésszintű érzés, amely még viszonylag gyakran előfordul a hétköznapjaidban.** Ugyanakkor **azt is lényeges meglátnod, hogy melyik a legmagasabb ugyanilyen érzés.** Ahogy a lelki rezgésszintünk átlaga emelkedik, úgy egyre rövidebb időkre jelennek meg az életünkben, majd teljesen kivesznek belőle a legmélyebb lelki rezgésszinthez tartozó érzelmek. Tapasztalataim szerint amíg 200 alatti lelki rezgésszinten élünk, addig az összes 200-as kineziológiai érték alatti életpusztító érzelem jellemző ránk. Így a büszkeség lelki rezgésszintjéig a szégyen, a bűntudat, a fásultság, a bánat, a félelem, a vágyakozás, a harag és a büszkeség is jellemző érzései az életünknek. Amikor átlépjük a

200-as értéket és élettámogató szintet érünk el, akkor ezek a 200 alatti életpusztító érzelmek fokozatosan elkezdenek kikopni az életünkből, ugyanakkor új, addig nem ismert pozitív érzelmek jelennek meg. Például 125-ös lelkirezgésszint-értéken elképzelhetetlen volt számomra, hogy valaha úgy fogok tükörbe nézni, hogy tökéletesen elfogadom magamat olyannak, amilyen vagyok. Ezek eleinte rövid időkre a 250-es lelki rezgésszinten (pártatlanság) jelentek meg komolyabban az életemben, majd a 350-es lelki rezgésszinten (elfogadás) teljesen hétköznapivá váltak. Ugyanakkor a 250-es lelkirezgésszint-értéken döbbentem rá, hogy nem tudok igazán szeretni, hiszen a szeretet tökéletesen önzetlen. Én pedig addigi életemben csak azért fejeztem ki bármiféle szeretetet mások felé, mert valamiféle viszonzást vártam el. Ez a megdöbbentő felismerés egyébként hetekre undort váltott ki bennem saját magammal szemben. Ma (500 feletti lelkirezgésszint-értéken) a tökéletesen önzetlen szeretet érzése hétköznapi az életemben, miközben amikor a bűntudat lelki rezgésszintjén éltem, meg voltam győződve arról, hogy a szeretet az egy nem létező dolog, és az emberek csak azért találták ki, hogy fényezzék magukat, illetve ezzel takargassák, hogy valójában milyen gusztustalan lények. Ez nagyon jól mutatja, hogy az érzelmeinken keresztül a lelki rezgésszintünk milyen mértékben változtatja meg a valóságképünket és a gondolkodásunkat is.

Ha valakinek akár mélyebb lelkiállapotok felé, akár boldogabb irányba változik az élete (sajnos süllyedni is lehet, nemcsak emelkedni), az mögött mindig egy lelki síkon végbement érzelmi változás áll. A jó hír, hogy tudatosan is megváltoztatható, hogy boldogabb légy! Ahhoz, hogy ezt elérhesd, a lelkirezgésszint-spektrum megértésével először a benned zajló folyamatokat szükséges átlátnod. A módszeremben az a csodálatos, hogy **minden lelkiállapot-változás leírható a lelkirezgésszint-spektrumokkal!** Tehát a lelkirezgésszint-spektrumod fokozatos megváltozásán keresztül történik meg minden lelkiállapot-változási folyamat.

Ahogy emelkedsz, úgy jelennek meg a pozitív új érzelmek és úgy tűnnek el a negatív alsó érzelmek az életedből. Például amikor a 350-es értéket (elfogadás) átléptem, akkor döbbentem rá, hogy a szégyen, a bűntudat, a fásultság már teljesen eltűnt az életemből. Amikor átléptem a 450-es értéket, akkor illant el az életemből a bánat is. Napjainkban a büszkeség mérséklésén, átalakításán dolgozom, hiszen az a legalsó lelki rezgésszintű érzelem az életemben, ami néha még előfordul. A szégyen, a bűntudat, a fásultság, a bánat, a félelem, a vágyakozás, a harag teljesen eltűntek az életemből. Soha nem gondoltam volna, hogy lehetséges így élni! Pedig lehet! Én egy túlracionalizált, az érzelmeit elfojtó emberként éltem az életemet 42 évig. Ha nekem sikerült, akkor neked is fog!

Ezzel tulajdonképpen ráthetünk az önfejlesztésed gerincét adó módszerem lényegére! Mint ahogy azt már többször említettem, **érzelmi problémát csak érzelemi síkon lehet megváltoztatni!** A mai nyugati világ hagyományos pszichoterápiás „kezelése" pont azért olyan gyenge, mert racionális érveléssel igyekszik kezelni a lelki problémát. A hagyományos pszichoterápia már egészen jó abban, hogy feltárja és megértesse a pácienssel, hogy mi a problémáik valódi gyökere és bizonyos reakcióit, az életében lévő kedvezőtlen helyzeteket valójában milyen mozgatórugók vezérlik. Azonban **attól, hogy racionálisan megértünk valamit, még nem gyógyul be a lelkünk!** A legtöbb ember amikor rálát a problémái okára, optimistán azt hiszi, hogy ezzel túl van a nehezén. Pedig sajnos ezzel a probléma megoldásának maximum 1%-án van túl! Ezután jön az igazán komoly munka! Ebben adnak neked akár életre szóló segítséget a lelkirezgésszint-spektrum és az érzelem-transzformáció módszerei, melyek az egész életedet meg fogják változtatni, amennyiben megfelelő mennyiségű energiát fektetsz a használatukba! A módszereim egyik fontos eleme az, hogy a kedvezőtlen érzelmet kedvezőre cseréled! De mivel egy nap nagyon sok érzelmünk van, és nem tudunk ennyi érzelemre figyelni, **ezért** mindig a lelkirezgésszint-spektrumod legalacsonyabb érzésére fókuszálj, és arra a legmagasabbra cseréld le, amire képes vagy!

8.2. Figyeld meg mélyen az érzelmeidet! (gyengítendő és erősítendő érzelmek)

A racionális és a testi perfekcionista emberek nem szeretnek az érzelmeikkel foglalkozni, míg az érzelgős emberek gyakran az érzelmeik rabjai. Mindhárom csoport a ló egy-egy oldalát mutatja. Ha bármelyik csoportba tartozó típusú olvasó vagy, akkor nyilván felmerült benned a kérdés, hogy miért az érzelmekkel kell foglalkoznunk. A válaszom az, amit az első kötetben már részletesen bemutattam neked. A lélek:test:elme erejének aránya 100:10:1. Tehát az érzelmeink megváltoztatásával már könnyen tudunk változtatni az egészségi állapotunkon vagy a káros gondolkodási mintáinkon. Akármennyire is furcsa vagy nehéz, fontos megérteni, hogy érzelemközpontú megközelítéssel lehet a leghatékonyabban és a legrövidebb idő alatt eljutni egy boldogabb létállapotba! Ugyanakkor később látni fogod, hogy vannak elméből és testből fakadó érzelmeink is, no de ne szaladjunk ennyire előre....

Amit most igazán ki szeretnék emelni a számodra, az annak a megértése, hogy **nagyon fontos mélyen megismerni az érzelmeinket!** Ahhoz, hogy be tudd határolni magadat, hogy az érzelmi önismeret terén hová tartozol, bemutatok számodra egy általam kitalált egyszerű csoportosítást. Arra kérlek, hogy figyeld meg magadat, melyik csoportba tartozol inkább:
1. csoport: Ha az érzelmeidről kérdeznek, akkor nem tudsz beszélni róluk, mert nem igazán érzel érzelmeket. Az is lehet, hogy érzel valamit, de azokat a gondolkodásod mögé szorítod. Így általában racionális

gondolatokkal magyarázod a veled történt dolgokat. Az érzelmeiddel kapcsolatos kérdésekre racionális válaszokat adsz. Nem megy az érzelmeid megfogalmazása, vagy nagyon nagy nehézségekbe ütközik. Idetartoznak azok az emberek is, akik meg vannak róla győződve, hogy valójában nincsenek is érzelmek, sőt a lélek nem is létezik, mert minden az agyban dől el.

2. csoport: Ha az érzelmeidről kérdeznek, akkor leginkább testi állapotok, tünetek felé kanyarodik a figyelmed. Nem tudod jól megfogalmazni az érzelmeidet, és ezért a tested állapota felé terelődik az ilyen kérdésekre adott válaszod. Ezek lehetnek testi problémák, de olyan testi tulajdonságok is, amelyekre büszke vagy. Az érzelmeid megfogalmazása nehéz számodra. Úgy véled, hogy az embernek keménynek kell lennie, és nem kell foglalkozni holmi érzelmekkel. Az a gyengék világa.

3. csoport: Ha megkérdezik, milyen érzelmet érzel, akkor kétféle választ tudsz adni:
    ◊ Ez egy kellemetlen, rossz érzés, amit most érzek.
    ◊ Ez egy kellemes, jó érzés, amit most érzek.

   Nem tudod pontosan meghatározni, hogy mi is az az érzelem, amit éppen érzel. Pedig rossz vagy kellemetlen érzésből és kellemes érzésekből is több száz van. Érdemes elolvasnod a III. melléklet táblázatában lévő érzelmeket, így ráláthatsz, milyen sokszínű világ az érzelmek világa.

4. csoport: Ha megkérdezik, éppen mit érzel, akkor mélyen magadba tudsz nézni és pontosan meg tudod fogalmazni az érzést, de csak a fő érzelmet tudod megnevezni. Az összetett érzelmek esetén még nehézséget okoz az érzelmeid pontos megfogalmazása.

5. csoport: Itt bármilyen komplex érzést is érzel, arra már rálátsz, és gyönyörűen meg is tudod fogalmazni.

6. csoport: Az ebbe a csoportba tartozókra az a jellemző – függetlenül attól, hogy jól meg tudják-e fogalmazni az érzéseiket (4-es és 5-ös csoport tagjai) vagy pedig nem (1–3. csoport tagjai) –, hogy elragadják őket az érzelmek, túláradnak és eluralkodnak rajtuk, amely gyakran helytelen tettekbe sodorja őket.

Kérlek, szánj rá elég időt, ha kell, több napot is a gondolkodásra, és addig ne haladj tovább ebben a könyvben, míg meg nem figyeled magadban, hogy leginkább melyik csoportba tartozol. Egyébként a legtöbb emberre az is jellemző, hogy bizonyos életterületeken (legfőképpen a komfortzónán belüli életterületek) az egyik csoportba, míg más életterületeken (leginkább a komfortzónán kívüli életterületek) másik csoportba tartoznak. A testi-perfekcionista emberekre a komfortzónán belül a 2. vagy a 3. csoport jellemző leginkább, míg a 6. csoport komfortzónán kívül. Például amikor sarokba szorítják őket, akkor elönti őket a harag és olyan dolgokat tesznek, amit utána megbánnak. A túlracionalizáló emberekre általában az 1. vagy a 3. csoport a jellemző a komfortzónán belül. A komfortzónán kívüli életterületeken ők is gyakran a 6. csoport jellemzőit vehetik fel. Például a mély félelem állapotában váratlan, tőlük szokatlan cselekedeteket hajthatnak végre, ami akár még pozitívan is elsülhet. A túlzottan érzelmes emberekre leginkább a 6. csoport jellemzői vonatkoznak. Náluk komfortzónán kívül fordul elő, hogy az 1. vagy a 2. csoport jellemzőit veszik fel. Például ha a saját érzelmeik okozta kedvezőtlen eseményektől kifáradnak, akkor a fásultság állapotába zuhanva átmenetileg eltávolodnak az összes érzelmüktől.

Ha a 4. vagy 5. csoportba tartozol, akkor már MOST AZONNAL alkalmas vagy arra, hogy a jelen könyvben bemutatandó módszerekkel boldogabbá tedd az életedet! Ha az 1., 2., 3. vagy a 6. csoportba tartozol, akkor arra kérlek, azonnal kezdd el megtanulni az érzelmeidre való mély és őszinte odafigyelést! Ez fokozatosan megy majd, de könnyen rá lehet hangolódni. Fontos megértened, hogy az érzelmeinktől való eltávolodás mögött általában gyermekkori elfojtott traumák vannak. Szóval ha nem tudod megfogalmazni az érzelmeidet, akkor a belső elfojtásaid miatt alakítottál ki felnőtt korodra egy olyan életvitelt, ahol nem kell foglalkoznod a „veszélyes" érzelmeiddel. Tehát valahol mélyen komoly, boldogtalanságot okozó gyökérproblémák munkálnak benned. Nem véletlenül az első élettámogató érzelem a bátorság. Jelentős bátorság kell ahhoz, hogy újra elkezdj figyelni az érzelmeidre! De hidd el, megéri! Ez az egyetlen út, amelyen keresztül szembe tudsz nézni a régi téves elfojtásaiddal, és ezáltal ki tudod gyógyítani magadból azokat a problémákat, amelyek a jelened nehézségeit okozzák.

Szóval **mától légy tudatos az érzéseidre!** Az érzelmeid a barátaid és nem az ellenségeid! Ők azok a jelzőfények, melyek az útmutatást adják a lelki fejlődéseddel kapcsolatos feladatok, teendők terén. Tekintsd az érzelmeidet a lelked nyitott könyvének, és szépítés, önámítás nélkül, objektíven láss rájuk. Ami még fontosabb, hogy **az elfojtott érzelmek minimum 100-szor ütnek vissza a későbbi életedben!** Ezért függetlenül attól, hogy az az érzelem pozitív vagy negatív, mindegyiket szükséges felhoznod a felszínre, és engedd, hogy szétáradjanak benned. Ennek a helyes módszereit meg fogom tanítani neked ebben a könyvben! Előtte azonban kerülj egyre ügyesebben és egyre mélyebben tisztába a benned zajló érzelmekkel.

Azok számára, akik a 6. csoportba tartoznak, az a fontos, hogy legyenek tudatosak az érzelmi túláradásra. Mivel alaposan ismerik az érzelmeiket, ezért könnyebb helyzetben vannak, mint az 1–3. csoport tagjai. Ugyanakkor létfontosságú megtanulniuk az érzelmekre való objektív ránézés képességét! Ezt szükséges gyakorolniuk, ehhez a jelen könyvben található módszerek sokat tudnak segíteni! Náluk az szokott lenni a probléma, hogy nem objektív az érzelmeikkel kapcsolatos önismeret.

A következő fejezet sokat fog segíteni az érzelmeidben való elmélyülésben. Kérlek, a jelen fejezetben megadott instrukciók figyelembevételével olvasd át a következő, az összes lelkirezgésszint-spektrumot bemutató fejezetet! Tiszta szívből kívánok sok erőt és kitartást ehhez a csodálatos önismereti úthoz, amit a következő fejezet fog hozni az életedbe! Ne feledd, kérlek, ez a kulcs az életed megváltoztatásához, amit nagy hálával és szeretettel adok most át neked...

8.3. A lelkirezgésszint-spektrumok részletes bemutatása

Ebben a fejezetben az összes lelki rezgésszint spektrumát végigvesszük. Ez egy nagyon érdekes utazás lesz. Ezen keresztül még mélyebben megérted önmagadat és a körülötted élő embereket is. Arra szeretnélek kérni, hogy a széles látókör kialakulása érdekében olvasd el az egész fejezetet. Később azonban mindig térj vissza arra a lelkirezgésszint-spektrumra, ami az aktuális életedre jellemző, és amelynek a meghaladásán éppen dolgozol.

Abban a hatalmas szerencsében volt részem, hogy eddigi életem során a szégyentől a megvilágosultságig az összes lelki rezgésszintet megtapasztaltam hosszabb-rövidebb ideig. Ez ugyan életem első 42 évében rengeteg szenvedéssel járt, ma mégis szerencsének élem meg. Hiszen ennek köszönhetem, hogy tovább tudtam fejleszteni Dawid R. Hawkins (2004) csodálatos munkásságának gyümölcsét, és jelen könyvben át tudom neked adni.

Röviden leírom, hogyan jutottam el ennek a módszernek a megoldásához, melyen keresztül mélyebben megértheted, hogy is működik ez az egész. Amikor a szeretet lelki rezgésszintjét (500-as kineziológiai érték) életemben először átléptem, megdöbbenve tapasztaltam, hogy a félelem nullára zsugorodott össze bennem. Ezt úgy éltem át, hogy a Bükkben éjszaka meditáltam a sötét erdőben, és körülbelül tőlem 1 km-re üvöltött egy medve. Ettől az emberek általában jól megrettennek, hiszen a medve elég gyorsan fut, és az ego azonnal elkezd azon agyalni, hogy mi van akkor, ha a medve éppen „véletlenül" erre szalad. Ezzel szemben bennem semmiféle ilyen gondolat nem jelent meg. Hanem a medve üvöltésének hatására a szívem óriásira tágult, és szó szerint érzékeltem, ahogy a szívem egyesül a medve csodálatos, szabad és tiszta szívével. A félelem szikrája sem lobbant fel bennem, és a meditációm még magasabb szintre emelkedett.

Ez után a megtapasztalás után elkezdtem visszagondolni a fejlődésem egyes lépcsőire, és ráébredtem, hogy mindig akkor emelkedett egy nagyot a lelki rezgésszintem, amikor meg tudtam szabadulni egy mély rezgésű érzelemtől. Ezek a mély érzelmek úgy működnek, mint a horgonyok egy hajónál. Képzeld el, hogy te egy csodálatos vitorlás hajó vagy, aminek az az életfeladata, hogy keresztül-kasul szárnyaljon a tengeren. De minden egyes 200 alatti rezgésű érzelem egy-egy horgony jó vastag láncokkal. Ezek a horgonyok nem engedik szárnyalni a hajót, hiába fúj a szél. Minél több 200 alatti érzelemtől szabadulsz meg, annál kevesebb horgony hátráltat abban, hogy az legyél, aki az igazi útját járja. A hajó valójában szeretetből és egyéb pozitív érzelmekből van összerakva, de a horgonyaid nem engedik, hogy ezt tiszta szívből átérezd. Ez azt jelenti, hogy ha bármelyik negatív érzelemtől megszabadulsz, egyre közelebb kerülsz ahhoz az emberhez, aki valójában vagy!

Biztos érezted már legbelül azt az érzést, hogy a jelenlegi helyzetednél többre vagy hivatott, vagy azt, hogy nem igaz, hogy csak ennyi az Élet. Az emberek pedig elkövetik azt a hibát, hogy még több élményt, hatalmat, vagyont vagy más anyagi világi javakat harácsolnak össze, hogy úgy érezzék: az Élet egy csodás érték, és tűnjön el a hiányérzet. De az „ennél többre vagyok hivatott" érzés nem az anyagi javakra utal, hanem arra, hogy szeressünk többet, és az önzetlen szeretetünkből teremtődjék még több belső öröm és béke. Nemrég találkoztam egy 50 éves hölggyel, aki azt mondta nekem: „Azonnal cselekednem kell! Elpocsékoltam az eddigi életemet, hiszen még szinte soha nem éltem tiszta szívből, önzetlenséggel. Nem szerettem eleget...". Ő legalább felismerte, és ez csodás! A legtöbben azonban csak a halálos ágyukon szoktak erre ráébredni...

A módszer kialakulását támogató második erőteljes ráébredésem egy meditációban történt, amikor rájöttem, hogy valójában **minden embernek ugyanannyi érzelme van.** Ez azt jelenti, hogy kb. egyforma mennyiségű érzelem tör ránk minden nap, csak mindenkinek máshogy oszlanak el az érzelmei. Erre jogosan mondhatnád, hogy ez nem igaz, mert vannak érzelmes és érzelemszegény emberek. Ebben igazad van, de ez nem jelenti azt, hogy az érzelemszegényekben nem jelenik meg az érzés. Az érzelemszegény emberek elfojtják az érzelmeiket, míg az érzelmes emberek mélyen megélik az érzelmeiket. Tehát mindenkiben ugyanannyi érzelem lakozik, csak nem mindenki lát rá azonos mértékben, nem mindenki éli meg ugyanúgy azokat.

A harmadik áttörő felismerésem szintén egy meditatív állapot eredménye, mely szerint **ha egy adott érzelem minél sűrűbben jelenik meg az életünkben, azaz egyre gyakoribbá válik, akkor az intenzitása is nő.** Azaz minél többször jelenik meg az életünkben, annál jelentősebb energiával rendelkezik, és ezáltal annál nagyobb vallószínűséggel tud uralkodni rajtunk.

Ebből a három felismerésből alakult ki a lelkirezgésszint-spektrumokat összegző ábra (*I. mellékletben az I/1. számú ábra*). Tudom, hogy ez az ábra és az alábbi néhány magyarázómondat így elsőre bonyolultnak hangzik, de ígérem, hogy jelen fejezet végére mindent érteni fogsz, és azt is megígérem, hogy nem foglak mély függvényelméleti fogalmakkal zaklatni! Ebből a bonyolultnak tűnő dologból nagyon egyszerűen érthető és jól vizualizálható dolgok fognak kikerekedni. Kérlek, tarts velem, megéri!

Ebben az ábrában minden egyes lelkirezgésszint-függvény alatti terület azonos. Ez azért fontos, mert a függvény alatti terület jelképezi egy adott ember érzelemmennyiségét. Ezzel tudom matematikailag helyesen kifejezni a 2. felismerést. Ezen az ábrán minden egyes függvény az érzelmek eloszlását mutatja az adott lelki rezgésszinten. A függőleges tengelyen az érzelem relatív gyakorisága van, míg a vízszintes tengelyen a Hawkins-skála szerinti érzelmek[4]. Az összes ábrát mellékletbe tettem, mert ha később dolgozni akarsz majd velük, fontos, hogy könnyen megtaláld őket! Az összes lelkirezgésszint-spektrumot egyben bemutató ábrát az I. mellékletben az I/1. számú ábraként találod meg.

Ez az ábra első ránézésre bonyolultnak tűnhet, de továbbra is azt kérem, hogy ne ijedj meg! Most végig fogunk menni minden egyes lelki rezgésszintre jellemző lelkirezgésszint-spektrumon, és mire a végére érünk, tisztán érteni fogod az egész rendszert. A módszer lényege az, hogy **fókuszálj a legalacsonyabb lelki rezgésszinthez tartozó érzelemre, és azt cseréld a lehető legmagasabb lelki rezgésszintű érzésre** (természetesen elfojtások nélkül). Azt, hogy ezt hogyan lehet hatékonyan megtenni, az érzelem-transzformáció módszerénél fejtem ki! Előtte azonban ismerkedjünk meg alaposan minden egyes lelkirezgésszint-spektrummal. Kérlek, ahogy végighaladsz rajtuk, **próbáld behatárolni magadat**, hogy jelenleg hol helyezkedsz el és melyik az a lelkirezgésszint-spektrum, ami vágyott számodra! Tehát a fejezet végére találd meg azt a lelkirezgésszint-spektrumot, ami leginkább jellemző rád, és **legyen egy célspektrumod is** arra vonatkozóan, hogy melyik lelkirezgésszint-spektrumban szeretnél élni! A jelen állapot azonosításánál legyél nagyon őszinte önmagaddal, és őszintén fókuszálj az érzelmeidre! Akinek ez nem megy, annak gyakorolnia kell, hogy megtanuljon figyelni az érzéseire, ugyanúgy, mint ahogy gyermekkorában ösztönösen tette! Ez a legfontosabb feladat, hiszen az érzelmeinkre való figyelés és az érzelmeinkkel való őszinteség nélkül esélytelennek tartom a hatékony változást!

Fontos azt is jeleznem feléd, hogy a legalsó és a legfelső gyakran érzett érzelem típusa alapján megállapított

---

4   A relatív gyakoriság azt jelenti, hogy 100 db vegyes érzés halmazából hány db az adott érzés az összes közül. Például ha a fásultság relatív gyakorisága 30% akkor az azt jelenti, hogy 100 megélt érzelemből 30 a fásultsághoz kapcsolódó érzelem.

lelkirezgésszint-spektrumból azonnal láthatod az átlagos lelki rezgésszintedet is! Szóval az önismereted mélyítésére vagy pontosítására is alkalmas lesz ez az utazás!

Most pedig arra kérlek, gyere és tarts velem erre az érdekes útra, és a lelkirezgésszint-spektrumok világán keresztül ismerd meg mélyebben önmagadat!

A szégyen lelkirezgésszint-spektruma

Ha nem emlékszel elég jól a szégyen lelki rezgésszintjének jellemzőire, akkor az első kötetből érdemes átismételned, mielőtt továbbhaladsz ezzel a fejezettel. A mélyebb megértést segíti, ha a szégyen érzelmi szinonimáit is átolvasod a III. mellékletben. Az I. mellékletben megtalálod az I/2. számú ábrát, mely a szégyen lelkirezgésszint-spektrumát mutatja. (*Ez az I/1. számú összetett ábrából a legbaloldalibb görbe részletesen bemutatandó része.*)

Az ábrán a vízszintes tengelyen a Hawkins-skála szerinti érzelmeket láthatod, míg a függőleges tengelyen az adott érzelem relatív gyakoriságát. A görbe jobb oldali határa feletti érzelmek nem érzékelhetők az ezen a lelki rezgésszinten élő ember számára. Láthatod, hogy a szégyen lelkirezgésszint-spektrumában 87,5-ös kineziológiai érték a görbe jobb oldali határa, ami azt jelenti, hogy a bánat néha megjelenő érzésként jellemző az ilyen ember életére. A félelem még nem jellemző rá, hiszen annak a kineziológiai értéke 100. Ezen a lelki rezgésszinten még félni sincs erőnk. A görbén jól láthatod az érzelmek eloszlását. Azt mutatja, hogy az egyes érzelmek egy átlagos nap hány %-ában jellemzők ebben a lelkiállapotban. Mivel az egyes érzelmek nem konkrét kineziológiai értékhez tartoznak, hanem az értéktartományokhoz, ezért egy adott tartomány összes érzelme adja meg a napi gyakoriságot. Ezt a matematikában a görbe alatti részterület kiszámításával tudjuk meghatározni. Például a szégyen érzelme a 0–29,99 közötti tartomány. Így a szégyen lelkirezgésszint-spektruma görbéjének (*I. melléklet I/2. számú ábra*) 0–29,99 között vett görbe alatti területe: 62,2%. Ez azt jelenti, hogy a szégyen érzelme átlagosan ennyi százalékban van jelen egy napon. A görbe alatti összegzőtáblázatban találod az egyes érzelmek előfordulási gyakoriságértékeit. Jól láthatod, hogy a szégyen mellett mennyire domináns a bűntudat (25,1%) és a fásultság is (12,2%), illetve kismértékben megjelenik a bánat érzelme (0,5%).

Ezekből te is jól át tudod érezni, hogy ezen a lelki rezgésszinten minden nagyon tömény és sötét a lélekben. A szégyen nem más, mint a reményvesztettség állapota. Ezen a lelki rezgésszinten természetesen a szégyen a leggyakrabban érzett érzés, de viszonylag nagy rendszerességgel megjelenik a bűntudat és a fásultság is. Az egyénre szinte semmi más érzelem sem jellemző. Ha az I. melléklet I/1. számú, összes lelki rezgésszintet bemutató ábrát megnézed, akkor megfigyelheted, hogy a szégyen felett van a legmagasabb függvénycsúcs a 200 alatti érzelmek közül. Ez azt jelenti, hogy ebben az állapotban a legtöményebbek a ránk törő érzések. Ezért van az, hogy a szégyen lelki rezgésszintjén élő ember szinte teljesen az érzelmeinek a rabja. Azok összevissza sodorják. Ezen a lelki rezgésszinten szinte egyáltalán nem tudunk uralkodni az érzéseinken, és ezzel is gyakran kellemetlen helyzetbe sodorjuk magunkat. Ha ezek az érzelmek összekapcsolódnak bizonyos külső irányítottsággal, akkor fanatizmussá válnak. Amennyiben pedig ezek az érzelmek ideológiákkal fonódnak össze, akkor rögeszmékké alakulnak. Ha a fanatizmus és a rögeszmék zsenialitással párosulnak, abból lesznek az olyan emberek, mint Sztálin, Hitler vagy Napóleon. Szóval nem jó tartósan ezen a lelki rezgésszinten „tartózkodni". A szégyen lelkirezgésszint-spektrumából való kilépés feltétele a szégyen gyengítése és a bánat érzelmének megélése. Az ilyen ember alig képes szomorúságot, bánatot érezni. A szíve olyan, mintha kőből lenne. Ha meghalnak a közeli hozzátartozói, akkor is minimális benne a gyász, a szomorúság. Úgy érzi, nem tud gyászolni és nem érti, miért ilyen érzéketlen.

Összegezzük azokat a fontosabb tényeket, melyeket a később bemutatandó érzelem-transzformáció módszere szempontjából érdemes megjegyeznünk.

Összegzés:
- Lelki rezgésszint: szégyen
- A lelki rezgésszint értéke: 20 (tartomány 0–29,99)
- Lelkirezgésszint-spektrum (kivastagítva a leggyakoribb érzelem): **szégyen** – bűntudat – fásultság – bánat. Érdemes megnézned az I. melléklet I/2. ábrája alatti táblázatban, hogy az egyes érzelmek hány %-ban vannak jelen egy átlagos napon.
- Gyengítendő érzelem: szégyen
- Fejlesztendő érzelmek (a legfontosabb kivastagítva): bűntudat, fásultság, **bánat**

Tehát a szégyent szükséges gyengíteni és a bánatot (gyászt) erősíteni. A hogyanokra a választ az érzelem-transzformáció módszere fogja megadni. Itt még „csak" az érzelmi eloszlásnak, a lélek érzelmi felépítésének a megértése a fontos.

Kérlek, figyeld meg magadat, hogy ez az érzelmi spektrum jellemző-e rád. Ha igen, akkor nagyon fontos, hogy kérj segítséget! Hogy milyen segítőt válassz, arról az első kötetben olvashattál. Ugyanakkor a következő kötet izgalmas módszereket fog neked adni a fejlődésed gyorsítása érdekében! Amennyiben magasabb rezgésű érzelmek is jellemzők rád, akkor magasabb átlagos lelki rezgésszinten élsz. Kérlek, tarts velem, hogy közösen megtaláljuk a te lelkirezgésszint-spektrumodat.

A bűntudat lelkirezgésszint-spektruma

Ha nem emlékszel elég jól a bűntudat lelki rezgésszintjének jellemzőire, akkor érdemes átismételned az első kötetben. Hogy biztos legyél abban, hogy a bűntudathoz tartozó összes fontosabb érzelmet átlátod, kérlek, olvasd el a III. mellékletben a bűntudat érzelmi szinonimáit.

Az I. melléklet 1/3. számú ábráján kiemeltem számodra az 1/1. számú ábrából a bűntudat lelki rezgésszintjére jellemző függvényt. Itt már a bűntudat a domináns érzelem (37,2%) és a szégyen gyakorisága bár csökkent, de még mindig nagyon erőteljes (39%). Ugyanakkor jól láthatod, hogy a fásultság (21,5%) és a bánat érzelme (2,2%) mellett már csírájában megjelenik a félelem is (0,1%) az életünkben. A lelkünk békéjének megszerzése szempontjából nagyon fontos, hogy a bánat érzelme megerősödött a szégyen lelki rezgésszintjéhez képest, hiszen ha nem gyászoljuk meg a dolgokat, akkor azokat képtelenek vagyunk elengedni. A bánat elfojtása mélyebbre taszít. Ezért ezen a lelki rezgésszinten sokat számít a szomorúság, a bánat mély megélése. Itt már pillanatokra megjelenik bennünk a félelem érzése is. Eddig a félelem érzésére sem volt erőnk. A szégyen és a bűntudat lelki rezgésszintje annyira mély, hogy már nincs mitől félnünk sem. Reményvesztetten állunk az élet sötét viharaiban. Ezért van az, hogy az ezeken a lelki rezgésszinteken élő fanatizált emberek bármire rávehetők. Gondolj egy öngyilkos merénylőre, aki vallási fanatizmusból képes borzalmas tettére. Ezt csak félelem nélkül lehet megtenni. Ha a függvény csúcsát viszonyítod a szégyennél látható csúcsértékhez (*lásd I. melléklet I/2. számú ábra*), akkor jól láthatod: a bűntudat lelki rezgésszintjén már jóval alacsonyabb a függvénymaximum. Ez azt jelenti, hogy az érzelmeink koncentráltsága, töménysége már nem annyira erős. Itt már minimális mértékben képesek vagyunk uralkodni magunkon, nem vagyunk teljesen az érzelmeink „rabszolgái". De ettől még nagyon ingadozó a lelkiállapotunk.

Összegezzük azokat a fontosabb tényeket, melyeket a később bemutatandó érzelem-transzformáció módszere szempontjából érdemes megjegyeznünk.

Összegzés:
- Lelki rezgésszint: bűntudat
- A lelki rezgésszint értéke: 30 (tartomány: 30–49,99)
- Lelkirezgésszint-spektrum (kivastagítva a leggyakoribb érzelem): szégyen – **bűntudat** – fásultság – bánat – félelem. Érdemes megnézned a II. mellékletben, hogy ilyen lelkiállapotban egy átlagos nap hány %-ára jellemzők a különböző érzelmek.
- Gyengítendő érzelem: szégyen
- Fejlesztendő érzelem (a legfontosabb kivastagítva): fásultság – bánat – **félelem**

Tehát ezen a lelki rezgésszinten továbbra is a szégyeneink gyógyítása a legfontosabb feladatunk. Ugyanakkor a félelem érzése hatalmas erőt ad a változásra, hiszen a félelem ok elkerülésére fordítódó energia jelentős erőforrásokat képes mozgósítani bennünk. Így érdemes ezt az érzelmet erősíteni önmagunkban. Hogy ezt hogyan tudod megtenni, arról majd az érzelem-transzformáció módszere fog neked pontos útmutatást adni.

Kérlek, figyeld meg magadat, hogy ez az érzelmi spektrum jellemző-e rád. Ha igen, akkor nagyon fontos, hogy kérj segítséget! Hogy milyen segítőt válassz, arról az első kötetben olvashattál. Ugyanakkor a következő kötet izgalmas módszereket fog neked adni a fejlődésed gyorsítása érdekében! Amennyiben magasabb rezgésű érzelmek is jellemzők rád, akkor magasabb átlagos lelki rezgésszinten élsz. Kérlek, tarts velem, hogy közösen megtaláljuk a te jelenlegi lelkirezgésszint-spektrumodat.

A fásultság lelkirezgésszint-spektruma

Ha nem emlékszel elég jól a fásultság lelki rezgésszintjének jellemzőire, akkor érdemes átismételned az első kötetben. Ha a III. mellékletben rávetsz pár pillantást, akkor megtudhatod, hogy még milyen érzelmek tartoznak ehhez a lelki rezgésszinthez.

Az I. melléklet I/4. számú ábráján láthatod az I/1. számú ábra fásultságra vonatkozó kivonatát, melyből az alábbi következtetések vonhatók le: A bűntudat helyett a fásultság válik a domináns érzelemmé (35,9%), de a szégyen (14,9%) és a bűntudat (29,1%) még mindig vaskosan jelen vannak az életünkben. A fásultság tipikusan a depressziós állapotok világa. A bánat már domináns és erős (17,8%), így a lélek gyásza már komolyan tud dolgozni. Ezenfelül rendszeresen megjelenik a félelem érzése is az életünkben (2,5%), mely erőt ad a nehéz helyzetek elkerülésére. Ez az az érzelem, mellyel szó szerint ki tudunk menekülni a legmélyebb lelki sötétségekből. Ha megnézed az I/4. számú ábrán (*lásd I. melléklet*) a függvény maximumát, akkor láthatod, hogy ezen a lelki rezgésszinten kevésbé magas a csúcsérték, mint a szégyen vagy a bűntudat lelki rezgésszintjén. Azaz tovább csökkent az érzelmeink „töménysége". Itt néha már picit tudunk uralkodni az érzéseinken. Azért csak nagyon kis mértékben, hiszen a fásultság azt eredményezi, hogy nincs erőnk bármit is tenni. Pont a félelem érzelmének komolyabb szintű megjelenése fog erőt adni, ahhoz, hogy kilépjünk ebből a fásult, erőtlen állapotból. Itt már néha rövid pillanatokra vágyakozni is merünk (0,1%). Eddig a lelki rezgésszintig ez esélytelen, hiszen a reménytelenség érzése a domináns. Igazán a félelem érzése nyitja ki a remény kapuit, és a vágyakozás érzése erősíti fel azt. Ezért a vágyakozás érzelmének erősítése hatalmas erő, mely feljebb emel erről a szintről.

Összegezzük azokat a fontosabb tényeket, melyeket a később bemutatandó érzelem-transzformáció módszere szempontjából érdemes megjegyeznünk.

Összegzés:
– Lelki rezgésszint: fásultság
– A lelki rezgésszint értéke: 50 (tartomány: 50–74,99)

- Lelkirezgésszint-spektrum (kivastagítva a leggyakoribb érzelem): szégyen – bűntudat – **fásultság** – bánat – félelem – vágyakozás. Javaslom, szánj egy kis időt arra, hogy megnézd az I. melléklet I/4. számú ábrája alatt az egyes érzelmek napon belül jellemző eloszlását! Érdekes lesz, főleg ha összehasonlítod a szégyen és a bűntudat eloszlásával. Készítettem ehhez egy összegzőtáblázatot is, melyet a II. mellékletben találsz.
- Gyengítendő érzelmek (a legfontosabb kivastagítva): **szégyen** – bűntudat
- Fejlesztendő érzelmek (a legfontosabb kivastagítva): bánat – félelem – **vágyakozás**

Kérlek, figyeld meg magadat, hogy ez az érzelmi spektrum jellemző-e rád. Ha igen, akkor nagyon fontos, hogy a jelen könyv adta instrukciókon túl kérj segítséget! Hogy milyen segítőt válassz, arról az első kötetben olvashattál. Ugyanakkor a következő kötet izgalmas módszereket fog neked adni a fejlődésed gyorsítása érdekében! Amennyiben a magasabb rezgésű érzelmek is jellemzők rád, akkor magasabb átlagos lelki rezgésszinten élsz. Kérlek, tarts velem, hogy közösen megtaláljuk a te lelkirezgésszint-spektrumodat.

A bánat lelkirezgésszint-spektruma

Ha nem emlékszel elég jól a bánat lelki rezgésszintjének jellemzőire, akkor érdemes átismételned az első kötetben. Kérlek, az érzelmi szinonimákat is nézd meg a III. mellékletben, hogy tisztán lásd, még milyen érzelmek tartoznak ehhez a lelki rezgésszinthez.

Itt is kiemeltem számodra az I. melléklet I/1. számú ábrájából a bánatra vonatkozó függvényt, melyet ugyanezen melléklet I/5. ábráján találsz. Ha ezt megnézed, láthatod, hogy itt továbbgyengült a szégyen (4,2%), a bűntudat (14,7%) gyakorisága. A fásultság

(30%) helyett a legdominánsabb érzelemmé a bánat (30,1%) fejlődött. A félelem (17,6%) mellett már viszonylag gyakran jelenik meg a vágyakozás is (3,3%). A félelem a menekülés erejével, a vágyakozás pedig a célok eléréséhez fűzött remény erejével ad gyorsítóerőt az emelkedéshez! Új érzelemként bukkan fel a harag (0,1%), ami még csak csírájában jellemző. Az igazság az, hogy még félünk haragudni, nincs elég önbecsülésünk ahhoz, hogy haragudni merjünk. De ha megjelenik, akkor azt szükséges erősíteni. Erős tévhit, hogy a harag a legnegatívabb érzelem! Ezt 3 éves korunk körül a dackorszakban hitetik el velünk a szüleink azzal, hogy rosszul nevelnek minket. Ekkor tapasztaljuk meg önmagunkban a haragot, hiszen ráébredünk, hogy nem vagyunk azonosak az édesanyánkkal és van saját akaratunk. A harag az érzelmi egyenrangúság megélésének módja. Azonban a szülők a legtöbb esetben ahelyett, hogy ezt támogatnák, bűntudat- vagy szégyenkeltéssel fojtják el a kisgyermekben. Ő pedig egy életre beépíti azt a téves valóságképet, miszerint a harag a legrosszabb dolog, amit érezhet. Szóval ezeken a lelki rezgésszinteken a legjobb dolog, amit tehetsz a boldogságodért, hogy mersz haragudni és utána nem esel vissza a bűntudatba, amiért megtetted! Ha a függvény csúcsát az előzőekhez viszonyítod (lásd I. melléklet I/1. számú ábra), akkor jól látod, hogy az amplitúdó itt még alacsonyabb, mint az eddig tárgyalt lelkirezgésszint-spektrumoknál. Ez jól mutatja, hogy továbbgyengül az érzelmeink töménysége is, és így itt már elkezdünk komolyabban tudni uralkodni az érzéseinken. Megint léptünk egy picit a harmónia és a stabilitás felé. Éppen ezért tudtunk kilépni a fásultság börtönéből, és elindulni egy boldogabb Élet felé.

Összegezzük azokat a fontosabb tényeket, melyeket a később bemutatandó érzelem-transzformáció módszere szempontjából érdemes megjegyeznünk.

Összegzés:
- Lelki rezgésszint: bánat
- A lelki rezgésszint értéke: 75 (75–99,99)
- Lelkirezgésszint-spektrum (kivastagítva a leggyakoribb érzelem): szégyen – bűntudat – fásultság – **bánat** – félelem – vágyakozás – harag. Izgalmas lesz megnézned, hogy ezen a lelki rezgésszinten miként változott az egyes érzelmek gyakorisága az előzőekben tárgyalt spektrumokhoz képest, amelyről egy összegzőtáblázatot a II. mellékletben találsz.
- Gyengítendő érzelmek (a legfontosabb kivastagítva): **szégyen** – bűntudat – fásultság
- Fejlesztendő érzelmek (a legfontosabb kivastagítva): félelem – vágyakozás – **harag**.

Kérlek, figyeld meg magadat, hogy ez az érzelmi spektrum jellemző-e rád. Ha igen, akkor nagyon fontos, hogy a jelen könyv adta instrukciók mellett kérj segítséget! Hogy milyen segítőt válassz, arról az első kötetben olvashattál. Ugyanakkor a következő kötet izgalmas módszereket fog neked adni a fejlődésed gyorsítása érdekében! Amennyiben a magasabb rezgésű érzelmek is jellemzők rád, akkor magasabb átlagos lelki rezgésszinten élsz. Kérlek, tarts velem, hogy közösen megtaláljuk a te lelkirezgésszint-spektrumodat.

A félelem lelkirezgésszint-spektruma

Ha nem emlékszel elég jól a félelem lelki rezgésszintjének jellemzőire, akkor érdemes átismételned az első kötetben. Kérlek, nézd meg a III. mellékletben az érzelmi szinonimákat is, hogy tisztán lásd, milyen érzelmek tartoznak még ehhez a lelki rezgésszinthez. Itt is bemutatom neked az I. melléklet I/1. számú ábra a félelem lelki rezgésszintjére vonatkozó kivonatát (*lásd I/6.*

számú ábra az I. mellékletben). Itt továbbgyengülnek a szégyen (1,1%), a bűntudat (6,4%), a fásultság (18,3%) érzelmei, így mérséklődik életünkben a gyakoriságuk. Közben túllépünk lelkünk gyászának csúcspontján, és a bánat (26,5%) mellett a félelem (26,6%) válik a leggyakoribb érzelmünkké. Ez a szorongó ember lelkirezgésszint-spektruma, ahol az egész világ egy félelmetes hely. Az elménk állandóan lehetséges veszélyforrásokat pásztáz. Közben azonban már hétköznapi szinten jellemző a vágyakozás (17%), és a harag (4%) is egész gyakran megjelenik az életünkben. A félelemről azonban tudnod kell, hogy nem más, mint a tökéletes ellentéte annak, aki valójában vagy (*Krizantén, 2011*). Ez a csodálatos angyali üzenet azt sugallja, hogy a félelem érzelmének hatására pont ellentétesen viselkedünk, mint ahogy a valódi – félelemmentes – személyiségünk cselekedne. Amíg a félelem uralkodik rajtad, nem lehetsz a valódi önmagad!

Ezen a lelki rezgésszinten a büszkeség (0,1%) érzése csírájában néha felveti a fejét, ami egy fontos erősítendő érzelem a továbblépéshez! Ez néha a felsőbbrendűség érzetét hozza, és ezáltal az önbecsülésünket erősíti. A félelem relatív gyakorisága már jóval alacsonyabb a szégyen lelki rezgésszintjénél tapasztalthoz képest (*lásd I. melléklet I/1. ábra*). Itt már jóval többféle érzelmet élünk meg alacsonyabb intenzitásokkal, azaz széles az érzelmi spektrumunk. Egyre növekszik az erőnk arra, hogy uralkodjunk az érzéseinken, és ne legyünk azok rabjai. De itt is jellemzők még ránk a váratlan érzelmi kitörések, hiszen az érzelmeink ereje még nagyon erős, az érzelmek tömények és koncentráltak. Fontos, hogy ezek miatt ne ostorozd magadat, mert ezen a lelki rezgésszinten ez természetes! Senki sem képes folyamatosan uralkodni az ilyen érzelmi koncentráción! A megoldás nem az önostorozás, hanem az, hogy emeled a lelki rezgésszintedet, mely által tovább enyhül az érzelmek dominanciája. Az önostorozás csak lejjebb taszít, míg az elfogadás felfelé emel!

Összegezzük azokat a fontosabb tényeket, melyeket a később bemutatandó érzelem-transzformáció módszere szempontjából érdemes megjegyeznünk.

Összegzés:
- Lelki rezgésszint: félelem
- A lelki rezgésszint értéke: 100 (tartomány 100–124,99) Lelkirezgésszint-spektrum (kivastagítva a leggyakoribb érzelem): szégyen – bűntudat – fásultság – bánat – **félelem** – vágyakozás – harag – büszkeség. Izgalmas lesz megnézned, hogy ezen a lelki rezgésszinten miként változott az egyes érzelmek gyakorisága az előzőekben tárgyalt spektrumokhoz képest, amelyről egy összegzőtáblázatot a II. mellékletben találsz.
- Gyengítendő érzelmek (a legfontosabb kivastagítva): **szégyen** – bűntudat – fásultság – bánat
- Fejlesztendő érzelmek (a legfontosabb kivastagítva): vágyakozás – harag – **büszkeség**

Kérlek, figyeld meg magadat, hogy ez az érzelmi spektrum jellemző-e rád. Ha igen, akkor nagyon fontos, hogy a jelen könyv adta instrukciókon túl kérj segítséget! Hogy milyen segítőt válassz, arról az első kötetben olvashattál. Ugyanakkor a következő kötet izgalmas módszereket fog neked adni a fejlődésed gyorsítása érdekében! Amennyiben magasabb rezgésű érzelmek is jellemzők rád, akkor magasabb átlagos lelki rezgésszinten élsz. Kérlek, tarts velem, hogy közösen megtaláljuk a te lelkirezgésszint-spektrumodat.

A vágyakozás lelkirezgésszint-spektruma

Ha nem emlékszel elég jól a vágyakozás lelki rezgésszintjének jellemzőire, akkor érdemes átismételned az első kötetben, mielőtt folytatod ezt a leírást. Ugyanakkor, kérlek, a III. mellékletben nézd át, hogy ehhez az érzelemhez milyen egyéb érzések tartoznak még. A vágyakozás ábrájának kivonatát az I. melléklet I/7. számú diagramján láthatod. Ezen a lelki rezgésszinten továbbgyengülnek a szégyen (0,3%), a bűntudat (2,6%), a fásultság (9,9%), a bánat (18,2%) érzései. A félelem dominanciáját (23,9%) a vágyakozás (24%) váltja fel, és a harag (16,4%) mellett a büszkeség (4,6%) is jellemző része lesz az életünknek. Ugyanakkor csírájában megjelenik a bátorság is (0,1%). Ez az időszakunk az addikciók időszaka, hiszen azok a vágyakozásból táplálkoznak. A céljaink utáni sóvárgás az életünk fő hajtóereje. Ez erőt ad a félelemtől való távolodásra, így ilyen szempontból egy hasznos és emelő időszak. A büszkeség azért fontos érzelem, mert először itt jelenik meg az az érzés, hogy másoknál többek vagyunk, és ez erőt ad a további emelkedéshez. Ez gyógyítja az önbecsülésünk hiányát. A bátorság szerepe az, hogy elkezdünk merni szembenézni a belső gyarlóságainkkal, a félelmeinkkel, a megoldatlanságainkkal. Így a bátorság által gyorsítópályára áll a személyes lelki fejlődésünk. Itt ugyan ez az érzelem még csak pillanatokra villan fel, de éppen ezért ez a fő erősítendő, támogatandó érzelem. A függvény maximuma itt továbbcsökken az eddig tárgyalt érzelmi spektrumokéhoz képest (lásd I. melléklet I/1. számú ábra). Tehát tovább mérséklődnek az érzelmi kirohanásaink vagy azok az életpusztító cselekedeteink, melyeket az érzelmeink által vezérelve követünk el, majd utána megbánunk.

Összegezzük azokat a fontosabb tényeket, melyeket a később bemutatandó érzelem-transzformáció módszere szempontjából érdemes megjegyeznünk.

Összegzés:
– Lelki rezgésszint: vágyakozás
– A lelki rezgésszint értéke: 125 (tartománya: 125–149,99)

- Lelkirezgésszint-spektrum (kivastagítva a leggyakoribb érzelem): **szégyen** – bűntudat – fásultság – bánat – félelem – **vágyakozás** – harag – büszkeség – **bátorság**. Kérlek, hasonlítsd össze, hogy az előző spektrumokhoz képest mennyit változott az egyes érzelmek gyakorisága egy átlagos napon a II. melléklet alapján. Érdekes következtetéseket vonhatsz le belőle magadnak.
- Gyengítendő érzelmek (a legfontosabb kivastagítva): **szégyen** – bűntudat – fásultság – bánat – félelem
- Fejlesztendő érzelmek (a legfontosabb kivastagítva): harag – büszkeség – **bátorság**

Kérlek, figyeld meg magadat, hogy ez az érzelmi spektrum jellemző-e rád. Ha igen, akkor nagyon fontos, hogy kérj segítséget! Az addikciók világa abból a szempontból veszélyes, hogy könnyű egész életen át benne ragadni. Hogy milyen segítőt válassz, arról az első kötetben olvashattál. Ugyanakkor a következő kötet izgalmas módszereket fog neked adni a fejlődésed gyorsítása érdekében! Amennyiben magasabb rezgésű érzelmek is jellemzők rád, akkor magasabb átlagos lelki rezgésszinten élsz. Kérlek, tarts velem, hogy közösen megtaláljuk a te lelkirezgésszint-spektrumodat.

A harag lelkirezgésszint-spektruma

Ha nem emlékszel elég jól a harag lelki rezgésszintjének jellemzőire, akkor érdemes átismételned az első kötetben. Az érzelmi szinonimákat a III. számú mellékletben találod, melyek segítenek megismerni az összes fontosabb ehhez a rezgéshez tartozó érzelmet.

A harag lelki rezgésszintjéhez tartozó ábrakivonatot az I. melléklet I/8. számú diagramján láthatod. Itt továbbgyengülnek bennünk a szégyen (0,1%), a bűntudat (1,1%), a fásultság (5,4%), a bánat (11%) és a félelem (16,3%) érzései. A vágyakozás (19,5%) mint leggyakoribb érzelem mellé a harag (19,5%) erősödik fel. Ez azért csodálatos, mert a harag érzése csak akkor tud kialakulni bennünk, ha a másik féllel egyenrangúnak érezzük magunkat. Az egyenrangúság érzése pedig nagyon fontos a lélek fejlődése szempontjából. Tehát merjük kiélni a haragunkat és legyünk büszkék rá, hogy képesek vagyunk erre! Ezzel a felette álló még magasabb rezgésű büszkeséget (15,8%) is erősítjük magunkban. Egyre erőteljesebbé válik ezen a lelki rezgésszinten a bátorság érzése is (11,2%), ami erőt ad az önmagunkkal való szembenézésre, és nagyon ritkán felcsillan a pártatlanság érzelme is (0,1%), mely objektív rálátást enged önmagunk elfojtott, rejtett részeire. Ez a rálátás azért nagyon izgalmas és egyben gyógyító újdonság az életünkben, mert végre önostorozás nélkül vagyunk képesek rálátni a lelki megoldatlanságainkra. Ugyanakkor az érzelmi amplitúdó már csak a töredéke annak, amekkora a szégyennél volt (*lásd I. melléklet I/1. ábra*). Itt már ritkulnak az érzelmi viharok és kitörések, de az erejük még mindig nagyon erős. Tudod, hogy milyen a dühös ember. Ugyanakkor továbbcsökkennek az érzelmi indíttatásból történő elhamarkodott cselekedeteink, melyek révén kevesebb bajba sodorjuk magunkat. Persze ez még mindig erősen életpusztító tartomány, de már sokkal minőségibb életet eredményez, mint az az alatt lévő lelkirezgésszint-spektrumok tulajdonosai esetében.

Egyszer egy ember kérte a segítségemet, a történetét itt tartom érdemesnek leírni. Ő a bűntudat lelki rezgésszintjéről emelkedett a harag rezgésszintjére, és nagyon jól érezte magát itt. Imádta, hogy mindenkivel veszekszik és mindenkibe beleköt, akibe csak lehet. Erőt adott neki a harag érzése. Úgy jellemezte magát, hogyha Star Wars-szereplő lenne, akkor ő a tipikus Sith-lovagot személyesítené meg, annyira imádja a harag érzését. A kérdése az volt, hogy ha ez ilyen jó, akkor egyáltalán érdemes-e továbblépni a lelki fejlődés útján. A válaszom, amit erre adtam neki, minden 200 alatti lelki rezgésszintre igaz. Tehát a válaszom az volt, hogy nemcsak hogy érdemes, de fontos is továbblépnie. Most, hogy eljutott ide, élvezze ki egy darabig. De lényeges tudni, hogy a 200 alatti lelki rezgésszintek életpusztítók. Így mindig csak belső önpusztítás révén tud fejlődni az egyén. Ennek előbb-utóbb komoly káros következményei lesznek (pl. kapcsolati, egészségi, pénzügyi vagy más problémák). Amennyiben ezt el akarjuk kerülni, akkor nincs mese, tovább kell lépni a fejlődés útján. Azt is fontos tudni, hogy az ego mindig a jelenlegi érzelmi rendszert védi (emlékezz, kérlek, az I. kötetben tanultakra, ahol azt is megértetted, hogy a sejtjeid hormonfüggősége ennek a fő motorja). Szóval az ego mindig megidealizálja, hogy miért jó az a helyzet, ahogy jelenleg van. Az első kötetből azt is jól tudod, hogy ez még a pusztító-ego tartománya. Itt élni nem jó, csak jónak tűnik az ego hazug délibábja által. Azt is tisztán látod már, hogy az életpusztító lelki rezgésszinteken csak önmagad árnyéka vagy. Így sokkal többre vagy hivatott, mint amennyinek ekkor látszik az életed. Akkor tudhatod meg, ki is vagy valójában, ha továbbmelkedsz!

Összegezzük azokat a fontosabb tényeket, melyeket a később bemutatandó érzelem-transzformáció módszere szempontjából érdemes megjegyeznünk.

Összegzés:
- Lelki rezgésszint: harag
- A lelki rezgésszint értéke: 150 (tartomány 150–174,99)
- Lelkirezgésszint-spektrum (kivastagítva a leggyakoribb érzelem): szégyen – bűntudat – fásultság – bánat – félelem – vágyakozás – **harag** – büszkeség – bátorság – pártatlanság Kérlek, nézd meg a II. számú mellékletben, hogy az egyes érzelmek gyakorisága hogyan változott az előzőekben tárgyalt lelki rezgésszintekhez képest.

- Gyengítendő érzelmek (a legfontosabb kivastagítva):
  szégyen – bűntudat – fásultság – bánat – félelem
  – vágyakozás
- Fejlesztendő érzelmek (a legfontosabb kivastagítva):
  büszkeség – bátorság – **pártatlanság**

Kérlek, figyeld meg magadat, hogy ez az érzelmi spektrum jellemző-e rád. Ha igen, akkor nagyon fontos, hogy a jelen könyv adta instrukciókon túl kérj segítséget! Hogy milyen segítőt válassz, arról az első kötetben olvashattál. Ugyanakkor a következő kötet izgalmas módszereket fog neked adni a fejlődésed gyorsítása érdekében! Amennyiben a magasabb rezgésű érzelmek is jellemzők rád, akkor magasabb átlagos lelki rezgésszinten élsz. Kérlek, tarts velem, hogy közösen megtaláljuk a te lelkirezgésszint-spektrumodat.

A büszkeség lelkirezgésszint-spektruma

Ha nem emlékszel elég jól a büszkeség lelki rezgésszintjének jellemzőire, akkor érdemes az első kötetben átismételned, mielőtt továbblépsz. Az érzelmi szinonimák áttekintését is javaslom a III. számú mellékletben, hogy jól lásd, még milyen érzelmek tartoznak ide.

A büszkeség lelki rezgésszintjének ábrakivonatát az I. számú melléklet I/9. számú diagramján láthatod. Itt a harag dominanciáját (15,8%) egyszerre váltja fel a büszkeség (15,9%) és a bátorság (24,4%). Ez azért fontos lépés, mert az egyenrangúságánál erőteljesebbé válik a felsőbbrendűség érzése, és egyaránt a belső és a külső világunkban elkezdünk merni szembenézni olyan dolgokkal, amelyekkel addig nem mertünk. Ezek nagyon értékes és hasznos erők a továbblépéshez, azonban veszélyes csapda is, mert a legtöbben itt szoktak megrekedni a lelki fejlődés útján. Hiszen ha többnek, jobbnak érzékeljük magunkat másoknál, akkor hová fejlődjünk? Ez miatt beleragadhatunk ebbe az állapotba, bár ez bármelyik lelki rezgésszinten igaz, de itt különösen. Mivel az ego félti a létét, ezért folyamatosan arra törekszik, hogy ne engedjen feljebb emelkedni a lelkirezgésszint-skálán. Hiszen az ego annál erősebb, minél több negatív energiából tud táplálkozni! Ugyanakkor a büszkeség lelki rezgésszintje a legmagasabb rezgésű életpusztító érzelem. Nem véletlenül élnek ezen a lelki rezgésszinten a világ nagy hatalmasságai és számos híresség is. A nyugati társadalom emberére ez a leginkább jellemző rezgésszint, hiszen az ego világában élünk, és ez a rezgésszint abból az aspektusól nézve az ego legerőteljesebbé válásának a szakasza, hogy itt a maximumát éli az önérvényesítő képesség.

A büszkeség lelki rezgésszintjén a szégyen (0,1%), bűntudat (0,6%), a fásultság (3,2%), a bánat (6,9%), a félelem (10,9%), a vágyakozás (14,1%) és a harag (15,8%) érzései továbbgyengülnek. Ugyanakkor a bátorság (24,4%) és a pártatlanság (8%) már domináns érzelmekként segítik a lelki fejlődésünket. Itt még csak pislákol bennünk a hajlandóság (0,1%) új érzelme, ami abban lesz a segítségünkre, hogy meghaladjuk a belső megoldatlan lelki problémáink egy részét. A 200 alatti rezgésű érzelmeknél az elfojtás, a leuralás a fő lelki „taktika". Ezzel szemben a hajlandóság érzelme már begyógyít, rendbe tesz. Tovább süllyed a maximális érzelmi intenzitás, ami az önuralom további erősödését mutatja. A büszkeség lelki rezgésszintjén élő ember már egész ritkán jön ki a sodrából és jól tudja manipulálni a környezetét is. Ezért van ezen a lelki rezgésszinten sok sikeres vezető. Azonban ez álságos siker, mert a büszkeség lelki rezgésszintjén csak mások kárára, mások energiáinak kihasználásával tudunk érvényesülni.

Összegezzük azokat a fontosabb tényeket, melyeket a később bemutatandó érzelem-transzformáció módszere szempontjából érdemes megjegyeznünk.

Összegzés:
- Lelki rezgésszint: büszkeség
- A lelki rezgésszint értéke: 175 (tartománya: 175–199,99)
- Lelkirezgésszint-spektrum (kivastagítva a leggyakoribb érzelem): szégyen – bűntudat – fásultság – bánat – félelem – vágyakozás – harag – **büszkeség** – bátorság – pártatlanság – hajlandóság. Figyeld meg, kérlek, hogyan emelkedik a lelkirezgésszint-spektrumban megjelenő érzelmek száma. Ezen a lelkirezgésszint-spektrumon már egy sokszínű érzelmi skála jellemző az egyén életére. A II. számú mellékletben a relatív gyakoriság táblázatban össze tudod hasonlítani, hogyan változnak az egyes érzelmeink az előző lelki rezgésszintekhez képest!
- Gyengítendő érzelmek (a legfontosabb kivastagítva): **szégyen** – bűntudat – fásultság – bánat – félelem – vágyakozás – harag
- Fejlesztendő érzelmek (a legfontosabb kivastagítva): bátorság – pártatlanság – **hajlandóság**

Kérlek, figyeld meg magadat, hogy ez az érzelmi spektrum jellemző-e rád. Ha igen, akkor nagyon fontos, hogy kérj segítséget! Hogy milyen segítőt válassz, arról az első kötetben olvashattál. Ugyanakkor a következő kötet izgalmas módszereket fog neked adni a fejlődésed gyorsítása érdekében! Amennyiben magasabb rezgésű érzelmek is jellemzők rád, akkor magasabb átlagos lelki rezgésszinten élsz. Kérlek, tarts velem, hogy közösen megtaláljuk a te lelkirezgésszint-spektrumodat.

A bátorság lelkirezgésszint-spektruma

Ha nem emlékszel elég jól a bátorság lelki rezgésszintjének jellemzőire, akkor érdemes átismételned az első kötetben. Kérlek, a III. mellékletben nézd meg az érzelmi szinonimákat is, annak érdekében, hogy tisztán átlásd, még melyik érzelmek tartoznak ebbe a csoportba.

A bátorság lelki rezgésszintjét ábrázoló diagramot az I. mellékletben találod I/10. számmal. Ez egy csodálatos áttörés az életünkben. Itt az életpusztító érzelmi szintektől végre élettámogató rezgésbe emeljük az életünket. A szégyen (0,1%), a bűntudat (0,2%), a fásultság (1,7%), a bánat (4,4%), a félelem (7,6%), a vágyakozás (10,6%) és a harag (12,9%) gyakorisága továbbcsökken az életünkben. A büszkeség mérséklődése mellett (14,2%) egyedül kerül ki a leggyakoribb érzelemként a bátorság (27,1%). Ez az elfojtásainkkal, a lelki sebeinkkel való szembenézés időszaka. Akármennyire félelmetes oda benézni, mégis megtesszük, így hatalmas felismerésekre jutunk a „ki vagyok én?" kérdés tekintetében. Kezdünk ráébredni, hogy messze nem azok vagyunk, mint akinek hittük magunkat. A pártatlanság (18,9%) és a hajlandóság (2,2%) érzelmeinek gyakorisága is nő, ezzel emelve, fejlesztve a boldogságszintünket. Ugyanakkor pillanatokra megérkezik az elfogadás (0,1%) érzelme, ami egy nagyon csodálatos érzés, hiszen itt végre minden úgy jó bennünk, ahogy van. Továbbcsökken az érzelmi amplitúdó, így emelkedik az önuralmunk mértéke, amely révén a változásunk felgyorsítására erő szabadul fel.

Összegezzük azokat a fontosabb tényeket, melyeket a később bemutatandó érzelem-transzformáció módszere szempontjából érdemes megjegyeznünk.

Összegzés:
- Lelki rezgésszint: bátorság
- A lelki rezgésszint értéke: 200 (tartománya: 200–249,99)

- Lelki rezgésszint-spektrum (kivastagítva a leggyakoribb érzelem): szégyen – bűntudat – fásultság – bánat – félelem – vágyakozás – harag – büszkeség – **bátorság** – pártatlanság – hajlandóság – elfogadás. Izgalmas megnézni a II. melléklet táblázatában az előző spektrumok értékeihez képest az egyes érzelmek napi gyakoriságának változását.
- Gyengítendő érzelmek (a legfontosabb kivastagítva): **szégyen** – bűntudat – fásultság – bánat – félelem – vágyakozás – harag – büszkeség

- Fejlesztendő érzelmek (a legfontosabb kivastagítva): pártatlanság – hajlandóság – **elfogadás**

Kérlek, figyeld meg magadat, hogy ez az érzelmi spektrum jellemző-e rád. Ha igen, akkor nagyon fontos, hogy kérj segítséget, és ezzel gyorsítsd meg a fejlődésedet! Hogy milyen segítőt válassz, arról az első kötetben olvashattál. Ugyanakkor a következő kötet izgalmas módszereket fog neked adni a fejlődésed gyorsítása érdekében! Amennyiben magasabb rezgésű érzelmek is jellemzők rád, akkor magasabb átlagos lelki rezgésszinten élsz. Kérlek, tarts velem, hogy közösen megtaláljuk a te lelkirezgésszint-spektrumodat.

A pártatlanság lelkirezgésszint-spektruma

Ha nem emlékszel elég jól a pártatlanság lelki rezgésszintjének jellemzőire, akkor érdemes átismételned az első kötetben. A pártatlanság lelki rezgésszintjéhez tartozó további érzelmek listáját a III. mellékletben találod.

A pártatlanság lelki rezgésszintjét szemléltető I/11. számú ábrát az I. mellékletben láthatod, melyet az I/1. számú ábrából emeltem ki. Ez a lelki rezgésszint a semleges határvonal az öngyógyító erők és az önpusztító erők között. Hiszen itt még nem fogadjuk el önmagunkat, de már nem is érzünk magunkkal szemben haragot, szégyent vagy egyéb neheztelő érzést. Itt már rá merünk nézni a gyarlóságainkra, a sebeinkre, és semlegesen tudjuk szemlélni azokat. Ez a lelki rezgésszint azért izgalmas, mert itt megszűnik létezni a szégyen! Egyszerűen túllépünk rajta és kikopik az életünkből. Így ez az első igazi lelki gyógyulással járó lelki rezgésszint.

A bűntudat gyakorisága már egész ritka (0,1%), és ritkulóban vannak a fásultság (0,5%), a bánat (1,7%), a félelem (3,6%), a vágyakozás (5,8%), a harag (8,1%) és a büszkeség érzései is (10,2%). A bátorság dominanciáját (24,5%) a pártatlanság veszi át (28,6%), és a hajlandóság (12,4%), illetve az elfogadás (4,4%) is gyakran megjelenő érzelemként segíti az emelkedésünket. Itt már apró pillanatokra megérkezik az észszerűség érzése (0,1%), amely a tökéletes és önzetlen objektivitás világa. Ezt a további fejlődésünk érdekében fontos erősítenünk.

Összegezzük azokat a fontosabb tényeket, amelyeket a később bemutatandó érzelem-transzformáció módszere szempontjából érdemes megjegyeznünk.

Összegzés:
- Lelki rezgésszint: pártatlanság
- A lelki rezgésszint értéke: 250 (tartománya: 250–309,99)
- Lelkirezgésszint-spektrum (kivastagítva a leggyakoribb érzelem): bűntudat – fásultság – bánat – félelem – vágyakozás – harag – büszkeség – bátorság – **pártatlanság** – hajlandóság – elfogadás – észszerűség. A relatív gyakoriságok módosulását, kérlek, tekintsd át a II. mellékletben.
- Gyengítendő érzelmek (a legfontosabb kivastagítva): **bűntudat** – fásultság – bánat – félelem – vágyakozás – harag – büszkeség – bátorság

- Fejlesztendő érzelmek (a legfontosabb kivastagítva):
  hajlandóság – elfogadás – **észszerűség**

Kérlek, figyeld meg magadat, hogy ez az érzelmi spektrum jellemző-e rád. Ha igen, akkor nagyon fontos, hogy kérj segítséget, és folytasd a jelen könyv adta instrukciók tanulmányozását is! Hogy milyen segítőt válassz, arról az első kötetben olvashattál. Ugyanakkor a következő kötet izgalmas módszereket fog neked adni a fejlődésed gyorsítása érdekében! Amennyiben magasabb rezgésű érzelmek is jellemzők rád, akkor magasabb átlagos lelki rezgésszinten élsz. Kérlek, tarts velem, hogy közösen megtaláljuk a te lelkirezgésszint-spektrumodat.

A hajlandóság lelkirezgésszint-spektruma

Ha nem emlékszel elég jól a hajlandóság lelki rezgésszintjének jellemzőire, akkor érdemes átismételned az első kötetben. Kérlek, nézd át az érzelmi szinonimákat is a III. mellékletben.

A hajlandóság lelki rezgésszintje talán a legtermékenyebb fejlődési szakasza az életünknek (*az érzelmi spektrum ábráját az I. melléklet I/12. diagramon találod*). Itt kb. 1,5–2 éven át éltem. Nagyon nehezen lehet átlépni ezen a lelki rezgésszinten, mert itt elkezdjük feldolgozni az összes mély érzelmi-lelki sebünket. Ez az időszak annál hosszabb, minél több lelki sebet hordozunk. A teljes önelfogadás feltétele, hogy a legkomolyabb lelki sebeink is maradéktalanul begyógyuljanak. Ennek érdekében ezen a lelki rezgésszinten hatalmas erőket teszünk bele a változásba. Amelynek az egyik motorja, hogy a szégyeneinken túl itt már a bűntudatainkat is meghaladjuk. E két nagyon mély érzelem eltűnése az életünkből rengeteg energiát szabadít fel. Ezen a lelki rezgésszinten kezdtem el erőt érezni ahhoz, hogy megírjam az első – mára már nagysikerű – könyvemet, amely **A Jövő neve Élet – Megoldás a klímaváltozásra, avagy a változás**

6 programja címmel nem sokkal később meg is született. Ez a könyv mutatja, hogy itt éljük át először azt a tényt, hogy tökéletes önzetlenség is létezik. Eddig a lelki rezgésszintig azt gondoljuk, hogy minden szentnek maga felé hajlik a keze, szóval valójában mindent az önzés irányít. Itt megtapasztaljuk, hogy ez nem igaz. Ezen a lelki rezgésszinten a fásultság (0,1%), a bánat (0,3%), a félelem (1%), a vágyakozás (2,2%), a harag (3,8%) és a büszkeség (5,6%) továbbgyengülnek. Az elfogadás (17,9%) és az észszerűség (5,8%) pedig nagyon komoly szintre emelkedik bennünk, és ez szintén nagy húzóerő. Ez az ok-okozat törvényének az életünkre gyakorolt teljes értékű valóságát hozza a mindennapjainkba. Így az érzelmi forrás által torzult gondolkodás helyett elkezdünk egyre objektívebb és tisztább valóságképet formálni magunknak. Ezen a lelki rezgésszinten döbbentem rá arra is, hogy nem tudok igazán szeretni. A szeretet teljesen önzetlen és csodálatos erő, de amit én addigi egész életemben szeretetnek gondoltam, az valami teljesen más, önző érdekből fakadó dolog volt. Ha ennek a függvénynek a maximumértékét nézed, itt már a szégyen lelki rezgésszintjéhez képest tényleg elenyésző az érzelem maximális töménysége. Így itt már nagyfokú érzelmi önuralom birtokosai vagyunk, és komolyan elkezdjük tudni irányítani az életünket. Szó szerint végre az életünk urai kezdünk lenni, és nem mások hatásai által csapongunk az élet viharaiban.

Összegezzük azokat a fontosabb tényeket, melyeket a később bemutatandó érzelem-transzformáció módszere szempontjából érdemes megjegyeznünk.

Összegzés:
- Lelki rezgésszint: hajlandóság
- A lelki rezgésszint értéke: 310 (310–349,99)
- Lelkirezgésszint-spektrum (kivastagítva a leggyakoribb érzelem): fásultság – bánat – félelem – vágyakozás – harag – büszkeség – bátorság - pártatlanság – **hajlandóság** – elfogadás – észszerűség. Izgalmas

megnézni a II. melléklet táblázatában, hogy az előző spektrumokhoz képest mennyit változtak az egyes érzelmek napi gyakoriságai.
- Gyengítendő érzelmek (a legfontosabb kivastagítva): **fásultság** – bánat – félelem – vágyakozás – harag – büszkeség – bátorság – pártatlanság
- Fejlesztendő érzelem (a legfontosabb kivastagítva): elfogadás – **észszerűség**

Kérlek, figyeld meg magadat, hogy ez az érzelmi spektrum jellemző-e rád. Ha igen, akkor nagyon fontos, hogy kérj segítséget! Hogy milyen segítőt válassz, arról az első kötetben olvashattál. Ugyanakkor a következő kötet izgalmas módszereket fog neked adni a fejlődésed gyorsítása érdekében! Amennyiben magasabb rezgésű érzelmek is jellemzők rád, akkor magasabb átlagos lelki rezgésszinten élsz. Kérlek, tarts velem, hogy közösen megtaláljuk a te lelkirezgésszint-spektrumodat.

Az elfogadás lelkirezgésszint-spektruma

Ha nem emlékszel elég jól az elfogadás lelki rezgésszintjének jellemzőire, akkor érdemes átismételned az első kötetben. Kérlek, tekintsd meg a III. mellékletben azokat az érzelmeket, melyek még idetartoznak.

Az elfogadás lelki rezgésszintjéhez tartozó I/13. számú ábrát az I. mellékletben találod. Ebből jól látszik, hogy az érzelmi amplitúdó továbbcsökken, így az önuralom és ezáltal a békére való hajam továbbemelkedik bennünk. Az elfogadás lelki rezgésszintjén eltűnik az életünkből a fásultság is. Ezáltal már három nagyon mély érzelem nélkül vagyunk képesek élni. Ez hihetetlen erős felszabadító erő. Már a három legerősebb horgonyt levágtuk magunkról. Ezen a lelki rezgésszinten végre tisztán át tudjuk élni a „minden úgy van rendben, ahogy van" érzését, és a teljes belső önelfogadás állapotát is magunkénak érezzük. Ugyanakkor az elfogadás (21,9%) és az észszerűség (20,8%) mellett apró pillanatokra megjelenik bennünk a tiszta önzetlen szeretet érzése (0,1%), mely új dimenziót hoz az életünkbe. Hiszen az első kötetből tudjuk, hogy ez a semleges-ego elhagyásának a kapuja. Az önzetlen, univerzális szeretet megtapasztalása áttörő élményt hoz és erőt a fejlődés folytatásához. Itt rádöbbenünk, hogy az ok-okozat törvénye felett áll a szeretet, mely az Univerzumot átható erő, és mindenkire egyformán hat. Ezt csak azért nem érzik meg az emberek, mert a 200 alatti rezgésű mélyebb érzelmeik páncéljai eltakarják előlük ezt az elemi és általános érvényű igazságot. A könyv borítóján láthatod azokat a bizonyos páncélokat, melyek rétegesen takarják el önmagad elől a benned élő fényes belső magodat.

Összegezzük azokat a fontosabb tényeket, melyeket a később bemutatandó érzelem-transzformáció módszere szempontjából érdemes megjegyeznünk.

Összegzés:
- Lelki rezgésszint: elfogadás
- A lelki rezgésszint értéke: 350 (tartománya: 350–399,99)
- Lelkirezgésszint-spektrum (kivastagítva a leggyakoribb érzelem): bánat – félelem – vágyakozás – harag – büszkeség – bátorság – pártatlanság – hajlandóság – **elfogadás** – észszerűség – szeretet. Kérlek, nézd meg a II. mellékletben az előző lelki rezgésszintekhez képest az egyes érzelmek napi gyakoriságának megváltozását is.
- Gyengítendő érzelmek (a legfontosabb kivastagítva): **bánat** – félelem – vágyakozás – harag – büszkeség – bátorság – pártatlanság – hajlandóság
- Fejlesztendő érzelmek (a legfontosabb kivastagítva): észszerűség – **szeretet**

Kérlek, figyeld meg magadat, hogy ez az érzelmi spektrum jellemző-e rád. Ha igen, akkor ajánlott, hogy kérj segítséget, hogy gyorsulva tudj továbbhaladni az úton! Hogy milyen segítőt válassz, arról az első kötetben olvashattál. Ugyanakkor a következő kötet izgalmas módszereket fog neked adni a fejlődésed gyorsítása érdekében! Amennyiben magasabb rezgésű érzelmek is jellemzők rád, akkor magasabb átlagos lelki rezgésszinten élsz. Kérlek, tarts velem, hogy közösen megtaláljuk a te lelkirezgésszint-spektrumodat.

Az észszerűség lelkirezgésszint-spektruma

Ha nem emlékszel elég jól az észszerűség lelki rezgésszintjének jellemzőire, akkor hasznos lenne átismételned az első kötetben. Ugyanakkor fontos, hogy a III. mellékletben áttekintsd, milyen érzelmek tartoznak ehhez a rezgéshez. Az észszerűség lelki rezgésszintjének görbéje már nagyon lapos a szégyen lelki rezgésszintjéhez képest (*lásd I. melléklet I/14. számú ábra*). Ez már egy igen békés, harmonikus Élet élményét adja. Az észszerűség lelki rezgésszintjén végleg meghaladjuk a bánat érzését, ez eredményezi a további emelkedésünket. A szeretet (20,8%) mellett már a belülről fakadó tökéletes és mindent átható felhőtlen derű (0,1%) is megjelenik az életünkben. Ezeket először ezen a lelki rezgésszinten annak idején leginkább meditációban tapasztaltam meg. A hétköznapi életem szerves részei akkor még ritkán voltak ezek a csodálatos érzelmek, amelyek nagyon erőteljes emelő hatással vannak a lelki rezgésszintünkre és ezáltal a boldogságunkra is.

Összegezzük azokat a fontosabb tényeket, melyeket a később bemutatandó érzelem-transzformáció módszere szempontjából érdemes megjegyeznünk.

Összegzés:
- Lelki rezgésszint: észszerűség
- A lelki rezgésszint értéke: 400 (tartománya: 400–499,99)
- Lelkirezgésszint-spektrum (kivastagítva a leggyakoribb érzelem): félelem – vágyakozás – harag – büszkeség – bátorság – pártatlanság – hajlandóság – elfogadás – **észszerűség** – szeretet – öröm. Kérlek, tekintsd át a II. mellékletben, hogy hogyan változik meg az érzelmek gyakorisága, ha átlépünk ebbe a lelki rezgésszintbe.
- Gyengítendő érzelmek (a legfontosabb kivastagítva): **félelem** – vágyakozás – harag – büszkeség – bátorság – pártatlanság – hajlandóság
- Fejlesztendő érzelem (a legfontosabb kivastagítva): szeretet – **öröm**

Kérlek, figyeld meg magadat, hogy ez az érzelmi spektrum jellemző-e rád. Ha igen, akkor nagyon fontos, hogy kérj segítséget! Hogy milyen segítőt válassz, arról az első kötetben olvashattál. Ugyanakkor a következő kötet izgalmas módszereket fog neked adni a fejlődésed gyorsítása érdekében! Amennyiben magasabb rezgésű érzelmek is jellemzők rád, akkor magasabb átlagos lelki rezgésszinten élsz. Kérlek, tarts velem, hogy közösen megtaláljuk a te lelkirezgésszint-spektrumodat.

A szeretet lelkirezgésszint-spektruma

Ha nem emlékszel elég jól a szeretet lelki rezgésszintjének jellemzőire, akkor érdemes átismételned az első kötetben. Kérlek, tekintsd át az idekapcsolódó érzelmi szinonimákat is (*lásd III. melléklet*).

Ahogy az első kötetben olvashattad, ezen a lelki rezgésszinten átlépsz a teremtő-ego világába (*lásd. I. melléklet I/15. számú ábra*). Itt igencsak megváltozik a látómezőnk, és ezáltal a gondolkodásunk már nem lineáris. Így a valóságképünk teljesen más lesz, mint az átlagembereké. Nehéz elhitetni velük azt, ahogy mi látjuk az igazságot, mert a legtöbben ezt még nem tapasztalták, ezért hitetlenkednek. Komplex és alapvetően optimista látásmódunk mások szemében inkább naivnak, furcsának és lehetetlennek tűnik. De az ego működése már csak ilyen.

A szeretet lelki rezgésszintjének elérésekor nullára zsugorodik bennünk a félelem. Ez hihetetlenül felszabadító érzés, nagy szabadságot és még több erőt ad az életünknek. Itt már jellemző az öröm és a béke érzése is, sőt megjelennek az életünkben az áttörő erejű megvilágosodásélmények is. Az átlagos békénk egyébként is fokozódik, az érzelmi intenzitásunk ellágyul. Harmonikus flow-élményben éljük a hétköznapjainkat, miközben folyamatosan ott van velünk egy önzetlen, minden és mindenki felé irányuló szeretetérzés. Bizonyos „csodának gondolt" képességek is megjelenhetnek az életünknek ebben a szakaszában, melyek megtapasztalásakor ráébredünk, hogy ezeknek minden ember életében hétköznapi dolgoknak kellene lenniük. Csak a sok negatív érzelem elvonja az erőt, így a bennünk rejlő képességek nem sejlenek fel, amíg el nem jutunk erre a szintre.

Összegezzük azokat a fontosabb tényeket, melyeket a később bemutatandó érzelem-transzformáció módszere szempontjából érdemes megjegyeznünk.

Összegzés:
- Lelki rezgésszint: szeretet
- A lelki rezgésszint értéke: 500 (tartománya: 500–539,99)

- Lelkirezgésszint-spektrum (kivastagítva a leggyakoribb érzelem): vágyakozás – harag – büszkeség – bátorság – pártatlanság – hajlandóság – elfogadás – észszerűség – **szeretet** – öröm – béke. Kérlek, tekintsd meg, mekkora változásokat hoz az érzelmeink világában, ha erre a szintre átlépünk (lásd II. melléklet).
- Gyengítendő érzelmek (a legfontosabb kivastagítva): **vágyakozás** – harag – büszkeség – bátorság – pártatlanság – hajlandóság
- Fejlesztendő érzelmek (a legfontosabb kivastagítva): öröm – béke – **megvilágosultság**

Kérlek, figyeld meg magadat, hogy ez az érzelmi spektrum jellemző-e rád. Ha igen, akkor itt az ideje, hogy másokat segíts az emelkedésben és a teremtéseddel segítsd a világ jobb irányba fordulását! Amennyiben magasabb rezgésű érzelmek is jellemzők rád, akkor magasabb átlagos lelki rezgésszinten élsz. Kérlek, tarts velem, hogy közösen megtaláljuk a te lelkirezgésszint-spektrumodat.

Az öröm lelkirezgésszint-spektruma

Ha nem emlékszel elég jól az öröm lelki rezgésszintjének jellemzőire, akkor érdemes átismételned az első kötetben. Az idetartozó érzelmi szinonimák áttekintése is izgalmas lehet számodra (*III. melléklet*).

Az I/16. számú ábrát (*I. számú melléklet*) amennyiben az I/1. számú ábrán összegzetten látható lelki rezgésszintekhez hasonlítod, akkor jól látszik, hogy még inkább csökken az érzelmi relatív gyakoriság csúcs, így az érzelmi intenzitások még ellágyultabbak, még harmonikusabbak lesznek. Ezen a lelki rezgésszinten megválunk a vágyakozástól, azaz átesünk az önátadáson.

Ez azt jelenti, hogy a saját vágyaink már nem fontosak. Innen már csak Isten (Isten szó helyére a vallásod, a hited szerinti bármely szót tehetsz) „igénye" számít. A béke jelentősen erősödik bennünk. Az érzelmek közé már beillesztődnek a megvilágosult időszakok. Hosszabb-rövidebb megvilágosodás-áttörések jelennek meg az életünkben. Ezeket az élményeket a buddhizmusban és a hindu kultúrában szamadhi állapotnak hívják. Ezt időszakos megvilágosodásnak is lehetne nevezni, amikor a tudat átmenetileg átveszi az irányítást felettünk, és az ego rövidebb időkre megszűnik. A hétköznapi életünket a belülről fakadó öröm tölti ki. Alapvetően derűs emberekké válunk, mely független a világ helyzetétől, mert ez belülről fakad.

Összegezzük azokat a fontosabb tényeket, melyeket a később bemutatandó érzelem-transzformáció módszere szempontjából érdemes megjegyeznünk.

Összegzés:
- Lelki rezgésszint: öröm
- A lelki rezgésszint értéke: 540 (tartománya: 540–599,99)
- Lelkirezgésszint-spektrum (kivastagítva a leggyakoribb érzelem): harag – büszkeség – bátorság – pártatlanság – hajlandóság – elfogadás - észszerűség – szeretet – **öröm** – béke – megvilágosultság. Itt is sokat változik az érzelmek gyakorisága, melyet a II. mellékletben foglaltam össze számodra.
- Gyengítendő érzelmek (a legfontosabb kivastagítva): **harag** – büszkeség – bátorság – pártatlanság – hajlandóság – elfogadás – észszerűség
- Fejlesztendő érzelmek (a legfontosabb kivastagítva): béke – **megvilágosultság**

Kérlek, figyeld meg magadat, hogy ez az érzelmi spektrum jellemző-e rád. Ha igen, akkor fontos tudnod, hogy komoly küldetésed van a Földön, és itt az idő, hogy ennek eleget tegyél! Amennyiben magasabb intenzitással jellemzők rád a magasabb rezgésű érzelmek, akkor magasabb átlagos lelki rezgésszinten élsz. Kérlek, tarts velem, hogy közösen megtaláljuk a te lelkirezgésszint-spektrumodat.

A béke lelkirezgésszint-spektruma

Ha nem emlékszel elég jól a béke lelki rezgésszintjének jellemzőire, akkor érdemes átismételned az első kötetben. Az ehhez a rezgéshez tartozó további érzelmeket a III. mellékletben találod. A béke lelki rezgésszintjén már hihetetlenül lágy, harmonikus érzelmek jellemeznek minket. Az egész lényünkből a béke és a nyugalom sugárzik. Ezen a lelki rezgésszinten már a legmélyebb sérelmeket okozó ellenségeink sem ellenségek többé, mert tökéletesen elengedtük a haragot (*lásd I. melléklet I/17. számú ábrája*). A szeretet érzése egy alap, melyre a teljességgel megélt öröm épül. Ezek az érzelmek rádöbbentik az egyént, hogy ha minden teljes, akkor feleslegesek a célok, és ha ez így van, akkor a gondolatok is feleslegesek. Csodálatos mély csend honol az elmében, és ez a teljes belső békéhez vezet. Úgy vélem, Buddha ezt hívta teljes megszabadulásnak, hiszen itt már mindenféle nehézséget vagy fájdalmat okozó érzelemtől mentesek vagyunk. Ezen a rezgésen rendszeressé válnak az univerzális kapcsolódások, melyről izgalmas tudást fogok átadni neked a következő kötetben. Hiszen ennek megértéséhez a jelenlegi kötet lehetőségeihez mérten még több információt szükséges ismertetnem veled.

Összegezzük azokat a fontosabb tényeket, melyeket a később bemutatandó érzelem-transzformáció módszere szempontjából érdemes megjegyeznünk.

Összegzés:
- Lelki rezgésszint: béke
- A lelki rezgésszint értéke: 600 (tartománya: 600–699,99)
- Lelkirezgésszint-spektrum (kivastagítva a leggyakoribb érzelem): büszkeség – bátorság – pártatlanság – hajlandóság – elfogadás – észszerűség – szeretet – öröm – **béke** – megvilágosultság. Kérlek, tekintsd meg a II. mellékletben, hogy erre a szintre lépve mekkorát változik az egyes érzelmek gyakorisága.
- Gyengítendő érzelmek (a legfontosabb kivastagítva): **büszkeség** – bátorság – pártatlanság – hajlandóság – elfogadás
- Fejlesztendő érzelem (a legfontosabb kivastagítva): **megvilágosultság**

A megvilágosultság lelkirezgésszint-spektruma

Ha nem emlékszel elég jól a megvilágosultság lelki rezgésszintjének jellemzőire, akkor érdemes átismételned az első kötetben. Ehhez is gyűjtöttem neked érzelmi szinonimákat a III. mellékletben. Fontos kiemelnem, hogy ez az egyetlen lelki rezgésszint, ahol jelen sorok írásakor (2023 késő ősze) még csak nagyon rövid időket tölthettem el. Így bár betekintést nyerhettem a teljes ébredés utáni világba, mégsem vagyok tartós tapasztalatok birtokában. A megvilágosultság élményéhez végleg meg kell szűnnie bennünk az egonak, melyhez elengedhetetlen, hogy végérvényesen meghaladjuk a büszkeség érzését. Ezen a lelki rezgésszinten a mély békét kiegészíti az Isten és az Univerzum (ide a vallásod, a hited szerinti bármely szót tehetsz) iránti végtelen alázat érzése. Amikor belépünk a 700-as értékhez tartozó állapotba, akkor teljesen értelmüket veszítik a bátorság, a pártatlanság, a hajlandóság, az elfogadás és az észszerűség érzései, a 200 alatti rezgésű érzelmeket pedig már meghaladtad (*lásd I. melléklet I/18. ábra*). Szóval itt hirtelen lesz egy kvantumugrásszerű váltás. Itt, miután ez az ugrás megtörténik, a legalsó érzelem, ami elképzelhető és érezhető, az a végtelen szeretet. Amikor a tartós belső csend állapotában voltam és tökéletes egomentes állapotba tudtam kerülni, akkor hirtelen áttört rajtam a tudat fénye, mely egy hihetetlen sokdimenziós univerzumot átitató fénytömeg. Ez a fény mindannyiunkban ott van, csak az ego elrejti előlünk. Ezért hívják a megvilágosultak ezt felébredt állapotnak, mert itt kilépünk az ego börtönéből és a tudat határtalanságának létezését tapasztaljuk meg. A tudat számára lényegtelen a tér és az idő. A tudat hatalmas – a hétköznapi ember szemében csodának tűnő – energiákat tud megmozgatni, és akár bármely időben képes látni az Univerzum bármely pontját. Ebben az állapotban (teljes szamadhi állapot) nem vagyunk a testünkben, hiszen a tudatunk sem a testünk része. Ilyenkor nincs testtudatunk, csak a létezés csodájának fényében fürdünk.

Ha megfigyeled a Hawkins-skálát, akkor láthatod, hogy 700– 1000 érték közötti tartomány jellemzi ezt az állapotot. Gondolj bele, hogy a szégyentől a hajlandóságig eljutni az kb. 300-as értéktartomány. Szóval a megvilágosultságon belül hatalmas különbségek vannak a képességek és a lehetőségek terén. Ennek részletezésére nem vállalkozom, mert eddig csak ennek a tartománynak az alsó részén, körülbelül a 840-es szintig voltak megtapasztalásaim. De az I/18–I/19. számú diagramokon (*I. melléklet*) látható, hogy ahogy egyre inkább a megvilágosultságba koncentrálódnak az érzelmeink, annál inkább ismét egyre intenzívebbé válik az egyén érzelmi állapota. A tudat ereje itt már úgy uralkodik a testen, a lelken és az elmén, hogy valójában hihetetlen dolgok megvalósítására lesz képes az egyén. Igazából nem is az egyén képessége ez, hiszen az ego itt már nem létezik! Az egyén pusztán egy csatorna, melyen keresztül a magasabb szférák energiái képesek irányítottan manifesztálódni. A folyamat megértése érdekében két ábrát készítettem a megvilágosultság szintjéhez

(*I/18. és I/19. ábrák az I. mellékletben*). Az első ábra azt a pillanatot ábrázolja, amikor meghaladjuk a büszkeséget. A második ábra azt mutatja be, amikor értelmét veszti a bátorság–észszerűség közötti összes érzelem, és mindennek az alapja a szeretet lesz.

Összegezzük azokat a fontosabb tényeket, melyeket a később bemutatandó érzelem-transzformáció módszere szempontjából érdemes megjegyeznünk.

Összegzés:
- Lelki rezgésszint: megvilágosultság
- A lelki rezgésszint értéke: 700–1000
- Lelkirezgésszint-spektrum (kivastagítva a leggyakoribb érzelem): (bátorság) – (pártatlanság) – (hajlandóság) – (elfogadás) – (észszerűség) – szeretet – öröm – béke – **megvilágosultság**. A relatívgyakoriság-értékeket a II. mellékletben találod.
- Gyengítendő érzelmek (a legfontosabbak kivastagítva): **bátorság – pártatlanság – hajlandóság – elfogadás – észszerűség**
- Fejlesztendő érzelmek (a legfontosabb kivastagítva): **nincs (elérted a földi élet csúcsát)**

8.4. A lelkirezgésszint-spektrumok megértésének eredménye: a gyengítendő és a fejlesztendő érzelmek összegzése

Remélem, az elmondottak alapján már érthetővé vált számodra az elsőre bonyolultnak tűnő I/1. számú ábra (*lásd az I. számú mellékletben*). Ez az ábra tulajdonképpen gyönyörűen megmutatja a lelki fejlődésünk útját és szuper segédletet ad nekünk abban, hogy a lelki fejlődésünk során mikor melyik érzelemre fókuszálva tudunk a leghatékonyabban előrelépni. Az alábbiakban egy táblázatban foglaltam össze a lelkirezgésszint-spektrum alsó és felső érzelmeit, melynek a következő főfejezetben kiemelten fontos szerepe lesz.

Erre a táblázatra alapozva a következő fejezetben arra invitállak, hogy megtanulj egy általam megtapasztalt, majd kidolgozott módszert, melyet érzelem-transzformációnak neveztem el. Ez egy olyan módszer, mely az egész életed megváltoztatásához ad sok-sok gyakorlati lehetőséget a kezedbe.

	Gyengítendő érzelem	Fejlesztendő érzelem
Megvilágosultság	Bátorság-észszerűség	Nincs
Béke	Büszkeség	Megvilágosultság
Öröm	Harag	Megvilágosultság
Szeretet	Vágyakozás	Béke
Észszerűség	Félelem	Öröm
Elfogadás	Bánat	Szeretet
Hajlandóság	Fásultság	Észszerűség
Pártatlanság	Bűntudat	Észszerűség
Bátorság	Szégyen	Elfogadás
Büszkeség	Szégyen	Hajlandóság
Harag	Szégyen	Pártatlanság
Vágyakozás	Szégyen	Bátorság
Félelem	Szégyen	Büntetés
Bánat	Szégyen	Harag
Fásultság	Szégyen	Vágyakozás
Bűntudat	Szégyen	Félelem
Szégyen	Szégyen	Bánat

1. táblázat: A fő fejlesztendő és gyengítendő érzelmek összegző táblázata

9. FEJEZET

Az érzelem-transzformáció módszere

A lelki rezgésszintünk a napi összes érzelmünk rezgésértékének átlaga. Ha megszabadulunk az alacsony rezgésű érzelmeinktől, akkor emelkedik a lelki rezgésszintünk átlagértéke. Ahogy az I. kötetből már jól tudod: **ahogy emelkedik a lelki rezgésszinted, úgy leszel egyre sikeresebb, boldogabb és egészségesebb!** Természetesen ezt szükséges támogatnod az elme átlagos rezgésével és a test vitális rezgésének elérésével. Tehát a lelki rezgésszintünk emelésének a leghatékonyabb eszköze az, ha fokozatosan megszabadulunk a mély, életpusztító érzelmeinkről.

Képzeld el, hogy egy hegymászó vagy, akinek az az egyetlen életfeladata, hogy megmássza az előtte álló hatalmas hegyet és felérjen a csúcsra. De ennek a hegymászónak hatalmas kövek vannak a hátizsákjában, és valamiért nem tudja, hogyan kell ezektől megszabadulni. A lelkedben minden egyes alacsony rezgésű érzelemcsomag egy-egy ilyen szikladarab. Az összes szégyened a legnehezebb, nagyon nehéz a bűntudat, a fásultság és a bánat is. Egy picit könnyebb, de még mindig nagy súlyú kő a lelked hátizsákjában a félelem. A vágy megint egy kicsivel könnyebb, de önmagában is hatalmas teher. A harag súlya is óriási önmagában, még ha hangyányit könnyebb is, mint a vágyakozás köve. Végül az utolsó nyomasztó teher a hátizsákodban a büszkeség. Ahogy kidobálod ezeket az érzelmi köveket a lelkedből, úgy lesz egyre könnyebb az életed. Ez ugyanúgy történik veled, mint a hegymászóval, aki ahogy kihajít egy-egy követ a hátizsákjából, egyre könnyedebben és energikusabban tud haladni a célja felé. Az analógia tökéletesen mutatja, mi a dolgod a mai naptól:

dobáld ki az életedből az összes szégyent, bűntudatot, fásultságot, bánatot, félelmet, vágyakozást, haragot és büszkeséget! Ahogy ezeket szép lassan eltünteted az Életedből, az egyre könnyedebb lesz, és így emelkedsz egy mind boldogabb valóságba. Tudom, azt gondolod, hogy nem lehet megszabadulni ezektől az érzelmektől! De jó hírem van! A módszeremmel sikerül neked is! A könyv most következő részében megtanítom neked, hogyan én miként tudtam megszabadulni ezektől az érzelmektől. Jelen sorok írásakor egyáltalán nincs jelen az életemben a szégyen, a bűntudat, a fásultság, a bánat, a félelem, a vágyakozás és a harag. Jelenleg a bennem lévő büszkeség maradékainak a kitakarításán dolgozom (2024. 04. 30.). Fontos, hogy elfogadd: semmi különleges képesség nincs bennem. Semmivel sem vagyok több vagy ügyesebb a spirituális világ szemszögéből sem, mint te! A káros érzelmektől való megszabadulásra mindenki képes! Hogy miért? Elárulom neked a legfontosabb titkot: azért, mert **ezek az érzelmek alapvetően természetellenes érzelmek.** A természetes érzelmek a 200-as lelki rezgésszint feletti érzelmek: a bátorság, a pártatlanság, a hajlandóság, az elfogadás, az észszerűség, a szeretet, az öröm, a béke és a megvilágosultság. Ezek az érzelmek azok, melyekhez a természetünknél fogva alapvetően kapcsolódni vágyunk. Az ezekben az érzelmekben való lét a természetes alapállapotunk. Ha egy gyermek szeretetben fogan és szeretetben születik meg, majd ebben is él, akkor fel sem merül benne a 200 alatti érzelem. Addig, amíg a szülők és a társadalom el nem rontják, ezek az érzelmek nem jelennek meg. Tehát **minden 200-as rezgés alatti érzelem a természetes állapotunktól való eltérés mértékét mutatja.** Minél több ilyen érzelem van bennünk, annál jobban kilendültünk a természetes állapotunkból.

A másik jó hírem, hogy **az egonk olyan, mint egy jó juhászkutya: tökéletesen nevelhető.** Kérlek, a mai naptól így tekints rá! Szóval ha eddig a káros érzelmekre volt nevelve, akkor azt csinálta. Itt az idő, hogy átneveld arra, ami a természetes éned alapigénye. Billenj vissza oda, ahol mindig is lenned kellett volna! Természetesen ez az egoátnevelési művelet lassú, kitartó és fokozatos munkát igényel. A negatív érzelmektől való megszabadulást a nehézségi sorrendben szükséges megtenned! A Hawkins-skálán alulról haladj felfelé. Első lépésként a szégyeneidtől szabadulj meg, utána a bűntudataidtól, aztán a fásultságaidtól, majd a bánataidtól és így tovább a büszkeségig. Ahogy eltűnik egy-egy érzelemtípus, hihetetlen változások fognak beállni az életedben!

Tehát megéri a befektetett munkát és energiát! Sőt, megfogalmazom másképp: **ez a legjobb befektetés, amit tehetsz önmagaddal kapcsolatban, mert ez az egész életed minden szegmensére pozitívan fog hatni!**

Ahhoz, hogy ezt az utat sikerrel járd végig, **megtanítom neked az érzelem-transzformáció módszerét,** mely a saját megtapasztalásaimra építve mutat számodra hatékony utat.

Ehhez első lépésként, kérlek, figyeld meg magadat minimum egy hétig abból a szempontból, hogy a szégyen, a bűntudat, a fásultság, a bánat, a félelem, a vágyakozás, a harag és a büszkeség érzelmei közül melyek azok, amelyek rendszeresen jelen vannak az életedben! Ez mellett, kérlek, azonosítsd be, melyik érzelmi spektrum a legjellemzőbb rád! Ez nagyon fontos! Amíg megfelelő mélységben nem látsz rá az érzelmeidre, addig nem tudsz dolgozni az érzelem-transzformáció módszerével! A tudatosság egyik fontos alaplépése, hogy tudatossá válunk az érzelmeinkre. Ez azt jelenti, hogy képesek vagyunk megfigyelni az érzelmeinket, és pontosan megfogalmazni, mi zajlik a lelkünkben.

Amikor elkezdtem a lelki rezgésszintem emelése által egyre boldogabb életet teremteni magamnak, akkor az előbb felsorolt érzelmek teljes káosza volt jellemző rám. Mindegyik érzelemből volt bennem bőven egy átlagos napomon. Az emberi elme azonban olyan, hogy **akkor tudunk hatékonyan változni, ha egyszerre csak egy dologra fókuszálunk!** Szóval az a javaslatom, hogy válassz ki egy érzelemtípust, és tudatosan attól szabadulj meg. Ha az megvan, akkor jöhet a következő. Természetesen ez a legalsó rezgésű érzelem legyen! Ennek a legfőbb oka, hogy erre épülnek rá magasabb rezgésű, de még 200 alatti érzelemcsomagok. Így ha a legalsót kiütöd, akkor számos ráépülő érzelmi energia hullik a porba. A másik ok: minél mélyebb rezgésű egy érzelem, annál erőteljesebben okozza a boldogtalanságodat, a sikertelenségedet vagy a testi problémáidat. A legtöbb emberben sajnos erőteljesen él a szégyen vagy a bűntudat. A legtöbbünknek ezekkel az érzelmeinkkel szükséges kezdeni a tisztulást. Ha ezektől megszabadulsz, óriási minőségi változás érkezik az életedbe, majd tapasztalni fogod, és ez fog erőt adni a folytatáshoz, ahogy a lelkirezgésszint-spektrum módszerénél már ráláttál.

9.1. Az érzelem-transzformáció módszerének bemutatása a vágyakozástól való megszabadulás példáján

Eddig biztosan logikus, amit leírtam neked, de most jön a legnehezebb része. Most óriási szükség van rád, hiszen csak te tudsz megváltozni, senki más! **Így a változást mindig egy tudatos elhatározással kell kezdeni.** Mivel én az elmúlt időszakban például a vágyakozástól is ezzel a módszerrel szabadultam meg (remélem, végleg) és ez az élmény még viszonylag friss bennem, ezért a vágyakozás érzelmének példáján keresztül tanítom meg, hogyan tudsz végérvényesen megszabadulni valamelyik érzelemtől.

Ebben a fejezetben a módszer lényegét tanítom meg neked. Az ezt követő fejezetekben célirányosan külön-külön végigvesszük az összes lelki rezgésszintet annak érdekében, hogy azokat a lehető leghatékonyabban tudd magasabb szintű érzelmekké transzformálni. A fontos az, hogy a vágyakozás érzelme helyett bármelyik érzelemre igaz, amiket jelen alfejezetben leírok! Tehát helyettesítsd a vágyakozás szó helyére azt az érzelmet, amitől éppen meg akarsz szabadulni, ha a saját életedre szeretnéd alkalmazni ezt a módszert.

Nagyon nagy izgalommal tölt el a gondolat, hogy ezzel az általam kidolgozott és jól működő módszerrel milyen sok embernek tudok majd segíteni. Eddig csak személyesen segítettem másoknak vele, de a jelen könyv által sokak vehetik kezükbe a sorsukat. Nagyon hálás leszek az Életnek, ha az önzetlen emberszeretetből származó szándékom teljesül.

Az érzelem-transzformáció módszerének lépései az alábbiak:
1. lépés: Az elhatározás vagy más szóval a szándék kinyilatkoztatása
2. lépés: A szándék megerősítése küldetésnyilatkozattal (*A küldetésnyilatkozat készítésének módszerét a 10.3. fejezetben találod!*)
3. lépés: Az érzelem mélyebb megismerése – az érzelem kiindulópontjának megfigyelése
4. lépés: Az elméből kiinduló érzelmektől való megszabadulás: áthelyezett fókusz a testre és a lélekre + hálaáramlat
5. lépés: A testből kiinduló érzelmektől való megszabadulás: áthelyezett fókusz az elmére és a lélekre + hálaáramlat
6. lépés: A lélekből kiinduló érzelmektől való megszabadulás: elfogadás vagy áthelyezett fókusz az elmére és a testre + hálaáramlat

Tehát az első lépés egy elhatározás: **"a mai naptól minden figyelmemet arra szentelem, hogy végleg megszabaduljak a vágyakozás érzelmétől"**. Ez az elhatározás nem más, mint egy mantra. Ezért sosem árt elégszer elmondani magadban. De akkor mindenképpen fontos, amikor megjelenik az adott érzelem! Ahogy azt az első kötetből már tudod, a mantrák (más szóval megerősítések) az elmére ható módszerek. Így ezeket nagyon sokszor kell ismételni, hogy hatékonyak legyenek! Fontos, hogy tudatosítsd: **tilos az érzelem elfojtása!!!** Ha megérkezik a vágyakozás érzelme, akkor az nem megoldás, hogy erőből elfojtod! Az elfojtott érzelmek minimum 100-szor ütnek vissza később az életedben. Szóval **minden egyes érzelemelfojtással sokszoros erővel építed a boldogtalan jövődet!** A fenti mantra nem azt mondja, hogy nem szabad érezned ezt az érzést, és ezért el kell fojtanod! A fenti mantra azt mondja, hogy mindent megteszel, hogy megszabadulj tőle. Ez egy tiszta szándék megfogalmazása és nem egy görcsös akarás! A görcsös akarás hátráltat a fejlődésben, mert az egot erősíti. A tiszta szándék a szabad akarat törvényének tiszta megfogalmazása, és a tudatnak jeladás, merre kívánsz haladni.

Ahhoz, hogy sikeres legyen egy érzelemtől való megszabadulás, fontos, hogy hinned kell önmagadban! Tudom, hogy ez a mély lelki rezgésszinteken nehéz, hiszen én is évtizedekig éltem ott, így jól emlékszem ezekre az erőtlen és önbizalomhiányos lelkiállapotokra. De ha nekem – egy egyszerű túlracionalizált és hihetetlen mély elfojtott lelki sebekkel élő mérnöknek – sikerült, akkor neked miért ne sikerülhetne? Fontos, hogy megértsd: a 200-as rezgés alatti érzelmek nincsenek szinkronban a lelkünk valódi igényeivel! Ha mélyen magadba nézel, te is alapvetően a jóra vágysz! Ez nem véletlen. A tudatunk belső magja fényből, szeretetből, örömből és békéből áll. Ezt már jól tudod az I. kötetből. Én megtapasztaltam ezt, így biztosan állíthatom, hogy igaz. Ez az a belső mag, amely a jó iránti vágyat mélyről sugározza kifelé. Azonban a 200-as rezgés alatti érzelmek mint egy-egy kátrányos sötét burok rátelepednek a tiszta belső magra (ezt ábrázolja a borító). Így nem is tudjuk érzékelni ennek a belső magnak a létét, mert már olyan vastag páncél telepedett rá. Ezt a páncélt a társadalom pakolta ránk, de mi eredendően nem ilyennek születtünk. Ezt azért írtam le, hogy megértsd: mindenki boldogságra hivatott és mindenki képes ezt elérni! Amikor a hitedet vesztted, akkor olvasd el újra ezt bekezdést, és segíteni fog neked! De ahhoz, hogy erős legyen a hited, kérlek, írd meg a küldetésnyilatkozatodat, ha még nem tetted (*lásd. 10.3. fejezet*)! Ha az első kötet olvasásakor megtetted, akkor, kérlek, vedd elő és aktualizáld! A küldetésnyilatkozatod pontos megírása és naponta legalább egyszeri felolvasása megerősíti a hitedet önmagadban vagy a vallásod szerinti hitrendszeredben, és ez erőt ad a változtatáshoz! Tehát a küldetésnyilatkozatodat mindennap legalább egyszer tiszta szívből, pozitív érzelmi átéléssel olvasd fel magadnak! Fontos, hogy ebben a dokumentumban legyen benne a jelenlegi szándékod: **„megszabadulok a vágyakozás érzelmétől"**.

Az érzelemtől való sikeres megszabadulás 3. lépése az, hogy mélyebben megismered és kielemzed az adott érzelmet. Az első kötetben részletesen bemutattam neked, hogy a test–lélek–elme hármassága hogyan hatnak egymásra és alakítanak ki benned egy negatív vagy pozitív energetikai spirált. Ennek a rövid lényege az, hogy az elme gondolatai hatnak az érzelmeinkre, melyek a hormonháztartáson keresztül hatnak a testre. A test pedig visszahat az elmére. De mivel az előbb leírt energiaterjedés fordított irányban is működik, ezért valójában a test hat az elmére és a lélekre, a lélek hat az elmére és a testre, és az elme hat a testre és a lélekre (*részletesen lásd az I. kötetben*). A 3. lépés megértéséhez ez egy elengedhetetlen tudás. A vágyakozás érzelmének példáján keresztül bemutatom neked, hogy miért... A vágyakozás (és bármely más **érzelem) kiindulhat az elméből, a testből vagy a lélekből.** Ez nyilván nem azt jelenti, hogy az elménkben vagy a testünkben érzelem keletkezik, hanem azt, hogy az **adott érzelem gyújtópontja lehet gondolat, lehet testi érzet, de lehet az érzelem direkt megjelenése is.** Ennek az önmagunkban való felismerése hihetetlen fontos dolog. Szóval, kérlek, szánj rá elég időt arra, hogy ezt a tényt felismerd magadban. Lehet, hogy több hétre is szükséged lesz, mert nehéz rálátni erre. Az egod nem akarja, hogy rálsáss, mert ez a kulcs az átneveléséhez!

Egy gyermek sem akarja, hogy anya megtalálja a fenyítőeszközt, amikor rossz fát tett a tűzre...

Tehát nagyon fontos megismerni önmagunkat, hogy mikor honnan indul ki az adott érzelem! Magyarul a benned kialakuló negatív energiaspirál kiindulópontját szükséges elcsípned! Tudom, hogy elsőre bonyolultnak hangzik, de, kérlek, tarts ki, mert mindjárt egyszerűvé és érthetővé válik! A megértéshez maradjunk a vágyakozás érzelmének példájánál.

Vágyakozásból sokféle érzelem zajlik bennünk attól függően, hogy éppen mire vágyunk. Bennem is sok vágy volt többek között a szex, az édes ételek, a több pénz, a több szeretet, a lelki fejlődés, az élmények hajszolása kapcsán. Ezek a vágyak különböző időpillanatokban és különböző helyzetekben törtek rám. A társadalom felől szinte minden irányból rengeteg csábítás ér minket ezekkel kapcsolatban. Egy nagyon fontos felismerés, hogy egy időpillanatban csak egy dologra szoktunk vágyakozni. Ha például éppen arra vágyom, hogy szexeljek egy vadat egy gruppenpartiban, akkor nem tör rám egy torta befalására vonatkozó vágy. Persze lehet, hogy ezek rövid időn belül váltogatják egymást, de egy adott időpillanatban csak egy dologra vágysz! Amikor jön ez az érzelem, akkor annak a kiinduló időpontjában az elme, a test vagy a lélek lehet a forrása! Nézzük, mit is jelent ez: például pasiknál a legtöbb esetben a szex egy igencsak központi téma. Nekem is nagyon sokat kellett dolgoznom azon, hogy ne legyen az. Az összes vágyakozásom közül ez volt a legnehezebben transzformálható érzelmem. Óriási szabadság úgy élni, hogy nem minden második gondolatom kötődik a szexhez. Így megéri befektetni az energiákat a változásra, ezt minden férfitársamnak és szexfüggő embernek üzenem.

Nézzük először az elméből kiinduló vágyat! A szex iránti vágy kiindulópontja legtöbbször az elme. Ekkor az történik bennünk, hogy például meglátunk egy szép nőt szexi ruhában az utcán. A legtöbb férfi elméjében az első gondolat az, hogy „de gyönyörű ez a lány". Ez eddig egészséges, hiszen egy szép virágot is megcsodálunk, miért ne csodálhatnánk meg az Univerzum legnagyobb csodáját, a női szépséget[5]. A gond általában ezután következik, hiszen második gondolatként megérkezik, hogy „de jó lenne jó alaposan megdugni" (elnézést kérek az olvasótól, de a fogalmazás szándékosan vulgáris). Szóval az elmében beindult egy vágykeltés, ami még csak gondolat, semmi több! A következő lépésben az elménk ezt elkezdi továbbgondolni és már generálja is a képeket azokról a pózokról és szexuálisaktus-formákról, amelyeket „de jó lenne" megélni azzal a bizonyos hölggyel. Ezek a vágykeltés gondolatai. Ezek a gondolatok és képek indítják be a vágy érzelmét lelki síkon, majd amikor az is megtörténik, akkor következik a test reakciója, azaz a testi vágy is aktivizálódik, melynek akár konkrét merevedési tünetei is lehetnek. A merevedés állapota már a testben lezajlott hormonális változások eredménye. Ez továbbgerjeszti a gondolatokat, és egyre vadabb, egyre merészebb képek és gondolatok érkeznek, mely továbbfűti a lelkünkben a vágyat, ami aztán továbbmeli a testünk vérmérsékletét. Ez a gondolattól a nyálkiválasztás beindulásáig természetesen ugyanígy zajlik például egy tortaszelet kapcsán. Tehát az előbbi példa egy elméből kiinduló vágyakozás esete volt.

Nézzük meg a lélekből induló szexuális vágy kialakulását! Ez a legritkább eset. Ekkor a vágy érzelmével indul az egész folyamat. Jön egy érzés a szexuális vágyra, amit vagy egy másik érzelem indít el vagy spontán érkezik. Például szerelmesen belenézünk a párunk szemébe és ez automatikus vágyat generál arra, hogy a szeretetünket testi érintések formájában is kifejezzük. Ennek hatására meg is tesszük. A testi érintés öröme gondolatokat generál bennünk arról, hogyan lenne jó ezt fokozni, ez pedig továbbfokozza az érzelmeinket, és az kihat a testünk vágyakozásának fokozódására.

Azonban lehetséges olyan helyzet is, hogy a testünkből indul ki a vágyakozás. Ez a közepesen gyakori eset. Például egy férfi abban a szerencsés helyzetben van, hogy kiegyensúlyozott nemi

---

5   Ez az én szubjektív véleményem, hogy a nő az Univerzum legnagyobb csodája.

életet élhet a párjával és mindennap szeretkeznek, így a teste mindennap orgazmushoz jut. Aztán a párja elutazik egy üzleti útra négy napra. Ilyenkor 1-2 nappal később testi vágy indul be a férfiben, mert a test hiányolni kezdi a naponta megszokott „orgazmusjutalmat". Szóval ilyenkor testi érzetből kiinduló vágyként indul az egész. A merevedés állapotával kezdődik a „helyzet", melyből szexuális gondolatok generálódnak, és ezek a felfokozott vágy érzését fűtik fel a lélekben.

Most, hogy megértetted, mit jelen az érzelmeid megismerése azok gyújtópontja szemszögéből, **kérlek, legalább két hetet szánj** az életedből arra, **hogy** minden esetben **megfigyeled** azt az érzelemtípust, melytől ebből az egy szempontból, **hogy mikor és honnan indul ki benned**, végleg meg szeretnél szabadulni! A lényeg az, hogy gyakorold be a forrás megtalálását, és figyeld meg, hogy utána hogyan épül fel benned és milyen irányba forog a gondolat–lélek–test spirál: elme–test–lélek vagy lélek–test–elme?! Amíg ez nem megy profin és azonnal, addig ne lépj tovább a következő szintre! Ez egy nagyon-nagyon fontos önismereti feladat, amit nem könnyű elsajátítani. De ha sikerül, akkor az egod működésének egy új dimenzióját tapasztalhatod meg! Ez hihetetlenül fel fogja erősíteni a tudatosságod és a változásod erejét!

A 4. lépés megkezdése előtt az is fontos, hogy tanuld meg és gyakorold a hálaáramlatot. Ezt az első kötet segítségével már elsajátítottad. Ha esetleg elhanyagoltad volna az utóbbi időben, akkor, kérlek, kapd elő a könyvet, ismételd át és gyakorold be újra. Amíg nem tudsz pár másodperc alatt teljes értékű hálát generálni magadban, addig ne lépj tovább a következő szakaszra!

A 4. lépés fontosságához elengedhetetlenül szükséges megértened, hogy a 200 alatti életpusztító érzelmeink legnagyobb része az elméből indul ki! Ez azért van, mert ezek a helytelen társadalmi, családi minták, reklámok, filmek és egyéb káros hatások révén kerülnek bele az életünkbe. Ezek tanult érzelmi minták! Amikor ráébredtem, hogy a legtöbb vágyakozás az elmémből indul ki, akkor hatalmas megkönnyebbülést éreztem. (Ez a kijelentés a többi 200 alatti rezgésű érzelemre is igaz.) Hiszen az I. kötetben részletesen is elmagyaráztam azt, hogy a lélek:test:elme erőaránya 100:10:1. Tehát a legkönnyebben az elméből induló érzelmektől lehet megszabadulni és legnehezebben a lélekből indulóktól. Nem csak azért érdemes először az elméből kiinduló érzelmektől megszabadulni, mert azoktól a legkönnyebb. Hanem azért is, mert ha az elméből fakadó vágyakozást ki tudod iktatni, akkor kb. egyötödére csökken a benned lévő vágyakozások mennyisége, és ezáltal már drasztikusan emelkedik az átlagos boldogságszinted. Ez erőt fog adni a nehezebb feladatokhoz! Így tehát a legkisebb energiabefektetéssel a legtöbb előnyt érheted el.

Ennek ellenére ne gondold, kérlek, hogy ez könnyű feladat! Sok erő, odafigyelés és legfőképpen kitartás szükséges hozzá a részedről! Az összes sejted sóvárogja a hormonkoktél-igényét, így tartósan szükséges más hormonokkal „etetned" a sejtjeidet, hogy azok már másra vágyjanak! Szóval az elméből kiinduló vágyakozásoktól való megszabadulás a legegyszerűbb. Ahogy az első gondolatok jönnek, még van egy pici időrés, amikor nincs érzelem- vagy testi hatása a gondolatnak. Ebben a pici idősávban meg lehet fékezni ezt az érzelmet! Nagyon fontos, hogy nem fojtjuk el! A vágykeltő gondolat megérkezése után rajtakapod magadat, hogy éppen olyan gondolatokon agyalsz, melyek vágy érzését fogják benned generálni. Az előző példával élve észreveszed, hogy már nemcsak a hölgy szépségét csodálod, hanem elkezded gondolatban leszedni róla a ruhát. Ekkor egy nagyon fontos lépés jön: az elmédről azonnal áthelyezed a fókuszt a testedre, és teljes őszinteséggel megvizsgálod, hogy a tested valóban vágyik-e arra a dologra. Meg fogsz lepődni, de érzékelni fogod, hogy a testedben semmiféle vágy nincs az adott dologgal kapcsolatban. Minden sejtedre, az egész tested teljes terjedelmére figyelj! (Ezt a figyelmi módot is szükséges gyakorolnod, mert elsőre ez sem szokott menni az embereknek!) Ekkor tudatosítod az érzést, hogy a tested vágymentes. Utána ráfókuszálsz a lelkedre és megvizsgálod, hogy valóban van-e benne vágy. Rá fogsz ébredni, hogy az érzés még nem is létezik, vagy nagyon gyenge. Még nem őszinte, nem lélekből fakad. Ez a vágy az elméd műve, amit valamilyen teljesen felesleges külső hatás generált vagy egy teljesen felesleges és rosszul berögzült gondolkozási mechanizmus eredménye. Visszatérve az előző példára: amikor megcsodálom egy nő szépségét, akkor az a „szokásos" gondolkodási mechanizmus, hogy a szépség megcsodálásánál nem állok meg gondolatban, hanem továbblépek és elkezdek azon agyalni, hogy vajon milyen lehet a ruha alatt, és mi mindent lehetne vele szexuálisan kezdeni. Ez nem más, mint egy szexuálisan túlfűtött társadalom belénk ivódott helytelen mintája. Ami megdöbbentő felismerés, hogy ezzel egyre nagyobb boldogtalanságba taszítjuk magunkat. Hiszen a vágyakozás a jelenlegi helyzetünk nem megfelelő állapotát sugallja. Az elérhetlen cél frusztrációt és hiányérzést eredményez bennünk. Azaz boldogtalanságenerátor! Sokan azt hiszik, hogy a vágyakozás pozitív érzelem, pedig nem az. A vágyakozás az addikciók kialakulásának a gyökere. A vágyakozás mindig addiktív, mindig pusztít. A vágyakozás ugyan kevésbé pusztít, mint például a bűntudat, hiszen magasabb rezgésű, de ettől még boldogtalanságot okoz. Ez akkor is így van, ha rövidtávon hozhat egy izgalmi állapotot, egy energialöketet, esetleg egy rövid átmeneti boldogságérzést. De összességében ha a teljes folyamat energetikáját nézzük, akkor mindig lehúz és életenergia-vesztés a végeredménye. Tehát amikor megvizsgáltad, hogy a vágykeltő gondolatnak még nincs őszinte lélekből és testből fakadó vágya, akkor általában el is megy a kedved magától a vágykeltés gondolatmintáinak folytatásától, ha tudatosítod, hogy ha ezt továbbcsinálod, akkor ezzel megint a boldogtalanságodért teszel egy lépést. Ilyenkor fontos a kiinduló célkitűzéseddel kapcsolatos tudatosítás, miszerint meg kívánsz szabadulni ettől az életpusztító érzelemtől. Utána pedig a gondolkodásod fókuszát változtasd meg. Tereld el a figyelmedet a vágy okáról és keress más figyelemfókuszt! Ez lehet kifelé figyeléssel, azaz más figyelemcél keresésével, mint például egy pozitívabb érzelmeket generáló könyv, film, webes felület vagy természeti értékre való figyelem, mondjuk egy fa vagy virág (a természeti jelenségekre való figyelem nagyon hatékony!). De lehet befelé figyelés is. Ilyenkor tedd fel magadnak a kérdést, hogy mit sugall a tested, mit sugall a lelked, és haladj abba az irányba. Mindegy, melyiket választod, a cél, hogy magasabb rezgésű érzelmek, testi reakciók és gondolatok generálódjanak benned. Nézd meg, kérlek, a Hawkins-skála ábráját (**1. ábra**)! Ilyenkor bármelyik érzés jó, ami a vágy felett helyezkedik el. A vágynál még a harag is sokkal jobb, akármennyire is meglepő. Például ha haragszol magadra, amiért megint le akartad venni fejben a ruhát arról a szép nőről, már emelted a rezgésedet! Ha azonban bűntudatot éreznél ez miatt, akkor sajnos lefelé húznád a lelki rezgésszinted átlagát, és ezzel a boldogságszintedet is...

Most jön egy nagyon fontos kiegészítés! Minden esetben, amikor rajtakaptad a gondolataidat és áthelyezted a fókuszt, utána végezz el egy hálaáramlatot! A hála a legerősebb transzformáló érzelem. A hála mindig magasabb rezgésbe emel! Ez stabilizálja az átállást a magasabb rezgésbe! Erre a következő alfejezetben részletesen visszatérek!

Az 5. lépés gyakorlását nem javaslom, amíg be nem gyakoroltad az első 4 lépést, és nem értél el sikereket az elméből fakadó vágytól (vagy más általad választott érzelemtől) való megszabadulásra. Amikor ez már rutinszerű és jól megy, akkor itt az ideje a testből fakadó vágyról (vagy más érzelemről) való leszokásra fordítani a figyelmedet. A 4. lépésig fontos, hogy ne próbálkozz a testből és lélekből fakadó érzelem meghaladásával! Azokban szó szerint dagonyázz, azaz engedd meg magadnak, hogy az adott érzelem uraljon téged! Ne küzdj ellene, és miután megtörtént, ne érezz bűntudatot vagy szégyent miatta, csak hagyd, hogy történjen! Amikor az elméből kiinduló érzelmek meghaladása révén már ritkul benned a vágy, akkor valószínűleg az is rendszeres lesz, hogy a testből vagy a lélekből induló érzelmek átmenetileg sokkal erőteljesebbé és tartósabbá válnak. Kérlek, ne keseredj el és ne ijedj meg ettől! A pusztító-egod ilyenkor be akarja pótolni az elmaradását, ami abban jelenik meg, hogy az adott érzelem hiányából fakadó hormonhiány az egész test adott érzelemre való sóvárgását fogja generálni. Ilyenkor úgy tűnik, mintha ok nélkül, spontán törnének fel ezek az érzelmek bennünk, pedig csak az ego hormonhiánypótlási technikájáról van szó.

Szóval az 5. lépés az, amikor elkezded a testből kiinduló érzelmeket rendbe tenni. Továbbra is a vágy példájánál maradva előfordulhat olyan helyzet, amikor a testben indul meg egy inger anélkül, hogy előtte gondoltál volna az inger tárgyára vagy lettek volna azzal kapcsolatos érzelmeid. Például van olyan, hogy spontán szexuális vágy indul meg a testünkben, anélkül, hogy szexuális jellegű dolgokon gondolkodnánk. Az is megtörténhet, hogy például beindul a nyálelválasztásunk és az édességvágy testérzetként tör ránk. Ilyenkor is van 1–3 másodperc időrés, amikor ezt még nem követi gondolat vagy érzelem. Ez a rövid időtartam az, amikor közbe lehet lépni. Először is fontos szétválasztani, hogy a testi vágy egy része teljesen egészséges, helyes dolog lehet, a másik része pedig nem az. Hogyan lehet ezt a két dolgot megkülönböztetni? A helyzet az, hogy a testből kiinduló vágy általában az elvonási tünetet jelenti. Az eddigi példák gondolatmenetéből kiindulva ha valaki hónapokon keresztül mindennap sok cukros finomsággal jutalmazta magát és a 4. pontban megadott módon elkezdi tudatosan mérsékelni az ezzel kapcsolatos vágyait, akkor átmenetileg elvonási tünetek fognak jelentkezni, amit cukoréhségnek szoktak hívni. Egyszerűen a test kívánni fogja az édes dolgokat, mert ehhez szoktattuk. Az I. kötetből már jól tudod, hogy a test egy tökéletesen alkalmazkodó gépezet! Ennek az evolúciós fejlettségének köszönheti, hogy a történelme során az emberiség ennyiféle szélsőséges helyzeten túl tudott lendülni. Szóval a testet nem érdekli, hogy az a dolog, amihez szoktatták, az jó-e vagy rossz! **A test egyetlen dolga a helyzethez való alkalmazkodás.** Hogy ezt elég mélyen megértsd, elmesélek egy valós példát egy hölgyről, aki összeismerkedett a párjával és mélyen beleszeretett. Azonban ez a férfi egy szexfüggő szadista ember volt. A nő előtte sosem foglalkozott ilyesmivel, de mivel szerette a férfit és természetesen volt benne kíváncsiság is, elkezdte teljesíteni a párja vágyait. A kemény szadista szexpartikhoz rendszeres munkával keményen tréningelik a mazochistákat, azért, hogy egyre vadabb és megalázóbb dolgokat legyenek képesek elviselni. Ezzel a nővel is ezt tette a párja. Míg már rendszeresen szadista szexorgiák középpontjában nem találta magát, ahol kikötözve sok férfi és nő okozott neki gyötrő fájdalmat szexuális szenvedéllyel és szexuális megaláztatásokkal fűszerezve. A nő nehezen tört be, de egy idő után már élvezni is tudta, ami történik vele. Azonban a párja végleg elhagyta, és ő újra normális életet akart élni. Igen ám, de amikor hagyományos szexuális vágyakkal rendelkező férfiakkal ismerkedett meg, már teljesen hidegen hagyta a hétköznapi szexualitás. Az érzéki simogatás, a normál szex és szeretkezés számára egy száraz sivatag volt. Így nem tudott magának kapcsolatot találni, mert meg akart szabadulni a szadista világtól, de a normális világ már nem jelentett számára örömet. Ebből a példából nagyon jól lehet érzékelni, hogy a test szinte bármihez adaptálódik. Neki mindegy, hogy mi az. A környezeti tényezők változásához alkalmazkodik, hiszen ez a dolga!

No de most jön az örömhír! **A test automatikus alkalmazkodása visszafelé is működik!** Ugyanúgy lehet rombolni és építeni! De fontos megértened, hogy **amennyi energiát beletettél a múltadba, abba, hogy a helytelen állapotra szoktasd a testedet, legalább annyi energiát kell befektetni abba, hogy visszaszoktasd a helyes állapotra.** Bár szerencsére általában kevesebbet kell, mert a jóra könnyebben szoktatható a test, mint a rosszra. Ez a már említett belső fénymagod miatt van. Az előző hölgy példájánál maradva őt évekig tréningelték, hogy a legvadabb szexuális fájdalmakat is el tudja viselni. Szóval évekig szükséges tréningelnie a testét arra, hogy az először száraznak érzett hagyományos szexualitást újra élvezni tudja. Mint ahogy már a 7.2. fejezetből tudod, szinte minden ok-okozat alapján működik az Univerzumban. Szóval ha valamit helytelenül cselekedtünk a múltban, annak a következményei a jelenünkben vannak. A jövőnk azon múlik, hogy az okozatból mennyit tettünk jóvá, mennyit korrigálunk, de egyáltalán mennyit láttunk be belőle. Tudunk-e elegendő okot teremteni annak érdekében, hogy a jövőnkben másfajta okozatok keletkezzenek?! Aki túl sok cukrosat evett és még nincs visszafordíthatatlan cukorbetegsége, annak meg kell tennie a fordítottját is, hogy visszatérjen egy egészségesebb testi egyensúlyba.

Most, hogy ezt megértetted, kanyarodjunk vissza az 5. lépés gyakorlati módjára. Tehát jön egy testivágy-érzet. Ekkor először figyeld meg a lelkedet és azt, hogy a lelked valójában mit üzenne. Ha a tested vágyától eltérő üzenete van, akkor még időben léptél, időben voltál tudatos. Ha a lelkednek eltérő az érzelme, kezdj el fókuszálni a lelkedre, és tartsd ott a figyelmedet. Amikor ez az érzelem megerősödik benned, akkor helyezd a figyelmedet az elmédre, és a lelked érzelmeivel kapcsolatos gondolatokra fókuszálj. Amikor ez is megvan, akkor figyeld meg a testedet. Ekkorra vagy elmúlott a testivágy-érzet vagy mérséklődött. Ha elmúlott, akkor gratulálj magadnak és jutalmazd meg magadat az önszeretet vagy az öröm érzésével és kapcsolj be egy hálaáramlatot. Ha még csak mérséklődött a testérzet, akkor addig folytasd a lélekre és utána az elmére való fókuszálást, amíg el nem múlott a testérzet, és közben ne feledkezz el a hála érzéséről sem. A hála érzése nagyon fontos, az a legerőteljesebb érzelem-transzformáló erő az életedben, ahogy azt a 9.2. fejezetből meg fogod látni!

Ha az 5. lépés is megy már, akkor gyakorold az 1–5. lépéseket addig, míg szépen lassan elkezdenek mérséklődni a meghaladni kívánt érzelmek az életedben. A vágyakozás érzelmének példáját folytatva: ennek hatására csökkenni fog az életedben a vágyakozás érzelmében töltött idő. Nagyon fontos, hogy az így „megüresedett" időt cseréld valamilyen magasabb rezgésű érzelemre!

Azaz olyan tevékenységeket végezz, melyek magasabb rezgésű érzelmekkel járnak az életedben. A jelen könyvben bemutatott Hawkins-skála ábrájáról (**1. ábra**) mindig le tudod olvasni, hogy az általad meghaladni vágyott érzelemnél melyikek a magasabb érzelmek. Például energetikailag a vágy felett áll a harag, a büszkeség, a bátorság, a pártatlanság, a hajlandóság, az elfogadás, az észszerűség, a szeretet, az öröm, a béke és a megvilágosultság. Ezek bármelyikét érezheted a kiüresedett időben. Így az átlagos lelki rezgésszinted és az átlagos boldogságszinted is emelkedni fog! Minél magasabb rezgésű érzelmek megélését tudod előidézni magadban, annál drasztikusabban fog javulni az életminőséged.

Most jön a 6. lépés, ami a legnehezebb és a legmagasabb szintű munkát és tudatosságot igényli. Az elméből kiinduló érzelmek meghaladása a legkönnyebb, a testi érzetekből kiinduló érzelmek transzformálása már nehezebb, de nem lehetetlen. A direktben lélekből kiinduló érzelmek meghaladása a legkeményebb dió. Az érzelmeink előbb-utóbb mindig nyernek, ha ellentétben állnak a testünkkel meg az elménkkel. Bár az lehetséges, hogy az elménk és a testünk kemény fellépésével átmenetileg elfojtunk egy érzelmet, de az később legalább 100-szor vissza fog ütni. Tehát nem érdemes alkalmazni ezt a taktikát, ennek ellenére szinte minden ember nap mint nap ezt csinálja kisgyerekkora óta. Ne feledd, kérlek! **A mai naptól tilos elfojtanod az érzelmeidet!** Ez a kulcsa annak, hogy megváltoztasd a jövődet!

Úgyhogy ha lélekből indul ki egy érzelem, akkor két lehetőséged van. Az egyik, hogy feltételek és utólagos bűntudatok, önostorozások nélkül elfogadod. Ha megnézed a Hawkins-skálát, akkor láthatod, hogy az elfogadás milyen magas szintű érzelem. Ennélfogva az alacsony rezgésű érzelem elfogadása szépen lassan kiemel az alacsony rezgésű érzelemből egy magasabb rezgésű érzelembe. Általában ez úgy szokott működni, hogy ha egy pillanatra elfogadom magamban a vágyat, akkor utána máris haragudni kezdek magamra, amiért hagytam megint eluralkodni, majd utána büszke leszek magamra, hogy bűntudat nélkül el tudtam fogadni azt, hogy eluralkodott rajtam. De nézd meg, kérlek, a Hawkins-skálát! Ha a vágyad helyett haragot vagy büszkeséget érzel, akkor tulajdonképpen meghaladtad az adott érzelmet! **Nagyon fontos megértened, hogy érzelmet nem lehet elméből vagy testből gyógyítani. Érzelmet csak érzelmi síkon lehet meghaladni!** Nézzük a másik lehetőséget: ha közvetlen érzelemként jelentkezik a vágyakozás, akkor először fókuszálj az elmédre és figyeld meg, hogy mit szeretne, mit üzen neked. Fontos, hogy ne fojtsd el a meghaladni kívánt érzelmet, csak helyezd át a fókuszodat. Ha az elméd mást üzen, mint a lelked vágya, akkor ezután figyeld meg a testedet is. Amennyiben a tested is mást szeretne, mint a lelked vágya, akkor próbálj meg a tested és az elméd által generált gondolatok és testérzetek fókuszából generálni magadban egy másik – magasabb rezgésű – érzelmet. Ez az irány nagyon nehéz és komoly tudatosságot, valamint önuralmat igényel. Hiszen az egon belül a lélek ereje a leghatalmasabb. Ha már a tested is a lelked oldalán áll, akkor teljesen értelmetlen az erőlködés. Szóval ha közvetlenül lélekből indul ki az érzelem, akkor általában egy másodpercen belül az elménk is már ezzel kapcsolatos dolgokon kattog, és a testünk érzetei is követik a lelkünk vágyát. Csak akkor van esélyed az érzelem meghaladására, ha a test és az elme még nincs a lélek által generált érzelem uralma alatt. Erre nagyon kevés reakcióidő áll rendelkezésünkre. Ez miatt az érzelem elfogadását egy könnyebb útnak tartom. De mindkét út a rendelkezésedre áll! Ha az első öt lépés már rutinszerű az életedben, akkor azzal már eléggé kiritkítottad a meghaladni kívánt érzelmet az életedben, hiszen a lélekből közvetlenül induló 200 alatti rezgésű érzelmek a legritkábbak. Így amikor közvetlen lélek gyújtóponttal érkezik az érzelem, akkor jobban oda tudsz rá figyelni.

A YouTube-csatornámon (***https://www.youtube.com/@justdobetterworld***) egyébként találsz olyan videókat, melyek több példán keresztül segítik a mélyebb megértést!

9.2. Az érzelemtranszformációs létra – transzformációs segédérzelem

	Gyengítendő érzelem	Fejlesztendő érzelem		Transzformációs segédérzelmek
Megvilágosultság	Bátorság-Észszerűség	Megvilágosultság	Hála	Tágasság
Béke	Büszkeség	Megvilágosultság	Hála	Isteni szikra
Derű	Harag	Megvilágosultság	Hála	Alázat
Szeretet	Vágyakozás	Megvilágosultság	Hála	Teljesség
Észszerűség	Félelem	Béke	Hála	Együttérzés
Elfogadás	Bánat	Szeretet	Hála	Belső erő
Hajlandóság	Fásultság	Észszerűség	Hála	Elengedés
Pártatlanság	Bűntudat	Észszerűség	Hála	Önzetlenség
Bátorság	Szégyen	Elfogadás	Hála	Megbocsájtás
Büszkeség	Szégyen	Hajlandóság	Hála	Őszinteség
Harag	Szégyen	Pártatlanság	Hála	Felsőbbrendűség
Vágyakozás	Szégyen	Bátorság	Hála	Egyenrangúság
Félelem	Szégyen	Büszkeség	Hála	Önbizalom
Bánat	Szégyen	Harag	Hála	Azonosulás
Fásultság	Szégyen	Vágyakozás	Hála	Lelkesedés
Bűntudat	Szégyen	Félelem	Hála	Céltudatosság
Szégyen	Szégyen	Bánat	Hála	Remény

2. számú táblázat: *Gyengítendő, fejlesztendő és segéd transzformációs érzelmek*

Most jön az egyik legizgalmasabb és legfontosabb tudás, melyet a 207. oldalon található táblázat foglal össze. A **2. számú táblázat** lehet, hogy első látásra sok információt tartalmaz. De hidd el, nemsokára tökéletesen át fogod látni. Azért lesz ez így, mert a lelki fejlődésed során hetekig, hónapokig csak a táblázat egyetlen sorával kell foglalkoznod. **Egy adott lelki rezgésszinten tehát 4 olyan érzelem van, mely a leghatékonyabban segíti a fejlődésedet!**

Ahhoz, hogy ezt a táblázatot jól tudd értelmezni, szükséges még bemutatnom neked a **segéd transzformációs érzelmek** fogalmát. A segéd transzformációs érzelmek a lehető leghatékonyabban segítik az adott lelki rezgésszintből való kilépést.

A segéd transzformációs érzelmeknél a táblázatban két oszlopot látsz. Az első segéd transzformációs oszlopban (*a táblázat 4. oszlopa*) az összes lelki rezgésszintnél a hála érzelmét találod. Ez nem véletlen! Ez általános segéd transzformációs érzelem. A táblázat utolsó oszlopa a specifikus segéd transzformációs érzelmeket tartalmazza. Az általános transzformációs érzelem az, mely minden lelki rezgésszinten emeli a lelki rezgésszintedet. Ez a csodálatos felismerés hihetetlen értékes tudás, jól mutatja a számodra, hogy **hálából sosem elég!** Remélem, emlékszel az első kötetre! Nem véletlenül volt a legelső gyakorlati lépések között a hálaáramlat és a küldetésnyilatkozat! A hálaáramlat megtanít a hála újra felfedezésére és most már tudod, hogy **hálából sosem elég! Minél többet vagy hálás, annál gyorsabban emelkedik a lelki rezgésszinted!** A hála olyan érzelem, amivel nem tudsz tévútra kerülni!

Most arra kérlek, tekints egy pillantást a **2. számú táblázat** utolsó oszlopában lévő specifikus transzformációs érzelmekre. Ezek azok az érzelmek, melyeket egy adott lelki rezgésszinten szükséges felerősítened magadban annak érdekében, hogy emelkedjen a lelki rezgésszinted. Például a félelem lelki rezgésszintjének elhagyása érdekében az önbizalom érzését szükséges erősítened, míg a pártatlanság lelki rezgésszintjén az önzetlenséget. Ezt bármelyik lelki rezgésszinten ki tudod nézni a **2. számú táblázat**ból.

9.3. Néhány gyakori hiba, amelyeket, kérlek, kerülj el

Fontos azt is megértened, hogy nem mások tehetnek az érzelmeidről, hanem te magad! Nagyon sokan állandóan a környezetüket okolják a rossz érzelmeikért. Ha megtanulsz egy érzelmet magasabbá transzformálni, utána azt már senki sem tudja előidézni benned! Hiszen ez belülről áramlik kifelé és nem fordítva, ahogy a legtöbb ember gondolja! A külső okokat mindig az ego hozza fel! Amikor elhiszed, hogy más tehet a nehéz dolgaidról, akkor az egod irányít, azaz esélyed sincs egy boldogabb életre!

Fontos, hogy tudatosítsd: sosem lineáris az érzelmek meghaladása. Tehát a fejlődés hullámzó. Gyakran visszaesünk, de olyankor nem szabad abbahagyni, hanem folytatni kell az utat! A fejlődést igazán abban lehet észrevenni, hogy a visszaesések mélypontjai egyre kevésbé mélyek és egyre rövidebbek lesznek. Egyszóval a fejlődés mértékét mindig a visszaesésekből próbáld megfigyelni, és úgy, hogy ha visszagondolsz egy fél évre vagy egy évre, akkor miként reagáltál volna ugyanebben a helyzetben. Ezzel a módszerrel a mélypontokon kapsz lelkierőt, hitet a folytatáshoz, és tényleg reálisan fogod látni, hogy mekkorát fejlődtél! Az ego szereti azt csinálni, hogy a legpozitívabban megélt állapotodhoz viszonyítja a visszaesett állapotodat, és ezzel veszi el a kedvedet! Ez egy tipikus egotrükk! Kérlek, ne hagyd magadat becsapni!

Nagyon rossz, de sajnos gyakori – ösztönösen működő – stratégia, hogy az adott érzelmet negatívabbra cseréljük. Azaz lefelé hajtunk végre érzelem-transzformációt. Például amikor valaki sokat fél, gyakran a fásultságba zuhan annak érdekében, hogy mentesítse magát a félelemtől. Az is gyakori, amikor kifejezzük valakinek a haragunkat, majd utána bűntudatot érzünk. Figyeld meg, kérlek, hogy milyen gyakran csinálsz ilyeneket ösztönösen! **Ha lefelé tudod transzformálni az érzelmeket, akkor felfelé miért ne tudnád?** Ez az energetikai rendszer mindkét irányba képes mozdulni! Csak ahogy könnyebb legurulni a lejtőn, mint felmenni rá, úgy itt is energiát kell beletenni az emelkedésbe.

A másik jó tanácsom a számodra, hogy az észszerűséget nem javasolt érzelem-transzformációs érzelemként használni! Ennek az az oka, hogy racionális embernek neveltek minket, de a legtöbb ember nincs tudatában annak, hogy nem racionális, hanem racionalizáló. A kettő különbségéről már többször írtam neked, így jól tudod, mit jelent. Tehát amikor azt hisszük, hogy észszerűségbe transzformáljuk az alacsony érzelmeinket, akkor valójában nem ez történik, hanem egy önmagunktól való érzelmi eltávolodás. Ez így nem az érzelem pozitív irányú transzformációja lesz, hanem egy rejtett elfojtás! A legtöbb ember pont a racionalizáló mivoltával fojt el érzelmeket! Ez egy csapda, kérek, ne ess bele!

Egy másik érdekes példa, ami segíthet neked az érzelemtranszfor-máció módszerének használatában: Egy hölgy tanácsot kért tőlem azzal kapcsolatban, hogy a legalsó érzelme a félelem, miközben a módszerem szerint a bánatnak kellene lennie. Ő meg volt róla győződve, hogy a módszerem hibás, és azért jött, hogy segítsen megjavítani azt. Természetesen nyitottan álltam a javaslat előtt, hiszen minél többen tesztelik a módszert, annál jobban fejlődhet. Ahogy kikérdeztem és kineziológiai módszerrel kimértem, tényleg olyan lelki rezgésszinten élt, ahol a bánat és nem a félelem a legfontosabb gyengítendő érzelme. De ő azt mondta, hogy sosem érez bánatot. Ekkor végeztem vele egy speciális oldási eljárást (erről és ehhez hasonló izgalmas, illetve hatékony módszerekről a következő fejezetben lesz szó). Az oldás során felszakadt a mély tudatalattijából egy nagy halom bánat. Így rádöbbent, hogy nem azért nem érezte a bánatot, mert nincs benne ilyen érzelem, hanem azért, mert gyerekkorában annyira elfojtotta ezt az érzelmet, hogy még sokévnyi spirituális munka után sem látott rá. Tehát mindig igyekezz az életedben viszonylag gyakran előforduló legalsó rezgésszintű érzelemre fókuszálni! Egy érzelem végleges meghaladása több hónapos munka is lehet, de nagyon megéri! Ám ha például a bűntudat meghaladása után átugrasz pár érzelmet, mert nem érzel olyanokat, akkor nagy valószínűséggel ott elfojtások vannak benned! Ez megint egy jel, hogy az egod mögé láss! Az elfojtások feloldásáról a következő kötet fog szólni, de ilyenkor fontos segítséget kérni!

Ha az adott érzés gyógyul, enyhül benned, akkor fordulj rá a sorban a következőre. Ne feledd, kérlek, olyan is lehet, hogy a legalsó lelki rezgésszinthez tartozó érzésként a haraggal kezdesz, de utána annak gyógyulása fog felszakítani egy még mélyebb lelki rezgésszinten mérhető érzést, például a szégyent. A léleknek több rétege van, melyre részletesen egy külön kötetben fogok kitérni. Egyelőre arra kérlek, hogy annyit fogadj el, hogy ha alacsonyabb lelki rezgésszinthez tartozó érzés nyílik meg, az azért jó, mert olyannal foglalkozhatsz, ami eddig rejtve volt az egod által, azaz végre feltárult egy olyan rejtett fék, amely erősen gátolta az életed boldogabbá alakulását!

Jelen kötet következő főfejezetében részletesen minden érzelemszintre vonatkoztatva tárgyaljuk az érzelem-transzformáció módszerét. Itt célirányosan a te lelkirezgésszint-spektrumodnak megfelelő érzelemszintre fókuszálhatsz! Amint a **2. számú táblázat**ban láthatod, azok az emberek, akik az összes 200 alatti lelki rezgésszinthez tartozó érzelmet tökéletesen ki tudják vonni az életükből, azok a megvilágosultság kapujáig is eljuthatnak. Most pedig, kérlek, tarts velem az érzelmek gyakorlati transzformációjához!

10. FEJEZET

Az érzelem-transzformáció módszere a gyakorlatban

Ebben a fejezetben végigmegyünk az összes érzelemtípuson, és megtanuljuk, hogyan kell őket magasabb rezgésű érzelembe transzformálni.

Indulásképpen, kérlek, válaszolj az alábbi – már jól ismert – kérdésekre úgy, hogy 1 és 10 között válaszd ki a legmegfelelőbb számot és karikázd be. A 10 jelenti azt, hogy teljes mértékben egyetértek, az 1 pedig azt, hogy abszolúte nem értek egyet.

▶ Reggel ébredés után kíváncsian és vágyakozással várom, hogy milyen csodákat hoz számomra ez a nap:

1 – 2 – 3 – 4 – 5 – 6 – 7 – 8 – 9 – 10

▶ A kapcsolataim harmonikusak, békések és lelki intimitás, őszinteség, önzetlenség jellemzi őket. Nem vagyok kritikus sem önmagammal, sem másokkal:

1 – 2 – 3 – 4 – 5 – 6 – 7 – 8 – 9 – 10

▶ Annyi teendőm van, amennyit tempós, de nyugodt tevékenységgel harmonikusan el tudok végezni. Rend és harmónia uralja az Életemet:

1 – 2 – 3 – 4 – 5 – 6 – 7 – 8 – 9 – 10

▶ Sokat mosolygok, amelyet nem önvédelmi páncélnak használok, hanem a boldogságom ösztönös megjelenése:

1 – 2 – 3 – 4 – 5 – 6 – 7 – 8 – 9 – 10

▶ Ritkán vagyok szomorú, békétlen vagy türelmetlen, de akkor is nagyon rövid időkre:

1 – 2 – 3 – 4 – 5 – 6 – 7 – 8 – 9 – 10

▶ Szeretem az Életemet és szeretem önmagamat:

1 – 2 – 3 – 4 – 5 – 6 – 7 – 8 – 9 – 10

▶ Tiszta odafigyeléssel, nyílt szívvel, gondolatok nélkül vagyok képes megélni az értékes pillanatokat:

1 – 2 – 3 – 4 – 5 – 6 – 7 – 8 – 9 – 10

▶ Bízom a jövőmben és hiszem, hogy az Élet jó irányba egyengeti a sorsomat (az Élet helyére bármely, hitrendszered szerinti szót tehetsz, pl. Isten, Mindenható stb.):

1 – 2 – 3 – 4 – 5 – 6 – 7 – 8 – 9 – 10

▶ Mélyen és jól alszom nap mint nap:

1 – 2 – 3 – 4 – 5 – 6 – 7 – 8 – 9 – 10

▶ Testi egészségem tökéletes állapotban van:

1 – 2 – 3 – 4 – 5 – 6 – 7 – 8 – 9 – 10

Kérlek, most add össze a kérdésekre adott számokat és oszd el 10-zel! A kapott értékedet írd ide, mellé a mai dátummal:

Hasonlítsd össze az előző kötet elején és végén kapott eredményeiddel! Köszönöm!

Most pedig vágjunk bele Életed legértékesebb munkájába: az életed még erőteljesebb megváltoztatásába az érzelem-transzformáció módszerével, melybe természetesen beleintegráljuk az érzelmi spektrumoknál megszerzett tudást is.

10.1. Néhány jó tanács az induláshoz

Ebben a főfejezetben olyan tudást adok át neked, amellyel a szégyen lelki rezgésszintjétől akár a megvilágosultságig is eljuthatsz! Tudom, a legtöbb embert nem érdekli a megvilágosodás, inkább a boldogság motiválja. Ez így is van jól! Végül is mindegy, hogy a megvilágosultság vagy a tartós boldogság elérése a célod, hiszen az út egy irányba mutat.

Most arra kérlek, hogy a továbbiakban se hanyagold el az első kötetben elsajátított és életed részévé tett feladatokat! Azok a jövőben is fontos részei legyenek az életednek. Sokat segít, ha csoportokba integrálod azokat, azaz módszereket kombinálsz és ezekből napi rituálék, szokások alakulnak ki.

Fontos tudnod, hogy a lelked és a tested rezgésszintjének emelése, valamint az elméd rezgésszintjének csökkentése egy éveken, de akár életen át tartó munka! Az ego sajnos mindent gyorsan akar. Ugyanakkor a türelmetlenség – mint már tudod – az erős pusztító-ego egyik tünete. Szóval, kérlek, tudatosítsd, hogy továbbra is egy szisztematikus és fokozatos munka áll előtted, amelyet az I. kötetben foglaltakkal megalapoztál. Ehhez tiszta szívből gratulálok! Ugyanakkor a következő kötetben a lelkierő fenntartásához és a fejlődési hatékonyság fokozásához fogok útmutatást adni neked. Így remélem, annál a kötetnél is velem tartasz ezen a csodálatos úton.

Ahogy megtapasztalhattad az első kötetből, ennek a fokozatos munkának megjön a gyümölcse. Épp jelen sorok írásakor kaptam egy hálás levelet egy olvasómtól, aki arról számolt be, hogy a könyvemben tanultak hatására elmúlt az autoimmun betegsége. Nagyon nagy hálával olvastam a hölgy sorait! Ugyanakkor jó, ha tudod, hogy az első kötet egy alapozó, amolyan bemelegítő könyv volt. Az igazán nagy változást hozó tudásanyag átadásának elejéhez még csak most jutottunk el ebben a kötetben.

Nem véletlenül „az életed megváltoztatásának könyve", amit a kezedben tartasz. Ha az itt elsajátított tudáshoz hozzáteszed az erődet és a kitartásodat, akkor a kezedben van a siker! A siker pedig nem más, mint a fokozódó boldogság, harmónia és egészség az életedben. Merthogy ez a három kéz a kézben járnak.

10.2. Melyik érzelemmel kezdjük?

Az érzelmi spektrumok leírásánál (*8. fejezet*) arra kértelek, hogy alaposan figyeld meg magadat, egy átlagos napodon hogyan oszlanak el az érzelmeid. Ez alapján be tudod sorolni, hogy szerinted a bemutatott 18 lelkirezgésszint-spektrum közül leginkább melyik érzelmi spektrum a jellemző a jelenlegi életedre. Ha ezt megtetted, akkor mostanra tisztán látod, hogy melyik a Hawkins-skála szerinti (1. ábra) legalacsonyabb rezgésű érzelem, amely még viszonylag gyakran gyötri az életedet. **Az érzelem-transzformáció módszerét mindig ezzel szükséges kezdeni és addig csinálni, míg az szinte teljesen kiveszik az életedből!**

Tehát fontos megérteni, hogy **nem azzal az érzelemmel foglalkozunk, amelyik a lelki rezgésszintünkre jellemző** domináns érzelem, hanem a ránk jellemző legalsó rezgésű érzelemmel!** Ez azt jelenti, hogy aki a vágyakozás lelki rezgésszintjén él, annak nem a vágyakozás transzformációjával kell foglalkoznia, mert az neki még nem fog menni! Neki a szégyen transzformációja a legfontosabb feladata, és a szégyen mérséklése, majd elengedése fogja meghozni az életében a magasabb lelki rezgésszintekre való továbbemelkedést!

Ez azért is fontos, mert mindig a legalacsonyabb rezgésű érzelem az, amely az életed legnagyobb boldogtalanságenerátora! Ha esetleg néha elveszíted a lelkesedésedet vagy az erődet a folytatáshoz, olyankor képzeld el, hogy milyen lenne, ha az a bizonyos érzelem (pl. szégyen) soha többé nem fordulna elő az életedben. Én jelen sorok írásakor már szégyen, bűntudat, fásultság, bánat, félelem, vágyakozás és harag nélkül élek, és végre a büszkeség is erősen gyengélkedik. Ezt azért írom le, hogy igazoljam számodra: ez lehetséges és a módszerem hatékonyan működik! Azért is tartom fontosnak, hogy higgy nekem, mert jól emlékszem: pár éve még engem is azzal hitegetett az egom, hogy szégyen és bűntudat nélkül lehetetlen élni. Ne feledd! Az ego ármányos energiarendszer, és mindig foggal-körömmel védi a régi negatív berögződéseket. Ne hagyd, hogy becsapjon és ezzel boldogtalanná tegye az életedet!

10.3. Írd meg a küldetésnyilatkozatodat!

Régen csodáltam azokat a vallásos embereket, akik tényleg úgy is éltek, ahogy azt a vallásuk diktálta nekik. Ez miatt szerettem volna vallásos ember lenni, mert nekik a hit ad egy plusz gerincet, egy plusz tartást, plusz erőt a nehéz időszakokban is. Isten egy külső „lény", a belé vetett bizalom segíti őket az útjukon. A tízparancsolat is alapvetően egy jó dolog. Egyszerű útmutatásokkal támogat abban, hogy tudjuk, mi a helyes és mi nem az, és eligazítást nyújt, hogy ne kezdjük el megidealizálni a roszszat, ne terelődjünk le a helyes útról. Hiszen lássuk be: erre a legtöbben hajlamosak vagyunk.

2020-ban részt vettem egy sikertanfolyamon. Kíváncsi voltam, tud-e újat mondani a számomra. Nem lepődtem meg, hiszen tudott. Jó pár értékes és érdekes gondolatot tanultam, és izgalmas volt az egészet rendszerszinten összefoglalva megtapasztalni. A tanfolyam anyaga egyébként Franklin Covey világhírű szerző sikertananyaga (S. R. *Covey*, 2022) volt, akinek könyveit, videóit és tanfolyamait nagy szeretettel ajánlom mindenkinek. A szerzőből sugárzik az Életigenlő magas lelki rezgésszint. Ha minden ember elsajátítaná az általa közölt alapelveket, nagyon sokat javulna az emberi társadalom állapota mind egyén-, mind család-, mind nemzeti szinten.

Ezen a tanfolyamon volt szó arról, hogy **minden sikeres embernek szüksége van egy úgynevezett saját, egyedi küldetésnyilatkozatra.** Mint ahogy az előző alfejezetben olvashattad, neked különösen nagy szükséged van erre, mert ez az érzelem-transzformáció módszerének szerves része is. **Szóval arra kérlek, hogy addig ne haladj ezzel a könyvvel tovább, míg meg nem írod a saját egyedi küldetésnyilatkozatodat!**

No de mi ez pontosan? Hogy kell megcsinálni? Hogy kell használni? Miért és hogyan működik? Gondolom, ezek a kérdések merülnek fel most benned. Ez nem más, mint a saját egyéni tízparancsolatod elkészítése, azonban ennek nem kell vallásosnak lennie (persze lehet vallásos is, ahogy a te hitrendszerednek a legjobb). Ez egy olyan rövid, tömör leirat, mely összegzi az életedben aktuálisan betartandó elveket, irányokat. Azonban ez mégis eltér a hagyományos értelemben vett tízparancsolattól. Hiszen itt egyedileg rád szabva írod meg ezt magadnak. A saját küldetésnyilatkozatod elkészítésekor először gondold végig, hogy milyen szerepeid vannak az életedben, melyek fontosak a számodra. Ilyenek például: anya/apa, egy szervezet tagja vagy vezetője, barát, gyermek, egy család tagja, tanuló vagy oktató, valamilyen szakma gyakorlója stb. A küldetésnyilatkozatodban vedd végig ezeket a számodra fontos szerepeket, és szerepenként írd le néhány mondatban azokat az életelveket, melyeket szeretnél, ha fontos elemei lennének az életednek. Ezek olyanok is lehetnek, amelyeket rutinnal gyakorolsz, meg olyanok is, amelyek irányába kívánod változtatni az életedet. Például az édesapa szerepkörnél: több minőségi időt töltök a gyerekeimmel, melynek során önzetlenül és teljes odaadással figyelek rájuk. **Fontos, hogy kijelentő módban, jelen időben fogalmazz és ne használj benne tagadó szavakat!** Próbáld úgy megírni, hogy **csak Élettámogató gondolatokat tartalmazzon.**

Ha nehéz elképzelned, hogy miket kellene írnod az egyes szerepköreidhez, akkor sokat segíthet az alábbi gondolatsor: Képzeld el önmagadat késői idős korodban. Gondold végig, hogyan kellene leélned az életedet, hogy akkor visszatekintve mosolyogva, elégedettséggel, tiszta lelkiismerettel nézhess vissza az életedre a mai napig bezárólag. Ne foglalkozz azzal, hogy eddig mi volt! A küldetésnyilatkozatot ma írod meg, így a múlt nem számít! Ez akár lehet egy tiszta lappal induló élet kezdete is. A fontos az, hogy a mai naptól hogyan éled az életedet! Lényeges, hogy ne arra koncentrálj, miket akarsz megvenni, birtokolni, megszerezni idős korodig. A küldetésnyilatkozatot a lelked, a lelkiismereted, az etikai normarendszered szemszögéből írd meg, lehet egyszerű, pár mondatból álló vagy összetettebb is. De semmiképp ne legyen hosszabb egy oldalnál. Nagyon tetszett például az a küldetésnyilatkozat, ami így szólt: „Olyan emberré szeretnék válni, amilyennek a kutyám hisz". Ezt a hivatkozott tanfolyamanyagban hozták fel példaként. Azonban van ebben egy hiba is, biztosan te is kiszúrtad. A mondat nem kijelentő módban íródott. A küldetésnyilatkozatod egyébként folyamatosan változhat. Én például kb. 2-3 havonta csiszolok, módosítok rajta. Ez a könyv is kérni fog tőled bizonyos kiegészítéseket majd, ahogy előrehaladsz. Megosztom veled egy régi küldetésnyilatkozatomat, hátha ad neked némi inspirációt, vagy közelebb visz ahhoz, hogy néz ki egy ilyen:

KÜLDETÉSI NYILATKOZATOM (2020-11-14)

Édesapa: *Saját és fogadott gyermekeim boldog felnőttkoráért mindent megteszek. Gyógyítom, építem a lelküket. Segítem őket a szakmai, lelki és testi fejlődésükben. Mindent megteszek, hogy sok fiatalkori szép élménnyel gazdagodjanak, és ezeket alappillérként használják a boldogságuk érdekében. Önzetlen szeretettel és figyelemmel támogatom őket.*

Családunk segítője: *Mindent megteszek édesanyám boldogságáért és jólétéért. Támogatom az egyensúlyt és a harmóniát az egész családunkban. Önzetlen szeretettel támogatom őket. Elhunyt családtagjaimra szeretettel és tisztelettel gondolok.*

Társ: *Mindent megteszek, hogy a párom boldog és kiegyensúlyozott legyen! Nap mint nap figyelek a lelkére és a testére. Önzetlen szeretettel támogatom őt.*

Barát: *A legjobb barátaimat önzetlen odafigyeléssel és szeretettel támogatom. Együtt töltött minőségi időkkel építem a kapcsolatunkat.*

Tanító: *Mindent megteszek azért, hogy a tudásomat fejlesszem és rendszerezzem. Energiáim jó részét arra fordítom, hogy bővülő tudásomat átadjam mindenkinek, aki csak nyitott annak befogadására.*

Cégvezető: *A kölcsönös függésre épülő csapatmunka irányába fejlesztem a cégünket. A kollégákra önzetlenül és alázattal figyelek. Csak építő szándékú kritikát gyakorlok feléjük. A cégemet leszoktatom a kibúvók és a mentegetőzések világáról. Komplex és magas minőségű szolgáltatást fejlesztünk. Kiemelten kezeljük a társadalmi értékteremtő projekteket, tevékenységeket!*

Klímavédő és boldogságsegítő: *Energiáimmal pozitív irányba változtatom meg a világot! Az emberiséget segítem abban, hogy helyes útra terelődjék. Türelemmel, tisztelettel,* *alázattal és szeretettel fordulok minden embertársamhoz. Akit csak tudok, támogatok abban, hogy boldogabb és klímatudatosabb legyen.*

Belső küldetés: *Mindent megteszek a lelki, testi és tudati fejlődésem érdekében. Lelki egyensúlyra törekszem, melyet kisugárzok a környezetem felé. Óvom az egészségemet. Maximális szeretetre és önzetlenségre törekszem. Nap mint nap teszek a tiszta lelkiismeretemért. Elfogadom az Élet felém áramló energiáit. Az egom nyugdíjba küldésén dolgozom nap mint nap. Törekszem a racionalitás béklyójának levetkőzésére! Nyitott vagyok a kitartó és önzetlen szeretetre! Hibázhatok, elfogadom magamat, ha gyenge vagyok. Elfogadom, hogy nem vagyok tökéletes. Tudatosítom magamban mindennap, hogy egyenlő vagyok az embertársaimmal, nem vagyok sem több, sem kevesebb náluk.*

Természetesen messze nem vagyok olyan tökéletes ember, mint amit az akkori küldetési nyilatkozatom sugároz. Azonban törekszem arra, hogy a lehető legjobban hasonlítsak ehhez. A saját egyedi küldetésnyilatkozatod megírásához számos inspirációt találsz A kiemelkedő emberek 7 szokása című könyvben (S. R. Covey, 2022), ami egyébként az önfejlesztőknek egy alapmű. Ezt biztosan iskolai tananyagként oktatnám. Ezenkívül ingyenes Küldetésinyilatkozat-tervező telefonos applikáció is letölthető, ami segít neked az elkészítésében.

És most picit beszéljünk arról, hogy mire jó ez az egész és hogy kell használni. A küldetésnyilatkozat arra jó, hogy ad egy gerincet, egy állandó iránymutatást az életünknek. A mindennapi rutin, a mókuskerék során sajnos gyakran megfeledkezünk arról, hogy merre is akarunk tartani vagy kik is vagyunk valójában. A teendők káoszában csak visz minket az ár össze-vissza. A stressz hatására pedig önmagunk árnyékai vagyunk. Ha azonban van egy küldetésnyilatkozatunk, akkor nem felejtjük el, hogy merre akarunk tartani. Ez olyan, mint a hajóskapitány kezében a térkép és az iránytű. Így nem saccolva halad előre, hanem pontosan tudja, merre kell kormányoznia a hajót, ha a szél és az áramlások el akarják téríteni. Szóval ez egy nagyon fontos dolog!

A küldetésnyilatkozatod használata bele fog integrálódni az érzelem-transzformáció módszerének gyakorlati lépéseibe a könyv későbbi részében, ezért nagyon fontos, hogy készítsd el a saját küldetésnyilatkozatodat! Ez amolyan 0. lépés ebben a könyvben. Az összeállítására szánj elég időt. Amikor kész egy változat, ízlelgesd és utána finomítsd. Az első saját általam elfogadott változat, amit ebben a könyvben idéztem, három hét alatt készült el.

Ha készen vagy a nyilatkozattal, onnantól kezdve mindennap egyszer olvasd fel! A felolvasást a lehető legnagyobb odafigyeléssel és érzelmi átéléssel tedd! Ez nem más, mint egy profi mantra- és vonzás-törvény-aktiválás minden nap. Nagyon meg fogja érni a befektetett munkát, majd meglátod...

Ez a módszer jól összekapcsolható a hálaáramlattal, a napi-mérleg módszerrel és a papír-módszerrel, valamint sok más, az első kötetben elsajátított elme- és lélekmódszerekkel. Ez egyébként egy elmemódszer.

10.4. Dagonyázz, avagy néha szükséges a reverzterápia

Ebben a kötetben is fontos kiemelnem, hogy a fejlődés nem lineáris! Biztosan lesznek visszaesések. A visszaesések után szoktak megérkezni a nagyobb pozitív áttörések, ezért lényeges, hogy olyankor ne hagyd abba. Jusson eszedbe, hogy a visszaesések azért vannak, mert amikor az ego már nagyon félti a „teljességét", akkor egyszerre minden eszközt bekapcsol, hogy visszahúzzon a régi, megszokott mederbe. Szóval **a visszaesések az egod utolsó vergődései!** Ha így tekintesz rájuk, az erőt ad a folytatásra...

A visszaesésekkor hajlamosak vagyunk az előző időszak jobb állapotaihoz viszonyítani, ami természetesen a kedvünket szegheti. De nagyon fontos tudatosítanod, hogy mindig az előző mélypontjaidhoz hasonlítsd a mostanit! **A fejlődés mindig a mélypontok egymáshoz való viszonyítása alapján ítélhető meg igazán!** A többi csak hamis valóságképet ad, hiszen ha egy mélypont utáni kiemelkedő állapot alapján ítéled meg a fejlődésedet, akkor túl optimista leszel. Amennyiben pedig a szuper időszakodhoz viszonyítod a visszaeséskori helyzetedet, akkor pedig túl pesszimista. Szóval mindig az egymás utáni mélypontok állapotainak egymáshoz viszonyítása ad objektív képet! Kérlek, ezt soha ne felejtsd el az önfejlesztő munkád során!

Amikor menthetetlenül visszaesünk, akkor az szokott lenni a hiba, hogy a kudarcunk miatt bűntudatot vagy más mély érzelmet érzünk. Ez az, ami a mai naptól tilos! Ha visszaesel, akkor dagonyázz egy jót, majd tudatosítsd, hogy legközelebb még ügyesebb leszel! A dagonyázás során figyeld meg önmagadat, és az ott tapasztaltak alapos elemzése erőt fog adni arra, hogy legközelebb még nagyobb erőbedobással tegyél a lelki rezgésszinted emelkedéséért! Ilyen szemszögből a dagonyázás egy dobbantóként is működhet. Gondolj bele, kérlek! Minden másnapos ember elmondja, hogy soha többet nem iszik! Ez a reverzterápia lényege...

Most pedig arra kérlek, hogy a 10.5.–10.12. fejezetek közül válaszd ki azt, amelyik érzelem-transzformációjával szeretnél foglalkozni. Természetesen ha szeretnéd, elolvashatod az összes fejezetet, de mindegyik ugyanúgy van felépítve, annak érdekében, hogy az **egész életedben kézikönyvszerűen használhasd ezt a könyvet, mindig arra az érzelemre fókuszálva, amin éppen dolgozol.** Ugyanakkor időt nyersz azzal, ha csak a téged most éppen érintő alfejezetet olvasod el.

Kívánok neked jó elmélyülést az érzelem-transzformáció módszerének elsajátításában arra az érzelemre vonatkozóan, amelynek a meghaladása most a legfontosabb számodra! Ne feledd, kérlek, hogy ez a legalacsonyabb még viszonylag gyakran előforduló érzelmed (*lásd a lelkirezgésszint-spektrumoknál a 8. fejezetben*). Ha az életed részévé teszed az érzelem-transzformáció módszerét, nagyon komoly mértékű minőségjavulást fogsz tudni elérni az életedben! Tiszta szívből kívánok hozzá neked sok erőt és kitartást!

10.5. A szégyen transzformációja

Ha a jelenlegi életedben a szégyen nem fordul elő rendszeresen, akkor legyél ezért hálás, és átugorhatod ezt a fejezetet! Keresd meg azt a legalsó rezgésű érzelmet, ami téged érint, és lapozz oda!

10.5.1. Valódi és hamis szégyen

Mint már tudod, a szégyen a legmélyebb lelki rezgésszint. Ennél lejjebb már csak a halál van. Nem véletlen, hogy akik tartósan itt rekednek, gyakran keresik a menekülést az öngyilkosság általi halálba. Édesapám is így végezte. Pedig nem ez a helyes út, hiszen innen is ki lehet jönni! Én is jártam itt, így biztos vagyok ebben. Három alkalommal voltam az öngyilkossági kísérlet precíz tervezésének állapotában. Képzeld el, mekkora teher olyan lelkiséggel élni, ahol a napod legnagyobb részében a szégyen uralja a lelkedet! Azt hiszem, a borzalmas elég gyenge szó erre.

Ahogy a **2. táblázat** második oszlopából láthatod, a legtöbb embernél a szégyen érzése egészen a 250-es pártatlanság lelki rezgésszintjének eléréséig jelen van. Szóval kemény munka megszabadulni tőle! Viszont a jó hír az, hogy minél inkább ritkul az életedben, annál boldogabb leszel! Tulajdonképpen a boldogságunkhoz vezető út legfontosabb lépése, hogy mindent megtegyünk a szégyen érzésének magasabb érzelemmé való transzformálásáért.

Mielőtt „nekiesünk" a gyógyításnak, először ismerjük meg mélyebben ezt az érzést. Hiszen erős pusztító hatása miatt a legtöbben elfojtjuk magunkban ezt az érzelmet! A legtöbben úgy szenvedünk a szégyen hatásaitól, hogy nem is tudunk annak létéről vagy az életünkben lévő pusztító mértékéről. Nemrég konzultációt kért tőlem egy hölgy, aki egy nagyon komoly műtéten esett át. Úgy érezte, hogy ennek lelki oka lehet, ezért kért tőlem segítséget. Amikor feltártuk a szégyeneit, azzal védekezett, hogy túldramatizálom a dolgokat, ez nem is olyan nagy probléma. Hát igen, egy brutális műtét után is így védi a régi rendszert az ego és a tulajdonosa, még így sem látott át eléggé a szitán. Ezért fontos először az ezzel kapcsolatos önismeret elmélyítése. Ha nem lenne begyógyítatlan szégyen a Földön élő emberek lelkében, akkor hihetlen nagyot ugrana az átlagos boldogságszint és nagyon összezsugorodna a békétlenség.

Milyen okból érezhetünk szégyent? Sajnos szégyent bármilyen indíttatásból lehet érezni. Az érzelmek megéléséhez az ego bármilyen elmeidealizációt képes kitalálni. **A teljes szégyenmentesség a természetes állapotunk!** Valójában minden embernek szégyenmentes életet kellene élnie. Az egyik legfőbb ok az, hogy szégyeneinknek több mint 95%-a hamis szégyen, és kevesebb mint 5%-a valódi szégyen!

Mit jelent a valódi szégyen? A valódi szégyen igazi jelentése a következő: **„teljesen letértem az útról és eltévedtem"**. A valódi szégyen érzésével a tudatod (szellemed) igyekszik téged felébreszteni és arra ösztökélni, hogy van még remény arra, hogy visszatalálj a helyes útra! Az ego szemszögéből minden negatív érzelem probléma- és fájdalomokozó. A tudat szemszögéből minden egyes negatív érzelem egy jelzőfény, útmutatás! A valódi szégyen a legfontosabb útmutatás, amit kaphatsz! Fogadd meg a tanácsát és legyél hálás érte! Már ezzel a hálaérzéssel is sokat tettél a boldogabb életedért!

A valódi szégyen tehát a szellemed üzenete neked és a könyörgése arra, hogy kezdj el nyitott szemmel járni, ébredj fel, és indulj el a helyes út irányába! Jelenleg nem jó irányba tartasz! Ha valaki a szégyen lelki rezgésszintjén él, akkor nem kell még azt tudni, hogy hogyan találsz vissza! Itt elég megfogalmazni a tiszta szándékot, hogy vissza szeretnél találni és elég hálásnak lenni minden „véletlenért", ami ebben segít. Amikor pedig megérkezik a segítség, akkor azt el kell fogadni! Ez nagyon fontos, mert a szégyeneink arra buzdítanak minket, hogy nem érdemeljük meg mások figyelmét, segítségét. Pedig nagyon is megérdemled! Mindenki megérdemli, mert mindenki egyenlő, még ha ebben a lelkiállapotban ez hihetetlennek is tűnik.

De a valódi szégyen csak a szégyeneink maximum 5%-át teszik ki! Sok olyan ember él a Földön, akinek az életében nincs is jelen a valódi szégyen! Tehát nagyobbrészt **hamis szégyenek áldozatai vagyunk!**

Sajnos a világi és a vallási vezetők hamar rájöttek, hogy a szégyen segítségével bármit és bárkit erőteljesen el lehet tiporni. Az alacsony lelki rezgésszintű szülők is gyakran használják a megszégyenítés eszközét gyermekeik nevelésében. Szóval a családtól kiindulva a tágabb társadalmi struktúrákig a szégyen mindenhol bevett taktika arra, hogy a hatalom birtokosa ráerőltesse az akaratát a többiekre. A hamis szégyen mindig abból ered, hogy mások uralkodni akarnak felettünk. A szülő a szégyenen keresztül éri el a gyermekénél, hogy az legyen, amit ő akar. Az uralkodó vagy a vallási vezető pedig a társadalom szintjén ugyanezt valósítja meg tömegeknél. Miért hamis szégyenek ezek? Azért, mert az édesanyád vagy a papod által rád bélyegzett szégyennek a legtöbb esetben semmi köze sincs a te életutadhoz, esetleg ahhoz, hogy mennyire tértél le róla vagy sem! Én például mély szégyent éreztem a szexuális vágyaim, a külsőm, a butaságaim, a gyengeségeim, az ügyetlenségeim és az ezekből fakadó számos tettem miatt. Mély szégyent éreztem minden egyes székelésnél, pedig az elengedés a világ legtermészetesebb dolga! Ahogy Varga Tamás Miron mester mondja (akinek minden videóját és tanfolyamát tiszta szívből ajánlom a haladó spiritualitás világában járóknak): „az egész Élet a befogadás és elengedés ciklusa". Így a kilégzés, a vizelés, a székelés nagyon fontos és természetes részei az életünknek. Ebből is látszik, hogy az ember a világ legtermészetesebb dolgaiból is képes hamis szégyent kreálni. Ez is abból eredt, hogy kiskoromban anyám rendszeresen mondta fancsali képpel, hogy milyen büdös, amit odacsináltam. Nyilván nem akart rosszat, de ezzel a szégyenem egy fél életre berögzült! A szégyen hamissága azonban jól érthetővé válik ezen keresztül.

A szexualitás is a világ legtermészetesebb dolgainak egyike, hiszen ez a testi érintés általi szeretetkifejezés legintenzívebb és legmeghittebb módja. Mégis a keresztény egyház romboló tevékenysége miatt még ma is százmilliók élnek meg szégyent a szexualitásuk miatt. Hangsúlyozni szeretném, hogy végtelen tisztelője vagyok Jézus csodálatos tanításainak. Azonban a dogmatizmussá torzult egyházi „útmutatások" közül számossal nem tudok azonosulni, mert azok az emberek egyház általi manipulációja érdekében jöttek létre! Azokat sajnos a vallások történelmében nem megvilágosodott emberek, hanem alacsony lelki rezgésszintű, de mások felett hatalmat gyakorló emberek integrálták az egyház rendszerébe.

No de visszatérve a szégyeneinkhez, ismerek olyanokat, akik a nemi identitásuk, a bőrszínük, a nemzeti hovatartozásuk miatt éreznek mély szégyent. Olyan embernek is segítettem már, aki a saját családtagjai miatti szégyent tartotta a legnagyobb problémájának. Ezek legtöbbje hamis szégyen! Hogyan lehetne már szégyellni magunkat azért, amilyen nemzetiségbe vagy amilyen bőrszínnel születtünk? Ezek a társadalom betegségeinek, torzulásainak a következményei, és semmi közük ahhoz, hogy az egyén mennyire van az útján.

Sőt, a hamis szégyen az utadról térít le, míg a valódi szégyen az utadra térít vissza! Ha elég tudatos vagy, akkor próbáld szétválasztani a valós és a hamis szégyeneidet! De hogyan? Nagyon egyszerű a válasz: a kivetítés módszerével! Képzeletben vetítsd ki a szégyenedet generáló cselekedetedet, szokásodat vagy jellemződet hosszú távra, és képzeld el, hogy merre haladna az életed! Ha egyértelműen borzalmas irányba terelődne az életed, akkor az valódi szégyen, ha pedig nem nagyon változna semmi, ha ugyanazt szégyenérzet nélkül csinálnád, csak boldogabb lennél, akkor az hamis szégyen. Például nem a bőrszínemmel van a baj, hanem azzal, hogy szégyellem. Ha nem szégyellném, akkor sokkal boldogabban élnék. Szóval ez hamis szégyen. Vagy ha úgy székelnék nap mint nap, hogy az elengedés örömét élném meg, nem pedig a szégyen érzését, akkor sokkal harmonikusabb és egészségesebb életet élhetnék. Ez is hamis szégyen! Ha viszont szégyent érzek, mert szexuális céllal visszaélek egy másik ember önzetlen érzéseivel, akkor az valódi szégyen. Hiszen ha ezt a tevékenységemet hosszú távra kivetítem, akkor semmiféleképpen nem visz egy boldogabb élet felé.

Fontos kiemelnem, hogy a szégyenlősség az nem szégyen! A szégyenlősség egy magas rezgésű érzelem és arról szól, hogy az intimitásunkat értéknek tekintjük, és nem osztjuk meg akárkivel. Ezt azért fontos kiemelnem, mert a magyar nyelvben a hasonló hangzás miatt ezt a két fogalmat hajlamosak összekeverni az emberek.

A tartós szégyen pszichés zavarokat eredményez. Így a szégyen a leginkább neurotikus zavarról árulkodó viselkedésmintáink, illetve önmagunk és a mások ellen irányuló erőszak leggyakoribb forrása. A szégyen leggyakrabban az alapvető oka számos kellemetlen lelkiállapotnak, mint: depresszió, elidegenedés, önbizalomhiány, magány, paranoid és skizoid személyiségzavar, kényszeresség, perfekcionizmus, kisebbrendűségi érzet, alkalmatlanság és kudarc érzése, borderline és nárcisztikus zavarok (J. Bradshaw, 2015). Szóval ha a szégyent feltranszformálod magasabb rezgésű érzelemmé, akkor megszabadulhatsz ezen tünetektől is, vagy egy részüktől.

A szégyen a lehető legrombolóbb hatással van az énképünkre. Ezáltal képtelenek vagyunk elfogadni olyannak önmagunkat, amilyenek vagyunk. Míg a béke vagy az öröm lelki rezgésszintjén élő ember tökéletlenül is megéli a tökéletesség érzését, addig a szégyen rezgésszintjén élő ember tökéletesen is tökéletlennek, hibásnak, csődnek, alkalmatlannak, szeretetre méltatlannak stb. tartja magát.

A szégyen miatt szakítunk teljesen vagy részlegesen a valódi önmagunkkal és kialakítunk egy „hamis én"-t, mely mindenféle módszerrel igyekszik palástolni a valódi önmagunkat. Egyes szerzők a „hamis én" kialakulását a lélek gyilkosságának nevezik, hiszen itt szakítunk a valódi önmagunkkal (J. Bradshaw, 2015). Én a gyilkosság szót azért tartom túlzónak (bár jól érzékelteti a probléma mértékét), mert a valódi én visszanyerhető! Így valójában nem lélekgyilkosságról, hanem a lélektől való teljes elhatárolódásról van szó.

A szégyen szereti a sötétséget és a titkokat. Éppen ezért marad olyan könnyen rejtve önmagunk előtt is. A szégyent mélyen elfojtjuk, és elrejtjük önmagunk és mások elől. Azonban a sötétben ott él, és állandóan fertőzi a lelkünket, a gondolatainkat, a cselekedeteinket, anélkül, hogy a legtöbb esetben ennek tudatában lennénk.

A szégyennek külön rétegei vannak. Ha fel akarod tárni, akkor el kell kezdened tudatosan visszafelé haladni az életed idővonalán. Ez egy kemény munka! Szép fokozatosan haladj visszafelé az időben, és tárd fel az összes olyan jelentősebb helyzetet, amikor szégyent éltél át. Vizsgáld meg, hogy ezeket elfojtottad magadban vagy ténylegesen feldolgoztad! Vigyázz, mert ez egy nagyon nehéz kérdés. Hiszen az egonk szeret abban tetszelegni, hogy megoldásként éli meg az elfojtást. Mi a különbség? Elfojtás esetén a szégyent létrehozó okot nem fogadjuk el önmagunkban. Megoldás esetén pedig ugyanezt elfogadjuk! Ha nem megy az önmagadba nézés, akkor keress olyan lelki segítőt, aki képes támogatni téged ebben, szakmai vagy lelki segítséget tud hozzá nyújtani.

Spitzer Gyöngyi (művésznevén: Soma Mamagésa), akit nagy erejű és nagyon komoly tudással rendelkező mesternek tartok (tiszta szívből ajánlom a kurzusait és a könyveit), mondta egyszer nekem: „minden szégyen, amit nem mersz magadról kitenni a Facebookra". Ez a definíció nagyon tiszta és jól érthető. Ha ebből a szemszögből vizsgálod az életedet, akkor könnyen fel tudod tárni az összes szégyenedet! Még azokat is, amelyeket elsőre nem is gondolsz szégyeneknek.

A szégyen gyógyításának első lépése a ventiláció, melyről az első kötetben már olvashattál, és reményeim szerint el is sajátítottad! A szégyen a sötét energiákból, az árnyékban rejtőzködésből tud táplálkozni! Ha másoknak beszélsz róla vagy még nagyobb közönség elég kiteszed, akkor elgyengül. Ez alól kivétel, ha olyan fórumokon mondod el, ahol elítélnek ezért. Mert akkor abból erőt nyer. Ezért fontos, hogy tudatosan válogasd meg, kivel osztod meg a szégyeneidet! De lényeges, hogy beszélj róla rendszeresen, és egyre több embernek. Ehhez mindenképpen empatikus és elfogadó embereket válassz! Ha ezen túl vagy, akkor jöhet az érzelem-transzformáció módszerének az a változata, ahol az elméből kiinduló szégyeneket transzformáljuk magasabb érzelmekké. Persze a ventilációt ne hagyd abba, kérlek, csak az érzelem-transzformáció módszerét tedd mellé.

10.5.2. A szégyen érzelmének szinonimái

A szégyen érzésével azonosan alacsony rezgésű érzelmek a következők: megaláztatás, gyalázat, gonoszság, öngyilkossági vágy, megvetettség, nyomorúság, fanatizmus, reménytelenség.

Kérlek, ismerd meg alaposan a szégyeneidet! Ennek érdekében ne csak a szégyen érzésére, hanem a fenti listában lévő többi érzésre is fókuszálj. Válaszolj az alábbi kérdésekre, és rögzítsd fel a spirituális naplódba:

1. Milyen gyakran jelennek meg ezek az érzelmek egy átlagos napodon?

2. Milyen tulajdonságok, élethelyzetek, cselekedek okoznak ilyen érzelmeket?
3. Kik azok az emberek, akikkel ilyen érzelmekhez kötődő játszmarendszerekbe süllyedtél?
4. Az adott érzelemtípus hamis vagy valódi érzelem?
5. Hogy változna meg az életed ezen érzelmek nélkül?

10.5.3. Tanuld meg a törzsmantrádat!

A törzsmantra egy olyan mondat, mely az adott lelki rezgésszinten a legfontosabb üzenetet tartalmazza. Ez az a mantra, ami segít túllépni az adott lelki rezgésszinten.

Törzsmantra: „Amíg élek, remélek!"

A szégyen állapotában a reményvesztettség érzése tör ránk. Ezért a szégyen gyengítésére hatásos módszer a remény erősítése önmagunkban. Fontos, hogy a szégyen állapotában keress olyan fogódzókat az életedben, amelyek reményt adnak neked! Ilyeneket még a legmélyebben, legelkeseredettebb állapotban élők is tudnak találni. A másik segítőerő az lehet, ha kötelességeket vagy olyan dolgokat veszel számba, amelyekben mások számítanak rád. Ezek érzékeltetésére a saját példámat szeretném leírni neked. Amikor a szégyen mély szintjén őszintén terveztem az öngyilkosságomat, akkor az alábbi dolgok tartottak az élők között:
1. A gyermekeimet nem hagyhatom cserben (kötelesség, ők számítanak rám)
2. Nem találtam olyan öngyilkossági módot, ahol a tetememmel vagy annak valamilyen maradékával, illetve a halálom miatti adminisztratív és egyéb ügyekkel ne okoztam volna másoknak gondot (mások számítanak rám)

3. Abban reménykedtem, hogy bár az én életem romokban van és menthetetlen (legalább is akkor annak tűnt), de a gyermekeim élete még lehet jobb, mint az enyém, ha aktívan teszek értük (remény)

Az akkori teljesen reménytelen és kiszolgáltatott helyzetben lévő ember ma a világ egyik legboldogabb embereként írja neked ezt a könyvet! A szégyen álságos és hazug érzelem! Valójában semmi sincs, amit szégyelleni kellene! Tudom, hogy ezt nehéz elhinni, mert a szégyen az egoba települve egy torz világnézetet eredményez bennünk. De ettől még ez egy természetellenes valóság. Minden rendbe hozható és minden megbocsájtható! Nem az számít, mit tettél, ki voltál, hanem az, hogy a mai naptól mi a szándékod! A megoldás a tiszta szándékkal kezdődik!

A szégyen lelki rezgésszintjének mottója Lester Levensontól származik, akit a kórházból úgy engedtek haza, hogy már csak néhány hete van hátra. Ezzel szemben kigyógyította magát, majd megvilágosodott és ő volt David R. Hawkins mestere, továbbá ő a Sedona-módszer kidolgozója (Ullman et al, 2016). Tanítványa Hale Dwoskin (2020) írta a Sedona-módszer című könyvet. Ezt a módszert és az erről szóló könyvet tiszta szívből ajánlom neked, mert az érzelem-transzformáció módszerével jól kombinálható otthon végezhető és nagyon hatékony módszer.

10.5.4. Egészítsd ki a küldetésnyilatkozatodat

A küldetésnyilatkozatodat (*lásd 9.3. fejezet*) egészítsd ki az előző alfejezet idézetével, illetve minden olyan specifikus gondolattal, mely a szégyeneidtől való megszabadulással kapcsolatos szándék és cél. A küldetésnyilatkozatodat mindennap legalább egyszer olvasd fel teljes érzelmi átéléssel. Ezzel naponta irányban tartod az elmédet és nem hagyod, hogy az egod eltereljen a helyes irányból!

10.5.5. Gyakorold a személyre szabott transzformációs érzelmeidet és tudatosítsd a fejlesztendő érzelmeid listáját!

Az az alapvető cél, hogy az elmédet leszoktasd a szégyennel kapcsolatos gondolatokról, a testedet a szégyen érzelme által keltett hormonokról és a lelkedet a szégyen érzelméről. Ennek érdekében a hétköznapi életedben igyekezz olyan érzelmeket megélni, melyek a jelenlegi lelkirezgésszint-spektrumod felső sávjában vannak, illetve igyekezz használni a jelenlegi lelkirezgésszint-spektrumodhoz legjobban illeszkedő transzformációs érzelmeket.

Vegyük át először a lelkirezgésszint-spektrumod felső sávjában lévő érzelmeket!

Tételezzük fel, hogy a félelem lelki rezgésszintjén élsz. Ebben az esetben először nézd meg a 8.3. fejezetben a félelem lelkirezgésszint-spektrum leírásának végén, hogy mely érzelmek azok, amelyeket javasolt erősítened. Ebben az esetben ezek a következők: vágyakozás, harag, büszkeség. Amelyek közül a büszkeség gyakorlása a leginkább kívánatos, de a többi is hasznos a számodra!

A 9.2. fejezetben tárgyaltuk a segédtranszformációs érzelmeket. Ezeket ebben a fejezetben a 2. számú táblázatban találod összefoglalva. Mi a teendőd? Keresd meg a táblázatban azt a sort, amelyik a te jelenlegi lelki rezgésszintedet mutatja. Ezt abból tudtad meghatározni, hogy melyik lelki rezgésszinthez tartozó érzelmi spektrum a leginkább jellemző rád. Mivel most a szégyennel dolgozol, ezért a szégyen lelki rezgésszintje és a rád jellemző lelki rezgésszint közötti transzformációs érzelmek listáját írd össze. Az érthetőség kedvéért folytassuk a félelem rezgésszintjének példáján! Akkor az iménti hivatkozott táblázatban a szégyen és a vágyakozás között a következő transzformációs érzelmeket találod:

- Önbizalom (félelem)
- Azonosulás (bánat)
- Lelkesedés (fásultság)
- Céltudatosság (bűntudat)
- Remény (szégyen)
- Hála (ez minden esetben transzformációs érzelem!)

Fontos, hogy tudd: ezek mindegyike gyógyítja a szégyent és kiemel a szégyenből! Amelyek könnyedén mennek, azokra legyél büszke és alkalmazd őket! Amelyek nehezen mennek, azok a gyakorlandók! Tehát ha előjönnek, akkor erősítsd fel őket és figyeld meg, mi idézte elő benned ezeket az érzelmeket! Utána próbálj minél többször hasonló élethelyzetekbe keveredni, hogy meg tudjanak benned erősödni és természetessé váljanak ezek az érzelmek!

A teljes lista ebben az esetben:
- Önbizalom (félelem)
- Azonosulás (bánat)
- Lelkesedés (fásultság)
- Céltudatosság (bűntudat)
- Remény (szégyen)
- Hála (ez minden esetben transzformációs érzelem!)
- Vágyakozás
- Harag
- Büszkeség

Most töröld ki a listából azokat, amelyeket gyakran, hétköznapi szinten szoktál érezni ezekből, azaz az életed alapvetői érzelmei! A listában maradó érzelmek a te személyre szabott transzformációs érzelmeid, melyeket addig gyakorolj, amíg el nem érsz egy új lelkirezgésszint-spektrumot. Amikor az megvan, akkor az előző példához hasonlóan újra elő tudod állítani a listádat. Nagyon fontos, hogy a transzformációsérzelem-listában csak 2–4 db maradjon, mert hétköznapi szinten többre úgysem tudsz figyelni!

Tehát a hétköznapi életedben igyekezz olyan élethelyzeteket teremteni, olyan aktivitásokat vinni a mindennapjaidba (a félelem rezgésének példája esetén), melyek a vágyakozás, a harag, a büszkeség, a hála, az önbizalom, az azonosulás, a lelkesedés, a céltudatosság, a remény érzéseinek bármelyikét hozzák ki belőled. Természetesen igyekezz mindent megtenni, hogy elkerüld a félelem alatti rezgésű érzelmeket, melyek a szégyen, a bűntudat, a fásultság, a bánat. Fontos kiemelnem itt is: tilos elfojtani, és az önostorozás is tilos! Ha már belekerültél, éld meg és legközelebb légy tudatosabb (*lásd a 10.4. fejezetet*)! Kudarcok nélkül nincs fejlődés. Gondolj bele, kérlek, hogy a kisgyermek is hányszor esik el, mire megtanul járni... Ha nem lenne kitartó, akkor sohasem járna. Neked most meg kell tanítanod másképpen járni az idegrendszeredet! Szóval légy kitartó és állhatatos!

10.5.6. Az elmeforrású szégyen transzformálása

Ahogy megtanultad a 9.1. fejezetben, háromféle szégyen létezik benned, attól függően, hogy mi a forrásuk. Először az elmeforrású (azaz gondolatvezérelt) szégyenektől igyekezz megszabadulni! Ennek érdekében, kérlek, az alábbi lépésekben tedd az életed részévé az elmeközpontú szégyeneid transzformációjának módszerét:
1. lépés: A szégyennel kapcsolatos gondolatok felmerülésekor helyezd át a fókuszodat a lelkedre, és figyeld meg a lelked vágyott érzelmeit. Észre fogod venni, hogy a lelked nem kívánja a szégyent, hiszen az egy természetellenes állapot. A lelked vágyott érzéseit éld át és erősítsd fel! Ezt követően helyezd a figyelmedet a testedre és figyeld meg, majd erősítsd fel a vágyott érzelmeit! A szégyennél (illetve a szégyen szinonimáinál megismert érzelmeknél) bármilyen érzelem jobb, így itt egyszerű a helyzet, hiszen minden érzelem

magasabb rezgésű, mint a szégyen. Így bármilyen érzelem érkezik a testedből vagy a lelkedből, az alkalmas a transzformációra.

2. lépés: Hajts végre egy hálaáramlatot és mondd el a törzsmantrádat!
3. lépés: Helyezd vissza a fókuszodat az elmédre! Ha az elméd már nem szégyent generáló gondolatokon agyal, akkor készen vagy! Ha az elméd még részlegesen az eredeti témán agyal, akkor, kérlek, alkalmazd az 1/5-ös szabályt! Ez abból áll, hogy a kiinduló negatív gondolatnál magasabb rezgéseket beindító gondolatokat mondasz el magadban minimum ötször. Erre a törzsmantra is jó, ha nem jut más az eszedbe, de a legcélszerűbb a lelked és a tested által sugallt érzelmekkel kapcsolatos gondolatok ismétlése.
4. lépés: Folytasd az első 3 lépésből álló ciklust annyiszor, amíg teljesen fel nem transzformáltad magasabb érzelemmé az elmédből induló szégyenedet, és ezáltal a gondolataid iránya is megváltozik!

Siker esetén legyél nagyon hálás, és ne feledd: megint egy apró lépéssel kinevelted a sejtjeidet a szégyenérzelemhez kapcsolódó hormonfüggésből! Sikertelenség esetén ne ostorozd magadat, csak rögzítsd a tiszta szándékodat, hogy legközelebb még jobban résen leszel, hogy sikerrel járhass! Kérlek, ne feledd! Az egod minden körmönfont trükköt bevet, hogy megtartsa az elméből kiinduló szégyeneidet.

A módszer megértését segítő példa: Megérkezik az elmédbe az alábbi gondolat: „szégyenteljes dolog a székelés, mert büdös, és ezzel másoknak kellemetlenséget okozok". Áthelyezed a fókuszodat a lelkedre! A lelked örül, hogy a befogadás és az elengedés ciklusa újra megvalósul mint a természetes működésed része, és ezáltal megszabadulsz felesleges testi és lelki feszültségektől. Ezután áthelyezed a fókuszodat a testedre, és megfigyeled a tested igényét ezzel kapcsolatban. A tested örül a székelésnek és hálás érte, hogy elengeded a salakanyagokat, ezáltal emelkedik a tested átlagos rezgése, hiszen a legalacsonyabb rezgésű termékek távoznak belőled. A tested hálát, a lelked örömet sugároz. Elvégzel egy hálaáramlatot, mely bármilyen más élményt is tartalmazhat, amiért aznap hálás lehettél! Például: „Hálás vagyok, amiért ilyen jót aludtam, hálás vagyok, amiért virágzik a bodza a kertemben, hálás vagyok a gyermekem mosolyáért, hálás vagyok, amiért van fedél a fejem felett és hálás vagyok, amiért a testem képes egészségesen elvégezni az elengedés egyik természetes ciklusát". Átadom magamat a megnyíló hála érzésének és engedem, hogy az egész lényemet átitassa. Ezután visszahelyezed a fókuszodat az elmédre. Ha az elméd már pozitívabb gondolatokat sugároz, akkor kész vagy! Hálás lehetsz a sikeredért! Ha az elméd még részlegesen kattog a kiinduló gondolaton, akkor alkalmazod a 1/5-ös szabályt és 5-ször elismételsz egy pozitív gondolatot: „Csodálatos, hogy a befogadás és az elengedés ciklusán keresztül az Élet szövedékének része vagyok! Csodálatos, hogy az Élet része vagyok! Csodálatos, hogy az Élet része vagyok! Csodálatos, hogy az Élet része vagyok! Csodálatos, hogy az Élet része vagyok!" Ezt követően folytatod a már megkezdett ciklust az első lépéstől addig, amíg az elméd gondolkodási iránya jóval pozitívabb lesz. A vágyakozás érzelmén keresztül egy további példát a 9.1. fejezet tartalmaz. Ez mellett a YouTube-csatornámon (**https://www.youtube.com/@justdobetterworld**) is találsz olyan videókat, melyek a mélyebb megértést segítik!

Meddig kell végezned ezt a feladatot: Ezt a feladatot addig kell végezned, amíg az elmeközpontú szégyenek teljesen ki nem vesznek az életedből! Ha 3–6 hónap alatt nem megy egyedül, akkor olyan gyökérérzelmek vannak a háttérben, melyeket saját erőből nem tudsz orvosolni! Ebben az esetben keress professzionális segítőt. Az első kötetben bemutatott lehetőségeken túl a következő kötetben számos, professzionális segítővel végezhető hatékony módszerről fogok írni, melyek kifejezetten a gyökérérzelmek megoldásait célozzák meg.

Néhány jó tanács: Minden kezdet nehéz! Tudom, hogy nagyon nehéz elindulni ezen az úton, de ez a legjobb, amit önmagadért és a világért is tehetsz. A szégyennél feleslegesebb, álságosabb, hazugabb és természetellenesebb érzés nincs a Földön. Ezért teljesen el kell tüntetnünk az emberiség sorsából. Kérlek, segíts ebben a fontos küldetésben, és először a saját életedből tüntesd el, majd ha sikerült, segíts másokat is ezen az úton! A testből és a lélekből induló szégyenekkel egyelőre ne foglalkozz! Fontos, hogy tudd: a gondolat érkezése után maximum 1–3 másodpercnyi időd van, hogy elkezdd a szégyennel kapcsolatos gondolat érzelem-transzformációját! Ha ezt lekésed, akkor már a test és a lélek is átveszi az elme irányát. Így résen kell lenned! Ha nem sikerül, ne ostorozd magadat! Ha sikerül, legyél hálás!

Az egod nagyon be fog rezelni ettől a módszertől, így minden érvet ki fog találni, hogy letérítsen téged erről az útról! Kérlek, ne hagyd magadat, mert **ez a boldogságodhoz vezető út egyik legfontosabb lépése az életedben!**

Fontos azt is kiemelnem, hogy a fentiekben bemutatott dolgok csak példák. Ha nem tudsz örömet vagy hálát érezni, mert az még nem megy neked, akkor érezz bármilyen érzelmet, ami a Hawkins-skálán feljebb van, mint a szégyen. Itt még egyszerű a dolog, mert minden érzelem a szégyennél magasabb rezgésű. Valójában a 9.5.5. fejezet példáján már összegyűjtötted számodra a transzformációs és fejlesztendő érzelmek listáját. Ezek bármelyike tökéletes választás, amelyik éppen könnyedén átélhető számodra! A fontos, az, hogy ez a módszer nehézség nélkül menjen, mert akkor lesz hatékony. Akkor lesz gördülékeny a folyamat, ha olyan érzelmekkel dolgozol, amelyeket könnyen elő tudsz idézni magadban.

10.5.7. A testforrású szégyen transzformálása

Ha itt jársz a könyvben, az azt jelenti, hogy elkezdtél komolyan előrelépni az elméből kiinduló szégyenek terén! Azaz kevesebbszer jutnak eszedbe szégyennel kapcsolatos gondolatok, vagy ha eszedbe jutnak, azonnal résen vagy és magasabb érzésvilág felé transzformálod a gondolkodásodat. Tiszta szívből gratulálok neked! Ha mérséklődnek az elméből kiinduló szégyenek az életedben, az sok energiát fog felszabadítani, és a lelki rezgésszinted erőteljes emelkedésbe kezd. Ezt az energiát, kérlek, használd fel arra, hogy a maradék szégyeneidet is magasabb rezgésbe transzformálod! Ennek érdekében a mai naptól terjeszd ki a figyelmedet a testből eredő szégyenekre is! Ebben az alfejezetben azt vesszük át, hogy ezt hogyan csináld. Fontos kiemelnem, hogy az elméből eredő szégyenek mérséklődésekor a testből és lélekből eredő szégyenek terén be szokott keményíteni az ego. Ez természetes folyamat, hiszen az ego védi a létét! De ne hagyd magadat! Most kiterjesztjük a munkát az ego még hatékonyabb, a testközpontú szégyenek transzformálására való átnevelésére. Ennek érdekében, kérlek, tedd az életed részévé a testközpontú szégyeneid transzformációjának módszerét az alábbi lépésekben:

1. lépés: A szégyennel kapcsolatos testérzetek felmerülésekor helyezd a fókuszodat a lelkedre, erősítsd fel a vágyott érzelmeit! A szégyennél (vedd figyelembe a szinonimáknál tanult érzelmeket is, III. melléklet) bármilyen érzelem jobb, így itt egyszerű a helyzet, hiszen minden érzelem magasabb rezgésű, mint a szégyen. A gyakorlásra javasolt érzelmek listáját már kigyűjtötted a 9.5.5. fejezetben! Helyezd át a fókuszodat az elmédre. Tudatosítsd, hogy az elméd nem igazán vágyik szégyennel kapcsolatos gondolatokra. Figyeld meg, milyen gondolatokkal foglalkozna szívesen! Itt alkalmazd egyből az 1/5-ös szabályt, és a szégyentől magasabb gondolkodási minták valamelyikét ötször ismételd el.

2. lépés: Hajts végre egy hálaáramlatot!
3. lépés: Vidd vissza a figyelmedet a testedre! Ha a testérzeted már nem szégyenközpontú, akkor nyertél! Szuper vagy! Ha részben még mindig az, akkor az 1. lépéssel kezdd elölről, addig, míg ezt a testérzetet nem transzformáltad magasabb rezgés felé.

Siker esetén legyél nagyon hálás! Sikertelenség esetén ne ostorozd magadat, csak rögzítsd a tiszta szándékodat, hogy legközelebb még jobban résen leszel, hogy sikerrel járhass! Kérlek, ne feledd! Az egod minden rafinált trükköt bevet, hogy megtartsa a testedből kiinduló bánataidat.

A módszer megértését segítő példa: A figyelmedet arra szenteled, hogy székeléskor büdös van, mely számodra valamiért egy szégyenteljes testérzet. Áthelyezed a fókuszodat a lelkedre! A lelked örül, hogy a befogadás és az elengedés ciklusa újra megvalósul, mint a természetes működésed része, és ezáltal megszabadulsz a felesleges testi és lelki feszültségektől. Ezután áthelyezed a fókuszodat az elmédre, és megfigyeled az elméd tudását ezzel kapcsolatban. Az elméd szerint ez egy teljesen természetes dolog, így ez miatt helytelen és természetellenes szégyent érezni. Ezt elmondod ötször, de fontos, hogy kijelentő módban, jelen időben mondd, és a szégyen szó használata nélkül: „A székelés minden velejárójával együtt egy természetes dolog". Az elméd észszerűséget, a lelked örömet sugároz. Elvégzel egy hálaáramlatot, mely bármilyen más élményt is tartalmazhat, amiért aznap hálás lehettél! Például: „Hálás vagyok, amiért tiszta ruhában vagyok, amiért megláttam egy gyönyörű arcú kislányt az utcán, amiért kényelmes a kanapém, amiért szép virágok nyílnak a kertemben, és hálás vagyok, amiért az elmém képes látni, hogy milyen egészséges dolog elvégezni az elengedés egyik természetes ciklusát". Átadod magadat a megnyíló hála érzésének, és engeded, hogy az egész lényedet átitassa. Ezután visszahelyezed a fókuszodat a testedre. Ha a tested más testérzetekkel foglalkozik, akkor kész vagy! Légy hálás a sikeredért! Ha a tested még részlegesen a kiinduló érzeten kattog, akkor folytasd elölről a ciklust addig, amíg meg nem szűnik a testérzeted vagy pozitívabb irányt nem vesz fel. A vágyakozás érzelmén keresztül egy további példát a 9.1. fejezet tartalmaz. Emellett a YouTube-csatornámon (**https://www.youtube.com/@justdobetterworld**) is találsz olyan videókat, melyek a mélyebb megértést segítik!

Meddig kell végezned ezt a feladatot: Ezt a feladatot addig kell végezned, amíg a testközpontú szégyenek teljesen ki nem vesznek az életedből! Ha 3–6 hónap alatt nem megy egyedül, akkor olyan gyökérérzelmek vannak a háttérben, melyeket saját erőből nem tudsz orvosolni! Ebben az esetben keress professzionális segítőt. Az első köteten túl a következő kötetben számos, professzionális segítővel és anélkül végezhető hatékony módszerről fogok írni, amelyek kifejezetten a gyökérérzelmek gyógyítását célozzák.

Néhány jó tanács: Az elmeközpontú szégyenekkel való munkád során talán már csírájában megtapasztaltad, hogy az életünkben a szégyen jelenléte mennyire torzítja a nézőpontjainkat. Ha erre már ráláttál, akkor ez erőt ad a testérzetekből kiinduló érzelmek transzformációjára. Mivel a test ereje 10-szeres az elméhez képest, ezért nehezebb megszabadulni ezektől, viszont itt már gyakorlatot is szereztél, és az elmeközpontú szégyenek transzformációjából felszabaduló erő a segítségedre lesz! A lélekből induló szégyenekkel egyelőre ne foglalkozz! Fontos, hogy tudd: a gondolat érkezése után maximum 1–3 másodpercnyi időd van, hogy elkezdd a szégyennel kapcsolatos gondolat érzelem-transzformációját! Ha ezt lekésed, akkor már az elme és a lélek is átveszi a test irányát. Így résen kell lenned! Ha nem sikerül, ne ostorozd magadat! Ha sikerül, legyél hálás! Az egod nagyon be fog rezelni ettől a módszertől, így minden érvet ki fog találni, hogy letérítsen téged erről az útról! Kérlek, ne hagyd magadat, mert **ez a boldogságodhoz vezető út kiemelkedően fontos lépése az életedben!**

10.5.8. A lélekforrású szégyen transzformálása

Nagyon nagy szeretettel írom ezeket a sorokat, amikor is elképzelem, hogy itt tartasz a könyvben. Ez azt jelenti, hogy a szégyeneid előfordulási gyakoriságát tekintve már jelentős eredményeket értél el. Ennél jobb dolog nem is történhetne veled! Itt az idő, hogy az érzelem-transzformáció módszerével megszabadulj a közvetlen lélekből feltörő szégyen érzéseitől. Az eddigi sikereid és az azokból felszabaduló energiák segítsenek abban, hogy ezt is meg tudd lépni! Ennek érdekében a mai naptól terjeszd ki a figyelmedet a lélekből eredő szégyenekre is! Fontos kiemelnem, hogy csak a hamis szégyenekre fókuszálj! A lélekből közvetlenül eredő szégyenek egy része lehet valódi szégyen is.

Ebben az alfejezetben azt vesszük át, hogy hogyan csináld a hamis szégyenek transzformációját. Ennek érdekében, kérlek, tedd az életed részévé a lélekközpontú szégyeneid transzformációjának módszerét az alábbi lépésekben:

1. lépés: A szégyennel kapcsolatos érzelmek felmerülésekor helyezd a fókuszodat a testedre és erősítsd fel a vágyott érzelmeit! A szégyennél (*beleértve az érzelmi szinonimákat is, lásd a III. számú mellékletet*) bármilyen érzelem jobb, így itt egyszerű a helyzet, hiszen minden érzelem magasabb rezgésű, mint a szégyen. Helyezd át a fókuszodat az elmédre. Itt alkalmazd egyből az 1/5-ös szabályt.
2. lépés: Hajts végre egy hálaáramlatot!
3. lépés: Helyezd vissza a fókuszodat a lelkedre. Ha még mindig a szégyen érzése dolgozik benned, akkor annyiszor folytasd az első lépéstől a ciklust, amíg teljesen fel nem transzformáltad a lélekből közvetlenül induló szégyenedet!
4.

Siker esetén legyél nagyon hálás! Sikertelenség esetén ne ostorozd magadat, csak rögzítsd a tiszta szándékodat, hogy legközelebb még jobban résen leszel, hogy sikerrel járhass! Kérlek, ne feledd! Az egod minden trükköt bevet, hogy megtartsa a szégyeneidet.

A módszer megértését segítő példa: Spontán módon felmerül benned a szégyen érzése, pedig semmi okod nincs rá. Ebből lehet tudni, hogy a forrása lélekből fakad. Ez általában olyankor jön, amikor már régen érezted ezt az érzést, és az egod szeretne erőt nyerni a negatív érzelmi energiáidból. Ekkor áthelyezed a fókuszodat a testedre és megfigyeled, hogy a tested mire vágyik. A tested szinte kizárt, hogy tiszta szívből szégyenre vágyna. Legyen például a pártatlanság érzelme, amit érzel. Ekkor a fókuszodat tartsd a testeden, míg ez tudatosul. Utána helyezd a fókuszodat az elmédre és mondj el ötször olyan szégyennél pozitívabb gondolatot, amely magasabb rezgés irányába fókuszálja az elmédet. Fontos, hogy kijelentő módban mondd és a szégyen szó használata nélkül, például „a pártatlanság érzelme szerencsére egy boldogabb Élet felé emel". Elvégzel egy hálaáramlatot, mely bármilyen más élményt is tartalmazhat, amiért aznap hálás lehettél! Például: „Hálás vagyok, amiért finom ebédet ehettem, amiért békésen telik a vasárnapom, amiért hallhatom a tücsök ciripelését, amiért a szellő kellemesen érinti a bőrömet és hálás vagyok, amiért az elmém képes látni, hogy a pártatlanság mekkora erő az életem boldogabbá tételében". Átadod magadat a megnyíló hála érzésének és engeded, hogy az egész lényedet átitassa. Ezután visszahelyezed a fókuszodat a lelkedre! Ha a lelked más érzelmekkel foglalkozik, akkor kész vagy! Légy hálás a sikeredért! Ha a lelked még a kiinduló szégyent éli, akkor folytasd elölről a ciklust addig, amíg az meg nem szűnik vagy pozitívabb irányt nem vesz fel. A vágyakozás érzelmén keresztül egy további példát a 9.1. fejezet tartalmaz. Emellett a YouTube-csatornámon (*https://www.youtube.com/@justdobetterworld*) is találsz olyan videókat, melyek segítik a mélyebb megértést!

Az alternatív út: A lélekből közvetlenül érkező érzelmeket a legnehezebb transzformálni, mert a léleknek százszoros ereje van. Ez miatt az elme és a test nagyon rövid idő alatt követi. Itt mindössze fél–egy másodpercnyi időd van kapcsolni és elindítani az érzelem-transzformáció módszerét. Ha ez nem sikerül, akkor máris teljesen benne vagy a szégyenedben. Ezért az alternatív út az, hogy elfogadod a szégyen érzését, amikor közvetlenül a lélekből érkezik. Nem ostorozod magadat és kifejezed a tiszta szándékodat, hogy legközelebb jobban résen leszel. Az elfogadás érzelme már önmagában megszünteti a szégyen létét.

Meddig kell végezned ezt a feladatot: Ezt a feladatot addig kell végezned, amíg az összes szégyen teljesen ki nem veszik az életedből! Ha 3–6 hónap alatt nem megy egyedül, akkor olyan gyökérérzelmek vannak a háttérben, melyeket a saját erődből nem tudsz orvosolni! Ebben az esetben keress professzionális segítőt! Illetve ajánlom szeretettel ennek a könyvnek a folytatását, mely többek között a gyökérérzelmek feltárására és gyógyítására fog fókuszálni.

Néhány jó tanács: A lélekközpontú szégyenektől a legnehezebb megszabadulni. De jó hír, hogy ezekből van a legkevesebb. Ezért gyakran jó taktika, hogy hagyjuk elfogadással, hogy az ego dagonyázzon egy jót (*lásd 10.4. fejezet*). Ilyenkor a szégyenben való elmélyedés megfigyelése erőt ad arra, hogy végleg meg akarjunk szabadulni tőle. De ehhez fontos, hogy mélyen menj bele az érzésbe, és fogadd el a helyzetet! Ha valódi szégyenről van szó, akkor az életed irányváltásának megtervezése és megvalósítása a gyógyulás útja! De, kérlek, ne feledd, hogy valódi szégyen édeskevés van az emberek életében.

10.5.9. A szégyen transzformálásának rövidített összefoglalása

Vegyük át tömörítve a módszer lépéseit! A gyakorláshoz elég ezt a fejezetet elővenned néha, ha elbizonytalanodsz.

A szégyen meghaladásának főbb lépései:
1. Figyeld meg és ismerd meg a szégyeneidet!
2. Olvasd figyelmesen át a szégyen szinonimáit, hogy biztosan minden szégyentípust fel tudj tárni az életedben! (*Ezeket összegyűjtve a III. mellékletben találod!*)
3. Válaszd szét a valódi és a hamis szégyeneidet egymástól! (Mindegyiktől szükséges megszabadulnod, csak ellentétes okból és más módon!)
4. Légy hálás a valódi szégyeneid jelzéseiért, melyek útirányváltásra késztetnek! Tervezd meg az az életed ezekkel kapcsolatos megváltoztatását, és hajtsd végre.
5. A törzsmantrát alakítsd egyedivé és naponta minél többször ismételd el magadban! (*A törzsmantrákat összegyűjtve a IV. mellékletben találod!*)
6. A kiegészített küldetésnyilatkozatodat naponta egyszer átéléssel olvasd fel!
7. Gyűjtsd össze a reményteli dolgokat az életedben, illetve azokat, melyekben mások számítanak rád, és rendszeresen tudatosítsd azokat! Erősítsd a remény és a szükségesség érzését nap mint nap!
8. Ventiláld ki a szégyeneidet! (*Lásd I. kötet.*)
9. Igyekezz megélni, felerősíteni, egyre gyakoribbá tenni a transzformációs és a fejlesztendő érzelmeidet a hétköznapokban!
10. Használd az elmeforrású szégyen transzformációját!
11. Használd a testforrású szégyen transzformációját!
12. Használd a lélekforrású szégyen transzformációját!

Azokat a lépéseket, melyek a te életedben nem relevánsak, nyugodtan hagyd ki. Például ha valamelyik forrású érzelem túl ritka (ez leggyakrabban a lélekforrású szégyennél fordulhat elő), akkor azzal nem kell foglalkozni. Több lépést össze is tudsz vonni kisebb csoportokba, hogy egyszerűbb és hatékonyabb legyen a befektetett munkád! Itt csak a könnyebb érthetőség miatt van ennyire apró lépésekben bemutatva.

Amennyiben 3–6 hónap alatt kitartó munkával sem tudsz megszabadulni a szégyen érzésétől, akkor fordulj segítőhöz. Ebben az esetben olyan gyökérérzelmek vannak a háttérben, melyeket nem tudsz segítség nélkül meghaladni. A gyökérérzelmekről, azok meghaladási módjairól a 3. kötet fog szólni részletesen.

10.6. A bűntudat transzformációja

Ha a jelenlegi életedben a bűntudat nem fordul elő rendszeresen, akkor legyél ezért hálás, és átugorhatod ezt a fejezetet! Keresd meg azt a legalsó rezgésű érzelmet, ami téged érint, és lapozz oda!

10.6.1. Valódi és hamis bűntudat

Ahogy a **2. táblázat** (*9.2. fejezet*) második oszlopából láthatod, a legtöbb embernél a bűntudat érzése egészen a 315-ös hajlandóság lelki rezgésszintjének eléréséig jelen van. Szóval kemény munka megszabadulni tőle! Viszont a jó hír az, hogy minél inkább ritkul az életedben, annál boldogabb leszel! Tulajdonképpen a boldogságunkhoz vezető út legfontosabb lépése, hogy mindent megtegyünk a bűntudat érzésének magasabb érzelemmé való transzformálásáért.

Egyik mesterem, Murányi József említette azt a csodálatos tényt, hogy az eredeti jelentését tekintve a bűntudat nem jelent mást, mint céltévesztettséget! Csak az egyház és egyéb hatalmi szervezetek pakolták fel a bűnt mindenféle extra sötétséggel az évszázadok során. Szóval ez pusztán annyit jelent, hogy amikor már annyira mélyen letértél az útról, hogy homlokegyenest más irányba tartasz, akkor kapcsol be a bűntudat érzése. Ez a szégyennél azért magasabb rezgésű érzelem, mert itt még megvan a helyes út, „csak" majdnem teljesen letértél róla. A szégyennél – átmenetileg – az utat magát is teljesen elveszítetted. Szóval a bűntudat érzésével a tudatod figyelmeztet: **kérlek, térj észhez! Teljesen letértél az útról és szeretném, ha nem erre mennél tovább!** A tudatod a bűntudaton keresztül üzen az egodnak, hogy itt az idő irányt váltani.

A bűntudatod kapcsán azt is fontos tudatosítanod, hogy nem az számít, ki voltál eddig! Minden nap egy új nap és egyben egy új lehetőség. Sem a szellemed, sem pedig Isten (ide a vallásod vagy a hitrendszered szerinti bármely szót helyezhetsz) nem ítélkezik feletted! Az ítélkezés csak az emberi társadalom sajátja. A Föld nevű bolygón mi vérteztük fel a bűnt sötét, mély hitrendszerrel. Tehát nincs jóvátehetetlen bűn és nincs olyan mértékű letérés az útról, ahonnan ne lehetne visszatalálni a helyes útra! Mindig van visszaút, és mindig megvan az esély rá, hogy visszataláljunk vagy rátaláljunk.

Nagyon fontos még megismerkedned a hamis bűntudat fogalmával is! Hamis bűntudat a társadalom vagy a család által benned keltett bűntudatok azon része, amelyet azért aggattak rád, hogy manipulálni, irányítani tudjanak téged. Nézzünk erre egy egyszerű példát! Kisgyermekkorodban megmutattad a fütyidet (vagy a puncidat) egy ovis társadnak, amiért cserébe ő megmutatta neked a punciját (vagy a fütyijét). Rajtakapott az anyukád a csereügyleten. Azonnal megszakította a játékot, a kislányt (vagy kisfiút) hazaküldte, majd mélyen a szemedbe nézve elbeszélgetett veled: „Kisfiam (kislányom)! Ez nagyon csúnya dolog! Ha még egyszer meglátom, hogy ilyesmit csinálsz, nagyon meg foglak verni! Jó, ha tudod, hogy ez egy bűnös dolog és anya nem szeret téged, ha ilyesmiket csinálsz! Nem szeretném még egyszer meglátni! Isten figyel rád és a bűnökért megbüntet, ezért is fontos, hogy ne csinálj ilyet!" A valóság az, hogy a kisfiú és a kislány mindenféle szexuális gondolat nélkül csak arra volt kíváncsi, hogy miben más a másik nemű ember teste. Ez a világ egy teljesen ártatlan megismerési szándéka, semmi több a gyermek részéről. A gyermek még mit sem tud a szexualitásról, és egyáltalán még nem is érdekli. Amikor az anyja leszidja, semmit sem ért az egészből, csak annyit tesz el magának, hogy borzalmas rossz tett, bűnös dolog ránézni a másik nemű ember intim részeire. Képzeld el, hogy amikor majd serdül és először rátörnek a teljesen természetes szexuális vágyak és már nemcsak ránézni szeretne a másik nemű (vagy azonos nemű) ember testére, hanem meg is szeretné érinteni, sőt... Akkor micsoda bűntudat fog kerekedni benne, ha már a másik nemű ember intim testrészeire való ránézés önmagában egy „borzalmas bűn". Anyuka miért tette ezt a fiával? Azért, hogy megtanítsa a társadalom szabályai szerint „helyesen" viselkedni, és persze jól átadta neki a saját szexualitással kapcsolatos bűntudatát, szégyenét is, melyet elfojtva magában hordoz. Honnan ered ez az egész? A szexualitás egy téves vallási értelmezéséből, melyről a 3.3. fejezetben már olvashattál.

Ebből a példából talán jól láthatod, hogy a hamis bűntudatnak semmi köze az életed céltévesztettségéhez! Azonban a kisbetűs élet számos területén vannak ilyen hamisbűntudatkeltési rendszerek a társadalomban, az egyházakban, a családokban. Mindenhol a cél a manipuláció. A pap, az édesanya, a király mind ugyanazt akarja: a bűntudat segítségével elérni az akaratát! A hamis bűntudat tehát emberi téves értékrendszerek okozta bűntudat, amelyben manipuláció áldozata vagy. A lelkiismeretünk okozta bűntudat is gyakran az, ha az hamis bűntudatkeltésből származó belénk nevelt kódok következménye.

A valódi bűntudat a tudatod jelzése arról, hogy céltévesztett vagy, semmi több!

Hogyan lehet megkülönböztetni a hamis bűntudatot a szellemed jelzésétől? A 6. fejezetben leírtam neked, hogy milyen módszerekkel tudod meghatározni a valódi életfeladataidat. Ha ezekkel tisztába kerülsz, akkor sokkal könnyebb lesz átlátnod a szitán. Hiszen ami visszavisz az utadra, az valós bűntudat. Amit pedig kiskorodban tévedésből beléd neveltek és felnőttkorodban ez miatt érzel rendszeres bűntudatot, ha hasonló dolgokat művelsz, az hamis bűntudat.

Segítségképpen szeretném összegezni számodra, hogy minden alkalomkor, amikor bűntudatod van, miket szükséges tudatosítanod magadban:

1. **A hamis bűntudat a világ legfeleslegesebb érzése!** Azonnal haladd meg, iktasd ki az életedből, amilyen gyorsan csak lehet! **A természetes állapotunk bűntudatmentes!** Csak természetellenes állapotban lehetünk, ha bűntudatban vagyunk.
2. A valódi bűntudat nem jelent mást, mint céltévesztettséget! Tehát nincs más teendőd, mint irányt váltanod!
3. Nincs olyan bűn, amit ne lehetne megbocsájtani!
4. Minden nap egy új kezdet ahhoz, hogy új irányba állítsd az életedet!

A bűntudataink több mint 90%-a hamis bűntudat, mert annyi féle káros és helytelen társadalmi dogma kering a világban. Viszont a valódi bűntudatok komoly figyelmeztetések! Ha valódi bűntudatot érzel, akkor itt az idő a téves irányultságaidat helyes irányba terelni. Ehhez, kérlek, használd a kivetítés módszerét! Mélyen nézz magadba és gondold végig, hogy az, amivel kapcsolatban mély valódi bűntudatot érzel, milyen irányba vinné tovább az életedet! Képzeletben fokozd az életedben a bűntudatot okozó aktivitásaidat, és nézd meg, hogy hová vezetne ez az Élet! Amikor ezt meglátod, eléggé szörnyű képzeletbeli látvány lesz ahhoz, hogy ráébredj, ez helyett mi a helyes út. A helyes út megtalálásakor pedig fogalmazd meg pontosan a helyes célkitűzéseket! A helyes cél kitűzése önmagában oldja a bűntudatot és feljebb emel!

A tartós bűntudat a szégyenhez hasonlóan pszichés zavarokat eredményez. A bűntudat és a szégyen leggyakrabban az alapvető oka számos kellemetlen lelkiállapotnak, mint: depresszió, elidegenedés, önbizalomhiány, magány, paranoid és skizoid személyiségzavar, kényszeresség, perfekcionizmus, kisebbrendűségi érzet, alkalmatlanság és kudarc érzése, borderline és nárcisztikus zavarok. Szóval ha a bűntudatot és a szégyent feltranszformálod magasabb rezgésű érzelemmé, akkor megszabadulhatsz ezektől a tünetektől is, vagy egy részüktől.

A bűntudat is szereti a sötétséget és a titkokat. Éppen ezért marad olyan könnyen rejtve önmagunk előtt is. A bűntudatot mélyen elfojtjuk és elrejtjük önmagunk, illetve mások elől. Azonban a sötétben ott él és állandóan fertőzi a lelkünket, a gondolatainkat, a cselekedeteinket anélkül, hogy legtöbb esetben ennek a tudatában lennénk. Ezért a bűntudat gyógyításában is nagyon fontos lépés a ventiláció, melyről az első kötetben már olvashattál, és reményeim szerint el is sajátítottad! Ha másoknak beszélsz róla vagy kiteszed még nagyobb közönség elég, akkor elgyengül. Ez alól kivétel, ha olyan fórumokon mondod el, ahol ezért elítélnek. Mert akkor abból erőt nyer. Emiatt fontos tudatosan megválogatnod azt, hogy kivel osztod meg a bűntudataidat! De létfontosságú, hogy rendszeresen beszélj róla és egyre több embernek. Lényeges, hogy empatikus és elfogadó embereknek beszélj róla! Ha ezen túl vagy, akkor jöhet az érzelem-transzformáció módszerének az a változata, ahol az elméből kiinduló bűntudatokat transzformáljuk magasabb érzelmekké. Persze a ventilációt ne hagyd abba, kérlek, csak az érzelem-transzformáció módszerét tedd mellé az életed részeként.

10.6.2. A bűntudat érzelmének szinonimái

A bűntudat érzésével azonosan alacsony rezgésű érzelmek a következők: lelkiismeret-furdalás, a bűnösség érzése, önutálat, paranoia, fóbia, rémület, iszony, kétségbeesés, céltévesztettség, önbüntetés, önostorozás.

Kérlek, ismerd meg alaposan a bűntudataidat! Ennek érdekében ne csak a bűntudat érzésére, hanem a fenti listában lévő többi érzésre is fókuszálj, majd válaszolj az alábbi kérdésekre és rögzítsd fel a spirituális naplódba:
1. Milyen gyakran jelennek meg ezek az érzelmek egy átlagos napodon?
2. Milyen tulajdonságok, élethelyzetek, cselekedek okoznak ilyen érzelmeket?
3. Kik azok az emberek, akikkel ilyen érzelmekhez kötődő játszmarendszerekbe süllyedtél?
4. Az adott érzelemtípus hamis vagy valódi érzelem?
5. Hogy változna meg az életed ezen érzelmek nélkül?

10.6.3. Tanuld meg a törzsmantrádat!

Törzsmantra: „Helyes cél = boldogabb élet!"

A törzsmantra egy olyan mondat, mely az adott lelki rezgésszinten a legfontosabb üzenetet tartalmazza. Ez az a mantra, ami segít túllépni az adott lelki rezgésszinten.

Ne feledd, kérlek: **A bűntudat eredeti jelentése nem más, mint céltévesztettség.** Ebben az egyetlen mondatban benne van minden tudás, ami a bűntudat végső meghaladásához szükséges. A bűntudat annyit jelent, hogy tisztában vagyok azzal, hogy célt tévesztettem! Ennél semmi többet nem jelent! Ezzel szemben, gondoljunk bele, hogy pusztán a szexualitás köré micsoda sötét istenellenesbűn-csomagot generált a keresztény egyház és ezzel emberek millióinak a lelkét nyomorította meg. A szexualitás lehet céltévesztettség is és lehet cél is. Ha szeretetkifejezés eszközeként használom, mint a testi érintés (*lásd. szeretetnyelvek az I. kötetben*) egy csodálatos és intenzív formája, vagy a szerelmünk gyümölcseként gyermeknemzésre használom, akkor a szexualitás maga a cél, és semmi bűnös dolog nincs benne. Amennyiben saját perverz vágyaim kielégítésére fordítom a szexualitást, úgy, hogy ezért a másik ember lelkét vagy testét kihasználom, akkor céltévesztett vagyok, és itt az idő változtatnom ezen.

Szóval a céltévesztettség nem jelent mást, minthogy itt az idő változtatnom! Tehát ha bűntudatod van, akkor az első lépés tudatosítanod magadban minden alkalommal, hogy ez az érzés annak az üzenete a tudatod által, hogy nem a helyes úton jársz! Gyönyörű a magyar nyelv, hiszen a tudat szó benne van a bűntudatban, nem véletlenül.

10.6.4. Egészítsd ki a küldetésnyilatkozatodat

A küldetésnyilatkozatodat (*lásd a 10.3. fejezet*) egészítsd ki az előző alfejezet idézetével, illetve minden olyan specifikus gondolattal, mely a bűntudataidtól való megszabadulással kapcsolatos szándék és cél. A küldetésnyilatkozatodat minden nap legalább egyszer olvasd fel teljes érzelmi átéléssel. Ezzel naponta irányban tartod az elmédet és nem hagyod, hogy az egod eltereljen a helyes irányból!

10.6.5. Gyakorold a személyre szabott transzformációs érzelmeidet és tudatosítsd a fejlesztendő érzelmeid listáját!

Az az alapvető cél, hogy az elmédet leszoktasd a bűntudattal kapcsolatos gondolatokról, a testedet a bűntudat érzelme által keltett hormonokról (és az ezzel járó testi tünetekről), továbbá a lelkedet a bűntudat érzelméről. Ennek érdekében a hétköznapi életedben igyekezz olyan érzelmeket megélni, melyek a jelenlegi lelkirezgésszint-spektrumod felső sávjában vannak, illetve igyekezz használni a jelenlegi lelkirezgésszint-spektrumodhoz legjobban illeszkedő transzformációs érzelmeket.

Ennek részletes megértéséhez találsz egy példát a 10.5.5. fejezetben. A példa alapján, kérlek, készítsd el a fejlesztendő és transzformációs érzelmi listádat, és tanuld is meg!

10.6.6. Az elmeforrású bűntudat transzformálása

Ahogy megtanultad a 9. fejezetben, háromféle bűntudat létezik benned, attól függően, hogy mi a forrásuk. Először az elmeforrású (azaz gondolatvezérelt) bűntudatoktól igyekezz megszabadulni! Ennek érdekében, kérlek, tedd az életed részévé az elmeközpontú bűntudat transzformációjának módszerét az alábbi lépésekben:

1. lépés: A bűntudattal kapcsolatos gondolatok felmerülésekor helyezd át a fókuszodat a lelkedre, és figyeld meg a lelked vágyott érzelmeit. Észre fogod venni, hogy a lelked nem kívánja a bűntudatot, hiszen az egy természetellenes állapot. A lelked ténylegesen vágyott érzéseit éld át, és erősítsd fel! Ezt követően helyezd a figyelmedet a testedre és figyeld meg, majd erősítsd fel a vágyott érzelmeit! A bűntudat transzformációjára a szégyenen kívül bármelyik érzelem alkalmas. Különösen javasolt az előző fejezetben általad elkészített érzelmi listából valamelyik érzelem alkalmazása!
2. lépés: Hajts végre egy hálaáramlatot és mondd el a törzsmantrádat!
3. lépés: Helyezd vissza a fókuszodat az elmédre! Ha az elméd már nem a bűntudatot generáló gondolatokon agyal, akkor készen vagy! Ha az elméd még

részlegesen az eredeti témán agyal, akkor, kérlek, alkalmazd az 1/5-ös szabályt! Ez abból áll, hogy a kiinduló negatív gondolatnál magasabb rezgéseket beindító gondolatokat mondasz el magadban minimum ötször. Erre a törzsmantra is jó, ha nem jut más az eszedbe, de legcélszerűbb a lelked és a tested által sugallt érzelmekkel kapcsolatos gondolatok ismétlése.

4. lépés: Folytasd az első három lépésből álló ciklust annyiszor, amíg az elmédből induló bűntudatodat teljesen fel nem transzformáltad magasabb érzelemmé, és ezáltal a gondolataid iránya is megváltozik!

Siker esetén legyél nagyon hálás és ne feledd: megint egy apró lépéssel kinevelted a sejtjeidet a bűntudat érzelméhez kapcsolódó hormonfüggésből! Sikertelenség esetén ne ostorozd magadat, csak rögzítsd a tiszta szándékodat, hogy legközelebb még jobban résen leszel, hogy sikerrel járhass! Kérlek, ne feledd! Az egod minden körmönfont trükköt bevet, hogy megtartsa az elméből kiinduló bűntudataidat.

A módszer megértését segítő példa: Ha nem egyértelműek a lépések, akkor a 10.5.6. fejezetben a szégyen érzésén keresztül találsz egy jó magyarázó példát, melyből tisztán meg fogod érteni az egyes lépéseket. A vágyakozás érzelmén keresztül egy további példát a 9.1. fejezet tartalmaz. Emellett a YouTube-csatornámon (*https://www.youtube.com/@justdobetterworld*) is találsz olyan videókat, melyek segítik a mélyebb megértést!

Meddig kell végezned ezt a feladatot: Ezt a feladatot addig kell végezned, amíg az elmeközpontú bűntudatok teljesen ki nem vesznek az életedből! Ha 3–6 hónap alatt nem megy egyedül, akkor olyan gyökérérzelmek vannak a háttérben, melyeket saját erőből nem tudsz orvosolni! Ebben az esetben keress professzionális segítőt. Az első kötetben átadott ismereteken túl a következő kötetben fogok számos, professzionális segítővel, illetve önállóan végezhető hatékony módszerről írni. Az a kötet erősen fókuszál majd a gyökérérzelmek kioldására. Remélem, akkor is megtisztelsz figyelmeddel.

Néhány jó tanács: Egyelőre ne foglalkozz a testből és a lélekből induló bűntudatokkal! Fontos, hogy tudd: a gondolat érkezése után maximum 1–3 másodpercnyi időd van, hogy elkezdd a bűntudattal kapcsolatos gondolat érzelem-transzformációját! Ha ezt lekésed, akkor már a test és a lélek is átveszi az elme irányát. Így résen kell lenned! Ha nem sikerül, ne ostorozd magadat! Ha sikerül, legyél hálás! Az egod nagyon be fog rezelni ettől a módszertől, így minden érvet ki fog találni, hogy letérítsen téged erről az útról! Kérlek, ne hagyd magadat, mert **ez a boldogságodhoz vezető út egyik legfontosabb lépése az életedben!**

10.6.7. A testforrású bűntudat transzformálása

Ha itt jársz a könyvben, akkor az azt jelenti, hogy a szégyenedet már transzformáltad, és az elméből kiinduló bűntudatok terén is elkezdtél komolyan előrelépni! Tehát kevesebbszer jutnak eszedbe bűntudattal kapcsolatos gondolatok, vagy ha eszedbe jutnak, azonnal résen vagy és magasabb érzésvilág felé a transzformálod gondolkodásodat. Tiszta szívből gratulálok neked! Ha mérséklődnek az elméből kiinduló bűntudatok az életedben, az sok energiát fog felszabadítani, és a lelki rezgésszinted is erőteljes emelkedésbe kezd. Ezt az energiát, kérlek, használd fel arra, hogy a maradék bűntudataidat is magasabb rezgésbe transzformálod! Ennek érdekében a mai naptól terjeszd ki a figyelmedet a testből eredő bűntudatokra is! Ezért ebben az alfejezetben azt vesszük át, hogy ezt hogyan csináld. Fontos kiemelnem, hogy az elméből eredő bűntudatok mérséklődésekor a testből és lélekből eredő bűntudatok terén be szokott keményíteni az ego. Ez természetes folyamat, hiszen az ego védi a létét! De ne hagyd magadat! Most kiterjesztjük a munkát az ego még hatékonyabb átnevelésére, amellyel a testközpontú bűntudatok transzformálását

érjük el. Ennek érdekében, kérlek, tedd az életed részévé a testközpontú bűntudataid transzformációjának módszerét az alábbi lépésekben:
1. lépés: A bűntudattal kapcsolatos testérzetek felmerülésekor helyezd át a fókuszodat a lelkedre. Tudatosítsd, hogy a lelked nem vágyik bűntudattal kapcsolatos érzelmekre, és a megfigyelt vágyott érzelmet erősítsd fel. A bűntudatnál (*vedd figyelembe a szinonimáknál tanult érzelmeket is a 10.6.2. fejezet alapján*) a szégyenen kívül bármilyen érzelem jobb, így itt egyszerű a helyzet, hiszen szinte minden érzelem magasabb rezgésű, mint a bűntudat. A gyakorlásra javasolt érzelmek listáját már kigyűjtötted a 9.6.5. fejezetben. Helyezd a figyelmedet az elmédre. Figyeld meg, milyen gondolatokkal foglalkozna szívesen! Itt alkalmazd egyből az 1/5-ös szabályt, és a bűntudattól magasabb gondolkodási minták valamelyikét ismételd el ötször. Ha nem jut más eszedbe, jöhet a jól bevált törzsmantrád.
2. lépés: Hajts végre egy hálaáramlatot!
3. lépés: Vidd vissza a figyelmedet a testedre! Ha a testérzeted már nem bűntudatközpontú, akkor nyertél! Szuper vagy! Ha még mindig részben az, akkor kezdd elölről az 1. lépéssel addig, míg ezt a testérzetet nem transzformáltad magasabb rezgés felé.

Siker esetén legyél nagyon hálás! Sikertelenség esetén ne ostorozd magadat, csak rögzítsd a tiszta szándékodat, hogy legközelebb még jobban résen leszel, hogy sikerrel járhass! Kérlek, ne feledd! Az egod minden rafinált trükköt bevet, hogy megtartsa a testedből kiinduló bűntudataidat.

A módszer megértését segítő példa: A módszer mélyebb megértésére a szégyen érzelménél a 10.5.7. fejezetben találsz egy magyarázó példát. A vágyakozás érzelmén keresztül egy további példát 9.1. fejezet tartalmaz. Emellett a YouTube-csatornámon (*https://www.youtube.com/@justdobetterworld*) is találsz olyan videókat, melyek segítik a mélyebb megértést!

Meddig kell végezned ezt a feladatot: Ezt a feladatot addig kell végezned, amíg a testközpontú bűntudatok teljesen ki nem vesznek az életedből! Ha 3–6 hónap alatt nem megy egyedül, akkor olyan gyökérérzelmek vannak a háttérben, melyeket saját erőből nem tudsz orvosolni! Ebben az esetben keress professzionális segítőt. A következő kötet egyébként ezekre a problémákra és azok megoldásaira fókuszál majd! Remélem, akkor is megtisztelsz a figyelmeddel!

Néhány jó tanács: Az eddigi munkád során talán már csírájában megtapasztaltad, hogy az életünkben a bűntudat jelenléte mennyire torzítja a nézőpontjainkat. Ha erre már ráláttál, akkor ez erőt ad a testérzetekből kiinduló érzelmek transzformációjára. Mivel a test ereje 10-szeres az elméhez képest, ezért ezektől nehezebb megszabadulni, viszont itt már gyakorlatot is szereztél, és segítségedre lesz az elmeközpontú bűntudatok transzformációjából felszabaduló erő! Ugyanakkor a testből induló bűntudatok sokkal ritkábbak. A lélekből induló bűntudatokkal egyelőre ne foglalkozz! Fontos, hogy tudd: a gondolat érkezése után maximum 1–3 másodpercnyi időd van, hogy elkezdd a bűntudattal kapcsolatos gondolat érzelem-transzformációját! Ha ezt lekésed, akkor már az elme és a lélek is átveszi a test irányát. Így résen kell lenned! Ha nem sikerül, ne ostorozd magadat! Ha sikerül, legyél hálás! Az egod nagyon be fog rezelni ettől a módszertől, így minden érvet ki fog találni, hogy letérítsen téged erről az útról! Kérlek, ne hagyd magadat, mert **ez a boldogságodhoz vezető út kiemelkedően fontos lépése az életedben!**

10.6.8. A lélekforrású bűntudat transzformálása

Tiszta szívből gratulálok, hiszen a bűntudataid előfordulási gyakoriságát tekintve már jelentős eredményeket értél el. Ennél jobb dolog nem is történhetne veled! Mennyivel könnyebb élni szégyenek nélkül és jelentősen mérséklődött bűntudatokkal? Kérlek, tekints vissza, milyen volt előtte! Ebből erőt nyersz a folytatáshoz... Itt az idő, hogy az érzelem-transzformáció módszerével megszabadulj a közvetlen lélekből feltörő bűntudat érzéseitől. De ne feledd, kérlek! A lélekből érkező bűntudatok között valódi bűntudatok is lehetnek, ahol a megoldás az, hogy irányt váltasz! Az eddigi sikereid és az azokból felszabaduló energiák segítenek abban, hogy meg tudj szabadulni a lélekből fakadó hamis bűntudataidtól! Ezek általában nagyon ritkák. Ebben az esetben nem szükséges foglalkoznod velük!

Amennyiben nincs így, akkor a siker érdekében a mai naptól terjeszd ki a figyelmedet a lélekből eredő bűntudatokra is! Ebben az alfejezetben azt vesszük át, hogy ezt hogyan csináld. Ennek érdekében, kérlek, tedd az életed részévé a lélekközpontú bűntudataid transzformációjának módszerét az alábbi lépésekben:

1. lépés: A bűntudattal kapcsolatos érzelmek felmerülésekor helyezd át a fókuszodat a testedre, és erősítsd fel a vágyott érzelmeit! Aztán helyezd a fókuszodat az elmédre, itt alkalmazd egyből az 1/5-ös szabályt. A bűntudat (*beleértve az érzelmi szinonimákat is, lásd a 10.6.2. fejezetet*) transzformációjához különösen javasolt érzelmi listát megcsináltad a 10.6.6. fejezetben.
2. lépés: Hajts végre egy hálaáramlatot!
3. lépés: Helyezd vissza a fókuszodat a lelkedre. Ha még mindig a bűntudat érzése dolgozik benned, akkor annyiszor folytasd az első lépéstől a ciklust, amíg a lélekből közvetlenül induló szégyeneidet teljesen fel nem transzformáltad!

Siker esetén legyél nagyon hálás! Sikertelenség esetén ne ostorozd magadat, csak rögzítsd a tiszta szándékodat, hogy legközelebb még jobban résen leszel, hogy sikerrel járhass!

Kérlek, ne feledd! Az egod minden trükköt bevet, hogy megtartsa a bűntudataidat.

A módszer megértését segítő példa: A szégyen érzésén keresztül a 10.5.8. fejezetben találsz egy példát, mely segít a mélyebb megértésben. A vágyakozás érzelmén keresztül egy további példát a 9.1. fejezet tartalmaz. Emellett a YouTube-csatornámon (*https://www.youtube.com/@justdobetterworld*) is találsz olyan videókat melyek segítik a mélyebb megértést!

Az alternatív út: A lélekből közvetlenül érkező érzelmeket a legnehezebb transzformálni, mert a léleknek százszoros ereje van (ahogy azt az I. kötetből már megtanultad). Ez miatt az elme és a test nagyon rövid idő alatt követi. Itt mindössze fél–egy másodpercnyi időd van kapcsolni és elindítani az érzelem-transzformáció módszerét. Ha ez nem sikerül, akkor máris teljesen benne vagy a bűntudatodban. Ezért az alternatív út az, hogy elfogadod a bűntudat érzését, amikor közvetlenül a lélekből érkezik. Erről szól a 10.4. fejezet is, melyben számos tanácsot kaptál ezzel kapcsolatban. A lényeg, hogy ne ostorozod magadat és fejezd ki a tiszta szándékodat, hogy legközelebb jobban résen leszel. Az elfogadás érzelme már önmagában megszünteti a bűntudat létét. Nekem sokszor az is segített, amikor kinevettem magamat, hogy megint milyen ügyesen becsapott az egom.

Meddig kell végezned ezt a feladatot: Ezt a feladatot addig kell végezned, amíg az összes bűntudat teljesen ki nem veszik az életedből! Ha 3–6 hónap alatt nem megy egyedül, akkor olyan gyökérérzelmek vannak a háttérben, amelyeket saját erőből nem tudsz orvosolni! Ebben az esetben keress professzionális segítőt, illetve ajánlom figyelmedbe a következő kötetet, mely kifejezetten a gyökérérzelmekre fog fókuszált segítséget nyújtani a számodra.

Néhány jó tanács: A lélekközpontú bűntudatoktól a legnehezebb megszabadulni. De jó hír, hogy ezekből van a legkevesebb. Ezért gyakran jó taktika, hogy elfogadással hagyjuk, hogy az ego dagonyázzon egy jót (*lásd 10.4. fejezet*). Ilyenkor a bűntudatban való elmélyedés megfigyelése erőt ad arra, hogy végleg meg akarjunk szabadulni tőle. De ehhez fontos, hogy mélyen menj bele az érzésbe, és fogadd el a helyzetet!

10.6.9. A bűntudat transzformálásának rövidített összefoglalása

A bűntudat meghaladásának főbb lépései:
1. Figyeld meg és ismerd meg a bűntudataidat!
2. Olvasd figyelmesen át a bűntudat szinonimáit, hogy biztosan minden típusát fel tudd tárni az életedben! (*Ezeket összegyűjtve a III. mellékletben találod.*)
3. Válaszd szét a valódi és a hamis bűntudataidat egymástól! (Mindegyiktől szükséges megszabadulnod, csak ellentétes okból és módokon!)
4. Légy hálás a valódi bűntudataid jelzéseiért, és azoknál kezdd el tudatosan más irányba irányítani az életedet.
5. A törzsmantrát alakítsd egyedivé és naponta minél többször ismételd el magadban! (*A törzsmantrákat összegyűjtve a IV. mellékletben találod!*)
6. A kiegészített küldetésnyilatkozatodat naponta egyszer átéléssel olvasd fel!
7. Tudatosítsd, hogy minden nap egy új kezdet és nincsenek megbocsájthatatlan bűnök! Hiszen a bűn nem más, mint átmeneti céltévesztettség és ez egy természetellenes állapot.
8. Ventiláld ki a bűntudataidat! (*Lásd I. kötet.*)
9. Igyekezz megélni, felerősíteni, egyre gyakoribbá tenni a transzformációs és a fejlesztendő érzelmeidet a hétköznapokban!
10. Használd tudatosan az elmeforrású bűntudat transzformációját!

11. Használd tudatosan a testforrású bűntudat transzformációját!
12. Használd tudatosan a lélekforrású bűntudat transzformációját!

Azokat a lépéseket, melyek a te életedben nem relevánsak, nyugodtan hagy ki. Több lépést össze is tudsz vonni kisebb csoportokba, hogy egyszerűbb és hatékonyabb legyen a befektetett munkád! Itt csak a könnyebb érthetőség miatt mutattam be ennyire apró lépésekben.

Amennyiben 3–6 hónap alatt kitartó munkával sem tudsz megszabadulni a bűntudat érzésétől, akkor fordulj segítőhöz. Ebben az esetben olyan gyökérérzelmek vannak a háttérben, melyeket nagy valószínűséggel nem tudsz segítség nélkül meghaladni. A gyökérérzelmekről, azok meghaladási módjairól részletesen a 3. kötet fog szólni.

10.7. A fásultság transzformációja

Ha a jelenlegi életedben a fásultság nem fordul elő rendszeresen, akkor legyél ezért hálás, és átugorhatod ezt a fejezetet! Keresd meg azt a legalsó rezgésű érzelmet, ami téged érint, és lapozz oda!

10.7.1. Valódi és hamis fásultság

Ahogy a **2. táblázat** (*9.2. fejezet*) második oszlopából láthatod, a legtöbb embernél a fásultság érzése egészen a 350-es elfogadás lelki rezgésszintjének eléréséig jelen van. Szóval kemény munka megszabadulni tőle! Viszont a jó hír az, hogy minél inkább ritkul az életedben, annál boldogabb leszel! Szégyen, bűntudat és

fásultság nélkül élni már hihetetlenül felszabadító élmény.
A fásultság állapota a bűntudat feletti állapot. A bűntudat által rádöbbenünk, hogy célt tévesztettünk, és elhatározzuk, hogy helyes célok felé haladunk a jövőben. Ez általában a fásultságba emel minket, ahol rádöbbenünk, hogy ez mennyire nehéz és hogy a célok mennyire távolinak, sőt lehetetlennek tűnnek. Ez miatt elveszítjük az erőnket és úgy érezzük, képtelenek vagyunk bármit tenni a jobb élet eléréséért. Ez a határvonal a céltévesztett tettek és a boldogabb élet felé történő elindulás. Itt nem árt egy időre megpihenni. Ha itt kissé elidőzik a lelked, akkor lesz erőd is megindulni a helyes úton. Mért ragadnak sokan akár évtizedekre is ebbe az állapotba, ha ez ilyen egyszerű? Egyrészt leírni könnyű, de megküzdeni vele nagyon komoly dolog. Másrészt az emberek általában helytelenül csinálják, ezért ragadnak bele. Ahhoz, hogy hogyan kell kijönni a fásultságból, meg kell tudnunk különböztetni a valódi fásultságot a hamis fásultságtól. A hamis fásultság az, amikor külső megfelelési kényszer vagy mások unszolása túl nagy terhet ró ránk, és nincs erőnk megcsinálni. Hamis fásultság az is, ha belénk neveltek olyan társadalmi vagy vallási dogmákat, melyeknek semmi közük sincs az életfeladatainkhoz vagy a valódi boldogságunkhoz. A valódi fásultság az, amikor nincs elég erőnk az életünk valódi életfeladatai felé vezető úthoz. Ez utóbbi nagyon ritka. Tudniillik amikor az életfeladataink felé fordulunk, akkor flow-ba kerülünk és az Élet áramlatai általában támogatnak minket. Ilyenkor elég pár nap fásultsági állapot, és a lelkesedés erőt vesz rajtunk, így át tudunk billenni ezen az érzésen. A könnyebb megértés érdekében ismét példákkal szeretnék segíteni. Egyetemista koromban rendszeresen rám tört a fásultság állapota. Ilyenkor minden életkedvem elveszett, és még wc-re is alig volt erőm elmenni. A fal felé fordulva feküdtem a kollégiumi szobámban, és a szobatársaimat is megkértem, hogy ne szóljanak hozzám. Ilyenkor nem jártam be az órákra sem, sőt még bulizni sem mentem le a srácokkal. Csak feküdtem és nem csináltam semmi. Csak olyankor ettem és ittam egy picit, amikor már

nem bírtam tovább. Ezek a periódusok eleinte hosszabbak voltak, mert állandóan ostoroztam magamat, hogy fel kellene kelni és csinálni a dolgomat. Továbbá a barátaim is állandóan piszkáltak ugyanezért. Aztán rádöbbentem, hogy ha nem piszkálom magamat és a barátaim is leszállnak rólam, akkor előbb lesz vége. Tehát ilyenkor a fejemre húztam a párnát és hagytam, hogy dagonyázzak a fásultság börtönében. Így „csak" 2-3 napig tartott és utána kicsattanó lelkesedéssel estem neki a világ dolgainak. Mi ebből a tanulság? Hagyd magadat megpihenni, önostorozás nélkül, és kerüld el azt a társaságot, amely kívülről ostorozna téged! Az ostorozás visszataszít a bűntudatba és a szégyenbe, ezért nincs erőnk kilépni a fásultság börtönéből.

A másik nehezítő körülmény, ha hamis fásultság áldozatai vagyunk, azaz olyan dolgokat kellene megcsinálnunk, aminek semmi köze az életfeladatunkhoz! Ilyenkor nem csoda, ha nincs erőnk, hiszen mások elvárásainak kell megfelelnünk. De mivel a bűntudat érzésének transzformációjánál elhatároztad, hogy irányt váltasz, ezért ez is rendben van már a fejedben! Tudom, hogy az életkörülmények benne akarnak tartani a régi keréknyomban, de fokozatosan ki tudsz belőle lépni.

Ennek érdekében jön a harmadik fontos tanács! A fásultság áldozatainak a leggyakoribb hibája, hogy a távoli célra fókuszálnak. Így olyan nagy a távolság a jelen és a cél között, hogy lehetetlennek tűnik, hogy valaha el lehet érni. Pedig ma egy nagyon boldog ember ír neked erről, aki néhány éve még rendszeresen dagonyázott a tömény fásultágban. Van egy olyan mondás, hogy egy vastag fát fejszecsapásonként kell kivágni. Ez mit jelent? Ha a házad előtt van egy nagyon vastag fa és van egy kis fejszéd, és ki kell vágnod a fát, kimész és nekiesel. Majd elfáradsz és azt látod, hogy alig tudtad megsérteni a fát. Elkeseredsz és úgy érzed, ez lehetetlen. Ha viszont nem foglalkozol azzal, hogy mikor fogod kivágni, csak minden nap, amikor hazaérsz, rávágsz pár erőteljeset a fára a fejszéddel, akkor előbb-utóbb kidől, és még komoly fáradságodba sem került! Szóval a fásultság elleni recept, hogy a célt szedd szét sok apró pici célra. Ez a könyv is így működik. Először elengeded a szégyen elmeközpontú részét, aztán a testközpontú részét és így tovább... Szép lassan haladunk előre. Mindig csak a következő teendőre figyelve fejlődik a lelkünk, az egészségünk és a gondolkodásunk.

Hogyan lehet megkülönböztetni a hamis fásultságot a szellemed jelzésétől? A 6. fejezetben leírtam neked, hogy milyen módszerekkel tudod meghatározni a valódi életfeladataidat. Ha ezekkel tisztába kerülsz, akkor sokkal könnyebb lesz átlátnod a szitán. Hiszen ami letérít a helytelen útról, az valódi fásultság. Amit pedig kiskorodban tévedésből beléd neveltek és felnőttkorodban ez miatt érzel rendszeres fásultságot, ha hasonló dolgokat művelsz, az hamis fásultság. A valódi fásultság esetén – ha nem ostorozod magadat és mások sem teszik veled, akkor – 2-3 nap leforgása alatt beindul a lelkesedés, mert a lelkednek volt ideje erőt gyűjteni. Hamis fásultság esetén ez hosszú időkre is elhúzódhat és depresszióhoz vezet.

Most szeretném összegezni számodra, hogy minden alkalomkor, ha fásultságot érzel, ezeket szükséges tudatosítanod magadban:

1. A fásultság egy természetellenes állapot, ezért a test–lélek–elme hármassága ki tud jönni belőle. A fásultság a lélek átmeneti megpihenése, amit ideiglenesen hagyni kell!
2. Ne ostorozd magadat ilyenkor és mások is hagyjanak békén! Pihenj meg és békésen várj, amíg megjön a lelkesedés!
3. A céljaidat nagyon apró lépésekre bontsd fel, és mindig csak a következő pici lépésre fókuszálj!
4. Minden nap egy új kezdet ahhoz, hogy a helyes irány felé apró lépésekben elfordítsd az életedet!

A tartós fásultság a bűntudattal és a szégyennel vegyesen általában pszichés zavarokat eredményez. Ezek az érzelmek az alapvető okai számos kellemetlen lelkiállapotnak, mint: depresszió, elidegenedés, önbizalomhiány, magány, paranoid és skizoid személyiségzavar, kényszeresség, perfekcionizmus, kisebbrendűségi érzet, alkalmatlanság és kudarc érzése, borderline és nárcisztikus zavarok. A fásultság legtipikusabb lelkiállapota a depresszió. A fásultság feltranszformálásával nagyon sok kedvezőtlen testi és lelki tünet eltűnik az életedből, ezért érdemes nap mint nap alkalmaznod az érzelem-transzformáció módszerét.

10.7.2. A fásultság érzelmének szinonimái

A fásultság érzésével azonosan alacsony rezgésű érzelmek a következők: erőtlenség, tétlenség, elveszettség, tehetetlenség, üresség, érzéketlenség, értéktelenség, reménytelenség, nemtörődömség, lemondás, elítélés, elítéltség, eltaszítottság, elutasítottság, merevség, barátságtalanság, zordság, érzéketlenség, sivárság, lélektelenség, ridegség, kiégettség, életuntság, enerváltság, unottság, morcosság, távolságtartás, közönyösség, besavanyodottság, elkeseredettség, depresszió.

Kérlek, ismerd meg alaposan a fásultságaidat! Ennek érdekében ne csak a fásultság érzésére, hanem a fenti listában lévő többi érzésre is fókuszálj. Válaszolj az alábbi kérdésekre, majd rögzítsd fel a spirituális naplódba:
1. Milyen gyakran jelennek meg ezek az érzelmek egy átlagos napodon?
2. Milyen tulajdonságok, élethelyzetek, cselekedetek okoznak ilyen érzelmeket?
3. Kik azok az emberek, akikkel ilyen érzelmekhez kötődő játszmarendszerekbe süllyedtél?
4. Az adott érzelemtípus hamis vagy valódi érzelem?
5. Hogy változna meg az életed ezen érzelmek nélkül?

10.7.3. Tanuld meg a törzsmantrádat!

Törzsmantra:
„Kizárólag a következő apró lépésre koncentrálok!"

A törzsmantra egy olyan mondat, mely az adott lelki rezgésszinten a legfontosabb üzenetet tartalmazza. Ez az a mantra, ami segít túllépni az adott lelki rezgésszinten.

A fásultság érzésénél fontos megértened, hogy jogodban áll és szükséges is megpihenni a lelkednek! Nem érdekes, mit vár el a társadalom és mit neveltek beléd! Pihenj meg és gyűjts erőt! Ha ez megvan, akkor kizárólag a legközelebbi apró célra koncentrálj, és indulj el az úton! Minden út lépésekből áll, és ha csak a lépésekre figyelsz, nem a végcélra, akkor bármeddig lesz erőd eljutni! Persze ehhez önfegyelem kell, mert az elme hajlamos a távoli célra áthelyezni a fókuszt!

10.7.4. Egészítsd ki a küldetésnyilatkozatodat

A küldetésnyilatkozatodat (*lásd 10.3. fejezet*) egészítsd ki az előző alfejezet idézetével, illetve minden olyan specifikus gondolattal, mely a fásultságtól való megszabadulással kapcsolatos szándék és cél. A küldetésnyilatkozatodat minde nap legalább egyszer olvasd fel teljes érzelmi átéléssel. Ezzel naponta irányban tartod az elmédet és nem hagyod, hogy az egod eltereljen a helyes iránytól!

10.7.5. Gyakorold a személyre szabott transzformációs érzelmeidet és tudatosítsd a fejlesztendő érzelmeid listáját!

Az az alapvető cél, hogy az elmédet leszoktasd a fásultsággal kapcsolatos gondolatokról, a testedet a fásultság érzelme által keltett hormonokról, továbbá a lelkedet a fásultság érzelméről. Ennek érdekében a hétköznapi életedben igyekezz olyan érzelmeket megélni, melyek a jelenlegi lelkirezgésszint-spektrumod felső sávjában vannak, illetve igyekezd használni a jelenlegi lelkirezgésszint-spektrumodhoz legjobban illeszkedő transzformációs érzelmeket.

Ennek részletes megértéséhez a 10.5.5. fejezetben találsz egy példát. A példa alapján, kérlek, készítsd el a fejlesztendő és transzformációs érzelmi listádat, és tanuld is meg!

10.7.6. Az elmeforrású fásultság transzformálása

Ahogy már jól tudod, háromféle fásultság létezhet benned, attól függően, hogy mi a forrása. Először az elmeforrású (azaz gondolatvezérelt) fásultságoktól igyekezz megszabadulni! Ennek érdekében, kérlek, tedd az életed részévé az elmeközpontú fásultság transzformációjának módszerét az alábbi lépésekben:
1. lépés: A fásultsággal kapcsolatos gondolatok felmerülésekor helyezd át a fókuszodat a lelkedre, és figyeld meg a lelked vágyott érzelmeit. Észre fogod venni, hogy a lelked nem kívánja a fásultságot, hiszen az egy természetellenes állapot. A lelked ténylegesen vágyott érzéseit éld át és erősítsd fel! Ezt követően helyezd a figyelmedet a testedre, és figyeld meg, majd erősítsd fel a vágyott érzelmeit! Az ember alapvetően egy vitális lény, szóval a fásultság messze áll a természetes állapotától. A fásultság transzformációjára különösen

javasolt az előző alfejezetben általad elkészített érzelmi listából valamelyik érzelem alkalmazása.
2. lépés: Hajts végre egy hálaáramlatot, és mondd el a törzsmantrádat!
3. lépés: Helyezd vissza a fókuszodat az elmédre! Ha az elméd már nem fásultságot generáló gondolatokon agyal, akkor készen vagy! Ha az elméd még részlegesen az eredeti témán agyal, akkor, kérlek, alkalmazd az 1/5-ös szabályt! Ez abból áll, hogy a kiinduló negatív gondolatnál magasabb rezgéseket beindító gondolatokat mondasz el magadban minimum ötször. Erre a törzsmantra is jó, ha nem jut más az eszedbe, de legcélszerűbb a lelked és a tested által sugallt érzelmekkel kapcsolatos gondolatok ismétlése.
4. lépés: Folytasd az első három lépésből álló ciklust annyiszor, amíg teljesen fel nem transzformáltad az elmédből induló fásultságot magasabb érzelemmé, és ezáltal a gondolataid iránya is megváltozik!

Siker esetén legyél nagyon hálás és ne feledd, megint egy apró lépéssel kinevelted a sejtjeidet a fásultság érzelméhez kapcsolódó hormonfüggésből! Sikertelenség esetén ne ostorozd magadat, csak rögzítsd a tiszta szándékodat, hogy legközelebb még jobban résen leszel, hogy sikerrel járhass! Kérlek, ne feledd! Az egod minden körmönfont trükköt bevet, hogy megtartsa az elméből kiinduló fásultságaidat.

A módszer megértését segítő példa: Ha nem egyértelműek a lépések, akkor a 10.5.6. fejezetben a szégyen érzésén keresztül találsz egy jó magyarázó példát, melyből tisztán meg fogod érteni az egyes lépéseket. A vágyakozás érzelmén keresztül egy további példát 9.1. fejezet tartalmaz. Emellett a YouTube-csatornámon (***https://www.youtube.com/@justdobetterworld***) is találsz olyan videókat, melyek segítik a mélyebb megértést!

Meddig kell végezned ezt a feladatot: Ezt a feladatot addig kell végezned, amíg az elmeközpontú fásultságok teljesen ki nem vesznek az életedből! Ha 3–6 hónap alatt nem megy egyedül, akkor olyan gyökérérzelmek vannak a háttérben, melyeket saját erőből nem tudsz orvosolni! Ebben az esetben keress professzionális segítőt. Az első kötet Mindig legyen segítőd! című fejezetén túl a következő kötetben fogok számos professzionális, hatékony módszerről írni. Remélem, akkor is megtisztelsz a bizalmaddal és a figyelmeddel!

Néhány jó tanács: A testből és lélekből induló fásultságokkal egyelőre ne foglalkozz! Fontos, hogy tudd: a gondolat érkezése után maximum 1–3 másodpercnyi időd van, hogy elkezdd a fásultsággal kapcsolatos gondolat érzelem-transzformációját! Ha ezt lekésed, akkor már a test és a lélek is átveszi az elme irányát. Így résen kell lenned! Ha nem sikerül, ne ostorozd magadat! Ha sikerül, legyél hálás! Az egod nagyon be fog rezelni ettől a módszertől, így minden érvet ki fog találni, hogy letérítsen téged erről az útról! Kérlek, ne hagyd magadat, mert **ez a boldogsághoz vezető út egy nagyon fontos lépése az életedben!**

10.7.7. A testforrású fásultság transzformálása

Ha itt jársz a könyvben, akkor az azt jelenti, hogy a szégyenedet és a bűntudataidat már transzformáltad, és az elméből kiinduló fásultságok terén elkezdtél komolyan előrelépni! Így kevesebbszer jutnak eszedbe fásultsággal összefüggő gondolatok, vagy ha eszedbe jutnak, azonnal résen vagy és magasabb érzésvilág felé transzformálod. Tiszta szívből gratulálok neked! Ha mérséklődnek az elméből kiinduló fásultságok az életedben és az önostorozás miatt nem esel vissza a szégyen–bűntudat rezgéstartománya felé, az sok energiát fog felszabadítani és erőteljes emelkedésbe kezd a lelki rezgésszinted. Ezt az energiát, kérlek, használd fel arra, hogy a maradék fásultságaidat is magasabb rezgésbe transzformálod! Ennek érdekében a mai naptól terjeszd ki a figyelmedet a testből eredő fásultságokra is! Ezért ebben az alfejezetben azt vesszük át, hogy hogyan csináld. Fontos kiemelnem, hogy az elméből eredő fásultságok mérséklődésekor a testből és a lélekből eredő fásultságok terén az ego be szokott keményíteni. Ez természetes folyamat, hiszen az ego védi a létét! De ne hagyd magadat! Most kiterjesztjük a munkát az ego még hatékonyabb átnevelésére, amellyel a testközpontú fásultságok transzformálását érjük el. Ennek érdekében, kérlek, tedd az életed részévé a testközpontú fásultságaid transzformációjának módszerét az alábbi lépésekben:

1. lépés: A fásultsággal kapcsolatos testérzetek felmerülésekor helyezd át a fókuszodat alelkedre és erősítsd fel a vágyott érzelmeit! A fásultságnál (*vedd figyelembe a szinonimáknál tanult érzelmeket is: 10.7.2. fejezet*) magasabban lévő javasolt érzelmek listáját már kigyűjtötted a 10.7.5. fejezetben. Ezután helyezd a fókuszodat az elmédre. Tudatosítsd, hogy az elméd nem vágyik fásultsággal kapcsolatos gondolaokra. Figyeld meg, milyen gondolatokkal foglalkozna szívesen! Itt alkalmazd egyből az 1/5-ös szabályt, és ötször ismételd el a fásultságnál magasabb gondolkodási minták valamelyikét.
2. lépés: Hajts végre egy hálaáramlatot!
3. lépés: Vidd vissza a figyelmedet a testedre! Ha a testérzeted már nem fásultságközpontú, akkor nyertél! Szuper vagy! Ha még mindig részben odafigyel, akkor kezdd az 1. lépéssel elölről a ciklust, addig, míg ezt a testérzetet nem transzformáltad magasabb rezgés felé.

Siker esetén legyél nagyon hálás! Sikertelenség esetén ne ostorozd magadat, csak rögzítsd a tiszta szándékodat, hogy legközelebb még jobban résen leszel, hogy sikerrel járhass! Kérlek, ne feledd! Az egod minden rafinált trükköt bevet, hogy megtartsa a testedből kiinduló fásultságaidat.

A módszer megértését segítő példa: A módszer mélyebb megértésére a szégyen érzelménél a 10.5.7. fejezetben találsz egy magyarázó példát. A vágyakozás érzelmén keresztül egy további példát 9.1. fejezet tartalmaz. Emellett a YouTube-csatornámon (*https://www.youtube.com/@justdobetterworld*) is találsz olyan videókat, melyek segítik a mélyebb megértést!

Meddig kell végezned ezt a feladatot: Ezt a feladatot addig kell végezned, amíg a testközpontú fásultságok teljesen ki nem vesznek az életedből! Ha 3–6 hónap alatt nem megy egyedül, akkor olyan gyökérérzelmek vannak a háttérben, melyeket saját erőből nem tudsz orvosolni! Ebben az esetben keress professzionális segítőt.

Néhány jó tanács: Az eddigi munkád során talán már megtapasztaltad, hogy a fásultság jelenléte mennyire torzítja a nézőpontjainkat. Ha erre már ráláttál, akkor ez erőt ad a testérzetekből kiinduló érzelmek transzformációjára. Mivel a test ereje 10-szeres az elméhez képest, ezért ezektől nehezebb megszabadulni, viszont itt már gyakorlatot is szereztél, és az elmeközpontú fásultságok transzformációjából felszabaduló erő a segítségedre lesz! A lélekből induló fásultságokkal egyelőre ne foglalkozz! Fontos, hogy tudd: a gondolat érkezése után maximum 1–3 másodpercnyi időd van, hogy elkezdd a fásultsággal kapcsolatos gondolat érzelem-transzformációját! Ha ezt lekésed, akkor már az elme és a lélek is átveszi a test irányát. Így résen kell lenned! Ha nem sikerül, ne ostorozd magadat! Ha sikerül, legyél hálás! Az egod nagyon be fog rezelni ettől a módszertől, így minden érvet ki fog találni, hogy letérítsen téged erről az útról! Kérlek, ne hagyd magadat, mert **ez a boldogságodhoz vezető út kiemelkedően fontos lépése az életedben!**

10.7.8. A lélekforrású fásultság transzformálása

Tiszta szívből gratulálok, hiszen a fásultságaid előfordulási gyakoriságát tekintve már jelentős eredményeket értél el. Ennél jobb dolog nem is történhetne veled! Mennyivel könnyebb szégyenek, bűntudatok nélkül és jelentősen mérséklődött fásultságokkal élni? Kérlek, tekints vissza, milyen volt előtte! Ebből erőt nyersz a folytatáshoz...

Szóval itt az idő, hogy az érzelem-transzformáció módszerével megszabadulj a közvetlen lélekből feltörő fásultság érzéseitől. Ne feledd, hogy csak a hamis fásultságok terén használd az érzelem-transzformáció módszerét. Az eddigi sikereid és az azokból felszabaduló energiák segítenek abban, hogy ezt is meg tudd lépni! Ennek érdekében a mai naptól terjeszd ki a figyelmedet a lélekből eredő hamis fásultságokra is! Ebben az alfejezetben azt vesszük át, hogy ezt hogyan csináld. Ennek érdekében, kérlek, tedd az életed részévé a lélekközpontú fásultságaid transzformációjának módszerét az alábbi lépésekben:

1. lépés: A fásultsággal kapcsolatos érzelmek felmerülésekor helyezd át a fókuszodat a testedre, és erősítsd fel a vágyott érzelmeit! Ezután helyezd át a figyelmedet az elmédre. Itt alkalmazd egyből az 1/5-ös szabályt.
A fásultság (*beleértve az érzelmi szinonimákat is, lásd a 10.7.2. fejezetet*) transzformációjához különösen javasolt érzelmi listát megcsináltad a 10.7.5. fejezetben.
2. lépés: Hajts végre egy hálaáramlatot!
3. lépés: Helyezd vissza a fókuszodat a lelkedre. Ha még mindig a fásultság érzése dolgozik benned, akkor annyiszor folytasd az első lépéstől a ciklust, amíg teljesen fel nem transzformáltad a lélekből közvetlenül induló fásultságodat!

Siker esetén legyél nagyon hálás! Sikertelenség esetén ne ostorozd magadat, csak rögzítsd a tiszta szándékodat, hogy legközelebb még jobban résen leszel, hogy sikerrel járhass! Kérlek, ne feledd! Az egod minden trükköt bevet, hogy megtartsa a fásultságaidat!

A módszer megértését segítő példa: A szégyen érzésén keresztül a 10.5.8. fejezetben találsz egy példát, mely segít a mélyebb megértésben. A vágyakozás érzelmén keresztül egy további példát a 9.1. fejezet tartalmaz. Emellett a YouTube-csatornámon (*https://www.youtube.com/@justdobetterworld*) is találsz olyan videókat, melyek segítik a mélyebb megértést!

Az alternatív út: A lélekből közvetlenül érkező érzelmeket a legnehezebb transzformálni, mert a léleknek százszoros ereje van (ahogy azt az I. kötetből már megtanultad). Ez miatt az elme és a test nagyon rövid idő alatt követi. Itt mindössze fél–egy másodpercnyi időd van kapcsolni és elindítani az érzelem-transzformáció módszerét. Ha ez nem sikerül, akkor máris teljesen benne vagy a fásultságban. Ezért az alternatív út az, hogy elfogadod a fásultság érzését, amikor közvetlenül a lélekből érkezik. Nem ostorozod magadat és kifejezed a tiszta szándékodat, hogy legközelebb jobban résen leszel. Az elfogadás érzelme már önmagában megszünteti a fásultság létét, ha hagysz neki elég időt.

Meddig kell végezned ezt a feladatot: Ezt a feladatot addig kell végezned, amíg az összes fásultság teljesen ki nem veszik az életedből! Ha 3–6 hónap alatt nem megy egyedül, akkor olyan gyökérérzelmek vannak a háttérben, melyeket saját erődből nem tudsz orvosolni! Ebben az esetben keress professzionális segítőt. Az első kötet Mindig legyen segítőd! című fejezetén túl a következő kötetben fogok számos, professzionális segítővel végezhető hatékony módszerről írni. Remélem, akkor is megtisztelsz majd a figyelmeddel!

Néhány jó tanács: A lélekközpontú fásultságoktól a legnehezebb megszabadulni. De jó hír, hogy ezekből van a legkevesebb. Ezért gyakran jó taktika, hogy elfogadással hagyjuk, hogy az ego dagonyázzon egy jót (*lásd 9.4. fejezet*). Ilyenkor a fásultságban való elmélyedés megfigyelése erőt ad arra, hogy végleg meg akarjunk szabadulni tőle. De ehhez fontos, hogy mélyen menj bele az érzésbe, és fogadd el a helyzetet!

10.7.9. A fásultság transzformálásának rövidített összefoglalása

A fásultság meghaladásának főbb lépései:
1. Figyeld meg és ismerd meg a fásultságaidat és az okait!
2. Olvasd figyelmesen át a fásultság szinonimáit, hogy biztosan minden típusát fel tudd tárni az életedben! (*Ezeket összegyűjtve a III. mellékletben találod.*)
3. Válaszd szét a valódi és a hamis fásultságaidat egymástól! (Mindegyiktől szükséges megszabadulnod, csak ellentétes okból!)
4. Légy hálás a valódi fásultságaid jelzéseiért, és azok alapján kezdd el megváltoztatni az életedet!
5. A törzsmantrát naponta minél többször ismételd el magadban! (*A törzsmantrákat összegyűjtve a IV. mellékletben találod!*)
6. A kiegészített küldetésnyilatkozatodat naponta egyszer átéléssel olvasd fel!
7. Ne ostorozd magadat a fásultságért, hanem dagonyázz benne, amíg meg nem jön a lelkierőd!
8. Érd el, hogy mások se ostorozhassanak a fásultságodért!
9. A céljaidat szedd szét a lehető legapróbb lépésekre, és mindig csak a következő apró lépésre fókuszálj! Akkor kezdj bele, amikor a lelkesedés megjelenik a lelkedben! Tudatosítsd, hogy minden nap egy lehetőség, hogy apró lépésenként a helyes életcélok felé fordítsd az életedet!

10. Igyekezz megélni, felerősíteni, egyre gyakoribbá tenni a transzformációs és a fejlesztendő érzelmeidet a hétköznapokban!
11. Használd tudatosan az elmeforrású fásultság transzformációját!
12. Használd tudatosan a testforrású fásultság transzformációját!
13. Használd tudatosan a lélekforrású fásultság transzformációját!

Azokat a lépéseket, melyek a te életedben nem relevánsak, nyugodtan hagyd ki. Több lépést össze is tudsz vonni kisebb csoportokba, hogy egyszerűbb és hatékonyabb legyen a befektetett munkád! Itt csak a könnyebb érthetőség miatt mutattam be ennyire apró lépésekben.

Amennyiben 3–6 hónap alatt kitartó munkával sem tudsz megszabadulni a fásultság érzésétől, akkor fordulj segítőhöz (*lásd I. kötet Mindig legyen segítőd! című fejezet*). Ebben az esetben olyan gyökérérzelmek vannak a háttérben, melyeket nem tudsz segítség nélkül meghaladni. A gyökérérzelmekről, azok meghaladási módjairól részletesen a 3. kötet fog szólni.

10.8. A bánat transzformációja

Ha a jelenlegi életedben a bánat nem fordul elő rendszeresen, akkor legyél ezért hálás, és átugorhatod ezt a fejezetet! Keresd meg azt a legalsó rezgésű érzelmet a 10. fejezeten belül, ami téged érint, és lapozz oda!

10.8.1. Valódi és hamis bánat

Ahogy a **2. táblázat** második oszlopából láthatod, a legtöbb embernél a bánat érzése egészen akár a 400-as észszerűség lelki rezgésszintjének eléréséig jelen van az életükben. Szóval kemény munka megszabadulni tőle! Viszont a jó hír az, hogy minél inkább ritkul az életedben, annál boldogabb leszel! Szégyen, bűntudat, fásultság és bánat nélkül már hihetetlenül komoly szintű boldogságban élünk.

A bánat állapota a fásultság feletti állapot. Ezen a lelki rezgésszinten abban a hitben élünk, hogy a mi lelki fájdalmunk a legelviselhetetlenebb, a legmélyebb, a legnehezebb, és azt senki sem képes megérteni. Ha például valaki elveszti a közeli hozzátartozóját, az egy valódibánat-élmény. Tényleg nagyon nehéz lelki fájdalom, de nem egyedülálló. Sokan vannak így, és a legtöbben kis is jönnek belőle. Ebben az esetben a gyásznak való megfelelő idő megadása, a gyász tiszta, őszinte megélése a megoldás. Bánatot nagyon sokféle dolog miatt érezhetünk, és ezek között számtalan a hamis bánat. A hamis bánat olyan okból érzett szomorúság, amely valamilyen feleslegesen belénk nevelt dogma vagy elvárás nem teljesüléséből fakad. Például ha valakit maximalistának nevelnek és valamilyen feladatot nem sikerül tökéletesre megcsinálnia, akkor nagyon gyakran mély bánatba zuhanhat az ilyen ember. Pedig senki sem tökéletes, és ő sem lehet soha az. Függetlenül, hogy hamis bánat vagy valódi bánat nyomja a lelkünket, az első lépés mindig az érzelem megéléséhez a kellő idő megadása. Aki erőből elfojtja és kilép belőle, az rendszeresen visszaesik a bánatba. A kellő idő biztosítása önostorozásmentes kell hogy legyen. Hiszen ha kívülről ostoroznak minket, vagy mi ostorozzuk magunkat ilyekor, akkor visszaesünk a fásultságba, vagy még mélyebbre. A kellő idő és a gyász (vagy másfajta bánat) alapos megélése önmagában elindítja a lelkesedést, és elkezdünk újra megnyílni az Élet felé. Ezt az azonosulás érzelme tudja segíteni. Igyekeznünk kell elfogadni, hogy nem egyedi a fájdalmunk.

A pusztító-ego hiteti el velünk a fájdalmunk egyediségét, és azt is, hogy ezt senki sem képes felfogni, megérteni. Pedig a valóság az, hogy sok-sok ember járt már hasonló cipőben. A pusztító-egonak ez a hitrendszere rengeteg negatív energiát termel, ezért kapaszkodik bele annyira. Tehát ha tudatosan erősítjük az azonosulás érzelmét, azaz azonosulni tudunk azzal az érzéssel, hogy másnak is lehet olyan rossz, mint nekünk, az sokat segít a kilábalásban.

A bánat érzelméből való kilépés az elengedéssel zárul. Amikor például meghal egy hozzátartozónk és kellő időt, valamint megélést szentelünk a gyásznak, akkor egy idő után képesek vagyunk érzelmileg is elengedni őt. Ezzel megszűnik a gyász. Minden bánattípusnál ez a helyes dinamika. Az önostorozások nélküli azonosulás érzelme ebben a folyamatban segíti az előrehaladást.

10.8.2. A bánat érzelmének szinonimái

A bánat érzésével azonosan alacsony rezgésű érzelmek a következők: gyász, csüggedtség, önsajnálat, lenézés, lenézettség, a tragikusság érzése, bánkódás, búslakodás, szomorúság, keserűség, magány, csalódottság.

Kérlek, ismerd meg alaposan a bánataidat! Ennek érdekében ne csak a bánat érzésére, hanem a fenti listában lévő többi érzésre is fókuszálj. Válaszolj az alábbi kérdésekre, és rögzítsd fel a spirituális naplódba:

1. Milyen gyakran jelennek meg ezek az érzelmek egy átlagos napodon?
2. Milyen tulajdonságok, élethelyzetek, cselekedetek okoznak ilyen érzelmeket?
3. Kik azok az emberek, akikkel ilyen érzelmekhez kötődő játszmarendszerekbe süllyedtél?
4. Az adott érzelemtípus hamis vagy valódi érzelem?
5. Hogy változna meg az életed ezen érzelmek nélkül?

10.8.3. Tanuld meg a törzsmantrádat!

Törzsmantra: „Elengedem a ragaszkodást!"

A törzsmantra egy olyan mondat, mely az adott lelki rezgésszinten a legfontosabb üzenetet tartalmazza. Ez az a mantra, ami segít túllépni az adott lelki rezgésszinten.

A bánat érzésénél fontos megértened, hogy jogodban áll a szükséges időt rászánni a bánat megélésére! Nem érdekes, mit vár el a társadalom és mit neveltek beléd! Éld meg a gyászodat, éld meg a fájdalmadat! Ha ez megvan, akkor gyakorold az azonosulás érzését, mely hozzásegít az elengedéshez! A bánat tárgyának érzelmi elengedése jelenti a bánat teljes gyógyulását!

10.8.4. Egészítsd ki a küldetésnyilatkozatodat

A küldetésnyilatkozatodat (*lásd 10.3. fejezet*) egészítsd ki az előző alfejezet idézetével, illetve minden olyan specifikus gondolattal, mely a bánattól való megszabadulással kapcsolatos szándék és cél. A küldetésnyilatkozatodat mindennap legalább egyszer olvasd fel teljes érzelmi átéléssel. Ezzel naponta irányban tartod az elmédet, és nem hagyod, hogy az egod eltereljen a helyes iránytól!

10.8.5. Gyakorold a személyre szabott transzformációs érzelmeidet és tudatosítsd a fejlesztendő érzelmeid listáját!

Az az alapvető cél, hogy az elmédet leszoktasd a bánattal kapcsolatos gondolatokról, a testedet a bánat érzelme által keltett hormonokról, továbbá a lelkedet a bánat érzelméről. Ennek érdekében a hétköznapi életedben igyekezz olyan érzelmeket megélni, melyek a jelenlegi lelkirezgésszint-spektrumod felső sávjában vannak, illetve igyekezz használni a jelenlegi lelkirezgésszint-spektrumodhoz legjobban illeszkedő transzformációs érzelmeket.

Ennek részletes megértéséhez a 10.5.5. fejezetben találsz egy példát. A példa alapján, kérlek, készítsd el a fejlesztendő és a transzformációs érzelmi listádat, és tanuld is meg!

10.8.6. Az elmeforrású bánat transzformálása

Ahogy már jól tudod, háromféle bánat létezhet benned, attól függően, hogy mi a forrása. Először az elmeforrású (azaz gondolatvezérelt) bánatoktól igyekezz megszabadulni! Ennek érdekében, kérlek, tedd az életed részévé az elmeközpontú bánat transzformációjának módszerét az alábbi lépésekben:

1. lépés: A bánattal kapcsolatos gondolatok felmerülésekor helyezd át a fókuszodat a lelkedre, és figyeld meg a lelked **vágyott érzelmeit.** Észre fogod venni, hogy a lelked nem kívánja a bánatot, ha már elég időt adtál neki. Éld át és erősítsd fel a lelked ténylegesen vágyott érzéseit! Ezt követően helyezd a figyelmedet a testedre és figyeld meg, majd erősítsd fel a vágyott érzelmeit! Az ember alapvetően egy eleven, életörömre vágyó lény, a túl tartós bánat messze áll a természetes állapotától. A bánat transzformációjára különösen javasolt a 10.8.5. fejezetben általad elkészített érzelmi listából valamelyik érzelem alkalmazása.
2. lépés: Hajts végre egy hálaáramlatot, és mondd el a törzsmantrádat!
3. lépés: Helyezd vissza a fókuszodat az elmédre! Ha az elméd már nem bánatot generáló gondolatokon agyal, akkor készen vagy! Ha az elméd még részlegesen az eredeti témán agyal, akkor, kérlek, alkalmazd

az 1/5-ös szabályt! Ez abból áll, hogy a kiinduló negatív gondolatnál magasabb rezgéseket beindító gondolatokat mondasz el magadban minimum ötször. Erre a törzsmantra is jó, ha nem jut más az eszedbe, de legcélszerűbb a lelked és tested által sugallt érzelmekkel kapcsolatos gondolatok ismétlése.
4. lépés: Folytasd az első 3 lépésből álló ciklust annyiszor, amíg teljesen fel nem transzformáltad az elmédből induló bánatot magasabb érzelemmé, és ezáltal a gondolataid iránya is megváltozik!

Siker esetén legyél nagyon hálás, és ne feledd: megint egy apró lépéssel kinevelted a sejtjeidet a bánat érzelméhez kapcsolódó hormonfüggésből! Sikertelenség esetén ne ostorozd magadat, csak rögzítsd a tiszta szándékodat, hogy legközelebb még jobban résen leszel, hogy sikerrel járhass! Kérlek, ne feledd! Az egod minden körmönfont trükköt bevet, hogy megtartsa az elméből kiinduló bánatot.

A módszer megértését segítő példa: Ha nem egyértelműek a lépések, akkor a 10.5.8. fejezetben a szégyen érzésén keresztül találsz egy jó magyarázó példát, melyből tisztán meg fogod érteni az egyes lépéseket. A vágyakozás érzelmén keresztül egy további példát tartalmaz a 9.1. fejezet. Emellett a YouTube-csatornámon (*https://www.youtube.com/@justdobetterworld*) is találsz olyan videókat, melyek segítik a mélyebb megértést!

Meddig kell végezned ezt a feladatot: Ezt a feladatot addig kell végezned, amíg az elmeközpontú bánatok teljesen ki nem vesznek az életedből! Ha 1–3 hónap alatt nem megy egyedül, akkor olyan gyökérérzelmek vannak a háttérben, melyeket saját erőből nem tudsz orvosolni! Ebben az esetben keress professzionális segítőt.

Néhány jó tanács: A testből és lélekből induló bánatokkal egyelőre ne foglalkozz! Fontos, hogy tudd: a gondolat érkezése után maximum 1–3 másodpercnyi időd van, hogy elkezdd a bánatokkal kapcsolatos gondolat érzelem-transzformációját! Ha ezt lekésed, akkor már a test és a lélek is átveszi az elme irányát. Így résen kell lenned! Ha nem sikerül, ne ostorozd magadat! Ha sikerül, legyél hálás! Az egod nagyon be fog rezelni ettől a módszertől, így minden érvet ki fog találni, hogy letérítsen téged erről az útról! Kérlek, ne hagyd magadat, mert **ez a boldogságodhoz vezető út egy nagyon fontos lépése az életedben!**

10.8.7. A testforrású bánat transzformálása

Ha itt jársz a könyvben, akkor az azt jelenti, hogy a szégyenedet, a bűntudataidat és a fásultságaidat már transzformáltad, és az elméből kiinduló bánat terén elkezdtél komolyan előrelépni! Tehát kevesebbszer jutnak eszedbe bánattal összefüggő gondolatok, vagy ha eszedbe jutnak, azonnal résen vagy, a gondolkodásodat magasabb érzésvilág felé transzformálod. Itt már komoly minőségi változások valósultak meg az életedben, amennyiben a szégyen elengedéséről indultál. Tiszta szívből gratulálok neked! Ha mérséklődnek az elméből kiinduló bánatok az életedben, és az önostorozás miatt nem esel vissza a fásultság–szégyen–bűntudat rezgéstartománya felé, az sok energiát fog felszabadítani, és folytatódik a lelki rezgésszinted erőteljes emelkedése. Ezt az energiát, kérlek, használd fel arra, hogy a maradék bánataidat is magasabb rezgésbe transzformáld! Ennek érdekében a mai naptól terjeszd ki a figyelmedet a testből eredő bánatokra is! Ezért ebben az alfejezetben azt vesszük át, hogy ezt hogyan csináld. Fontos kiemelnem, hogy az elméből eredő bánatok mérséklődésekor a testből és a lélekből eredő bánatok terén az ego be szokott keményíteni. Ez természetes folyamat, hiszen az ego védi a létét! De ne hagyd magadat! Most kiterjesztjük a munkát az ego még hatékonyabb átnevelésére, amellyel a testközpontú bánatok transzformálását érjük el. Ennek érdekében, kérlek, tedd az életed részévé a testközpontú

bánataid transzformációjának módszerét az alábbi lépésekben:
1. lépés: A bánattal kapcsolatos testérzetek felmerülésekor helyezd át a fókuszodat az lelkedre, és erősítsd fel annak érzelmeit. A bánatnál (*vedd figyelembe a szinonimáknál tanult érzelmeket is: 10.8.2. fejezet*) magasabban lévő javasolt érzelmek listáját már kigyűjtötted a 10.8.5. fejezetben. Ezt követően helyezd át a fókuszodat az elmédre! Tudatosítsd, hogy az elméd nem vágyik bánattal kapcsolatos gondolatokra. Figyeld meg, milyen gondolatokkal foglalkozna szívesen! Itt alkalmazd egyből az 1/5-ös szabályt, és a bánatnál magasabb gondolkodási minták valamelyikét ötször ismételd el.
2. lépés: Hajts végre egy hálaáramlatot!
3. lépés: Vidd vissza a figyelmed a testedre! Ha a testérzeted már nem bánatközpontú, akkor nyertél! Szuper vagy! Ha még mindig részben oda figyel, akkor az 1. lépéssel kezdd elölről a ciklust, addig, míg ezt a testérzetet nem transzformáltad magasabb rezgés felé.

Siker esetén legyél nagyon hálás! Sikertelenség esetén ne ostorozd magadat, csak rögzítsd a tiszta szándékodat, hogy legközelebb még jobban résen leszel, hogy sikerrel járhass! Kérlek, ne feledd! Az egod minden rafinált trükköt bevet, hogy megtartsa a testedből kiinduló bánataidat.

A módszer megértését segítő példa: A módszer mélyebb megértésére a szégyen érzelménél a 10.5.7. fejezetben találsz egy magyarázó példát. A vágyakozás érzelmén keresztül egy további példát a 9.1. fejezet tartalmaz. Emellett a YouTube-csatornámon (*https://www.youtube.com/@justdobetterworld*) is találsz olyan videókat, melyek segítik a mélyebb megértést!

Meddig kell végezned ezt a feladatot: Ezt a feladatot addig kell végezned, amíg a testközpontú bánatok teljesen ki nem vesznek az életedből! Ha 3–6 hónap alatt nem megy egyedül, akkor olyan gyökérérzelmek vannak a háttérben, melyeket saját erőből nem tudsz orvosolni! Ebben az esetben keress professzionális segítőt. Az első kötet Mindig legyen segítőd! című fejezetén túl a következő kötetben fogok számos, professzionális segítővel végezhető hatékony módszerről írni. Remélem akkor is megtisztelsz a figyelmeddel!

Néhány jó tanács: Az eddigi munkád során talán már megtapasztaltad, hogy mennyire torzítja a nézőpontjainkat a bánat jelenléte. Ha erre már ráláttál, akkor ez erőt ad a testérzetekből kiinduló érzelmek transzformációjára. Mivel a test ereje 10-szeres az elméhez képest, ezért ezektől nehezebb megszabadulni, viszont itt már gyakorlatot is szereztél, és az elmeközpontú fásultságok transzformációjából felszabaduló erő a segítségedre lesz! A lélekből induló fásultságokkal egyelőre ne foglalkozz! Fontos, hogy tudd: a gondolat érkezése után maximum 1–3 másodpercnyi időd van, hogy elkezdd a bánatokkal kapcsolatos gondolat érzelem-transzformációját! Ha ezt lekésed, akkor már az elme és a lélek is átveszi a test irányát. Így résen kell lenned! Ha nem sikerül, ne ostorozd magadat! Ha sikerül, legyél hálás! Az egod nagyon be fog rezelni ettől a módszertől, így minden érvet ki fog találni, hogy letérítsen téged erről az útról! Kérlek, ne hagyd magadat, mert **ez a boldogságodhoz vezető út kiemelkedően fontos lépése az életedben!**

10.8.8. A lélekforrású bánat transzformálása

Tiszta szívből gratulálok, hiszen a bánataid előfordulási gyakoriságát tekintve már jelentős eredményeket értél el. Ennél jobb dolog nem is történhetne veled! Mennyivel könnyebb szégyenek, bűntudatok, fásultságok nélkül és jelentősen mérséklődött bánatokkal élni? Kérlek, tekints vissza, milyen volt előtte! Ebből erőt nyersz a folytatáshoz...

Szóval itt az idő, hogy az érzelem-transzformáció módszerével megszabadulj a közvetlen a lélekből feltörő bánat érzéseitől. Az eddigi sikereid és az azokból felszabaduló energiák segítenek abban, hogy ezt is meg tudd lépni! Ennek érdekében a mai naptól terjeszd ki a figyelmedet a lélekből eredő hamis bánatokra is! Ebben az alfejezetben azt vesszük át, hogy ezt hogyan csináld. Ennek érdekében, kérlek, tedd az életed részévé a lélekközpontú bánataid transzformációjának módszerét az alábbi lépésekben:

1. lépés: A bánattal kapcsolatos érzelmek felmerülésekor helyezd át a fókuszodat a testedre, és erősítsd fel a vágyott érzelmeit. A bánat (*beleértve az érzelmi szinonimákat is, lásd: 10.8.2. fejezet*) transzformációjához különösen javasolt érzelmi listát megcsináltad a 10.5.5. fejezetben. Ezt követően helyezd a fókuszodat az elmédre. Itt alkalmazd egyből az 1/5-ös szabályt.
2. lépés: Hajts végre egy hálaáramlatot!
3. lépés: Helyezd vissza a fókuszodat a lelkedre! Ha még mindig a bánat érzése dolgozik benned, akkor az első lépéstől annyiszor folytasd a ciklust, amíg teljesen fel nem transzformáltad a lélekből közvetlenül induló bánatodat!

Siker esetén legyél nagyon hálás! Sikertelenség esetén ne ostorozd magadat, csak rögzítsd a tiszta szándékodat, hogy legközelebb még jobban résen leszel, hogy sikerrel járhass! Kérlek, ne feledd: az egod minden trükköt bevet, hogy megtartsa a bánataidat!

A módszer megértését segítő példa: A szégyen érzésén keresztül a 10.5.8. fejezetben találsz egy példát, mely segít a mélyebb megértésben. A vágyakozás érzelmén keresztül a 9.1. fejezet tartalmaz egy további példát. Emellett a YouTube-csatornámon (**https://www.youtube.com/@justdobetterworld**) is találsz olyan videókat, melyek segítik a mélyebb megértést!

Az alternatív út: A lélekből közvetlenül érkező érzelmeket a legnehezebb transzformálni, mert a léleknek százszoros ereje van (ahogy azt az I. kötetből már megtanultad). Ez miatt az elme és a test nagyon rövid idő alatt követi a lélek érzelmét. Itt mindössze fél–egy másodpercnyi időd van kapcsolni és elindítani az érzelem-transzformáció módszerét. Ha ez nem sikerül, akkor máris teljesen benne vagy a bánatodban. Ezért az alternatív út az, hogy elfogadod a bánat érzését, amikor közvetlenül a lélekből érkezik. Nem ostorozod magadat és kifejezed a tiszta szándékodat, hogy legközelebb jobban résen leszel. Az elfogadás érzelme már önmagában megszünteti a bánat létét, ha hagysz neki elég időt.

Meddig kell végezned ezt a feladatot: Ezt a feladatot addig kell végezned, amíg az összes bánat teljesen ki nem veszik az életedből! Ha 3–6 hónap alatt nem megy egyedül, akkor olyan gyökérérzelmek vannak a háttérben, melyeket saját erőből nem tudsz orvosolni! Ebben az esetben keress professzionális segítőt, és bátran ajánlom a következő kötetet, mely többek között kifejezetten erre a problémára fog fókuszálni.

Néhány jó tanács: A lélekközpontú bánatoktól a legnehezebb megszabadulni. De jó hír, hogy ezekből van a legkevesebb. Ezért gyakran jó taktika, hogy elfogadással hagyjuk, hogy az ego dagonyázzon egy jót (*lásd 10.3. fejezet*). Ilyenkor a bánatokban való elmélyedés megfigyelése erőt ad arra, hogy végleg meg akarjunk szabadulni tőle. De ehhez fontos, hogy mélyen menj bele az érzésbe, és fogadd el a helyzetet!

10.8.9. A bánat transzformálásának rövidített összefoglalása

A bánat meghaladásának főbb lépései:
1. Figyeld meg és ismerd meg a bánataidat és az okait!
2. Olvasd figyelmesen át a bánat szinonimáit, hogy biztosan minden típusát fel tudd tárni az életedben! (*Ezeket összegyűjtve a III. mellékletben találod.*)
3. Válaszd szét a valódi és a hamis bánataidat egymástól! (Mindegyiktől szükséges megszabadulnod, csak ellentétes okból!)
4. Légy hálás a valódi bánataid jelzéseiért! Amely azt jelzi: itt az idő a gyászon keresztüli elengedésre!
5. A törzsmantrát naponta minél többször ismételd el magadban! (*A törzsmantrákat összegyűjtve a IV. mellékletben találod!*)
6. A kiegészített küldetésnyilatkozatodat naponta egyszer átéléssel olvasd fel!
7. Tudatosítsd, hogy a gyász (vagy más jellegű bánat) megélésére elég időt kell hagynod!
8. Ne ostorozd magadat (és mások se ostorozzanak), csak maradj a bánat érzésében, amíg meg nem történik az elengedés!
9. Csak az elengedés megélése után kezdj bármilyen komolyabb dologba, nehogy elfojtássá alakuljon a benned élő bánat!
10. Gyakorold az azonosulás érzését!
11. Gyakorold az azonosulás érzését! Továbbá igyekezz megélni, felerősíteni, egyre gyakoribbá tenni a transzformációs és a fejlesztendő érzelmeidet a hétköznapokban!
12. Használd tudatosan az elmeforrású bánat transzformációját!

13. Használd tudatosan a testforrású bánat transzformációját!
14. Használd tudatosan a lélekforrású bánat transzformációját!

Azokat a lépéseket, melyek a te életedben nem relevánsak, nyugodtan hagyd ki. Több lépést össze is tudsz vonni kisebb csoportokba, hogy egyszerűbb és hatékonyabb legyen a befektetett munkád! Itt csak a könnyebb érthetőség miatt mutattam be ennyire apró lépésekben.

Amennyiben 3–6 hónap alatt kitartó munkával sem tudsz megszabadulni a bánat érzésétől, akkor fordulj segítőhöz (*lásd I. kötet*). Ebben az esetben olyan gyökérérzelmek vannak a háttérben, melyeket nem tudsz segítség nélkül meghaladni. A gyökérérzelmekről, azok meghaladási módjairól részletesen a 3. kötet fog szólni.

10.9. A félelem transzformációja

Ha a jelenlegi életedben a félelem nem fordul elő rendszeresen, akkor legyél ezért hálás, és átugorhatod ezt a fejezetet! Keresd meg azt a legalsó rezgésű érzelmet a 10. fejezeten belül, ami téged érint, és lapozz oda!

10.9.1. Valódi és hamis félelem

Ahogy a **2. táblázat** (*9.2. fejezet*) második oszlopából láthatod, a legtöbb embernél a félelem érzése egészen akár az 500-as szeretet lelki rezgésszintjének eléréséig jelen van. Szóval kemény munka megszabadulni tőle! Viszont a jó hír az, hogy minél inkább ritkul az életedben, annál boldogabb leszel! Szégyen, bűntudat, fásultság, bánat és félelem nélkül már hihetetlenül komoly szintű boldogságban élünk. Elérjük a szeretet lelki rezgésszintjét, és ezáltal egy teljesen más világlátás kezd kibontakozni. Itt lépünk be a teremtő-ego világába. Szóval a félelem magasabb érzelmek felé való végső transzformálása igencsak gyümölcsöző vállalkozás.

A félelem az első igazán aktív érzelem, ha a szégyentől felfelé vizsgáljuk az érzelmeket. Itt megjelenik a motiváció, ami pedig nem más, mint a félelem okainak elkerülése. Ez erőt ad az egyénnek a szégyen, a bűntudat, a fásultság és a bánat állapotaihoz képest. Ha a félelem túl erős, akkor visszazuhanunk a fagyott tétlenség (fásultság) állapotába. De ha a félelem nem tud teljesen leuralni minket, akkor emelkedésünk eszköze lehet. A félelem meghaladása szempontjából itt is érdemes elkülöníteni a valódi félelmet és a hamis félelmet. A valódi félelem annak a jelzése a tudat (szellem) részéről, hogy közel vagy ahhoz, hogy végleg letérj az útról. A valódi félelem tehát jelzi, merre ne menj tovább! Azonban nagy kavarodást okoznak a hamis félelmek, hiszen azok éppen egyre inkább távolítanak a szellemed által kijelölt úttól. A hamis félelem külső félelemokok eredménye, melyeket mások szándékosan hoznak az életedbe. A másik gyakori hamisfélelem-ok az egoból fakad. Hiszen az ego állandóan a lehetséges jövőbeni félelem-alternatívákat pásztázza, és azok elkerülésére törekszik. Ezzel állandóan megerősíti önmagát benned. Elhiteti, hogy megvéd, pedig valójában az ego generálja ezeket a félelemokokat, azért, hogy utána a megerősödésére használhassa a félelmedet. Ezek a hamis félelmek könnyen kiszűrhetők. Hiszen ha belegondolsz, hogy a fejedben megforduló félelemokok hány %-a valósul meg, akkor rádöbbensz, hogy kevesebb, mint 0,01%. Szóval tízezer félelemokból maximum eggyel kell ténylegesen szembenézni a való életben. Így működik a hamis félelem, mely folyamatosan távolít az igazi utadtól, és ezáltal boldogtalanná tesz. A félelem legfőbb oka egyébként az önbizalomhiány.

Annál jobban félünk, minél gyengébb lábakon áll az önbecsülésünk. Ezért a félelem lelki rezgésszintjéből való kilépéshez az önbizalom erősítése szükséges. Mivel a félelem ellenpólusa a szeretet, ezért a szeretetünk erősítése is gyengíti a félelmet, de ez utóbbi megoldás csak a magasabb lelki rezgésszinten lévőknek esélyes. A félelmekhez tartozik a stressz és az aggódás is. Ezek kezelésére több módszert is átadtam neked az I. kötetben. A lufi- és felhő-módszert, a félelmeid semlegesítését, a magunk mögött hagyott ajtó módszerét és az énhatárok erősítését mind nagyon jól tudod alkalmazni a félelem mérséklésére, meghaladására.

10.9.2. A félelem érzelmének szinonimái

A félelem érzésével azonosan alacsony rezgésű érzelmek a következők: kétségbeesés, szorongás, bizonytalanság, visszahúzódás, pesszimizmus, a fenyegetettség érzése, ijedtség, pánik, riadalom, nyugtalanság, aggódás, fóbia, rettegés, riadtság, feszengés, aggály, féltékenység, stressz.

Kérlek, ismerd meg alaposan a félelmeidet! Ennek érdekében ne csak a félelem érzésére, hanem a fenti listában lévő többi érzésre is fókuszálj. Válaszolj az alábbi kérdésekre, és rögzítsd fel a spirituális naplódba:
1. Milyen gyakran jelennek meg ezek az érzelmek egy átlagos napodon?
2. Milyen tulajdonságok, élethelyzetek, cselekedetek okoznak ilyen érzelmeket?
3. Kik azok az emberek, akikkel ilyen érzelmekhez kötődő játszmarendszerekbe süllyedtél?
4. Az adott érzelemtípus hamis vagy valódi érzelem?
5. Hogy változna meg az életed ezen érzelmek nélkül?

10.9.3. Tanuld meg a törzsmantrádat!

Törzsmantra: „Becsülöm magamat!"

A törzsmantra egy olyan mondat, mely az adott lelki rezgésszinten a legfontosabb üzenetet tartalmazza. Ez az a mantra, ami segít túllépni az adott lelki rezgésszinten. Ez miatt fontos megtanulni és annyiszor ismételni magadban, amennyiszer csak eszedbe jut.

A félelem érzésénél lényeges megértened, hogy az önbecsülés helyreállítása jelenti a legfőbb megoldást. Tehát vedd végig, mely életterületeken nincs rendjén az önbecsülésed, és azokon nap mint nap dolgozz az önbizalmad fokozása érdekében. Az önbizalom emelkedésével automatikusan nőni fog benned a biztonságérzeted és csökkeni fog benned a félelem. Akik hívők, azoknak a félelem legyőzésében segít, ha átadják az életük vezetését Istennek (ide a vallásod vagy a hitrendszered szerinti bármely szót tehetsz), és ezzel mérséklődik vagy megszűnik bennük a félelem.

10.9.4. Egészítsd ki a küldetésnyilatkozatodat

A küldetésnyilatkozatodat (*lásd 10.3. fejezet*) egészítsd ki az előző alfejezet idézetével, illetve minden olyan specifikus gondolattal, mely a félelemtől való megszabadulással kapcsolatos szándék és cél. A küldetésnyilatkozatodat minden nap legalább egyszer olvasd fel teljes érzelmi átéléssel. Ezzel naponta irányban tartod az elmédet és nem hagyod, hogy az egod eltereljen a helyes iránytól!

10.9.5. Gyakorold a személyre szabott transzformációs érzelmeidet és tudatosítsd a fejlesztendő érzelmeid listáját!

Az az alapvető cél, hogy az elmédet leszoktasd a félelemmel kapcsolatos gondolatokról, a testedet a félelem érzelme által keltett hormonokról, továbbá a lelkedet a félelem érzelméről. Ennek érdekében a hétköznapi életedben igyekezz olyan érzelmeket megélni, melyek a jelenlegi lelkirezgésszint-spektrumod felső sávjában vannak, illetve igyekezz használni a jelenlegi lelkirezgésszint-spektrumodhoz legjobban illeszkedő transzformációs érzelmeket.

Ennek részletes megértéséhez egy példát a 10.5.5. fejezetben találsz. A példa alapján, kérlek, készítsd el a fejlesztendő és a transzformációs érzelmi listádat, és tanuld is meg!

10.9.6. Az elmeforrású félelem transzformálása

Ahogy már jól tudod, háromféle félelem létezhet benned, attól függően, hogy mi a forrása. Először az elmeforrású (azaz gondolatvezérelt) félelmektől igyekezz megszabadulni! Ez azért is különösen indokolt, mert az elme generálta félelmek között nagyon ritka a valós félelem. Ennek érdekében, kérlek, tedd az életed részévé az elmeközpontú félelem transzformációjának módszerét az alábbi lépésekben:
1. lépés: A félelemmel kapcsolatos gondolatok felmerülésekor helyezd át a fókuszodat a lelkedre, és figyeld meg a lelked vágyott érzelmeit. Észre fogod venni, hogy a lelked nem kívánja a félelmet. A lelked ténylegesen vágyott érzéseit éld át és erősítsd fel! Ezt követően helyezd a figyelmedet a testedre, és figyeld meg, majd erősítsd fel a vágyott érzelmeit! Az ember alapvetően egy eleven, életörömre és szeretetre hivatott lény, így a

félelem messze áll a természetes állapotától. A félelem transzformációjára különösen javasolt a 10.9.5. fejezetben általad elkészített érzelmi listából valamelyik érzelem alkalmazása.
2. lépés: Hajts végre egy hálaáramlatot, és mondd el a törzsmantrádat!
3. lépés: Helyezd vissza a fókuszodat az elmédre! Ha az elméd már nem félelmet generáló gondolatokon agyal, akkor készen vagy! Ha az elméd még részlegesen az eredeti témán agyal, akkor, kérlek, alkalmazd az 1/5-ös szabályt! Ez abból áll, hogy a kiinduló negatív gondolatnál magasabb rezgéseket beindító gondolatokat mondasz el magadban minimum ötször. Erre a törzsmantra is jó, ha nem jut más az eszedbe, de legcélszerűbb a lelked és a tested által sugallt érzelmekkel kapcsolatos gondolatok ismétlése.
4. lépés: Folytasd az első három lépésből álló ciklust annyiszor, amíg teljesen fel nem transzformáltad az elmédből induló félelmet magasabb érzelemmé, és ezáltal a gondolataid iránya is megváltozik!

Siker esetén legyél nagyon hálás, és ne feledd: megint egy apró lépéssel kinevelted a sejtjeidet a félelem érzelméhez kapcsolódó hormonfüggésből! Sikertelenség esetén ne ostorozd magadat, csak rögzítsd a tiszta szándékodat, hogy legközelebb még jobban résen leszel, hogy sikerrel járhass! Kérlek, ne feledd! Az egod minden körmönfont trükköt bevet, hogy megtartsa az elméből kiinduló félelmeidet.

A módszer megértését segítő példa: Ha nem egyértelműek a lépések, akkor a 10.5.6. fejezetben a szégyen érzésén keresztül találsz egy jó magyarázó példát, melyből tisztán meg fogod érteni az egyes lépéseket. A vágyakozás érzelmén keresztül egy további példát a 9.1. fejezet tartalmaz. Emellett a YouTube-csatornámon (*https://www.youtube.com/@*

justdobetterworld) is találsz olyan, videókat melyek segítik a mélyebb megértést!

Meddig kell végezned ezt a feladatot: Ezt a feladatot addig kell végezned, amíg az elmeközpontú félelmek teljesen ki nem vesznek az életedből! Ha 3–6 hónap alatt nem megy egyedül, akkor olyan gyökérérzelmek vannak a háttérben, melyeket saját erőből nem tudsz orvosolni! Ebben az esetben keress professzionális segítőt.

Néhány jó tanács: A testből és a lélekből induló félelmekkel egyelőre ne foglalkozz! Fontos, hogy tudd: a gondolat érkezése után maximum 1–3 másodpercnyi időd van, hogy elkezdd a félelmeddel kapcsolatos gondolat érzelem-transzformációját! Ha ezt lekésed, akkor már a test és a lélek is átveszi az elme irányát. Így résen kell lenned! Ha nem sikerül, ne ostorozd magadat! Ha sikerül, legyél hálás! Az egod nagyon be fog rezelni ettől a módszertől, így minden érvet ki fog találni, hogy letérítsen téged erről az útról! Kérlek, ne hagyd magadat, mert **ez a boldogsághoz vezető út egy nagyon fontos lépése az életedben!**

10.9.7. A testforrású félelem transzformálása

Ha itt jársz a könyvben, akkor az azt jelenti, hogy a szégyenedet, a bűntudataidat, a fásultságaidat, a bánataidat már transzformáltad, és az elméből kiinduló félelmek terén elkezdtél komolyan előrelépni! Tehát kevesebbszer jutnak az eszedbe félelemmel összefüggő gondolatok, vagy ha eszedbe jutnak, azonnal résen vagy, és a gondolkodásodat magasabb érzésvilág felé transzformálod. Itt már komoly minőségi változások valósultak meg az életedben, amennyiben a szégyen elengedéséről indultál. Tiszta szívből gratulálok neked! Ezek az állapotok már a hajlandóság–észszerűség tartományára jellemzők. Ha mérséklődnek az elméből kiinduló félelmek az életedben, az sok energiát fog felszabadítani és folytatódik a lelki rezgésszinted erőteljes emelkedése. Ezt az energiát, kérlek, használd fel arra, hogy a maradék félelmeidet is magasabb rezgésbe transzformáld! Ennek érdekében a mai naptól terjeszd ki a figyelmedet a testből eredő félelmekre is! Ezért ebben az alfejezetben azt vesszük át, hogy ezt hogyan csináld. Fontos kiemelnem, hogy az elméből eredő félelmek mérséklődésekor a testből és a lélekből eredő félelmek terén az ego be szokott keményíteni. Ez természetes folyamat, hiszen az ego védi a létét! De ne hagyd magadat! Most kiterjesztjük a munkát az ego még hatékonyabb átnevelésére, amellyel a testközpontú félelmek transzformálását érjük el. Ennek érdekében, kérlek, tedd az életed részévé a testközpontú félelmeid transzformációjának módszerét az alábbi lépésekben:

1. lépés: A félelemmel kapcsolatos testérzetek felmerülésekor helyezd át a fókuszodat a lelkedre, és erősítsd fel az érzelmeit, feltéve, ha magasabb rezgésű, mint a félelem. A félelemnél (*vedd figyelembe a szinonimáknál tanult érzelmeket is: 10.9.2. fejezet*) magasabban lévő javasolt érzelmek listáját már kigyűjtötted a 10.9.5. fejezetben. Ezután helyezd át a figyelmedet az elmédre. Tudatosítsd, hogy az elméd nem vágyik félelemmel kapcsolatos gondolaokra. Figyeld meg, milyen gondolatokkal foglalkozna szívesen! Itt alkalmazd egyből az 1/5-ös szabályt, és a félelemnél magasabb gondolkodási minták valamelyikét ötször ismételd el.
2. lépés: Hajts végre egy hálaáramlatot!
3. lépés: Vidd vissza a figyelmedet a testedre! Ha a testérzeted már nem félelemközpontú, akkor nyertél! Szuper vagy! Ha még mindig részben oda figyel, akkor az 1. lépéssel kezdd elölről a ciklust, addig, míg ezt a testérzetet nem transzformáltad magasabb rezgés felé.

Siker esetén legyél nagyon hálás! Sikertelenség esetén ne ostorozd magadat, csak rögzítsd a tiszta szándékodat, hogy legközelebb még jobban résen legyél, hogy sikerrel járhass! Kérlek, ne feledd: az egod minden rafinált trükköt bevet, hogy megtartsa a testedből kiinduló félelmeidet.

A módszer megértését segítő példa: A módszer mélyebb megértésére a szégyen érzelménél a 10.5.7. fejezetben találsz egy magyarázó példát. A vágyakozás érzelmén keresztül a 9.1. fejezet tartalmaz egy további példát. Ez mellett a YouTube-csatornámon (*https://www.youtube.com/@justdobetterworld*) is találsz olyan videókat, melyek segítik a mélyebb megértést!

Meddig kell végezned ezt a feladatot: Ezt a feladatot addig kell végezned, amíg a testközpontú félelmek teljesen ki nem vesznek az életedből! Ha 3–6 hónap alatt nem megy egyedül, akkor olyan gyökérérzelmek vannak a háttérben, melyeket saját erőből nem tudsz orvosolni! Ebben az esetben keress professzionális segítőt. Az első kötet Mindig legyen segítőd! című fejezetén túl a következő kötetben fogok számos professzionális és hatékony módszerről írni neked.

Néhány jó tanács: Az eddigi munkád során talán már megtapasztaltad, hogy a félelem jelenléte mennyire torzítja a nézőpontjainkat. Ha erre már ráláttál, akkor ez erőt ad a testérzetekből kiinduló érzelmek transzformációjára. Mivel a test ereje 10-szeres az elméhez képest, ezért ezektől nehezebb megszabadulni, viszont itt már gyakorlatot is szereztél, és az elmeközpontú félelmek transzformációjából felszabaduló erő a segítségedre lesz! A lélekből induló félelmekkel egyelőre ne foglalkozz! Fontos, hogy tudd: a gondolat érkezése után maximum 1–3 másodpercnyi időd van, hogy elkezdd a félelemmel kapcsolatos gondolat érzelem-transzformációját! Ha ezt lekésed, akkor már az elme és a lélek is átveszi a test irányát. Így résen kell lenned! Ha nem sikerül, ne ostorozd magadat! Ha sikerül, legyél hálás! Az egod nagyon be fog rezelni ettől a módszertől, így minden érvet ki fog találni, hogy letérítsen téged erről az útról! Kérlek, ne hagyd magadat, mert ez a boldogságodhoz vezető út kiemelkedően fontos lépése az életedben!

10.9.8. A lélekforrású félelem transzformálása

Tiszta szívből gratulálok, hiszen a félelmeid előfordulási gyakoriságát tekintve már jelentős eredményeket értél el. Ennél jobb dolog nem is történhetne veled! Mennyivel könnyebb szégyenek, bűntudatok, fásultságok, bánatok nélkül és jelentősen mérséklődött félelmekkel élni? Kérlek, tekints vissza, milyen volt előtte! Ebből erőt nyersz a folytatáshoz...

Szóval itt az idő, hogy az érzelemtranszformáció módszerével megszabadulj a közvetlen lélekből feltörő félelem érzéseitől. Az eddigi sikereid és az azokból felszabaduló energiák segítsenek abban, hogy ezt is meg tudd lépni! Ennek érdekében a mai naptól terjeszd ki a figyelmedet a lélekből eredő félelmekre is! Ebben az alfejezetben azt vesszük át, hogy hogyan csináld ezt. Ennek érdekében, kérlek, tedd az életed részévé a lélekközpontú félelmeid transzformációjának módszerét az alábbi lépésekben:

1. lépés: A félelemmel kapcsolatos érzelmek felmerülésekor helyezd át a fókuszodat a testedre, és erősítsd fel a vágyott érzelmét, amennyiben az a félelemnél magasabb rezgésű érzelem. A félelem (*beleértve az érzelmi szinonimákat is, lásd 10.9.2. fejezet*) transzformációjához különösen javasolt érzelmi listát megcsináltad a 10.9.5. fejezetben. Ezután helyezd át a figyelmedet az elmédre. Itt alkalmazd egyből az 1/5-ös szabályt.
2. lépés: Hajts végre egy hálaáramlatot!
3. lépés: Helyezd vissza a fókuszodat a lelkedre! Ha még mindig a félelem érzése dolgozik benned, akkor az első lépéstől folytasd a ciklust annyiszor, amíg teljesen fel nem transzformáltad a lélekből közvetlenül induló félelmedet!

Siker esetén legyél nagyon hálás! Sikertelenség esetén ne ostorozd magadat, csak rögzítsd a tiszta szándékodat, hogy legközelebb még jobban résen leszel, hogy sikerrel járhass! Kérlek, ne feledd! Az egod minden trükköt bevet, hogy megtartsa a félelmeidet!

A módszer megértését segítő példa: A szégyen érzésén keresztül a 10.5.5. fejezetben találsz egy példát, mely segít a mélyebb megértésben. A vágyakozás érzelmén keresztül a 9.1. fejezet tartalmaz egy további példát. Emellett a YouTube-csatornámon (*https://www.youtube.com/@justdobetterworld*) is találsz olyan videókat, melyek segítik a mélyebb megértést!

Az alternatív út: A lélekből közvetlenül érkező érzelmeket a legnehezebb transzformálni, mert a léleknek százszoros ereje van (ahogy azt az I. kötetből már megtanultad). Ez miatt az elme és a test nagyon rövid idő alatt követi a lélek érzelmét. Itt mindössze fél–egy másodpercnyi időd van kapcsolni és elindítani az érzelem-transzformáció módszerét. Ha ez nem sikerül, akkor máris teljesen benne vagy a félelmedben. Ezért az alternatív út az, hogy elfogadod a félelem érzését, amikor közvetlenül a lélekből érkezik. Nem ostorozod magadat és kifejezed a tiszta szándékodat, hogy legközelebb jobban résen leszel. Az elfogadás érzelme már önmagában megszünteti a félelem létét, ha elég időt adsz neki.

Meddig kell végezned ezt a feladatot: Ezt a feladatot addig kell végezned, amíg az összes félelem teljesen ki nem veszik az életedből! Ha 3–6 hónap alatt nem megy egyedül, akkor olyan gyökérérzelmek vannak a háttérben, melyeket saját erőből nem tudsz orvosolni! Ebben az esetben keress professzionális segítőt, és szeretettel ajánlom figyelmedbe a következő kötetet, mely többek között erre a problémakörre ad gyakorlatias megoldást.

Néhány jó tanács: A lélekközpontú félelmekről a legnehezebb megszabadulni. De jó hír, hogy ezekből van a legkevesebb. Ezért gyakran jó taktika, hogy elfogadással hagyjuk, hogy az ego dagonyázzon egy jót (*lásd 10.4. fejezet*). Ilyenkor a félelmekben való elmélyedés megfigyelése erőt ad arra, hogy véglen meg akarjunk szabadulni tőle. De ehhez fontos, hogy mélyen menj bele az érzésbe, és fogadd el a helyzetet!

10.9.9. A félelem transzformálásának rövidített összefoglalása

A félelem meghaladásának főbb lépései:
1. Figyeld meg és ismerd meg a félelmeidet és az okait!
2. Olvasd figyelmesen át a félelem szinonimáit, hogy biztosan minden típusát fel tudd tárni az életedben! (*Ezeket összegyűjtve a III. mellékletben találod.*)
3. Válaszd szét a valódi és a hamis félelmeidet egymástól! (Mindegyiktől szükséges megszabadulnod, csak ellentétes okból!)
4. Légy hálás a valódi félelmeid jelzéseiért! Hiszen ezek jelzések, hogy kezdesz veszélyesen messze kerülni az utadtól.
5. A törzsmantrát naponta minél többször ismételd el magadban! (*A törzsmantrákat összegyűjtve a IV. mellékletben találod!*)
6. A kiegészített küldetésnyilatkozatodat naponta egyszer átéléssel olvasd fel!
7. Gyakorold az I. kötet stressz- és félelemkezelési módszereit!
8. Minden tevékenységet erősíts, ami az önbecsülésedet emeli! Ha hívő vagy, akkor Istennek (ide a vallásod, a hitrendszered szerinti bármely szót tehetsz) való önátadás is egy jó módszer erre.
9. A szeretet szintjének az emelkedése a szívedben a félelmet gyengíti!
10. Igyekezz megélni, felerősíteni, egyre gyakoribbá tenni a transzformációs és a fejlesztendő érzelmeidet a hétköznapokban!
11. Használd tudatosan az elmeforrású félelem transzformációját!
12. Használd tudatosan a testforrású félelem transzformációját!

13. Használd tudatosan a lélekforrású félelem transzformációját!

Azokat a lépéseket, melyek a te életedben nem relevánsak, nyugodtan hagyd ki. Több lépést össze is tudsz vonni kisebb csoportokba, hogy egyszerűbb és hatékonyabb legyen a befektetett munkád! Itt csak a könnyebb érthetőség miatt mutattam be ennyire apró lépésekben.

Amennyiben 3–6 hónap alatt kitartó munkával sem tudsz megszabadulni a félelem érzésétől, akkor fordulj segítőhöz (*lásd I. kötet*). Ebben az esetben olyan gyökérérzelmek vannak a háttérben, melyeket nem tudsz segítség nélkül meghaladni. A gyökérérzelmekről, azok meghaladási módjairól részletesen a 3. kötet fog szólni.

10.10. A vágyakozás transzformációja

Ha a jelenlegi életedben a vágyakozás nem fordul elő rendszeresen, akkor legyél ezért hálás, és átugorhatod ezt a fejezetet! Keresd meg azt a legalsó rezgésű érzelmet a 10. fejezetben, ami téged érint, és lapozz oda!

10.10.1. Valódi és hamis vágyakozás

Ahogy a **2. táblázat** (*9.2. fejezet*) második oszlopából láthatod, a legtöbb embernél a vágyakozás érzése egészen akár az 540-es öröm lelki rezgésszintjének eléréséig jelen van. Így kemény munka megszabadulni tőle! Viszont a jó hír az, hogy minél inkább ritkul az életedben, annál boldogabb leszel! Szégyen, bűntudat, fásultság, bánat, félelem és vágyakozás nélkül már csodálatos boldogságban élünk. Átlépjük a szeretet lelki rezgésszintjét, és stabilizálódik a teremtő-ego világa. Szóval a vágyakozás magasabb érzelmek felé való transzformálása igencsak gyümölcsöző vállalkozás.

Ha a szégyentől felfelé vizsgáljuk a lelki rezgésszinteket, akkor a vágyakozás az első olyan lelki rezgésszint, ahol az ember időszakosan akár már szárnyalni is tud a céljai elérésének érdekében. Mivel a vágyakozás lelkesítő hatású az életünkben és így erőt ad, ezért a legtöbben meg vannak arról győződve, hogy ez élettámogató és helyes érzés. Ezt erősíti a mai nyugati típusú társadalmi és gazdasági berendezkedés is, ahol a vágyak fokozásán keresztül adják el termékeiket és szolgáltatásaikat a cégek, ezzel fokozva a klímaváltozás káros hatásait, és nem mellesleg romba döntve az emberi élet valódi minőségeit (*Dittrich, 2021*). A legfontosabb tudás, amit szükséges megértened, hogy a vágyakozás két fő dolog miatt életpusztító rezgésszintű érzelem:

A. A vágyakozás miatt soha nem vagy elégedett a jelennel. A vágyakozás mindig azt mutatja, hogy mi hiányzik a jelenlegi életedből. Ennek hatására mindig többre, másra vágysz. Így elsuhan a jelen és az élet boldogtalanul telik el. Hiszen a vágy lehetetlenné teszi a jelen pillanatok 100%-os örömteli megélését. A teremtő-ego világa pont attól boldog, hogy ott már a jelen pillanatok tökéletesen megélt összessége az Élet. Rengeteget éltem a vágyakozás lelki rezgésszintjén, és ha visszanézek, a csodás pillanatok mély érzelmű átélése nélkül suhantak el azok az évtizedek. Tehát a vágyakozás elszívja a figyelmet a jelenről és folyamatosan a sóvárgott célokon kattog az elme, ezt a lélek a vágyakozás érzelmével fűti túl és a test startra kész feszültségben van, hogy mit tehetne az áhított jövőért. A test–lélek–elme hármassága így tévúton van. Kérlek, ne érts félre! A céljaink felé haladás fontos része az életünknek. De a tiszta szándék és a vágyakozás között óriási különbség van. A tiszta szándék előrevisz, a vágy sajnos nem, vagy sokkal kevésbé. De erre picit lejjebb visszatérek.

B. A vágyakozás lelki rezgésszintjének csapdája a tükörelvből vezethető le (*lásd 7.1. fejezet*). Amit kisugárzol az Univerzum felé, azt sugározza vissza feléd. Itt nem a cél elérését sugárzod ki, hanem a cél utáni vágyat. Így az Univerzum folyamatosan távol tart a célodtól, hogy vágyakozva maradj... Tehát a vágyakozás érzelmének fennmaradása marad a valódi, tudatalatti szinten működő cél. Ezért a vágyakozás lelki rezgésszintjén élő emberek általában olyan célokat tűznek ki, amelyeket soha nem érnek el, vagy nagyon nehezen. Nem értik, hogy nekik miért kell tízszer annyit küzdeniük a céljaikért, mint másoknak. Nem értik, hogy másoknak miért pottyan sok minden az ölükbe, amiért nekik ilyen sokat kell dolgozniuk. Most már, remélem, érted, miért! Ugyanakkor amire nagy nehezen elérnek egy célt, már nem tudnak igazán örülni neki, mert olyankor már más célok érdeklik őket. Ismerek több üzletembert, akik úgy építették ki hatalmas birodalmukat, hogy mindig többre vágytak. Hiába van már óriási cégbirodalmuk, amire nagyon büszkék, mégis boldogtalanul telt az életük. Az egyetlen dolog, amibe kapaszkodnak az, amit elértek.

Szóval a vágyakozás egy átmeneti érzelemnek jó, hogy erőt kapjunk tőle és általa eltávolodjunk a félelem rezgésszintjétől. De tartósan sajnos életpusztító rezgésű érzelem. A tiszta szándék és a vágyakozás között ezért óriási a különbség. A tiszta szándékkal tudod, hogy mi a célod, és a jelenben képzeled el, mintha már a tiéd lenne. Hálás vagy azért, mert hiszed, hogy az Univerzum segít téged abban, hogy elérd. Rábízod, hogyan fog ez történni. Te csak tudatod a szándékodat az Univerzummal, és hálával megköszönöd. Aztán vágyakozás nélkül teszed a dolgodat nap mint nap, és a szerencse kegyeltjeként fognak történni a dolgok, ha a szándékod célja összhangban van az életfeladataiddal. Ha nincs, akkor figyelmeztetéseket fogsz kapni az Élettől, hogy másfelé menj. Erről volt szó részletesen a 6. fejezetben.

Ezzel szemben a vágyakozás görcsösen tervez, keményen dolgozik és sóvárog. A görcsösség miatt a sóvárgó ember nem veszi észre a jelen pillanat, legfőképpen a szelleme üzeneteit, így elkerüli a flow-állapot előnyeit és lehetőségeit. Kacskaringós és bonyolult utakon halad, amiket a pusztító-ego jelöl ki neki. Úgy érzi, hogy minden és mindenki ellene van, és neki sokkal többet kell hajtania ugyanazokért a dolgokért, mint másoknak. Mégis meg van róla győződve, hogy ez a leghelyesebb út, és mindenki más hülye, aki arra céloz, hogy nem így van. Évtizedeket éltem ebben az állapotban. Ez egy zsákutca!

Az eddigiek alapján jól tetten érhető a hamis vágyakozás és a valódi vágyakozás közötti eltérés. A hamis vágyakozás minden olyan cél utáni vágy vagy sóvárgás, melyet külső hatás révén aggattak ránk. A kiskorunkban ért erős lelki hatások miatt kialakult addikciókra való hajlamból létrejövő függőségek (*lásd I. kötet 5.4. fejezete*) mind ilyenek. De ilyenek azok a vágyak is, melyek a külsőségekre fókuszálnak, hiszen a külső megjelenésünkkel másoknak akarunk megfelelni. Tehát hamis vágyak azok, amikor szebb ruhát, szexibb testet akarunk magunknak. Hamis vágyak az anyagi javak azon részei is, melyek nem alapvető életfeltételeink fenntartásához szükségesek. Például egy menőbb autó vagy egy menőbb ház is hamis vágy, hiszen semmi köze az életfeladatod teljesítéséhez. A hamis vágyak letérítenek a valódi utadról! Ettől olyan veszélyesek! **Sajnos a tipikus nyugati ember egész életében a hamis vágyak áldozata.** Ezért halnak meg legtöbben úgy, hogy a halálos ágyukon azt érzik, elfecsérelték az életüket. Legtöbbször arra döbbennek rá, hogy nem szerettek eleget. Nem véletlenül, hiszen **az önzetlen szeretet megélése mindenkinek a legfőbb életfeladata**. Ezen a bolygón ez a legfontosabb dolgunk, hogy az anyagi csábítások ellenére is visszataláljunk abba a tiszta és önzetlen szeretetbe, ami a születésünkkor és előtte, amikor a tudatunk kiválasztotta ezt a leszületési helyet és testet, a lételemünk volt. (Ennek a részletes megértéséről is fogok írni egy könyvet a jövőben, remélem, akkor is velem tartasz majd, de előtte még sok tudást kell átadnom, hogy tágabban is képes legyél megérteni az Univerzum valódi működését.) Hogy ez a vágyakozáscsapda mekkora társadalmi probléma, ennek érzékeltetésére szeretnék egy példát megosztani. Akik mostanában járnak hozzám konzultációra, azoknak kineziológiai módszerrel mindjárt a legelején ki szoktam mérni, hogy hány százalékban vannak az útjukon. A legtöbb ember nagyon ledöbben az eredménye láttán, hiszen a nyugati emberek átlagosan 10% alatti mértékben vannak az útjukon. Nemrég egy 40 körüli menő üzletember jött el hozzám segítséget kérve. Amikor kimértem neki, hogy 8%-ban van az útján, teljesen megdöbbent és majdnem rám borította az asztalt. Nyilán a reakciója is jól mutatja a pusztító-ego erős jelenlétét az életében. Valami ilyesmit kiabált közben: „Ez lehetetlen! Gyönyörű házaim vannak, menő cégeim, luxusautóval érkeztem ide, bombázó a feleségem, jómódban él az egész családunk, egészségesek a gyerekek és jól érezzük magunkat a bőrünkben... Mi a francért lennék ilyen messze a valódi utamtól???" A válaszom egyszerű volt. Ha ilyen jól érzi magát a bőrében, akkor mit keres nálam? Továbbá elmagyaráztam neki a hamis vágy fogalmát, és ekkor rádöbbent, hogy elfecsérelte az eddigi életét. Azt is megkérdeztem tőle, hogy mit tesz másokért önzetlenül. Ugye, emlékszel a 6. fejezetben írtakra? Az életfeladatod mindig önzetlen célokat szolgál. Egész életében önző volt ez az ember, vágyvezérelten harácsolt, és 40 éves korában nem értette, hogyha mindene megvan, akkor mégis miért hiányzik neki állandóan valami legbelül?! Nagy öröm számomra, hogy ő legalább ráébredt erre, hiszen ez az ébredés első szintje (egyébként nyolc ébredési szint van). Csodálatos volt látni nála az ébredés erőteljes pillanatát, ahogy leroskadt a székre. Ő nagyon szerencsés, hiszen középkorú erős férfi, még van ideje visszatalálni az útra. De a legtöbben csak haldoklás közben döbbennek rá ugyanerre, és akkor már túl késő. Elfecséreltek egy Életet...

Szóval a valódi vágyak azok, melyek az utad felé akarnak visszahúzni. A hamis vágyak pedig letéríteni akarnak az útról. A valódi vágyak olyan dolgok, melyek az életfeladatod felé visznek. Például ha a lelkiismeretedből érkezik egy hang, hogy milyen csodálatos lenne megbocsájtani apukádnak a gyermekkori alkoholizmusából eredő sok fájdalomért, amit okozott, akkor ez egy valódi vágy. Sajnos pont a valódi vágyakat szoktuk lesöpörni és a hamis vágyak után futunk egy életen át. A nyugati ember tipikus reakciója az lenne, hogy lesöpri az előző példában leírt valódi vágyat azzal, hogy most fontosabb dolgaim is vannak, mint hogy ezzel foglalkozzak. A vágyakozás lelki rezgésszintjén gyakran a hamis vágyak rögeszmékké válnak és sóvárgássá fajulnak. A valós vágyaknak nem lehet ilyen eredménye. A valódi vágy egy jelzőfény arra, mi a helyes út. Ez a szellemed óvatos szolid jelzése, hogy jelezze, merre kellene kanyarítanod az életedet.

No de térjünk rá a vágyakozás meghaladásának módjára. A vágyakozás meghaladásának első lépése, hogy szétválasszuk a valódi és a hamis vágyakat. Bár nagyon nehéz, de tudatosan le kell szoktatni magunkat a hamis vágyakról, és az így felszabaduló erőt a valódi vágyak felé szükséges fordítani. A valódi vágyak segítségével a helyes cél felé való irányba tudjuk állítani az életünket. A vágyakozás érzelme és a helyes irány az életed minőségét hihetetlen gyors tempóban kezdi emelni. Ekkor tudatos odafigyeléssel és sok-sok gyakorlással a vágyakozás érzelme helyére a tiszta szándékot kell helyezni, hogy ne ragadj bele végleg a vágyakozásba. A vágyakozás csak elindít az úton azzal, hogy lelkesedést ad. De utána már károdra van és hátráltat. A vágyakozás meghajtóereje a kisebbrendűségi érzés. Valójában azért vágyakozunk sok mindenre, mert a bennünk elfojtottan vagy tudottan tomboló kisebbrendűségi érzés elől a vágyakba menekülünk. Minél nagyobbak a vágyaink és minél nehezebben érhetők el, annál nagyobb bennünk az elfojtott kisebbrendűségi érzés. Tehát a kisebbrendűségi érzés gyógyítása, az önbizalom további erősítése a legfontosabb dolog. Itt szokott nagy hiba lenni a kompenzálás. Ekkor az egyén kiválaszt egy-két olyan területet, ahol sokkal jobbá válik az átlagnál, és ezzel kompenzálja a világ és önmaga előtt a kisebbrendűségi érzéseit (*lásd I. kötet 5.3. fejezet*). Ez átmenetileg jó stratégia, mert a valódi önbecsülés eléréséhez segít, ha van egy-két területe az életünknek, ahol végre elég jónak érezzük magunkat. Azonban egy egész életre bele szoktak ragadni ebbe az emberek, mert ez egy betokosodó komfortzónává alakul (*lásd I. kötet 5.2. fejezete*). Szóval a valódi önbecsülés elérése érdekében ezen a lelki rezgésszinten nagyon fontos a komfortzónából való kilépés!

10.10.2. A vágyakozás érzelmének szinonimái

A vágyakozás érzésével azonosan alacsony rezgésű érzelmek a következők: addikció, sóvárgás, függőség, vágy, csalódottság, tagadás, szerencsétlenség, kudarc, vágyódás, szenvedély, áhítozás, epekedés, önbizalomhiány, kishitűség, kisebbrendűség, kompenzálás.

Kérlek, ismerd meg alaposan a vágyakozásaidat! Ennek érdekében ne csak a vágyakozás érzésére, hanem a fenti listában lévő többi érzésre is fókuszálj. Válaszolj az alábbi kérdésekre, és rögzítsd fel a spirituális naplódba:
1. Milyen gyakran jelennek meg ezek az érzelmek egy átlagos napodon?
2. Milyen tulajdonságok, élethelyzetek, cselekedetek okoznak ilyen érzelmeket?
3. Kik azok az emberek, akikkel ilyen érzelmekhez kötődő játszmarendszerekbe süllyedtél?
4. Az adott érzelemtípus hamis vagy valódi érzelem?
5. Hogy változna meg az életed ezen érzelmek nélkül?

10.10.3. Tanuld meg a törzsmantrádat!

Törzsmantra:
„Egyenrangú vagyok másokkal!"

A törzsmantra egy olyan mondat, mely az adott lelki rezgésszinten a legfontosabb üzenetet tartalmazza. Ez az a mantra, ami segít túllépni az adott lelki rezgésszinten. Ez miatt fontos megtanulni, és annyiszor ismételni magadban, amennyiszer csak eszedbe jut.

A vágyakozás érzésénél lényeges megértened, hogy az önbizalom helyreállítása, az egyenrangúság érzésének stabil és tartós megélése jelenti a legfőbb megoldást. Ezért vedd végig, mely életterületeken nem érzed egyenrangúnak magadat másokkal, és azokon nap mint nap dolgozz az önbizalmad fokozásán. Az önbizalom emelkedésével automatikusan nőni fog benned a biztonságérzeted és csökkeni fog a vágyakozás. Akik hívők, azoknak a vágyakozás legyőzésében segít, ha átadják az életük vezetését Istennek (ide a vallásod vagy a hitrendszered szerinti bármely szót tehetsz) és ezzel mérséklődik vagy megszűnik bennük a vágy. Itt a helyes stratégia, ha a vágy helyett a tiszta szándék menedzselését átadják Istennek.

10.10.4. Egészítsd ki a küldetésnyilatkozatodat

A küldetésnyilatkozatodat (*lásd 10.3. fejezet*) egészítsd ki az előző alfejezet idézetével, illetve minden olyan specifikus gondolattal, mely a vágyakozástól való megszabadulással kapcsolatos szándék és cél. A küldetésnyilatkozatodat mindennap legalább egyszer olvasd fel teljes érzelmi átéléssel. Ezzel naponta irányban tartod az elmédet és nem hagyod, hogy az egod eltereljen a helyes iránytól!

10.10.5. Gyakorold a személyre szabott transzformációs érzelmeidet és tudatosítsd a fejlesztendő érzelmeid listáját!

Az az alapvető cél, hogy az elmédet leszoktasd a vágyakozással kapcsolatos gondolatokról, a testedet a vágyakozás érzelme által keltett hormonokról, továbbá a lelkedet a vágyakozás érzelméről. Ennek érdekében a hétköznapi életedben igyekezz olyan érzelmeket megélni, melyek a jelenlegi lelkirezgésszint-spektrumod felső sávjában vannak, illetve igyekezz használni a jelenlegi lelkirezgésszint-spektrumodhoz legjobban illeszkedő transzformációs érzelmeket.

Ennek részletes megértéséhez a 10.5.5. fejezetben találsz egy példát. A példa alapján, kérlek, készítsd el fejlesztendő és transzformációs érzelmi listádat, és tanuld is meg!

10.10.6. Az elmeforrású vágyakozás transzformálása

Ahogy már jól tudod, háromféle vágyakozás létezhet benned, attól függően, hogy mi a forrása. Először az elmeforrású (azaz gondolatvezérelt) vágyaktól igyekezz megszabadulni! Ez azért is különösen indokolt, mert az elme generálta vágyak között nagyon ritka a valódi vágy. Ennek érdekében, kérlek, tedd az életed részévé az elmeközpontú vágy transzformációjának módszerét az alábbi lépésekben:

1. lépés: A vágyakkal kapcsolatos gondolatok felmerülésekor helyezd át a fókuszodat a lelkedre, és figyeld meg a lelked által sugárzott érzelmeket. Észre fogod venni, hogy a lelked nem kívánja a vágyat. Éld át és erősítsd fel a lelked ténylegesen kimutatott érzéseit, feltéve, ha magasabb rezgésű, mint a vágyakozás! Ezt követően helyezd a figyelmedet a testedre és figyeld meg, majd erősítsd fel a sugallt érzelmeit! Az ember alapvetően

egy kiegyensúlyozottságra hivatott lény, így a vágy messze áll a természetes állapotától. Hiszen az kibillent az egyensúlyodból. A vágyakozás transzformációjára különösen javasolt a 10.10.5. fejezetben általad elkészített érzelmi listából valamelyik érzelem alkalmazása.
2. lépés: Hajts végre egy hálaáramlatot, és mondd el a törzsmantrádat!
3. lépés: Helyezd vissza a fókuszodat az elmédre! Ha az elméd már nem vágyakat generáló gondolatokon agyal, akkor készen vagy! Ha az elméd még részlegesen az eredeti témán agyal, akkor, kérlek, alkalmazd az 1/5-ös szabályt! Ez abból áll, hogy a kiinduló negatív gondolatnál magasabb rezgéseket beindító gondolatokat mondasz el magadban minimum ötször. Erre a törzsmantra is jó, ha nem jut más az eszedbe, de legcélszerűbb a lelked és a tested által sugallt érzelmekkel kapcsolatos gondolatok ismétlése.
4. lépés: Annyiszor folytasd az első 3 lépésből álló ciklust, amíg teljesen fel nem transzformáltad az elmédből induló vágyat magasabb érzelemmé, így ezáltal a gondolataid iránya is megváltozik!

Siker esetén legyél nagyon hálás és ne feledd, megint egy apró lépéssel kinevelted a sejtjeidet a vágyak érzelméhez kapcsolódó hormonfüggésből! Sikertelenség esetén ne ostorozd magadat, csak rögzítsd a tiszta szándékodat, hogy legközelebb még jobban résen leszel, hogy sikerrel járhass! Kérlek, ne feledd! Az egod minden körmönfont trükköt bevet, hogy megtartsa az elméből kiinduló vágyaidat.

A módszer megértését segítő példa: Ha nem egyértelműek a lépések, akkor a 10.5.6. fejezetben a szégyen érzésén keresztül találsz egy jó magyarázó példát, melyből tisztán meg fogod érteni az egyes lépéseket. A vágyakozás érzelmén keresztül a 9.1. fejezet tartalmaz egy további példát. Emellett a YouTube-csatornámon (*https://www.youtube.com/@justdobetterworld*) is találsz olyan videókat, melyek segítik a mélyebb megértést!

Meddig kell végezned ezt a feladatot: Ezt a feladatot addig kell végezned, amíg az elmeközpontú vágyak teljesen ki nem vesznek az életedből! Ha 3–6 hónap alatt nem megy egyedül, akkor olyan gyökérérzelmek vannak a háttérben, melyeket saját erőből nem tudsz orvosolni! Ebben az esetben keress professzionális segítőt, illetve ajánlom figyelmedbe a következő kötetet, mely pontos segítséget fog adni, hogy mi a teendőd ezeknél a lelki gócoknál.

Néhány jó tanács: A testből és lélekből induló vágyakkal egyelőre ne foglalkozz! Fontos, hogy tudd: a gondolat érkezése után maximum 1–3 másodpercnyi időd van, hogy elkezdd a vágyaiddal kapcsolatos gondolat érzelem-transzformációját! Ha ezt lekésed, akkor már a test és a lélek is átveszi az elme irányát. Így résen kell lenned! Ha nem sikerül, ne ostorozd magadat! Ha sikerül, legyél hálás! Az egod nagyon be fog rezelni ettől a módszertől, így minden érvet ki fog találni, hogy letérítsen téged erről az útról! Kérlek, ne hagyd magadat, mert **ez a boldogságodhoz vezető út egy nagyon fontos lépése az életedben!**

10.10.7. A testforrású vágyakozás transzformálása

Ha itt jársz a könyvben, akkor az azt jelenti, hogy a szégyenedet, a bűntudataidat, a fásultságaidat, a bánataidat, a félelmeidet már transzformáltad, és az elméből kiinduló vágyak terén elkezdtél komolyan előrelépni! Kevesebbszer jutnak eszedbe vágyakkal összefüggő gondolatok, vagy ha eszedbe jutnak, azonnal résen vagy és magasabb érzésvilág felé transzformálod a gondolkodásodat. Itt már hihetetlennek tűnő minőségi változások valósultak meg az életedben, amennyiben a szégyen elengedéséről indultál. Tiszta szívből gratulálok neked! Ezek az állapotok már az elfogadás–szeretet tartományára jellemzők. Ha mérséklődnek az elméből kiinduló vágyak az életedben, az sok energiát fog felszabadítani, és folytatódik a lelki rezgésszinted erőteljes emelkedése. Ezt az energiát, kérlek, használd fel arra, hogy a maradék vágyaidat is magasabb rezgésbe transzformálod! Ennek érdekében a mai naptól terjeszd ki a figyelmedet a testből eredő vágyakra is! Ezért ebben az alfejezetben azt veszszük át, hogy ezt hogyan csináld. Fontos kiemelnem, hogy az elméből eredő vágyak mérséklődésekor a testből és a lélekből eredő vágyak terén az ego be szokott keményíteni. Ez természetes folyamat, hiszen az ego védi a létét! De ne hagyd magadat! Most kiterjesztjük a munkát az ego még hatékonyabb átnevelésére, amellyel a testközpontú vágyak transzformálását érjük el. Ennek érdekében, kérlek, tedd az életed részévé a testközpontú vágyaid transzformációjának módszerét az alábbi lépésekben:

1. lépés: A vágyaiddal kapcsolatos testérzetek felmerülésekor helyezd át a fókuszodat a lelkedre, és erősítsd fel az érzelmét, feltéve, ha a vágyakozásnál magasabb rezgésű érzelem. A vágynál (*vedd figyelembe a szinonimáknál tanult érzelmeket is: 10.10.2. fejezet*) magasabban lévő javasolt érzelmek listáját már kigyűjtötted a 10.10.5. fejezetben. Ezt követően helyezd a figyelmedet az elmédre! Tudatosítsd, hogy az elméd nem mutat vágyakkal kapcsolatos gondolatokra. Figyeld meg, milyen gondolatokkal foglalkozna szívesen! Itt alkalmazd egyből az 1/5-ös szabályt és a vágyaknál magasabb érzelmeket generáló gondolkodási minták valamelyikét ötször ismételd el. Ezután helyezd a fókuszodat a lelkedre, és az indikált érzelmeit erősítsd fel!
2. lépés: Hajts végre egy hálaáramlatot!
3. lépés: Vidd vissza a figyelmedet a testedre! Ha a testérzeted már nem vágyközpontú, akkor nyertél! Szuper vagy! Ha még mindig részben az, akkor az 1. lépéssel kezdd elölről a ciklust, addig, míg ezt

a testérzetet nem transzformáltad magasabb rezgés felé.

Siker esetén legyél nagyon hálás! Sikertelenség esetén ne ostorozd magadat, csak rögzítsd a tiszta szándékodat, hogy legközelebb még jobban résen leszel, hogy sikerrel járhass! Kérlek, ne feledd! Az egod minden rafinált trükköt bevet, hogy megtartsa a testedből kiinduló vágyaidat.

A módszer megértését segítő példa: A módszer mélyebb megértésére a szégyen érzelménél a 10.5.5. fejezetben találsz egy magyarázó példát. A vágyakozás érzelmén keresztül a 9.1. fejezet tartalmaz egy további példát. Emellett a YouTube-csatornámon (*https://www.youtube.com/@justdobetterworld*) is találsz olyan videókat, melyek segítik a mélyebb megértést!

Meddig kell végezned ezt a feladatot: Ezt a feladatot addig kell végezned, amíg a testközpontú vágyak teljesen ki nem vesznek az életedből! Ha 3–6 hónap alatt nem megy egyedül, akkor olyan gyökérérzelmek vannak a háttérben, melyeket saját erőből nem tudsz orvosolni! Ebben az esetben keress professzionális segítőt. Az első kötet 6.5. fejezetén túl a következő kötetben fogok számos professzionális és hatékony módszerekről írni.

Néhány jó tanács: Az eddigi munkád során talán már megtapasztaltad, hogy a vágy jelenléte mennyire torzítja a nézőpontjainkat. Ha erre már ráláttál, akkor ez erőt ad a testérzetekből kiinduló vágyak transzformációjára. Mivel a test ereje 10-szeres az elméhez képest, ezért ezektől nehezebb megszabadulni, viszont itt már gyakorlatot is szereztél, és segítségedre lesz az elmeközpontú vágyak transzformációjából felszabaduló erő! A lélekből induló vágyakkal egyelőre ne foglalkozz! Fontos, hogy tudd: a gondolat érkezése után maximum 1–3 másodpercnyi időd van, hogy elkezdd a vágyakkal kapcsolatos gondolat érzelem-transzformációját! Ha ezt lekésed, akkor már az elme és a lélek is átveszi a test irányát. Így résen kell lenned! Ha nem sikerül, ne ostorozd magadat! Ha sikerül, legyél hálás! Az egod nagyon be fog rezelni ettől a módszertől, így minden érvet ki fog találni, hogy letérítsen téged erről az útról! Kérlek, ne hagyd magadat, mert **ez a boldogságodhoz vezető további út kiemelkedően fontos lépése az életedben!**

10.10.8. A lélekforrású vágyakozás transzformálása

Tiszta szívből gratulálok, hiszen a vágyaid előfordulási gyakoriságát tekintve már jelentős eredményeket értél el. Ennél jobb dolog nem is történhetne veled! Ugye, csodálatos szégyenek, bűntudatok, fásultságok, bánatok nélkül és jelentősen mérséklődött vágyakkal élni? Kérlek, tekints vissza, milyen volt előtte! Ebből erőt nyersz a folytatáshoz...

Itt az idő, hogy az érzelem-transzformáció módszerével megszabadulj a közvetlen a lélekből feltörő vágyak érzéseitől. Az eddigi sikereid és az azokból felszabaduló energiák segítenek abban, hogy ezt is meg tudd lépni! Ennek érdekében a mai naptól terjeszd ki a figyelmedet a lélekből eredő vágyakra is! Ebben az alfejezetben azt vesszük át, hogy ezt hogyan csináld. Ennek érdekében, kérlek, tedd az életed részévé a lélekközpontú vágyaid transzformációjának módszerét az alábbi lépésekben:

1. lépés: A vágyaiddal kapcsolatos érzelmek felmerülésekor helyezd át a fókuszodat az testedre, és erősítsd fel az általa sugárzott érzelmet, ha az magasabb rezgésű, mint a vágyakozás. A vágyakozás (*beleértve az érzelmi szinonimákat is, lásd 10.10.2. fejezet*) transzformációjához különösen javasolt érzelmi listát megcsináltad a 10.10.5. fejezetben. Figyeld meg az elmédet. Amennyiben a vágyakozás érzelménél magasabb rezgésű érzelmeket generáló gondolatokat sugároz, alkalmazd egyből az 1/5-ös szabályt.
2. lépés: Hajts végre egy hálaáramlatot!
3. lépés: Helyezd vissza a fókuszodat a lelkedre! Ha még

mindig a vágyakozás érzése dolgozik benned, akkor az első lépéstől annyiszor folytasd a ciklust, amíg teljesen fel nem transzformáltad a lélekből közvetlenül induló vágyaidat!

Siker esetén legyél nagyon hálás! Sikertelenség esetén ne ostorozd magadat, csak rögzítsd a tiszta szándékodat, hogy legközelebb még jobban résen leszel, hogy sikerrel járhass! Kérlek, ne feledd! Az egod minden trükköt bevet, hogy megtartsa a vágyaidat!

A módszer megértését segítő példa: A szégyen érzésén keresztül a 10.5.5. fejezetben találsz egy példát, mely segít a mélyebb megértésben. A vágyakozás érzelmén keresztül a 9.1. fejezet tartalmaz egy további példát. Emellett a YouTube-csatornámon (*https://www.youtube.com/@justdobetterworld*) is találsz olyan videókat, amelyek segítik a mélyebb megértést!

Az alternatív út: A lélekből közvetlenül érkező érzelmeket a legnehezebb transzformálni, mert a léleknek százszoros ereje van (ahogy azt az I. kötetből már megtanultad). Ez miatt az elme és a test nagyon rövid idő alatt követi a lélek érzelmét. Itt mindössze fél–egy másodpercnyi időd van kapcsolni és elindítani az érzelem-transzformáció módszerét. Ha ez nem sikerül, akkor máris teljesen benne vagy a vágyakozásban. Ezért az alternatív út az, hogy elfogadod a vágyakozás érzését, amikor közvetlenül a lélekből érkezik. Nem ostorozod magadat és kifejezed a tiszta szándékodat, hogy legközelebb jobban résen leszel. Az elfogadás érzelme már önmagában megszünteti a vágy létét.

Meddig kell végezned ezt a feladatot: Ezt a feladatot addig kell végezned, amíg az összes vágy teljesen ki nem veszik az életedből! Ha 3–6 hónap alatt nem megy egyedül, akkor olyan gyökérérzelmek vannak a háttérben, melyeket saját erőből nem tudsz orvosolni! Ebben az esetben keress professzionális segítőt, illetve figyelmedbe ajánlom a következő kötetet, mely erre a problémára célirányos segítséget ad.

Néhány jó tanács: A lélekközpontú vágyaktól a legnehezebb megszabadulni. De jó hír, hogy ezekből van a legkevesebb. Ezért gyakran jó taktika, hogy elfogadással hagyjuk, hogy az ego dagonyázzon egy jót (*lásd 10.4. fejezet*). Ilyenkor a vágyakban való elmélyedés megfigyelése erőt ad arra, hogy véglegmeg akarjunk szabadulni tőle. De ehhez fontos, hogy mélyen menj bele az érzésbe és fogadd el a helyzetet!

10.10.9. A vágyakozás transzformálásának rövidített összefoglalása

A vágyakozás meghaladásának főbb lépései:
1. Figyeld meg és ismerd meg a vágyakozásaidat és a főbb okait!
2. Olvasd figyelmesen át a vágyakozás szinonimáit, hogy biztosan minden típusát fel tudd tárni az életedben! (*Ezeket összegyűjtve a III. mellékletben találod.*)
3. Válaszd szét a valódi és a hamis vágyakozásaidat egymástól! (Mindegyiktől szükséges megszabadulnod, csak ellentétes okból és módon!)
4. Légy hálás a valódi vágyakozásaid jelzéseiért! Hiszen ezek komoly jelzések, hogy merrefelé van a valódi utad.
5. A törzsmantrát alakítsd egyedivé és naponta minél többször ismételd el magadban! (*A törzsmantrákat összegyűjtve a IV. mellékletben találod!*)
6. A kiegészített küldetésnyilatkozatodat naponta egyszer átéléssel olvasd fel!
7. A hamis vágyaid fókuszát tudatosan helyezd át a valódi vágyaidra!
8. A valódi vágyaidat cseréd tudatosan tiszta szándékra! Aki hívő, annak segít a vágyak tiszta szándékként való

átadása Istennek (ide a hitrendszered szerinti bármely szót tehetsz).
9. Minden tevékenységet fokozz az életedben, mely erősíti az önbecsülésedet! Ennek érdekében egyre több területen lépj ki rendszeresen a komfortzónádból! Éld meg a lehető legtöbb területen az egyenrangúság és a „képes vagyok rá" érzését.
10. Igyekezz megélni, felerősíteni, egyre gyakoribbá tenni a transzformációs és a fejlesztendő érzelmeidet a hétköznapokban!
11. Használd tudatosan az elmeforrású vágyakozás transzformációját!
12. Használd tudatosan a testforrású vágyakozás transzformációját!
13. Használd tudatosan a lélekforrású vágyakozás transzformációját!

Azokat a lépéseket, melyek nem relevánsak a te életedben, nyugodtan hagyd ki. Több lépést össze is tudsz vonni kisebb csoportokba, hogy egyszerűbb és hatékonyabb legyen a befektetett munkád! Itt csak a könnyebb érthetőség miatt mutattam be ennyire apró lépésekben.

Amennyiben 3–6 hónap alatt kitartó munkával sem tudsz megszabadulni a vágyakozás érzésétől, akkor fordulj segítőhöz (*lásd I. kötet 6.5.fejezet*). Ebben az esetben olyan gyökérérzelmek vannak a háttérben, melyeket nem tudsz segítség nélkül meghaladni. A gyökérérzelmekről, azok meghaladási módjairól részletesen a 3. kötet fog szólni.

10.11. A harag transzformációja

Ha a jelenlegi életedben a harag nem fordul elő rendszeresen, akkor legyél ezért hálás, és átugorhatod ezt a fejezetet! Keresd meg azt a legalsó rezgésű érzelmet a 10. fejezeten belül, ami téged érint, és lapozz oda!

10.11.1. Valódi és hamis harag

Ahogy a 2. táblázat (*9.2. fejezet*) második oszlopából láthatod, a legtöbb embernél a harag érzése egészen akár a 600-as béke lelki rezgésszintjének eléréséig jelen van. Szóval kemény munka megszabadulni tőle! Viszont a jó hír az, hogy minél inkább ritkul az életedben, annál jobban fokozódik a boldogságod! Csodálatos szégyen, bűntudat, fásultság, bánat, félelem és vágyakozás nélkül élni. Itt már stabilan élünk a teremtő-ego világában. Megszilárdítjuk a szeretet–öröm lelki rezgésszintjének tartományát és ezáltal egy teljesen más világlátás részeként vagyunk jelen az életünkben. Tehát igencsak gyümölcsöző vállalkozás a harag magasabb érzelmek felé való transzformálása. Aki a haragtól is megszabadul, az eléri a teljes belső béke állapotát, mely a buddhizmus, a zen és a chan alapvető célja, ugyanakkor a legtöbb világvallás is nyomatékosan utal erre.

A harag egy nagyon sok erőt felszabadító érzelem. Gondolj bele, mennyi energia szabadul fel egy dühöngő emberben. Ezért sokan kifejezetten szeretik a haragot, és ezáltal haragfüggők lesznek. A harag rezgésszintjén élő ember élvezi az egyenrangúság lelki örömét, és ezt úgy éli ki, hogy igyekszik riválisokat keresni maga körül. A versengés és a szembenállás a fő cél, és a mély lelki motiváció az egyenrangúság állapotából való felülkerekedés. Tudniillik a büszkeség lelki rezgésszintjébe való emelkedés feltétele, hogy másokkal szemben gyakran átéljük a felsőbbrendűség érzését. Ezt úgy keresi az ego, hogy a vitákban és az egyéb személyes csatákban igyekszik felülkerekedni. A büszkeség akkor alakul ki, ha legtöbbször győz az illető, és ezáltal a felsőbbrendűség érzésébe emelkedik. Pont ez a harag lelki rezgésszintjének meghaladásához szükséges érzelem: a felsőbbrendűség. Az önmagát felsőbbrendűnek megélő ember már nem alacsonyodik le holmi vitákba mindenféle alacsonyrendű népséggel. Valójában mindig a belső világunk tükörképe a külső világunk. Tehát azért haragszunk a világra, mert elfojtottan önmagunkra vagy a szüleinkre haragszunk. Így a harag meghaladására a másik ellenszer a megbocsájtás gyakorlása. Vissza kell nézni a gyermekkorunk kezdeti harag-állapotaihoz és abból egyből kiderülhet, hogy miért is haragszunk magunkra vagy a szüleinkre vagy más tekintélyszemélyekre. Ezek legtöbbször rejtett elfojtások, így szinte mindig hozzáértő segítő szükséges a precíz feltáráshoz.

A haragjaid megértése céljából érdemes szétválasztani a valódi haragjaidat és a hamis haragjaidat. A valódi haragok a tudatunk jelzései arról, hogy milyen meg nem bocsájtott dolgok munkálnak a múltunkban, melyek akadályozzák, hogy a valódi életfeladatunk szerinti utunkon haladjunk. Itt legtöbbször kisgyermek- és fiatalkori traumák, sérelmek vannak a háttérben. A hamis haragok külső hatásra érkeznek. Az ego mindig azt hiteti el velünk, hogy más személyek tehetnek róla, hogy a harag érzésébe kerültünk. Pedig ez egy hamis délibáb! Valójában a belső önmagunk iránt érzett gyógyítatlan harag miatt vonzunk be szembenállásban álló embereket az életünkbe. Amikor magasabb rezgésbe emelkedünk, mert már begyógyítottuk a valódi haragjainkat, többé nem fogunk bevonzani ellenséges embereket az életünkbe. Egyébként minden lelki rezgésszinten igaz, hogy olyan embereket vonzunk be az életünkbe, akik az aktuális belső megoldatlanságaink tükörképei. Szóval **az emberi kapcsolataid állapotából és a körülötted lévő emberekből klassz tükröt kaphatsz ahhoz, hogy az egod mögé láss.**

Az előzőekben már írtam az életemnek arról az időszakáról, amikor rendszeresen olyan emberek vettek körül, akik pokollá tették az életemet és számtalanszor hihetetlen haragra gerjesztettek. Itt le szeretném írni, hogyan szabadultam meg véglegesen a harag érzelmétől, hátha neked is segít. Ez a gyakorlat magas szintű spirituális jártasságot igényel, míg a haraggal foglalkozó fejezetek többi gyakorlata egyszerűen begyakorolható. De ez is lehet számodra egy alternatív út, ezért írom le itt.

A cégemmel végeztünk egy munkát, egy ökotudatos szennyvíztisztító rendszert építettünk. A projektben volt egy műszaki ellenőr, aki folyamatosan kötekedett velünk. Számára semmi sem volt jó. Sajnos az építőipar úgy működik, hogy amíg nem fogad el mindent a műszaki ellenőr, addig a kivitelező nem kap pénzt, és nem tud levonulni a területről. A műszaki ellenőr „áldásos" tevékenysége miatt gyakran összevesztem vele. Buta volt, de tudálékos és rossz szándékú. Viszont nem tudtam kikerülni. Neki „köszönhetően" több hónappal elhúzódott a kivitelezés, mely miatt a gépek és az eszközök bérleti díjai, a projektbe fektetett munkadíjak és anyagköltségek az egekbe szöktek. A cégünk a csőd közelébe került. Másnap reggel volt egy mindent eldöntő tárgyalás. Ha nem sikerül elfogadtatni a munkát, akkor csődbe megyünk, és egy 20 éves múlttal rendelkező, jól prosperáló szakmai cég megy a levesbe. Már napok óta dühöngtem magamban. Az elmém sarokba szorított oroszlánként a haragba süllyedve folyamatosan azt kereste, hogy mi lehet a megoldás, hogy azon a bizonyos tárgyaláson majd sikert érjek el. De már előtte minden ötletet megpróbáltam, és sajnos a műszaki ellenőr hajthatatlan és a végletekig rossz szándékú volt. Így a végtelen haragom ellenére sem tudtam semmiféle olyan ötlettel előállni, amivel a tárgyalásra érkezhetnék. Előtte éjjel alig tudtam elaludni, és hajnalban felébredtem. Olyan harag volt bennem, hogy nem tudtam visszaaludni. Ekkor kimentem a nappaliba meditálni (*a meditáció bevezető gyakorlatáról a 12. fejezetben lesz szó*). Úgy ültem le, hogy tiszta szívből elhatároztam: addig nem jövök ki a meditációból, amíg nem találok megoldást a belső haragomra és a holnapi tárgyalási napra. A meditációban megérkeztek a tárgyalási ötletek, amelyek elsőre nem tűntek logikusnak, de azt már megtanultam, hogy az intuíciók sokszor nem logikusak, mégis azok a helyesek. De egy még fontosabb dolog is történt. A meditációban is rám tört a végtelen mély harag érzése. Úgy éreztem, nem akarok tovább együtt élni ezzel a borzalmas érzelemmel. Megundorodtam az érzéstől. Tisztán érzékeltem, hogyan teszi tönkre nap mint nap az életemet. A meditációban elhatároztam, hogy megszabadulok tőle. Ekkor mélyen belementem a haragba. Annyira mélyen, hogy majdnem felrobbantam és már remegett az egész testem. A haragból felszabaduló energiát hirtelen áttranszformáltam egy végtelen belső békébe. Azóta (ez jelen sorok írásakor már 15 hónapja volt) soha nem éreztem haragot. Ez a módszer egyébként energetikai szinten működik és szabályozható a testben. Azonban ahhoz, hogy ezt a módszert a teljes megértés mélységében át tudjam adni neked, először alapgyakorlatokat kell végezned a tudatoddal, ezt a 12. fejezetben mutatom be. Az energetikai szinten működő érzelem-transzformációt egy későbbi kötetben fogom átadni neked, amikor már elegendő tudás és gyakorlat lesz a birtokodban ahhoz, hogy megértsd!

Az érzelem-transzformáció módszere ennyire hatékony is tud lenni, de ehhez energetikai szinten is szabályoznod kell a testedet. Ennek megvalósításához azonban több tudást kell átadnom, mint a jelenlegi kötet lehetőségei. Ha el szeretnél jutni egy ilyen spirituális erő szintjére, akkor szeretettel várlak az olvasóim között a következő kötet megjelenésekor is. Hiszen abban a spirituális erőnk fokozása lesz az egyik fő témakör.

10.11.2. A harag érzelmének szinonimái

A harag érzésével azonosan alacsony rezgésű érzelmek a következők: ellenségesség, önvédelem, kritizálás, címkézés, bírálat, szembenállás, gyűlölet, vita, veszekedés, agresszió, erőszakosság, bosszú, düh, pusztítás, felháborodás, felindultság, indulat, méreg, idegesség, türelmetlenség, hatalomvágy, versengés, hibáztatás, demagógia, küzdelem, féltékenység, nacionalizmus, undor, vetélkedés, kakaskodás, kötekedés, követelőzés. Fontos kiemelnem, hogy a haraghoz tartozik minden jelennel való szembenállás! Szóval ha fel kell kelned, de nem akarsz, vagy meg kell tenned valamit, ám belül ellenkezel, akkor az is a harag érzéséhez tartozik.

Kérlek, ismerd meg alaposan a haragjaidat! Ennek érdekében ne csak a harag érzésére, hanem a fenti listában lévő többi érzésre is fókuszálj. Válaszolj az alábbi kérdésekre, és rögzítsd fel a spirituális naplódba:
1. Milyen gyakran jelennek meg ezek az érzelmek egy átlagos napodon?
2. Milyen tulajdonságok, élethelyzetek, cselekedetek okoznak ilyen érzelmeket?
3. Kik azok az emberek, akikkel ilyen érzelmekhez kötődő játszmarendszerekbe süllyedtél?
4. Az adott érzelemtípus hamis vagy valódi érzelem?
5. Hogy változna meg az életed ezen érzelmek nélkül?

10.11.3. Tanuld meg a törzsmantrádat!

**Törzsmantra:
„Jobb vagyok másoknál!"**

A törzsmantra egy olyan mondat, mely az adott lelki rezgésszinten a legfontosabb üzenetet tartalmazza. Ez az a mantra, ami segít túllépni az adott lelki rezgésszinten. Ez miatt fontos megtanulni, és annyiszor ismételni magadban, amennyiszer csak eszedbe jut.

A harag érzésénél lényeges megértened, hogy a megbocsájtás és a felsőbbrendűség érzései visznek a meghaladás irányába. Egy önmagára elfojtottan sem haragvó embert, aki többnek érzi magát másoknál, nem lehet kihozni a sodrából.

10.11.4. Egészítsd ki a küldetésnyilatkozatodat

A küldetésnyilatkozatodat (*lásd 10.3. fejezet*) egészítsd ki az előző alfejezet idézetével, illetve minden olyan specifikus gondolattal, mely a haragjaidtól való megszabadulással kapcsolatos szándék és cél. A küldetésnyilatkozatodat mindennap legalább egyszer olvasd fel teljes érzelmi átéléssel. Ezzel naponta irányban tartod az elmédet és nem hagyod, hogy az egod eltereljen a helyes iránytól!

10.11.5. Gyakorold a személyre szabott transzformációs érzelmeidet és a tudatosítsd a fejlesztendő érzelmeid listáját!

Az az alapvető cél, hogy az elmédet leszoktasd a haraggal kapcsolatos gondolatokról, a testedet a harag érzelme által keltett hormonokról, továbbá a lelkedet a harag érzelméről. Ennek érdekében a hétköznapi életedben igyekezz olyan érzelmeket megélni, melyek a jelenlegi lelkirezgésszint-spektrumod felső sávjában vannak, illetve igyekezz használni a jelenlegi lelkirezgésszint-spektrumodhoz legjobban illeszkedő transzformációs érzelmeket.

Ennek részletes megértéséhez a 10.5.5. fejezetben találsz egy példát. A példa alapján, kérlek, készítsd el a fejlesztendő és a transzformációs érzelmi listádat, és tanuld is meg!

10.11.6. Az elmeforrású harag transzformálása

Ahogy már jól tudod, háromféle harag létezhet benned, attól függően, hogy mi a forrása. Először az elmeforrású (azaz gondolatvezérelt) haragjaidtól igyekezz megszabadulni! Ez azért is különösen indokolt, mert az elme generálta haragok között nagyon ritka a valós harag. Ennek érdekében, kérlek, tedd az életed részévé az elmeközpontú harag transzformációjának módszerét az alábbi lépésekben:

1. lépés: A haraggal kapcsolatos gondolatok felmerülésekor helyezd át a fókuszodat a lelkedre, és figyeld meg a lelked vágyott érzelmeit. Észre fogod venni, hogy a lelked nem kívánja a haragot. Éld át és erősítsd fel a lelked ténylegesen sugárzott érzéseit! Ezt követően helyezd a figyelmedet a testedre, és figyeld meg, majd erősítsd fel a sugallt érzelmeit!
Az ember alapvetően egy békére hivatott lény, így a harag messze áll a természetes állapotától. A harag transzformációjára különösen javasolt a 10.11.5. fejezetben általad elkészített érzelmi listából valamelyik érzelem alkalmazása.

2. lépés: Hajts végre egy hálaáramlatot, és mondd el a törzsmantrádat!

3. lépés: Helyezd vissza a fókuszodat az elmédre! Ha az elméd már nem haragot generáló gondolatokon agyal, akkor készen vagy! Ha az elméd még részlegesen az eredeti témán agyal, akkor, kérlek, alkalmazd az 1/5-ös szabályt! Ez abból áll, hogy a kiinduló negatív gondolatnál magasabb rezgéseket beindító gondolatokat

mondasz el magadban minimum ötször. Erre a törzsmantra is jó, ha nem jut más az eszedbe, de legcélszerűbb a lelked és a tested által sugallt érzelmekkel kapcsolatos gondolatok ismétlése.
4. lépés: Folytasd az első 3 lépésből álló ciklust annyiszor, amíg teljesen fel nem transzformáltad az elmédből induló haragot magasabb érzelemmé, így ezáltal a gondolataid iránya is megváltozik!

Siker esetén legyél nagyon hálás és ne feledd, megint egy apró lépéssel kinevelted a sejtjeidet a harag érzelméhez kapcsolódó hormonfüggésből! Sikertelenség esetén ne ostorozd magadat, csak rögzítsd a tiszta szándékodat, hogy legközelebb még jobban résen leszel, hogy sikerrel járhass! Kérlek, ne feledd! Az egod minden körmönfont trükköt bevet, hogy megtartsa az elméből kiinduló haragjaidat.

A módszer megértését segítő példa: Ha nem egyértelműek a lépések, akkor a 9.5.5. fejezetben a szégyen érzésén keresztül találsz egy jó magyarázó példát, melyből tisztán meg fogod érteni az egyes lépéseket. A vágyakozás érzelmén keresztül a 9.1. fejezet tartalmaz egy további példát. Emellett a YouTube-csatornámon (*https://www.youtube.com/@justdobetterworld*) is találsz olyan videókat, melyek segítik a mélyebb megértést!

Meddig kell végezned ezt a feladatot: Ezt a feladatot addig kell végezned, amíg az elmeközpontú haragok teljesen ki nem vesznek az életedből! Ha 3–6 hónap alatt nem megy egyedül, akkor olyan gyökérérzelmek vannak a háttérben, melyeket saját erőből nem tudsz orvosolni! Ebben az esetben keress professzionális segítőt.

Néhány jó tanács: A testből és lélekből induló haragokkal egyelőre ne foglalkozz! Fontos, hogy tudd: a gondolat érkezése után maximum 1–3 másodpercnyi időd van, hogy elkezdd a haragjaiddal kapcsolatos gondolat érzelem-transzformációját! Ha ezt lekésed, akkor már a test és a lélek is átveszi az elme irányát.

Így résen kell lenned! Ha nem sikerül, ne ostorozd magadat! Ha sikerül, legyél hálás! Az egod nagyon be fog rezelni ettől a módszertől, így minden érvet ki fog találni, hogy letérítsen téged erről az útról! Kérlek, ne hagyd magadat, mert **ez a boldogságodhoz vezető út egy nagyon fontos lépése az életedben!**

10.11.7. A testforrású harag transzformálása

Ha itt jársz a könyvben, akkor az azt jelenti, hogy a szégyenedet, a bűntudataidat, a fásultságaidat, a bánataidat és a félelmeidet már transzformáltad, és az elméből kiinduló haragjaid terén elkezdtél komolyan előrelépni! Szóval kevesebbszer jutnak eszedbe haraggal összefüggő gondolatok, vagy ha eszedbe jutnak, azonnal résen vagy és magasabb érzésvilág felé transzformálod a gondolkodásodat. Itt már hihetetlen mértékű minőségi változások valósultak meg az életedben, amennyiben a szégyen elengedéséről indultál. Tiszta szívből gratulálok neked! Ezek az állapotok már az észszerűség–öröm tartományára jellemzők. Ha mérséklődnek az elméből kiinduló haragok az életedben, az sok energiát fog felszabadítani, és folytatódik a lelki rezgésszinted erőteljes emelkedése. Ezt az energiát, kérlek, használd fel arra, hogy a maradék haragjaidat is magasabb rezgésbe transzformáld! Ennek érdekében a mai naptól terjeszd ki a figyelmedet a testből eredő haragokra is! Ezért ebben az alfejezetben azt vesszük át, hogy ezt hogyan csináld. Fontos kiemelnem, hogy az elméből eredő haragok mérséklődésekor a testből és a lélekből eredő haragok terén az ego be szokott keményíteni. Ez természetes folyamat, hiszen az ego védi a létét! De ne hagyd magadat! Most kiterjesztjük a munkát az ego még hatékonyabb átnevelésére, amellyel a testközpontú harag transzformálását érjük el. Ennek érdekében, kérlek, tedd az életed részévé a testközpontú harag transzformációjának módszerét az alábbi lépésekben:

1. lépés: A haraggal kapcsolatos testérzetek felmerülésekor helyezd át a fókuszodat az elmédre. Tudatosítsd, hogy az elméd nem vágyik haraggal kapcsolatos gondolatokra. Figyeld meg, milyen gondolatokkal foglalkozna szívesen! Itt alkalmazd egyből az 1/5-ös szabályt, és a haragnál magasabb gondolkodási minták valamelyikét ötször ismételd el. Ezután helyezd a fókuszodat a lelkedre, és erősítsd fel annak az érzelmeit! A haragnál (*vedd figyelembe a szinonimáknál tanult érzelmeket is: 9.11.2. fejezet*) magasabban lévő javasolt érzelmek listáját már kigyűjtötted a 9.11.5. fejezetben.
2. lépés: Hajts végre egy hálaáramlatot!
3. lépés: Vidd vissza a figyelmedet a testedre! Ha a testérzeted már nem harag központú, akkor nyertél! Szuper vagy! Ha még mindig részben oda figyel, akkor az 1. lépéssel kezdd elölről a ciklust, addig, míg ezt a testérzetet nem transzformáltad magasabb rezgés felé.

Siker esetén legyél nagyon hálás! Sikertelenség esetén ne ostorozd magadat, csak rögzítsd a tiszta szándékodat, hogy legközelebb még jobban résen leszel, hogy sikerrel járhass! Kérlek, ne feledd! Az egod minden rafinált trükköt bevet, hogy megtartsa a testedből kiinduló haragjaidat.

A módszer megértését segítő példa: A módszer mélyebb megértésére a szégyen érzelménél a 10.5.7. fejezetben találsz egy magyarázó példát. A vágyakozás érzelmén keresztül a 9.1. fejezet tartalmaz egy további példát. Emellett a YouTube-csatornámon (*https://www.youtube.com/@justdobetterworld*) is találsz olyan videókat, amelyek segítik a mélyebb megértést!

Meddig kell végezned ezt a feladatot: Ezt a feladatot addig kell végezned, amíg a testközpontú harag teljesen ki nem veszik az életedből! Ha 3–6 hónap alatt nem megy egyedül, akkor olyan gyökérérzelmek vannak a háttérben, melyeket saját erőből nem tudsz orvosolni! Ebben az esetben keress professzionális segítőt. Az első kötet 6.5. számú fejezetén túl a következő kötetben fogok számos hatékony módszerről írni.

Néhány jó tanács: Az eddigi munkád során talán már megtapasztaltad, hogy a harag jelenléte mennyire torzítja a nézőpontjainkat. Ha erre már ráláttál, akkor ez erőt ad a testérzetekből kiinduló érzelmek transzformációjára. Mivel a test ereje 10-szeres az elméhez képest, ezért ezektől nehezebb megszabadulni, viszont itt már gyakorlatot is szereztél, és segítségedre lesz az elmeközpontú harag transzformációjából felszabaduló erő! A lélekből induló haraggal egyelőre ne foglalkozz! Fontos, hogy tudd: a gondolat érkezése után maximum 1–3 másodpercnyi időd van, hogy elkezdd a haraggal kapcsolatos gondolat érzelem-transzformációját! Ha ezt lekésed, akkor már az elme és a lélek is átveszi a test irányát. Így résen kell lenned! Ha nem sikerül, ne ostorozd magadat! Ha sikerül, legyél hálás! Az egod nagyon be fog rezelni ettől a módszertől, így minden érvet ki fog találni, hogy letérítsen téged erről az útról! Kérlek, ne hagyd magadat, mert **ez a boldogságodhoz vezető további út kiemelkedően fontos lépése az életedben!**

10.11.8. A lélekforrású harag transzformálása

Tiszta szívből gratulálok, hiszen a harag előfordulási gyakoriságát tekintve már jelentős eredményeket értél el. Ennél jobb dolog nem is történhetne veled! Mennyivel könnyebb szégyenek, bűntudatok, fásultságok, bánatok, félelem, vágyakozás nélkül és jelentősen mérséklődött haraggal élni? Kérlek, tekints vissza, milyen volt előtte! Ebből erőt nyersz a folytatáshoz...

Tehát itt az idő, hogy az érzelem-transzformáció módszerével megszabadulj a közvetlen lélekből feltörő harag érzéseitől. Az eddigi sikereid és az azokból felszabaduló energiák segítenek abban, hogy ezt is meg tudd lépni! Ennek érdekében a mai

naptól terjeszd ki a figyelmedet a lélekből eredő haragokra is! Ebben az alfejezetben azt vesszük át, hogy ezt hogyan csináld. Ennek érdekében, kérlek, tedd az életed részévé a lélekközpontú haragjaid transzformációjának módszerét az alábbi lépésekben:
1. lépés: A haraggal kapcsolatos érzelmek felmerülésekor helyezd át a fókuszodat a testedre, és annak sugárzott érzelmét erősítsd fel, amennyiben magasabb rezgésű, mint a harag. A harag (*beleértve az érzelmi szinonimákat is, lásd 10.11.2. fejezet*) transzformációjához különösen javasolt érzelmi listát megcsináltad a 10.11.5. fejezetben. Ezt követően helyezd a figyelmedet az elmédre. Itt alkalmazd egyből az 1/5-ös szabályt a haragnál magasabb érzelmeket generáló gondolatokkal.
2. lépés: Hajts végre egy hálaáramlatot!
3. lépés: Helyezd vissza a fókuszodat a lelkedre! Ha még mindig a harag érzése dolgozik benned, akkor az első lépéstől folytasd a ciklust annyiszor, amíg teljesen fel nem transzformáltad a lélekből közvetlenül induló haragodat!

Siker esetén legyél nagyon hálás! Sikertelenség esetén ne ostorozd magadat, csak rögzítsd a tiszta szándékodat, hogy legközelebb még jobban résen leszel, hogy sikerrel járhass! Kérlek, ne feledd! Az egod minden trükköt bevet, hogy megtartsa a haragjaidat!

A módszer megértését segítő példák: A szégyen érzésén keresztül a 10.5.8. fejezetben találsz egy példát, mely segít a mélyebb megértésben. A vágyakozás érzelmén keresztül a 9.1. fejezet tartalmaz egy további példát. Emellett a YouTube-csatornámon (***https://www.youtube.com/@justdobetter-world***) is találsz olyan videókat, amelyek segítik a mélyebb megértést!

Az alternatív út: A lélekből közvetlenül érkező érzelmeket a legnehezebb transzformálni, mert a léleknek százszoros ereje van (ahogy azt az I. kötetből már megtanultad). Ez miatt az elme és a test nagyon rövid idő alatt követi a lélek érzelmét. Itt mindössze fél-egy másodpercnyi időd van kapcsolni és elindítani az érzelem-transzformáció módszerét. Ha ez nem sikerül, akkor máris teljesen benne vagy a haragban. Ezért az alternatív út az, hogy elfogadod a harag érzését, amikor közvetlenül a lélekből érkezik. Nem ostorozod magadat és kifejezed a tiszta szándékodat, hogy legközelebb jobban résen leszel. Az elfogadás érzelme már önmagában megszünteti a harag létét, amennyiben elég időt adsz neki.

Meddig kell végezned ezt a feladatot: Ezt a feladatot addig kell végezned, amíg az összes harag teljesen ki nem veszik az életedből! Ha 3–6 hónap alatt nem megy egyedül, akkor olyan gyökérérzelmek vannak a háttérben, melyeket saját erőből nem tudsz orvosolni! Ebben az esetben keress professzionális segítőt, illetve ajánlom figyelmedbe a következő kötetet, mely többek között célirányosan ebben fog segíteni.

Néhány jó tanács: A lélekközpontú haragoktól a legnehezebb megszabadulni. De jó hír, hogy ezekből van a legkevesebb. Ezért gyakran jó taktika, hogy elfogadással hagyjuk, hogy az ego dagonyázzon egy jót (*lásd 10.4. fejezet*). Ilyenkor a haragban való elmélyedés megfigyelése erőt ad arra, hogy végleg meg akarjunk szabadulni tőle. De ehhez fontos, hogy mélyen menj bele az érzésbe, és fogadd el a helyzetet!

10.11.9. A harag transzformálásának rövidített összefoglalása

A harag meghaladásának főbb lépései:
1. Figyeld meg és ismerd meg a haragjaidat és az okait!
2. Olvasd figyelmesen át a harag szinonimáit, hogy

biztosan minden típusát fel tudd tárni az életedben!
(*Ezeket összegyűjtve a III. mellékletben találod.*)
3. Válaszd szét a valódi és a hamis haragokat egymástól!
(Mindegyiktől szükséges megszabadulnod, csak ellentétes okból!)
4. Légy hálás a valódi haragjaid jelzéseiért! Hiszen ezek jelzések, hogy mely területeken szükséges az életedben megbocsájtás. Tárd fel a megbocsájtani valóidat és haladj a megbocsájtás útján! Ebben kiemelten fontos az önmagadnak való megbocsájtás!
5. A törzsmantrát alakítsd egyedivé és naponta minél többször ismételd el magadban! (*A törzsmantrákat összegyűjtve a IV. mellékletben találod!*)
6. A kiegészített küldetésnyilatkozatodat naponta egyszer átéléssel olvasd fel!
7. Igyekezz erősíteni magadban a felsőbbrendűség érzését! Igyekezz megélni, felerősíteni, egyre gyakoribbá tenni a transzformációs és a fejlesztendő érzelmeidet a hétköznapokban!
8. Használd tudatosan az elmeforrású harag transzformációját!
9. Használd tudatosan a testforrású harag transzformációját!
10. Használd tudatosan a lélekforrású harag transzformációját!

Azokat a lépéseket, melyek a te életedben nem relevánsak, nyugodtan hagyd ki. Több lépést össze is tudsz vonni kisebb csoportokba, hogy egyszerűbb és hatékonyabb legyen a befektetett munkád! Itt csak a könnyebb érthetőség miatt mutattam be ennyire apró lépésekben.

Amennyiben 3–6 hónap alatt kitartó munkával sem tudsz megszabadulni a harag érzésétől, fordulj segítőhöz (*lásd I. kötet 6.5. fejezet*). Ebben az esetben olyan gyökérérzelmek vannak a háttérben, melyeket nem tudsz segítség nélkül meghaladni. A gyökérérzelmekről, azok meghaladási módjairól részletesen a 3. kötet fog szólni.

10.12. A büszkeség transzformációja

Ha a jelenlegi életedben a büszkeség nem fordul elő rendszeresen, akkor legyél ezért hálás, és átugorhatod ezt a fejezetet! Keresd meg azt a legalsó rezgésű érzelmet a 10. fejezeten belül, ami téged érint, és lapozz oda!

10.12.1. Valódi és hamis büszkeség

Ahogy a 2. táblázat (*9.2. fejezet*) második oszlopából láthatod, a legtöbb embernél a büszkeség érzése egészen akár a 700-as megvilágosultság lelki rezgésszintjének eléréséig jelen van. A legnehezebb ettől megszabadulni. A büszkeség teljes elengedése az ego végső bástyájának megszűnése. Innen egyenes az út egy olyan életbe, ahol a szeretet–öröm–béke és megvilágosultság állapotai váltakoznak.

Ahogy a büszkeség ritkul az életedben (ha már a szégyen, a bűntudat, a fásultság, a bánat, a félelem, a vágyakozás és a harag érzelmeitől is teljesen megszabadultál), egyre közelebb kerülhetsz a megvilágosultság időszakos megéléséhez. Jelen sorok írásakor én ezen dolgozom. Voltak megvilágosodás-áttöréseim és voltak büszkeségmentes állapotaim is. De ezek rövid időkre sikerültek, általában amikor tartósan magas rezgésű környezetbe tudtam kerülni. A hétköznapi élet forgataga visszahozza az ego erejét, ahogy ez természetes is. De megvilágosodni egy kolostorban nem akkora érték, mint megvilágosodni a hétköznapi élet forgatagában. Gyakran olvastam nagy keleti mesterektől, hogy elmentek az USA-ba, hogy ott tegyenek a mélyen lévő nyugati emberekért. Aztán egy-két év alatt annyira lesüllyedt a rezgésük, hogy vissza kellett menniük a kolostorukba, hogy meg tudjanak tisztulni. Ez érthető, hiszen ők egy nagyon tiszta és magas rezgésű környezetben tudtak magasra emelkedni. Ez óriási és lenyűgöző spirituális teljesítmény. Nem szeretném elvenni ezen csodálatos mesterek érdemeit, de a nyugati stílusú világban elérni és megtartani az egomentes állapotot az az igazi erő.

Szóval a büszkeség végső elengedése csak azoknak „szükséges", akik nem elégednek meg az észszerűség–szeretet–öröm–béke tartományát jelentő csodálatos boldog élettel és tovább szeretnének lépni a stabil megvilágosodás felé. Hiszen ez már a megvilágosultság megtapasztalásához vezető út kapuja. A büszkeség nem más, minthogy megkülönböztetjük magunkat másoktól. Jobbnak, többnek, másabbnak tarjuk magunkat másoknál. Ez az ego legkérgesebb érzelme. Itt az ego akár végleg ki tud kérgesedni, hiszen a szelf mindig a másoktól való megkülönböztetésből táplálkozik. Ez az az alapvető energia, ami a létét megalapozza. Pont ezért kell megszüntetni ezt az energiát, mert az egyben az ego létének a végét is jelenti. Ha megszűnik a büszkeség, akkor mindennel és mindenkivel egyenlővé válunk, így az ego értelmét veszti és megszűnik. A megvilágosultság állapota pedig nem más, mint a tökéletesen egomentes állapot.

Azoknak, akik a büszkeség lelki rezgésszintjén élnek, még nyilván jóval alacsonyabb rezgésű érzelmek meghaladásán kell dolgozniuk. Tehát ne keverd össze a büszkeség maradékainak elengedését és a büszkeség lelki rezgésszintjét! Ez természetesen a többi érzelemnél is igaz.

A büszkeség elengedésének a kulcsa annak a tökéletes és teljes elengedése, hogy bármiben különbek vagyunk másoknál. Az egység érzése, az egység tökéletes tudása szükséges hozzá. A büszkeség elengedését legjobban támogató érzelem a valódi őszinteség. Az ego mindig szépít, mindig egy szubjektív valóságot tár elénk, ami poláris és önző szemszögből igaz. A teljes őszinteség azt jelenti, hogy elengedjük a szubjektív valóságot és többé nem akarunk az ego álságos, hazug börtönében élni. A büszkeségek meghaladása érdekében javasolt a valódi büszkeségek és a hamis büszkeségek megkülönböztetése. Hiszen a hamis büszkeségek távolítanak el a megvilágosultság állapotától. A valódi büszkeségek pedig arra mutatnak rá, hogy önmagadban mit kell meghaladni azért, hogy magasabb rezgésbe emelkedj. Minden büszkeség hamis, ami a külső világunkban való megkülönböztetésről szól. Az, hogy különbek vagyunk másoknál, csak az ego szintjén igaz. A szellem szintjén ez egy álságos hazugság. A valós büszkeségek azokra a területekre mutatnak rá, melyekben még az ego aktív és erős. E területek tudatos és fokozatos elengedése segít a továbblépésben. Ezeken keresztül ráébredhetünk, hogy miért akarunk különbözni másoktól. Hiszen ez a különbözőség-igény nem más, mint egy önvédelmi reflex. Még milyen maradék elfojtások munkálnak bennünk, amely miatt továbbra is védekezni kívánunk? Ez egy nagyon mély önismereti és komoly önfejlesztő munka.

10.12.2. A büszkeség érzelmének szinonimái

A büszkeség érzésével azonosan alacsony rezgésű érzelmek a következők: beképzeltség, sznobság, prűdség, különbözőség, ítélkezés, bírálat, lekicsinyítés, viszonyítás, gőg, felfuvalkodottság, önzés, egoizmus, önérdek-érvényesítés, birtoklás, kihasználás, kontroll, célorientáltság, beszűkültség, csőlátás, szabályok felett állás, ateizmus, önámítás, fölényesség, díszelgés, hiúság, önimádat, dölyfösség, önérzet, méltóság, önelégültség, kimértség, nárcisztikusság.

Kérlek, ismerd meg alaposan a büszkeségedet! Ennek érdekében ne csak a büszkeség érzésére, hanem a fenti listában lévő

többi érzésre is fókuszálj. Válaszolj az alábbi kérdésekre, és rögzítsd fel a spirituális naplódba:
1. Milyen gyakran jelennek meg ezek az érzelmek egy átlagos napodon?
2. Milyen tulajdonságok, élethelyzetek, cselekedetek okoznak ilyen érzelmeket?
3. Kik azok az emberek, akikkel ilyen érzelmekhez kötődő játszmarendszerekbe süllyedtél?
4. Az adott érzelemtípus hamis vagy valódi érzelem?
5. Hogy változna meg az életed ezen érzelmek nélkül?

10.12.3. Tanuld meg a törzsmantrádat!

Törzsmantra:
„**Végtelenül őszinte vagyok önmagammal és másokkal!**"

A törzsmantra egy olyan mondat, mely az adott lelki rezgésszinten a legfontosabb üzenetet tartalmazza. Ez az a mantra, ami segít túllépni az adott lelki rezgésszinten. Ez miatt fontos megtanulni, és annyiszor ismételni magadban, amennyiszer csak eszedbe jut.

A büszkeség meghaladásához leginkább a teljes önmagadhoz való őszinteség és a tökéletes egyenlőség (egység érzése) érzelmei segítenek.

10.12.4. Egészítsd ki a küldetésnyilatkozatodat

A küldetésnyilatkozatodat (*lásd 10.3. fejezet*) egészítsd ki az előző alfejezet idézetével, illetve minden olyan specifikus gondolattal, mely a büszkeségtől való megszabadulással kapcsolatos szándék és cél. A küldetésnyilatkozatodat mindennap legalább egyszer olvasd fel teljes érzelmi átéléssel. Ezzel naponta irányban tartod az elmédet és nem hagyod, hogy az egod eltereljen a helyes iránytól!

10.12.5. Gyakorold a személyre szabott transzformációs érzelmeidet és a tudatosítsd a fejlesztendő érzelmeid listáját!

Az az alapvető cél, hogy az elmédet leszoktasd a büszkeséggel kapcsolatos gondolatokról, a testedet a büszkeség érzelme által keltett hormonokról és a lelkedet a büszkeség érzelméről. Ennek érdekében a hétköznapi életedben igyekezz olyan érzelmeket megélni, melyek a jelenlegi lelkirezgésszint-spektrumod felső sávjában vannak, illetve igyekezz használni a jelenlegi lelkirezgésszint-spektrumodhoz legjobban illeszkedő transzformációs érzelmeket.

Ennek részletes megértéséhez a 10.5.5. fejezetben találsz egy példát. A példa alapján, kérlek, készítsd el a fejlesztendő és a transzformációs érzelmi listádat, és tanuld is meg!

10.12.6. Az elmeforrású büszkeség transzformálása

Ahogy már jól tudod, háromféle büszkeség létezhet benned, attól függően, hogy mi a forrása. Először az elmeforrású (azaz gondolatvezérelt) büszkeségektől igyekezz megszabadulni! Ez azért is különösen indokolt, mert az elme generálta büszkeségek között nagyon ritka a valós büszkeség. Ennek érdekében, kérlek, tedd az életed részévé az elmeközpontú büszkeség transzformációjának módszerét az alábbi lépésekben:
 1. lépés: A büszkeséggel kapcsolatos gondolatok felmerülésekor helyezd át a fókuszodat a lelkedre, és figyeld meg a lelked vágyott érzelmét. Észre fogod venni, hogy

a lelked nem kívánja a büszkeséget. Éld át és erősítsd fel a lelked tényleges érzéseit, amennyiben az magasabb rezgésű, mint a büszkeség! Ezt követően helyezd a figyelmedet a testedre, és figyeld meg, majd erősítsd fel a sugallt érzelmeit! Az ember alapvetően egy egység érzésére hivatott lény, szóval a büszkeség messze áll a természetes állapotától. A büszkeség transzformációjára különösen javasolt a 10.12.5. fejezetben általad elkészített érzelmi listából valamelyik érzelem alkalmazása.
2. lépés: Hajts végre egy hálaáramlatot, és mondd el a törzsmantrádat!
3. lépés: Helyezd vissza a fókuszodat az elmédre! Ha az elméd már nem büszkeséget generáló gondolatokon agyal, akkor készen vagy! Ha az elméd még részlegesen az eredeti témán agyal, akkor, kérlek, alkalmazd az 1/5-ös szabályt! Ez abból áll, hogy a kiinduló negatív gondolatnál magasabb rezgéseket beindító gondolatokat mondasz el magadban minimum ötször. Erre a törzsmantra is jó, ha nem jut más az eszedbe, de legcélszerűbb a lelked és a tested által sugallt érzelmekkel kapcsolatos gondolatok ismétlése.
4. lépés: Folytasd az első 3 lépésből álló ciklust annyiszor, amíg teljesen fel nem transzformáltad az elmédből induló büszkeséget magasabb érzelemmé, így ezáltal a gondolataid iránya is megváltozik!

Siker esetén legyél nagyon hálás és ne feledd, megint egy apró lépéssel kinevelted a sejtjeidet a büszkeség érzelméhez kapcsolódó hormonfüggésből! Sikertelenség esetén ne ostorozd magadat, csak rögzítsd a tiszta szándékodat, hogy legközelebb még jobban résen leszel, hogy sikerrel járhass! Kérlek, ne feledd! Az egod minden körmönfont trükköt bevet, hogy megtartsa az elméből kiinduló büszkeségeidet.

A módszer megértését segítő példa: Ha nem egyértelműek a lépések, akkor a 10.5.5. fejezetben a szégyen érzésén keresztül találsz egy jó magyarázó példát, melyből tisztán meg fogod érteni az egyes lépéseket. A vágyakozás érzelmén keresztül a 9.1. fejezet tartalmaz egy további példát. Emellett a YouTube-csatornámon (*https://www.youtube.com/@justdobetterworld*) is találsz olyan videókat, amelyek segítik a mélyebb megértést!

Meddig kell végezned ezt a feladatot: Ezt a feladatot addig kell végezned, amíg az elmeközpontú büszkeségek teljesen ki nem vesznek az életedből! Ha 3–6 hónap alatt nem megy egyedül, akkor olyan gyökérérzelmek vannak a háttérben, melyeket saját erőből nem tudsz orvosolni! Ebben az esetben keress professzionális segítőt, illetve ajánlom figyelmedbe a célirányosan ezzel is foglalkozó következő kötetet.

Néhány jó tanács: A testből és lélekből induló büszkeségekkel egyelőre ne foglalkozz! Fontos, hogy tudd: a gondolat érkezése után maximum 1–3 másodpercnyi időd van, hogy elkezdd a büszkeséggel kapcsolatos gondolat érzelem-transzformációját! Ha ezt lekésed, akkor már a test és a lélek is átveszi az elme irányát. Így résen kell lenned! Ha nem sikerül, ne ostorozd magadat! Ha sikerül, legyél hálás! Az egod nagyon be fog rezelni ettől a módszertől, így minden érvet ki fog találni, hogy letérítsen téged erről az útról! Kérlek, ne hagyd magadat, mert **ez a boldogságodhoz vezető út egy nagyon fontos lépése az életedben!**

10.12.7. A testforrású büszkeség transzformálása

Ha itt jársz a könyvben, akkor az azt jelenti, hogy a szégyenedet, a bűntudataidat, a fásultságaidat, a bánataidat, a félelmeidet, a vágyakozásaidat és a haragjaidat már transzformáltad, és az elméből kiinduló büszkeség terén elkezdtél komolyan előrelépni! Kevesebbszer jutnak eszedbe büszkeséggel összefüggő gondolatok, vagy ha eszedbe jutnak, azonnal résen vagy és magasabb érzésvilág felé transzformálod a gondolkodásodat. Itt már hihetetlen boldogság és béke birtokosa vagy. Tiszta szívből gratulálok neked! Ezek az állapotok már az észszerűség–szeretet–öröm–béke tartományára jellemzők. Ha mérséklődnek az elméből kiinduló büszkeségek az életedben, az sok energiát fog felszabadítani, és folytatódik a lelki rezgésszinted erőteljes emelkedése. Ezt az energiát, kérlek, használd fel arra, hogy a maradék büszkeségeidet is magasabb rezgésbe transzformáld! Ennek érdekében a mai naptól terjeszd ki a figyelmedet a testből eredő büszkeségekre is! Ezért ebben az alfejezetben azt vesszük át, hogy ezt hogyan csináld. Fontos kiemelnem, hogy az elméből eredő büszkeségek mérséklődésekor a testből és a lélekből eredő büszkeségek terén az ego be szokott keményíteni. Ez természetes folyamat, hiszen az ego védi a létét! De ne hagyd magadat! Most kiterjesztjük a munkát az ego még hatékonyabb átnevelésére, amellyel a testközpontú büszkeségek transzformálását érjük el. Ennek érdekében, kérlek, tedd az életed részévé a testközpontú büszkeségek transzformációjának módszerét az alábbi lépésekben:

1. lépés: A büszkeséggel kapcsolatos testérzetek felmerülésekor helyezd át a fókuszodat a lelkedre, és erősítsd fel a sugallt érzelmét, amennyiben az a büszkeségnél magasabb rezgésű. A büszkeségnél (*vedd figyelembe a szinonimáknál tanult érzelmeket is, 10.12.2. fejezet*) magasabban lévő javasolt érzelmek listáját már kigyűjtötted a 10.12.5. fejezetben. Ezután helyezd át a fókuszodat az elmédre. Tudatosítsd, hogy az elméd nem sugall büszkeséggel kapcsolatos gondolatokat. Figyeld meg, milyen gondolatokkal foglalkozna szívesen, amelyek magasabb rezgésűek, mint a büszkeséghez kötődő gondolatok! Itt alkalmazd egyből az 1/5-ös szabályt és a büszkeségnél magasabb gondolkodási minták valamelyikét ötször ismételd el.

2. lépés: Hajts végre egy hálaáramlatot!
3. lépés: Vidd vissza a figyelmedet a testedre! Ha a testérzeted már nem büszkeségközpontú, akkor nyertél! Szuper vagy! Ha még mindig részben oda figyel, akkor az 1. lépéssel kezdd elölről a ciklust, addig, míg ezt a testérzetet nem transzformáltad magasabb rezgés felé.

Siker esetén legyél nagyon hálás! Sikertelenség esetén ne ostorozd magadat, csak rögzítsd a tiszta szándékodat, hogy legközelebb még jobban résen leszel, hogy sikerrel járhass! Kérlek, ne feledd! Az egod minden rafinált trükköt bevet, hogy megtartsa a testedből kiinduló büszkeségeidet.

A módszer megértését segítő példák: A módszer mélyebb megértésére a szégyen érzelménél a 10.5.7. fejezetben találsz egy magyarázó példát. A vágyakozás érzelmén keresztül a 9.1 fejezet tartalmaz egy további példát. Emellett a YouTube-csatornámon (*https://www.youtube.com/@justdobetterworld*) is találsz olyan videókat, melyek segítik a mélyebb megértést!

Meddig kell végezned ezt a feladatot: Ezt a feladatot addig kell végezned, amíg a testközpontú büszkeség teljesen ki nem veszik az életedből! Ha 3–6 hónap alatt nem megy egyedül, akkor olyan gyökérérzelmek vannak a háttérben, melyeket saját erőből nem tudsz orvosolni! Ebben az esetben keress professzionális segítőt. Az első kötet 6.5. fejezetén túl a következő kötetben fogok számos hatékony módszerről írni.

Néhány jó tanács: Az eddigi munkád során talán már megtapasztaltad, hogy a büszkeség jelenléte mennyire torzítja a nézőpontjainkat. Ha erre már ráláttál, akkor ez erőt ad a testérzetekből kiinduló érzelmek transzformációjára. Mivel a test ereje 10-szeres az elméhez képest, ezért ezektől nehezebb megszabadulni, viszont itt már gyakorlatot is szereztél, így az elmeközpontú büszkeségek transzformációjából felszabaduló erő a segítségedre lesz! A lélekből induló büszkeségekkel egyelőre ne foglalkozz! Fontos, hogy tudd: a gondolat érkezése után maximum 1–3 másodpercnyi időd van, hogy elkezdd a büszkeséggel kapcsolatos gondolat érzelem-transzformációját! Ha ezt lekésed, akkor már az elme és a lélek is átveszi a test irányát. Így résen kell lenned! Ha nem sikerül, ne ostorozd magadat! Ha sikerül, legyél hálás! Az egod nagyon be fog rezelni ettől a módszertől, így minden érvet ki fog találni, hogy letérítsen téged erről az útról! Kérlek, ne hagyd magadat, mert **ez a boldogságodhoz vezető út kiemelkedően fontos lépése az életedben!**

10.12.8. A lélekforrású büszkeség transzformálása

Tiszta szívből gratulálok, hiszen a büszkeség előfordulási gyakoriságát tekintve már jelentős eredményeket értél el. Ennél jobb dolog nem is történhetne veled! Mennyivel könnyebb szégyenek, bűntudatok, fásultságok, bánatok, félelmek, vágyak és haragok nélkül és jelentősen mérséklődött büszkeségekkel élni? Kérlek, tekints vissza, milyen volt előtte! Ebből erőt nyersz a folytatáshoz... Itt az idő, hogy az érzelem-transzformáció módszerével megszabadulj a közvetlen lélekből feltörő büszkeség érzéseitől. Az eddigi sikereid és az azokból felszabaduló energiák segítsenek abban, hogy ezt is meg tudd lépni! Ez az utolsó nagy lépés. Ennek érdekében a mai naptól terjeszd ki a figyelmedet a lélekből eredő büszkeségekre is! Ebben az alfejezetben azt vesszük át, hogy ezt hogyan csináld. Ennek érdekében, kérlek, tedd az életed részévé a lélekközpontú büszkeséged transzformációjának módszerét az alábbi lépésekben:
1. lépés: A büszkeséggel kapcsolatos érzelmek felmerülésekor helyezd át a fókuszodat a testedre, és erősítsd fel a sugallt érzelmét, amennyiben az magasabb rezgésű, mint a büszkeség. A büszkeség (*beleértve az érzelmi szinonimákat is, lásd a 10.12.2. fejezet*) transzformációjához különösen javasolt érzelmi listát megcsináltad a 10.12.5. fejezetben. Ezután az elmédre fókuszálva

alkalmazd egyből az 1/5-ös szabályt. Ismételj el legalább ötször magasabb rezgésű érzelmeket generáló gondolatokat, mint a büszkeség.
2. lépés: Hajts végre egy hálaáramlatot!
3. lépés: Helyezd vissza a fókuszodat a lelkedre! Ha még mindig a büszkeség érzése dolgozik benned, akkor az első lépéstől annyiszor folytasd a ciklust, amíg teljesen fel nem transzformáltad a lélekből közvetlenül induló büszkeségedet!

Siker esetén legyél nagyon hálás! Sikertelenség esetén ne ostorozd magadat, csak rögzítsd a tiszta szándékodat, hogy legközelebb még jobban résen leszel, hogy sikerrel járhass! Kérlek, ne feledd! Az egod minden trükköt bevet, hogy megtartsa a maradék büszkeségeidet!

A módszer megértését segítő példa: A szégyen érzésén keresztül a 10.5.8. fejezetben találsz egy példát, mely segít a mélyebb megértésben. A vágyakozás érzelmén keresztül a 9.1. fejezet tartalmaz egy további példát. Emellett a YouTube-csatornámon (*https://www.youtube.com/@justdobetterworld*) is találsz olyan videókat, amelyek segítik a mélyebb megértést!

Az alternatív út: A lélekből közvetlenül érkező érzelmeket a legnehezebb transzformálni, mert a léleknek százszoros ereje van (ahogy azt az I. kötetből már megtanultad). Ez miatt az elme és a test nagyon rövid idő alatt követi a lélek érzelmét. Itt mindössze fél–egy másodpercnyi időd van kapcsolni és elindítani az érzelem-transzformáció módszerét. Ha ez nem sikerül, akkor máris teljesen benne vagy a büszkeségedben. Ezért az alternatív út az, hogy elfogadod a büszkeség érzését, amikor közvetlenül a lélekből érkezik. Nem ostorozod magadat és fejezed ki a tiszta szándékodat, hogy legközelebb jobban résen leszel. Az elfogadás érzelme már önmagában megszünteti a büszkeség létét.

Meddig kell végezned ezt a feladatot: Ezt a feladatot addig kell végezned, amíg az összes büszkeség teljesen ki nem veszik az életedből! Ha 3–6 hónap alatt nem megy egyedül, akkor olyan gyökérérzelmek vannak a háttérben, melyeket saját erőből nem tudsz orvosolni! Ebben az esetben keress professzionális segítőt, illetve ajánlom figyelmedbe a többek között erre is fókuszáló következő kötetet.

Néhány jó tanács: A lélekközpontú büszkeségektől a legnehezebb megszabadulni. De jó hír, hogy ezekből van a legkevesebb. Ezért gyakran jó taktika, hogy elfogadással hagyjuk, hogy az ego dagonyázzon egy jót (*lásd 10.4. fejezet*). Ilyenkor a büszkeségekben való elmélyedés megfigyelése erőt ad arra, hogy végleg meg akarjunk szabadulni tőle. De ehhez fontos, hogy mélyen menj bele az érzésbe, és fogadd el a helyzetet!

10.12.9. A büszkeség transzformálásának rövidített összefoglalása

A büszkeség meghaladásának főbb lépései:
1. Figyeld meg és ismerd meg a büszkeségeidet és az okait!
2. Olvasd figyelmesen át a büszkeség szinonimáit, hogy biztosan minden típusát fel tudd tárni az életedben! (*Ezeket összegyűjtve a III. mellékletben találod.*)
3. Válaszd szét a valódi és a hamis büszkeségeidet egymástól! (Mindegyiktől szükséges megszabadulnod, csak ellentétes okból!)
4. Légy hálás a valódi büszkeségeid jelzéseiért! Hiszen ezek jelzések, hogy még milyen maradék gyógyítatlanságok akadályozzák a végső igazság megtapasztalását.
5. A törzsmantrát alakítsd egyedivé és naponta minél többször ismételd el magadban! (*A törzsmantrákat összegyűjtve a IV. mellékletben találod!*)

6. A kiegészített küldetésnyilatkozatodat naponta egyszer átéléssel olvasd fel!
7. Légy végletekig őszinte mindenben önmagaddal és a világgal!
8. Erősítsd magadban a tökéletes egyenlőség (egység) érzését!
9. Igyekezz megélni, felerősíteni, egyre gyakoribbá tenni a transzformációs és a fejlesztendő érzelmeidet a hétköznapokban!
10. Használd tudatosan az elmeforrású büszkeség transzformációját!
11. Használd tudatosan a testforrású büszkeség transzformációját!
12. Használd tudatosan a lélekforrású büszkeség transzformációját!

Azokat a lépéseket, melyek a te életedben nem relevánsak, nyugodtan hagyd ki. Több lépést össze is tudsz vonni kisebb csoportokba, hogy egyszerűbb és hatékonyabb legyen a befektetett munkád! Itt csak a könnyebb érthetőség miatt mutattam be ennyire apró lépésekben.

Amennyiben 3–6 hónap alatt kitartó munkával sem tudsz megszabadulni a büszkeség érzésétől, akkor fordulj segítőhöz (*lásd I. kötet 6.5. fejezet*). Ebben az esetben olyan gyökérérzelmek vannak a háttérben, melyeket nem tudsz segítség nélkül meghaladni. A gyökérérzelmekről, azok meghaladási módjairól részletesen a 3. kötet fog szólni.

11. FEJEZET

A 200-as rezgés feletti érzelmek támogató ereje (kiegészítő tudás az érzelem-transzformáció módszeréhez)

Amikor az összes 200-as rezgés alatti érzelmet tökéletesen ki tudjuk tisztítani az életünkből, akkor elpusztul az ego, és a megvilágosultság állapotába emelkedünk. Ez azért történik így, mert a 200-as érték feletti rezgésű érzelmek közül a legtöbb azonnal az értelmét veszti! Ezek az érzelmek ugyanis a 200 alatti életpusztító érzelmek meghaladásában segítenek. Mind a lelkirezgésszint-spektrum módszerénél, mind az érzelem-transzformáció módszerénél erről írtam már neked. Mindkét esetben kiemeltem, hogy melyik lelki rezgésszinten melyek a felső erősítendő érzelmek.

Jelen fejezetben a 200-as rezgés feletti erősítendő érzelmeket szeretném abból a megvilágításból összefoglalni, hogy hogyan segítenek a 200-as rezgés alatti érzelmek meghaladásában. Ugyanakkor átadok neked egy általános törzsmantrát is, mely egészen a szeretet lelki rezgésszintjéig mindegyik szinten segít:

„A szabad akaratom tudatában kijelentem,
hogy a félelem helyett a szeretetet választom!"

Ezt érdemes nagyon sokszor elmondani! Ez a leghatásosabb és legfontosabb törzsmantra, mert ebben van az, amiért a tudatod a Föld nevű bolygóra érkezett!

11.1. A bátorság ereje

Ha megnézed a bátorság lelkirezgésszint-spektrumát, akkor láthatod, hogy itt még az összes 200-as lelki rezgésszint alatti érzelem jelen van az életedben (akár tudottan, akár elfojtva). Ez nem véletlen! A bátorság érzelme abban segít téged, hogy mindegyik érzelemre teljes mélységében ráláss és szembe merj velük nézni. Ez a bátorság ereje! A bátorság segít a mély és valódi önismeret elérésében, és annak teljes meglátásában, hogy az összes lelki sárkányunk, elfojtásunk, sötétben rejtett problémánk a felszínre kerüljön! Ezért a bátorság érzelme végig elkísér a lelki fejlődési utadon, azaz elősegíti a szégyen, a bűntudat, a fásultság, a bánat, a félelem, a vágyakozás, a harag és a büszkeség összes belső okának feltárását. Nagyon fontos, hogy gyakorold a bátorság érzését, ha a lelki fejlődés útjára lépsz. A valódi elfojtásaiddal való szembenézés nélkül esélytelen a gyógyulás. Így a bátorság mindig minden fejlődési szinteden az első lépést támogatja és ezért talán a legfontosabb érzelem.

A bátorság lelki rezgésszintjén pontosan ezt tesszük. Feltárjuk a mélységeinket, akármennyire is félelmetes és fájdalmas! Itt még szó sincs elfogadásról, itt csak a rálátás, a szembenézés, a felismerés állapotáig jutunk el.

A bátorság szintjéről való továbblépés a mély megbocsájtások segítségével történik. A feltáródó mélységek létét bocsájtom meg magamnak! Ez nagyon komoly és fontos belső munka.

Törzsmantra: „Megbocsájtom minden gyarlóságomat!"

11.2. A pártatlanság ereje

A bátorság által feltárt sötétségek megbocsájtásával eljutunk arra a szintre, ahol képesek leszünk rosszallás nélkül ránézni bármely sötétségünkre, megoldatlanságunkra, rossznak vélt tulajdonságunkra. Még nem fogadjuk el, de legalább már nem ostorozzuk magunkat érte. Ha megnézed a pártatlanság lelki rezgésszintjének érzelmi spektrumát, még itt is minden 200 alatti érzelem jellemző ránk. Pontosabban itt már a pártatlanság ereje által megtörténik a szégyeneink meghaladása. **A szégyeneink a legmélyebb gyarlóságainkat jelentik, ha azokat kitesszük a fénybe, és pártatlanul tudunk rájuk nézni, megszűnnek létezni!** Ez a pártatlanság óriási ereje! Ezért szükséges ezen érzelem erősítése, ha a szégyeneink végső meghaladásán dolgozunk.

A pártatlanság lelki rezgésszintjéről való továbblépést a tiszta önzetlenség megjelenése segíti. Az önzetlen cselekedetek felmelegítik a szívet, és magasabb rezgésbe emelnek! Ráébredünk, hogy az ego önző világa a boldogtalanságunk forrása, és az önzetlenség az egyetlen út, mely a boldogságba vezet. Ennek erősítésével a hajlandóságba emelkedünk.

Törzsmantra: „Az önzetlenség boldoggá tesz!"

11.3. A hajlandóság ereje

Ha megnézed a hajlandóság lelki rezgésszintjének érzelmi spektrumát, akkor ez a bűntudataink meghaladásának rezgésszintje. Itt hihetetlen erőket fordítunk arra, hogy még mélyebb önismeretre tegyünk szert, így nagyon komolyan használjuk a bátorság érzelmét, ahogy a lelkirezgésszint-spektrumán láthatod is. A pártatlanság érzelme is domináns, hiszen az újabb és újabb feltáruló problémák pártatlan megközelítése már rutinszerű és működő. A **hajlandóságban megszabadulunk a bűntudatainktól**, mely miatt ez egy csodálatos időszak a lelki fejlődésünk útján. A hajlandóság ereje abban rejlik, hogy teljes mélységig önmagunkba nézünk, mindent meg akarunk gyógyítani, és ebbe hatalmas erőket is teszünk. Itt a belső lelkierő fokozódása emel minket az elfogadásba. Ezt a bűntudat transzformációjából keletkező energiákból nyerjük.

Törzsmantra: „Kívül és belül mindent elfogadok!"

11.4. Az elfogadás ereje

Ha megnézed az elfogadás lelki rezgésszintjének érzelmi spektrumát, akkor láthatod, hogy **itt a fásultságaink iktatódnak ki az életünkből.** Ez természetes, hiszen a fásultságokat pont a mélyen gyökerező önutálat okozza, ami abból fakad, hogy rádöbbenünk: milyen távol vagyunk a szellemünk által nekünk kijelölt úttól. Amikor elfogadjuk a legvadabb, legutálatosabb részeinket is, akkor végleg megszűnik az önutálat minden csírája, és ezzel még komolyabban rálépünk az igazi utunkra. Az elfogadás ereje abban rejlik, hogy nem marad bennünk semmi, amire már utálattal, elítéléssel tudnánk ránézni. Az elfogadásból való továbblépés feltétele az elengedés érzelmének gyakorlása. Itt végleg el kell engednünk a hamis érzelmekből fakadó ragaszkodásainkat, melyeket kötéseknek is hívunk.

Törzsmantra: „Elengedek minden kötést!"

11.5. Az észszerűség ereje

Ha megnézed az észszerűség lelki rezgésszintjéhez tartozó érzelmi spektrumot, akkor láthatod, hogy **itt végleg eltűnnek az életünkből a bánatok és az azokhoz kötődő érzelmi fájdalmak.** Ebben pont az észszerűség állapota segít, hiszen érzelmek nélkül, a maguk teljes objektivitásában vagyunk képesek rálátni az igazságra. Az ok-okozat törvény szintjére egyszerűsödik le a világ, így értelmét veszti az érzelmi fájdalmak világa. Ez az észszerűség ereje. Az észszerűségből való továbblépést az együttérzés erősítése segíti. Rá kell ébrednünk, hogy attól, hogy minden ok-okozat eredménye, még mások fájdalma az ő szemszögükből valós, és szükséges nekik segítenünk, ha tudunk. A mélyülő együttérzés megnyitja a szívet az önzetlen szeretet felé.

Törzsmantra: „A szeretet az ok-okozat felett áll!"

11.6. A szeretet ereje

A szeretet lelki rezgésszintjének érzelmi spektrumán eliminálódik a félelem. A félelem és a szeretet ellenpólusok, így ez sem véletlen. Itt az univerzális, önzetlen és iránytalan szeretet révén már nincs oka vagy okozata a szeretetnek, csak szimplán létezik és mindent átitat. A szeretet ereje hatalmas, mely a félelem végső megszűnéséből érzékelhető igazán. A szeretet mint az Univerzumot átható erő felerősíti bennünk a teljesség érzését. Tökéletesen szeretjük önmagunkat, tehát teljesek vagyunk. Ha teljesek vagyunk, akkor semmi okunk sincs rá, hogy tökéletes boldogságban létezzünk. Ez az erő a derű lelki rezgésszintjére emel.

Törzsmantra: „Teljes vagyok, tehát boldog vagyok!"

11.7. Az öröm ereje

Az **öröm lelkirezgésszint-spektrumából kiveszik a vágyakozás.** Ez is természetes, hiszen ha tökéletes belülről fakadó örömben létezem, akkor mi értelme van bármilyen célnak. Ha nincsenek célok, akkor nincsenek vágyak sem. Az öröm óriási ereje ebben rejlik: értelmét veszti a vágyakozás.

A továbblépéshez az alázat erősítése szükséges. Hiszen ráébredünk, hogy az ego egy nevetséges és kisstílű energiarendszer. Az alázat nagyon erősen gyengíteni kezdi az egot, hogy a béke felé emelkedjünk.

Törzsmantra: „Alázattal fogadom az Élet áramlatait!"

11.8. A béke ereje

A **béke lelkirezgésszint-spektrumából eliminálódik a harag.** Ha önmagamban és a világban sem haragszom semmire, akkor természetes a béke. Ez a béke hatalmas ereje! A belső béke tehát harag- és ellenállásmentessé tesz. A béke szintjén minden gondolat és cselekedet az értelmét veszti. A lét öröme és csodája önmagáért létezik. A béke megerősödése magával hozza a büszkeség teljes összezsugorodását, hiszen ha nincs értelme a gondolatoknak és a cselekedeteknek, akkor a szubjektum önmagában is értelmét veszti. Ez az ego halála. Innen a megvilágosodásba való belépéshez felsőbb erő segítsége kell, amit isteni szikrának neveztem el. Tehát a béke felső határáig, a 699-es rezgésig önfejlesztés útján eljuthatsz, de az, hogy belépsz-e a megvilágosodás kapuján, már felsőbb szférák döntése. A felsőbb szférák kapuin csak egomentes embert engednek be és olyanokat, akik önzetlen célból szeretnének megvilágosodni. Ezt hívják Istennek (ide a hitrendszered szerinti bármely szót tehetsz) való teljes önátadásnak. Már nincsen saját célod és érdeked. Így nem lehet cél a megvilágosultság elérése sem, mert az azonnal a béke és az öröm szintje alá nyom vissza. A célok az egot erősítik. Ezért nem éri el senki a megvilágosultság szintjét, aki ezt akarás által szeretné teljesíteni.

Törzsmantra: „Átadom magamat Istennek, feloldódom!"

12. FEJEZET

Néhány támogató gondolat az érzelem-transzformáció módszerének az életedben való gyakorlati megvalósításához

Elsőként nagyon fontos, hogy elég mély önismeretre tegyél szert annak érdekében, hogy azonosíthasd a rád jelenleg érvényes lelkirezgésszint-spektrumot! Amíg ez nincs meg, addig semmiképpen ne lépj tovább!

A következő lépés, hogy a lelkirezgésszint-spektrumod legalsó érzelmét (pl. szégyen) kezdd el alaposan megfigyelni. Ez az az érzelem, amit szükséges meghaladnod! Pontosan lásd, milyen helyzetek, emberek, játszmák idézik elő benned ezt az érzelmet. Ahhoz, hogy meg tudd haladni ezt az érzelmet, alaposan meg kell ismerned és tudatossá kell rá válnod! Fontos a valódi és a hamis érzelem szétválasztása is. Ne feledd, hogy a 200 alatti rezgésű érzelmeid 90–99%-a hamis! Amíg ezt nem látod át tisztán, kérlek, ne lépj tovább!

Ezt követően keresd ki a törzsmantrádat! Fontos, hogy a lelkirezgésszint-spektrumodhoz tartozó törzsmantrádat használd, ne azt, amelyik érzelem meghaladásán dolgozol! Tehát ha a félelem lelki rezgésszintjén élsz, akkor az ehhez tartozó törzsmantrát használd (*lásd. IV. melléklet*), és ne a szégyen meghaladásához tartozó törzsmantrát! Innentől kezdve ezt sokszor ismételd el magadban mindennap. Addig ne lépj tovább, míg ez nem rutinszerű.

Ezt követi a küldetésnyilatkozatod kiegészítése és napi felolvasása! Ebbe a meghaladandó legalsó érzelemmel is (pl. szégyen) és a megfejlődni vágyott lelki rezgésszintjével (pl. vágyakozás lelki rezgésszintje) kapcsolatos mondatokat is tegyél! Ne feledd, hogy az két különböző dolog! Amíg ez nincs meg és naponta nem olvasod fel átéléssel, kérlek, ne lépj tovább!

A következő lépés, hogy állítsd elő az erősítendő és a transzformációs érzelmeid listáját, melyek ezen a lelkirezgésszint-spektrumon jellemzők, és ezekre válj tudatossá, valamint erősítsd fel a jelenlétüket az életedben! Ne feledd, kérlek, hogy hálából sosem elég! Amikor ez már rutinszerű, csak akkor lépj tovább!

A következő lépés a legnehezebb, de mire eljutsz idáig, már elég tudatos leszel hozzá. Fedezd fel a meghaladni kívánt érzelem (pl. szégyen) megjelenésekor fellépő időrést. Tudniillik az érzelem-transzformáció alkalmazásához ezt az időrést kell elcsípned. Mint ahogy már olvashattad, a kiinduló forrásban (elme, test vagy lélek) megjelenő érzelmi, gondolati vagy testérzeti csíra megjelenése és a benned való szétterjedése között van egy kb. 1–3 másodpercnyi időrés. Amíg ezt rutinszerűen nem tudod felismerni, kérlek, ne lépj tovább!

Ezt követően azonosítsd ennek a konkrét érzelemnek a forrásait. Kezdd el megfigyelni, melyek azok, amelyek elméből indulnak ki, melyek azok, amelyek testből, illetve lélekből. Amíg ezt nem tudod pontosan beazonosítani, addig nem fogod tudni hatékonyan használni az érzelem-transzformációt, ezért, kérlek, addig ne lépj tovább!

Ezt követi az érzelem-transzformáció módszerével az elmeforrású érzelem meghaladása. Amíg azt meg nem haladtad, kérlek, ne lépj tovább!

Ezt követi a testforrású érzelem meghaladása. Amíg azt meg nem haladtad, kérlek, ne lépj tovább!

Végül következik a testforrású érzelem meghaladása. Amennyiben a lélekből közvetlenül fakadó érzelem nagyon ritkán (ritkábban, mint hetente egyszer) jelenik meg, és elme-, illetve testforrású érzelem már nem jelentkezik az életedben, akkor léphetsz a következő legalacsonyabb érzelemre!

Régen azért nem tudtam eléggé fejlődni, mert állandóan azzal büszkélkedtem, hogy már meghaladtam egy adott érzelem 80–90%-át. Az a spirituális ego hatalmas trükkje! Erre egyszer Murányi József mesterem azt kérdezte: „Ha van 100 liter vized és abba beleöntesz 1 liter mérget, akkor az a víz iható lesz vagy sem?" A válasz egyértelműen az, hogy nem lesz iható. A lelkedben a 200 alatti rezgésű érzelmek ilyen mérgek. Akármilyen kevés van belőlük, megfertőzik az egész rendszert, ami te vagy. **Szóval nincs kompromisszum, az érzelem 100%-át szükséges meghaladnod, addig nem érdemes a következőre lépned!**

Azt is fontos kiemelnem, hogy én egy komplex és teljes rendszert dolgoztam ki. De lehetséges, hogy egyes lépései rád nézve nem relevánsak. Akkor azokat nyilván hagyd ki! Az is gyakran előfordul, hogy egyes lépések egyszerűen nem mennek. Tudom, hogy az általam adott út bár 100% biztonsággal működik, viszont cserébe kemény munkát és tudatosságot szükséges beletenned a fejlődésedbe. Azoknak, akiknek nem megy minden lépés, nagy szeretettel és tisztelettel írom, hogy a többi lépés is sokat segít! Tehát ebben az esetben legalább azokat a lépéseket végezd el rendszeresen és tedd az életed részévé, amelyeket képes vagy működtetni! Az ego átformálása, kitisztítása nagyon komoly tudatosságot igényel! A visszaesések, sikertelenségek ne keserítsenek el, mert ezek az ego ügyeskedései, hiszen félti a létét! Ez csak azt jelzi, hogy a módszer hatékony!

Tiszta szívből és szeretettel kívánok sok erőt, hogy meghaladhasd a lehúzó mély érzelmeidet, és ezáltal boldogabb, sikeresebb és egészségesebb élethez juss!
Ha elakadásod van, keress bátran a könyv legelején található e-mail-címen!

13. FEJEZET

Kapcsolódás a tudathoz

A 6. fejezetből sokat megtudhattál a tudatról, bizonyos alapjait pedig már az I. kötet átadta neked. Ebben a fejezetben a tudattal való kapcsolódás gyakorlatát szeretném számodra átadni. Azonban egy fontos kikötést szükséges tennem jelen fejezet elején:

**Jelen fejezetet ne olvasd el
a bátorság lelki rezgésszintjének eléréséig!**

Ez azt jelenti, hogy a tudattal való kapcsolódás gyakorlását nem javaslom a bátorság lelki rezgésszintje alatti szinteken. A tudattal való kapcsolódás gyakorlatának rendszeres alkalmazása a professzionálisan végzett hatékony meditációba fog téged vezetni.

Régen elfogadtam a keleti mesterek állítását, miszerint mindenki tud és mindenkinek javasolt meditálnia! Én is mindenhol ezt híreszteltem. A meditációt mint az öngyógyítás legerőteljesebb és leghatékonyabb eszközét igyekeztem terjeszteni. Sajnos azonban több olyan embert ismertem meg az elmúlt években, akiknél a lelki rezgésszintekkel kapcsolatos tudás és a meditáció együttese brutálisan keménnyé érlelődött rögeszmékké fajult. Sokat gondolkodtam, hogy ez hogyan lehetséges. Hiszen a keleti mesterek nem ezt állítják. Igen ám, de a keleti kolostorokban nincsen ennyi mély lelki rezgésszinten élő és ennyire mélyen az egoba süllyedt ember, mint itt, Nyugaton. Itt az ego olyan mély börtönében élnek az emberek, hogy tényleg teljesen vakok. A Mátrix című filmben a mátrixban élő emberek tökéletesen jelképezik a tudattalan nyugati embert (*a 17. fejezetben találod a különösen ajánlott filmekről összeállított listámat*). Aztán kezembe akadt Vörös Ákos Prakash (2022) című csodálatos könyve (Prakash-mester összes könyve kiemelten hasznos, tanfolyamai

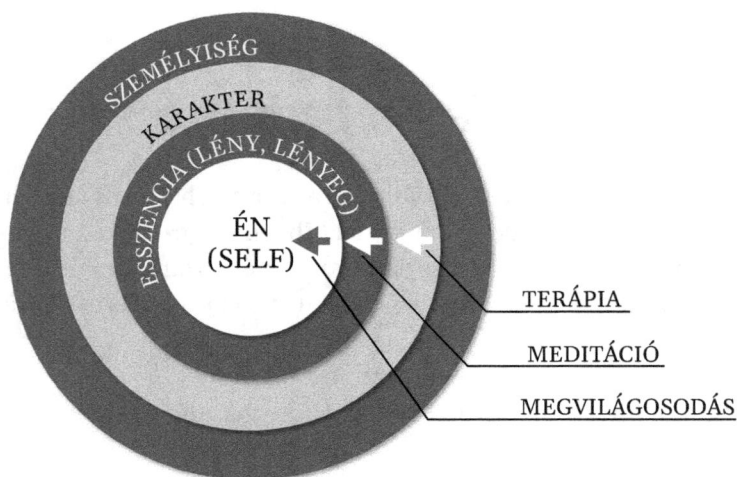

2. ábra: A terápia fontossága a tudattechnikák gyakorlásának elkezdése előtt

és elvonulásai nagyon magas szintűek. Minden haladó spirituális úton járónak tiszta szívből ajánlom.), mely megadta a választ. Ezt ebből a könyvből idézett ábrával szemléltetem is:

A lényeg jól látható! A lélek alapszintű problémáinak gyógyítása nélkül nagyon veszélyes belekezdeni a meditációba! Először terápiák szükségesek, és utána jöhet a tudattal való gyakorlati kapcsolódás! Ha nem így történik, akkor hamar kialakul a spirituális ego, ami azt jelenti, hogy a spirituális tapasztalások beleivódnak az egoba. Az ego rájön, hogy a spirituális út lehet az ő megerősödésének az eszköze, és beépül a megtapasztalásokba. Ezt követi a rögeszmék kialakulása és megerősödése, mely akár elmegyógyintézeti szintig is erősödhet.

Az elmúlt években számos ilyen spirituális utat járó embert ismertem meg, akik a saját spirituális egojuk által kreált rögeszméik áldozatai. A valódi magas rezgésű embert úgy lehet megkülönböztetni azoktól, akik magas rezgésűnek képzelik magukat, hogy megvizsgálod a viselkedésüket, az életvitelüket és az emberi kapcsolataikat. Már sokszor írtam neked, hogy a külső világunk a belső világunk tükörképe. Így nem lehet valaki a szeretet lelki rezgésszintjén, ha egyébként katasztrofális intimitásgátlásos párkapcsolatban él, az élete tele van problémás emberi kapcsolatokkal, az élet számos területén sikertelen, és balszerencsés emberről van szó. Jelenleg több olyan embert is ismerek, akik tudják magukról, hogy a szeretet lelki rezgésszintjén élnek, miközben a fenti jellemzők mindegyike igaz rájuk. Szóval a magas rezgésszint esetén az életünk minden területén ugyanez nyilvánul meg. Amilyen kint, olyan bent.

Annak érzékeltetésére, hogy mennyire veszélyes a spirituális ego és hogy mennyire nagy kockázat terápia előtt belekezdeni a mélyebb spirituális útba, el szeretnék mesélni egy valódi történetet. Nem az a cél, hogy elrettentselek a tudattal való munkától, hiszen az tényleg a leghatékonyabb út a boldogsághoz, ha megfelelő időben kezdesz bele. A célom pont az, hogy akkor kezdj bele, amikor tényleg itt az ideje.

A megtörtént eset egy hölgyről szól, aki elindult a spirituális fejlődés útján. Beleszeretett ebbe az útba, elkezdett nagyon sokféle spirituális önfejlesztő módszert elsajátítani, és hamar eljutott a meditáció világába is. Annak rendje és módja szerint a sok gyakorlás meghozta a gyümölcsét, és a hölgy hihetetlen izgalmas, különleges képességekre tett szert. Ez nem ritka a meditáció hatására. A lényeg, hogy a hölgy elkezdett másokat segíteni az úton. Gyógyított, tanácsot adott és sokan számoltak be a hihetetlen képességeiről. Azonban a hölgy egyedül élt és nagyon magányos volt. Vágyott arra, hogy megérkezzen az életébe az igazi társ és a nagy szerelem (a vágyakozás lelki rezgésszintje). Ez a vágy már a spirituális út kezdete előtt is benne volt és a spirituális úton való fejlődéstől remélte, hogy be fogja vonzani az igazi férfit az életébe. De a vágyott társ csak nem érkezett meg. Közben már olyan szintű meditációkat élt meg, ahol a magasabb szférák üzeneteit fogadta, és ezek az üzenetek többször bele is trafáltak a valódi élet bizonyos területein a jövőbeni valóságba.

Ez is ámulattal töltötte el a hölgy követőit, hiszen ez egy bizonyos mértékű jövőérzékelést is jelentett. Aztán egyszer csak a hölgy kapott egy üzenetet a felsőbb szféráktól, miszerint egy pontos dátummal megadott napon el fog jönni egy hercegi rangot betöltő férfi Spanyolországból, és első látásra egymásba fognak szeretni. Az üzenetben benne volt a pontos dátum és a pontos hely is. A hölgy nagyon megörült a felsőbb szférák üzenetének, hiszen már oly régóta várta a jól megérdemelt társat. Úgy döntött, hogy nincs idő vacakolásra, már túl sokat élt magányosan, ezért még aznap megtartja a lagzit is. Így lefoglalta a lagzi helyét, odarendelte a papot és meghívta a rokonságot, a családot és a barátokat is. Megrendelte a vacsorát, az esküvői tortát és a zenekart is. Mindent arra a helyre és arra a napra szervezett, ahol be fog lépni az ajtón a spanyol herceg, és azonnali szerelembe esik, ha meglátja őt. El is jött a lagzi napja. Ott volt a násznép, az étel, a torta, a zenekar, a pap. A hölgy csodásan felöltözve várta, hogy belép az ismeretlen férfi az ajtón. Csak teltek az órák, de nem történt semmi. Egy idő után a hölgy megkérte a násznépet, hogy ha már eljöttek, fogyasszák el az ételt és érezzék jól magukat. Ő azonban örökre eltűnt minden ismerőse szeme elől...

Ez a valós történet, amit szándékosan általánosan írtam le, hogy ne sértsem meg senkinek az intimitását, jól mutatja, hogy hová vezet az, ha terápia nélkül kezdünk el a tudattal dolgozni. A gyógyítatlanságaink rögeszmékké fajulhatnak. Ezért írtam már annyiszor azt is, hogy szükséges a külső segítő!

Ha már biztosan átlépted a 200-as lelki rezgésszintet és ezt nem a spirituális egod állítja rólad (ezt egy jó kineziológus ki tudja neked mérni), akkor viszont itt az idő megérezned a tudatod energiáit, az intuíciók erejét, és azt aktiválni a hétköznapi életed még boldogabbá tételére!

13.1. Miért érdemes kapcsolódni a tudattal, avagy miért érdemes meditálni?

Már régóta izgatott a meditáció módszere. Jelen sorok írásához képest kb. 8 éve kezdtem el vele próbálkozni, sajnos inkább kevesebb, mint több sikerrel. Néha belelkesedtem és akkor 1-2 hónapig meditáltam valamennyire rendszeresen, de közben nem igazán éreztem semmi különös dolgot. Nem értettem, hogy ebben mi olyan szenzációs... Miért vannak annyira oda ezért az unalmas dologért.

Aztán megtörtént az életemben a csoda. Egyszer csak csodálatos meditációs élményben volt részem, és megtapasztaltam, hogy valójában milyen is meditálni. Ekkor kapcsolódtam először a tudatommal, csak akkor még nem tudtam, hogy ez tulajdonképpen ezt jelenti. Azóta egyetlen napot sem hagytam ki. Mindennap meditálok minimum egyszer. A meditációban való elmélyülés sok érdekes élményt, felismerést és megtapasztalást adott, de legfőképpen a lelki fejlődésem legerősebb eszközévé vált. Így ma már ki merem jelenteni, hogy **azon boldogságkereső módszerek közül, amelyeket külső segítség nélkül tudsz végezni, messze ez a leghatékonyabb módszer.** De azt is fontos mellétennem, hogy csak 200-as lelki rezgésszint felett javasolt nekikezdeni (*a részleteket lásd az előző alfejezetben!*).

Az egész úgy kezdődött, hogy egyszer szembejött velem dr. Joe Dispenza (2020) Válj természetfelettivé című könyve, melyet tiszta szívből ajánlok minden emelkedni vágyó embernek. Ez a könyv merőben eltér a spirituális guruk meditációkról szóló írásaitól. Hiába olvastam el azokat, nem tudtam megtanulni belőlük meditálni. Egy racionális nyugati gondolkodású mérnöknek túl sok volt bennük a „hókuszpókusz".

Joe Dispenza azonban pontos és közérthető, lépésekre bontott útmutatót adott könyvében arról, hogy kell meditálni. Az ő „előírásai" szerint 2021. március 16-án, a többévnyi sikertelen próbálkozás ellenére, újra nekilendültem a meditáció gyakorlásának.

Kb. 3 hét gyakorlás után éreztem meg először, hogy valójában mi az a meditáció! Joe Dispenza (2020) módszerében az a jó, hogy még egy olyan túlracionalizált embert is, mint én, meg tudott tanítani meditálni. Három hétig töretlenül csináltam a meditációs gyakorlatokat, de nem túl sok sikerrel. Keményen küzdöttem, hogy kikapcsoljam a gondolataimat, és semmiként a semmiben létezzek, ahogy Dispenza mester kéri (mielőtt ettől megijedsz vagy úgy érzed, hogy ez elég bután hangzik, ne aggódj, én még gyakorlatiasabban fogom neked átadni a tudást!). De akárhogy erőltettem a dolgot, keresztbe-kasul jöttek a gondolatok, itt viszketett, ott viszketett, kényelmetlen volt stb. Szóval mindig volt valami, ami bezavart a dologba. De a meditálás is olyan, mint a kerékpározás. Először ráülünk a biciklire, és az istennek nem akar egyensúlyban maradni, folyton elesünk. Ilyenkor nem is értjük, hogy mások hogyan tudnak megmaradni azon a két vékony keréken. Emlékszem, gyerekként mennyire hihetetlennek tűnt, hogy ez valaha nekem is sikerülhet.

A meditáció is hasonló. Az a ritka, akinek elsőre sikerül, hiszen a meditáció tulajdonképpen egy speciális koncentrációtípus. Igaz, hogy az általam kialakított gyakorlattal, amit a következő alfejezetben átadok neked, sokak első alkalomra megérezték, mit jelent a meditációba való belépés, azaz a tudattal való kapcsolódás. De ha ezt sosem gyakoroltuk azelőtt, sőt pont az ellentétét csináltuk egész életünkben, akkor nem csoda, ha nem megy elsőre. Szóval az első szabály az, hogy **ha elkezded, akkor a kudarcok ellenére sem szabad abbahagyni!**

Milyen érzés, amikor valóban meditálunk? Nehéz olyan embernek leírni, aki még sosem próbálta. Hiszen hogyan mondod el egy embernek, hogy milyen ízű az alma, ha még sosem kóstolt almát. De azért megpróbálom, hátha ez is kedvet csinál neked. A meditáció során kellemes béke árad szét a testünkben, és belső harmóniát érzünk. Érezhetünk egyébként jóval felfokozottabb érzelmeket is. Kezdőknél egyes testrészek (leggyakrabban a kezek vagy a lábfejek vagy a fej bizonyos részei) bizseregni kezdenek, általában ebből lehet tudni, hogy elérted a meditációs állapotot. Ez egy szolid, kellemes bizsergés, néha még forróságérzettel is párosul. Később ez kiterjedhet más testrészekre is. Ez a bizsergés azt jelzi, hogy speciális energiarendszerhez kapcsolódtál, ami nem más, mint a tudatod! Így, ha bárhol bizsereg, akkor örülj annak és add át magadat neki!

A meditáció érzésvilágát, ha egy szóval akarnám leírni, akkor az a szó a tágasság lenne. Ezt Gunagriha (2021) írta, aki szerintem az egyik leghitelesebb magyar spirituális vezető. Így összes YouTube-on elérhető előadását és könyvét tiszta szívvel ajánlom neked. A meditáció azért speciális koncentrációforma, mert itt a tágasságra fókuszálunk. A normál életünkben megtanultuk, hogy arra a dologra vagy tevékenységre kell összpontosítanunk, amit éppen végzünk. Ez egy teljesen szűk fókusz, olyan, mintha egy csövön keresztül néznéd a világot. Ezzel semmi baj sincs, mert ha valamilyen tevékenységet végzünk, akkor tényleg erre van szükségünk. A gond az, hogy a felnőttek állandóan ebben a szűk fókuszban ragadnak. A meditáció ennek pont a fordítottja, és éppen ez az egyik dolog, amitől olyan hatásos. Meditációban a fókusz kitágul, olyankor a körülöttünk lévő térre, tágasságra, végtelenre koncentrálnunk. Ez hozza annak a lehetőségét, hogy beengedjünk olyan energiákat, amiket a szűk fókusszal kizárunk. A szűk fókusz az ego fókusza, a végtelen tágasság a tudat fókusza. Ma ez már tudományosan is igazolt dolog, így ne gondold azt, hogy ez valami spiri hókuszpókusz (*Joe Dispenza, 2020*).

A meditáció egészségre gyakorolt hatásait számos egyetemen vizsgálták. Orvosok által igazolt, hogy a meditációnak meganynyi kedvező egészségügyi hatása van, melyek közül jó párat én is tapasztaltam az elmúlt években. Ilyenek például:

- ☯ Csökkennek az idegrendszeri problémák
- ☯ Csökken a dekoncentráltság
- ☯ Csökken vagy elmúlik a depresszió
- ☯ Csökkenti a stresszt és annak káros hatásait
- ☯ Csökkenti a szorongást

- Csökkenti a vérnyomásproblémákat
- Javítja a memóriát
- Mérsékli a hangulatingadozásokat
- Energikusabbá és kiegyensúlyozottabbá tesz
- Csökkenti a függőségekre való hajlamot
- Jobb és mélyebb alvást biztosít
- Erősíti az immunrendszert
- Javítja a látást, a hallást, az ízlelést, a szaglást
- Csökkenti az alvásigényt
- Mérsékli a keringési zavarokat

Ha ezek közül bármelyik téren vannak problémáid, már akkor megéri rendszeresen csinálni. Ugyanakkor azt is fontos tudnod, hogy a meditáció során fokozódik a melatonintermelődés, és ezért maximalizálódik a test öngyógyító-regeneráló képessége. Az első kötetben szerzett tudásod alapján már te is érted, hogy már ezért az egy dologért is érdemes csinálni nap mint nap. Nem véletlen, hogy sok embert már elvileg gyógyíthatatlan betegségekből való kigyógyuláshoz is vezetett a meditáció. Ilyen tapasztalatom nekem is van, de erről majd a következő kötetben fogok írni, ahol haladó meditációt is fogok neked tanítani sok más fontos tudás átadása mellett.

Még egy gyakorlati tanács jutott eszembe, ami remélem neked is hasznos lesz. Ez pedig a helyes tartás kérdése. Ebből a szempontból háromféle meditáció létezik:
- Ülő meditáció
- Fekvő meditáció
- Sétáló meditáció

Az összes meditációval foglalkozó könyv az ülő meditációt ajánlja kezdőknek. Én azzal szúrtam el kb. 5 évet az életemből, hogy ezt bevettem. A hagyományos lótuszüléses, egyenes tartásban végzett meditáció nem megy mindenkinek. Sajnos a szuper guruk szuper könyvei tévednek ebben a tekintetben. Én például kismértékű gerincferdüléssel születtem, továbbá a fiatalkori súlyos önbizalomhiányom miatt a tartásom is elég rossz. Így amikor leültem lótuszülésbe egyenes háttal, akkor az egész hátam keményen megfeszült. Legkésőbb 5 percen belül már az egész hátam görcsben volt. Erre minden meditációs könyv azt írta, hogy ez nem gond, mert 2-3 hét alatt a test megszokja az új kényelmetlen helyzetet, és utána ez már nem lesz probléma. Egyes könyvekben még azt is olvastam, hogy ez szükséges része a meditációra való felkészülésnek. Nekem hónapokig nem szokta meg a testem ezt a tartást, ma már persze szeretem, de akkor ez ellehetetlenítette a tudattal való kapcsolódást. A fekvő meditációt azért nem ajánlják kezdőknek, mert a legtöbben belealszanak. Legalább is ezt állítják. De én a gerincproblémáim miatt nem tudok háton aludni. Így esélyem sincs elaludni fekvő meditáció közben, viszont így tudok sokáig egyenes gerinccel feküdni. Mivel meditációnál tényleg fontos az egyenes tartás (ennek okait az I. kötetből már te is érted!), ezért én kezdő meditáló koromban fekve meditáltam. Az I. kötetben a tartáskúra módszere többek között a meditációhoz való testi felkészítést alapozta meg. Ugye, tudatos vagy rá? Az ülő meditációnál sem fontos a lótuszülés. Hiszen a meditáció csak akkor megy, ha kényelmes a helyzet, amiben vagyunk.

A fekvő meditációt utána ülő meditációra váltottam, de jó ideig kartámaszos és háttámlás székben. A háttámla az egyenes tartás közben megtámasztotta a gerincemet, így akár 50 percet is tudtam meditálni anélkül, hogy begörcsölt volna a hátam. Aztán pár hónapra rá jött a lótuszülés, ami ma már nekem is a kedvenc tartási módom. A sétáló meditáció tényleg haladóknak való.

Összegezve a lényeget: próbáld ki, hogy neked melyik tartási helyzet a legmegfelelőbb. A tartásod egyenes legyen és szimmetrikus. A tenyered lehetőleg fölfelé vagy a szíved felé mutasson. Ami még fontos, hogy ne tedd keresztbe a végtagjaidat! Sem a lábad, sem a kezed nem lehet keresztben. Ezzel kizárod a végtelent, ahelyett, hogy beengednéd. Nem véletlen, hogy a mérges, dühös embert szokták keresztbe tett kézzel ábrázolni. Ugye, előtted van Dulifuli a Hupikék Törpikékből?

Ezen feltételek mellett keresd meg a számodra legmegfelelőbb széket, ágyat, ülőpárnát vagy bármi más kényelmes módot, tartásformát ahhoz, hogy meditálni tudj. Ha ez megvan, akkor már meg is tetted a legfontosabb lépést. Lényeges, hogy eleinte mindig ugyanazon a helyen és ugyanabban a tartásban meditálj. Ennek abban áll a jelentősége, hogy megszokott környezetbe kerülj és megszokott testtartásba. A megszokottság segít az ego szűk látómezőjéből kilépni.

Fontos, hogy leszögezzem: **életem legnagyobb hatású és legjobb döntése volt, amikor elkezdtem meditálni.** De még miért érdemes ezt tenned? Egyévnyi meditáció után írtam egy összegzést a blogomra (itt egyébként sok értékes írást találsz, a címét a könyv elején nézd meg) az addigi tapasztalataimról. Ez kellő motivációt adhat a kezdőknek, ezért ezt most megosztom itt veled. Amikor végiggondoltam, hogy egyévnyi meditáció micsoda változásokat hozott az életembe, teljesen megdöbbentem. Mivel a változás lassú és fokozatos, ezért napi szinten szinte észre sem vehető. Azonban egy évre visszatekintve hihetetlen, hogy lelki fejlődési értelemben mi minden történt velem. Kedvcsinálóként íme néhány fontos eredményem az első évnyi meditáció tapasztalatából:

1. 98%-ban elmúlott a migrénem. Előtte heti 2–4 alkalommal voltam migrénes. Akkorra már csak 1-2 havonta egy alkalommal jött elő. Ez nagyon sokat javított az életminőségemen.
2. Ösztönösen megváltoztak az étkezési szokásaim. Leszoktam a húsról, pedig soha nem akartam vegetáriánus lenni. Ezáltal nőtt az életerőm és javult az egészségem. Nem mellesleg élettámogatóbbá vált az életvitelem. A húsevés klímapusztító hatásairól az első könyvem ad sok izgalmas információt (*Dittrich, 2021*).

3. Leszoktam a kávéról, így jelentősen csökkent a pörgés az életemben. Az idegrendszem nyugodtabb lett, a stressz-szintem sokkal alacsonyabbá vált. A gyomoridegből fakadó hasi fájdalmaim 90%-ban elmúltak, a gyomorfekélyem külön kezelés nélkül begyógyult.
4. Megváltozott a teendőkhöz való viszonyom. Kiveszett a görcsösség, a mindent kontrollálni akarás, a mindent előre megtervezni akarás az életemből, így a stressz-szintem tovább csökkent. Annak ellenére, hogy nagyon pörgős és nagy felelősségvállalással járó munkaköreim voltak, már igen ritkán kerültem feszült, stresszes állapotba, és akkor is rövid időkre. 1 éve még teljesen elborított a stressz a hétköznapjaimon munkaidőben. Ettől a változástól természetesen tovább fokozódott a jó egészségem és az életvidámságom.
5. Elkezdtem mindennap sportolni, amit azelőtt soha nem bírtam megvalósítani. Ettől még jobb lett a közérzetem, az egészségem. Nem mellesleg a testem is szebb lett, ami az önbecsülésemre és a párkapcsolatomra is pozitívan hatott.
6. Teljesen leraktam az alkoholt. Akkor már bulikban sem ittam. Józanul buliztam a barátaimmal, és így is nagyon jól tudtam érezni magamat. Már nem volt szükséges alkoholt innom, hogy le tudjam dobni a gátlásaimat mások előtt. Ez egy nagy szabadság. Előtte bulialkoholista voltam. Minden buliban a spicces vagy a nagyon részeg állapot közé ittam magamat, társaságtól függően. A változás természetesen az egészségemre is pozitív hatással volt. Hiába keménykedünk mi, pasik, hogy az alkohol nekünk meg sem kottyan. Sajnos 40 felett az alkoholfogyasztás már odavág egy csomó belső szervünknek.
7. Az energiaszintem kiegyensúlyozottabb lett. Mielőtt elkezdtem a meditációt, hétvégén feltöltődtem és

energikusan kezdtem a hetet, de péntekre teljesen élő hullává dolgoztam magamat. Egy év meditáció után már hétfőtől vasárnapig energikus és életerős lettem. Ritka és rövid lett az energiahiányos időszak az életemben. Olyankor azonban már nem ostoroztam magamat, mint azelőtt, és megengedtem magamnak, hogy semmit tegyek.

8. Eltűnt a halogatás az életemből. Régen magam előtt toltam a feladatok egy részét, mert nem volt lelkierőm elvégezni őket. Ekkor már mindent megcsináltam, ami szembejött, így nem nyomasztott a sok elmaradás. Ez is mérsékelte a stressz-szintemet és a lelkiállapotomat is javította.

9. Nem kapaszkodtam többé görcsösen az eltervezett napirendemhez. Nyitott voltam és spontánabb, ezáltal sokkal hatékonyabban végeztem a munkámat és mendzseltem a mindennapi életemet. Ugyanannyi idő alatt sokkal több dolgot tudtam elvégezni, mint azelőtt.

10. Megváltoztak az emberi kapcsolataim. A számomra terhes emberek legtöbbje eltűnt az életemből és új, értékesebb kapcsolatok jöttek a helyükre. Igaz, akkor még megmaradt 1-2 számomra igazán terhes ember az életemben, de őket nem véletlenül kaptam. Ma már látom, milyen jó és kemény tükröket mutattak a lelki továbbfejlődésemhez.

11. Kinyílt a harmadik szemem, ami abban nyilvánult meg, hogy szépnek láttam olyan embereket, akiknek szép a lelkük, de a testük nem az. Ugyanakkor a szép emberekben is képes lettem meglátni a nem szép lelket. Régebben mindenkit a külseje alapján ítéltem meg. Aki szép arcú és testű ember volt, azokat szépnek láttam, akik csúnya külsővel rendelkeztek, azokat csúnyának.

12. A töredékére csökkentek a negatív gondolataim és érzéseim. Kevesebb szégyen, bűntudat, fásultság, félelem, vágyakozás, harag, büszkeség lett bennem. Ezzel szemben sokkal több a bátorság, az elfogadás, a pártatlanság, a szeretet, a béke és az öröm. Természetesen nőtt az átlagos boldogságom és a lelki rezgésszintem.
13. Képessé váltam maximálisan őszinte és egyenes emberi kapcsolatokat kialakítani magam körül (persze csak azzal, aki hagyta). Régebben ez nem ment, mert ösztönösen játszmákba kevertem magamat. A játszmák pedig nem őszinték sem önmagunkkal, sem másokkal. Képessé váltam arra, hogy keményen kiálljak önmagamért és bátran felvállaltam a konfrontációkat, amikor valaki ellenem tett. Ez nagy újdonság volt akkoriban, mert régebben legtöbbször ezt nem mertem megtenni, inkább alkalmazkodtam és magamban dühöngtem.
14. Elkezdtem őszintén figyelni az érzéseimre és a megérzéseimre. Ezáltal a gondolkodásom sokkal hatékonyabb és tisztább lett. Rádöbbentem, hogy mennyivel okosabb és bölcsebb a tudatalattim, mint a tudatos-racionális énem.
15. Elkezdett rendbe jönni az anyagi helyzetem, ami az egész addigi életemben egy borzalmas hullámvasút volt.
16. Sokat mélyült a lelki kapcsolatom a gyermekeimmel, a szeretteim egy részével. Általában véve javultak az emberi kapcsolataim.
17. Nagyon sok életpusztító energia élettámogatóvá vált bennem. Így azok az energiák, melyek a saját belső negatív energiáim leküzdésére fordítódtak, akkor már élettámogató cselekedetekben manifesztálódtak. Így ki tudtam adni az első könyvemet, amely maximális emberiség iránti önzetlen energiákból íródott (*Dittrich,*

2021). Egy kineziológiai csoport mérései szerint 703 a könyv lelki rezgésszintje, amit már te is jól értesz, hogy mit jelent.
18. Újra képes voltam átélni az önzetlen elfogadás, az önzetlen szeretet érzéseit, amiket kisgyermekkorom óta nem éreztem, és fiatalkoromban nem is hittem a létezésükben.
19. Képes lettem rá, hogy önzetlenül figyeljek másokra, persze nem mindig. De legalább már néha ment.
20. Elkezdtem érezni a különbséget a valódi sugallatok, a megérzések és az agy generálta zaj között. Ez nagyon fontos a meditáció és a lelki fejlődés egy bizonyos pontja után.
21. Sikerült feloldanom a lelkemben régóta ott tárolt olyan terheket, amelyek hihetetlenül torzzá tették a valóságképemet, és észre sem vettem, hogy mennyire akadályoznak abban, hogy boldogan éljek.
22. Egyre többször és egyre hosszabb időkre élvezem a jelen pillanatot anélkül, hogy közben bármin agyalnék.
23. Az érzékelésem kitágult. Jobban észrevettem az apró örömöket és szépségeket, melyek mellett régen csőlátó, célorientált emberként elszaladtam.
24. Továbbfejlődött, mélyült az önismeretem és az önelfogadásom.

Mindezt egy év meditációval sikerült elérnem. Hálásan köszönöm minden szerzőnek, aki felhívta a figyelmemet a meditáció fontosságára! Különösen Joe Dispenzának vagyok hálás, akinek a könyve a meditációs sikereket hozta az életembe (*J. Dispenza, 2020*). A meditáció hatására megnyílott előttem egy olyan világ, aminek a létezését a régebbi túlracionalizált énem élből elutasította. Korábban azt gondoltam, hogy azok az emberek, akik ilyenekről számolnak be vagy elmebetegek, vagy bebeszélik maguknak a dolgokat, vagy hazudnak. Ma már tudom, hogy egy beszűkült csövön keresztül láttam a világot.

De ha megtiszteltél azzal, hogy ideáig elolvastad ezt a fejezetet, akkor bizonyára számodra is egyértelművé vált a legfontosabb döntés: **Azonnal kezdj el meditálni és soha többé ne hagyd abba! Kérlek, bízz bennem! Ez lesz életed legjobb döntése...** Hogy hogy állj neki? Erről szól a következő fejezet.

13.2. Gyakorlatok a tudattal (bevezetés a meditációba)

Itt az idő, hogy belekezdjünk a gyakorlati munkába! Két alapgyakorlatot fogok átadni neked ebben a kötetben. Ha ezek után erőteljesebb tudást szeretnél kapni, akkor a következő kötetben még mélyebb ismereteket fogok átadni. Ehhez azonban ezt a két alapgyakorlatot fontos sokat gyakorolnod, hogy elég személyes megtapasztalásod legyen a következő kötetben átadandó tudás megértéséhez.

13.2.1. Kapcsolódás a tudattal (alapgyakorlat)

A tudattal való kapcsolódás alapgyakorlatát legfőképpen dr. Joe Dispenza és dr. Varga Tamás Miron munkájából kombináltam össze (mindkét mester összes könyvét, tanfolyamát és videóját tiszta szívből ajánlom neked, Varga Tamás Miront inkább a haladóknak). Számomra ők adták meg a legerősebb és leghasznosabb gyakorlati eszközöket a tudatommal való kapcsolódáshoz, de több keleti mesternek is hálával tartozom. Különösen kiemelném Sri Chinmoyt, akinek végtelenül nagy tisztelője vagyok, és a munkássága összes gyümölcsét tiszta szívből ajánlom azoknak, akik a magas szintű spiritualitást keresik (S. Chinmoy, 2018).

A tudattal való kapcsolódás nem más, mint a valódi meditációba való belépés. Így tulajdonképpen a tudattal való kapcsolódás alapgyakorlata egy meditációs alapgyakorlat. Ezt fogom átadni neked ebben a fejezetben.

A helyes testtartást és a helyszínválasztás elveit már tudod az előző fejezetből. Tudatosítsd magadban, hogy a meditáció a legszentebb énidőd. Igyekezz kialakítani magadnak egy olyan napszakot, amikor senki sem zavar. Kifogások mindig lesznek. De egy kezdő meditálónak elég napi 15–20 perc. Aki nem tud naponta 15–20 percet szánni önmagára, az annak az egyértelmű tünete, hogy még erősen életpusztító lelki rezgésszinten van. Szóval neki még korai ez az egész.

Mint ahogy az első kötetből már tudod, a tudat és az ego egymás komplementerei. Ami azt jelenti, hogy vagy az egyikre figyelsz vagy a másikra. Amikor az egod uralma alatt állsz, akkor azt hiszed, hogy a tudat nem is létezik. Aki gyakorlott meditáló és ki tud lépni az egon kívülre, annak pedig az ego léte szűnik meg átmenetileg. Az ego mindent megtesz, hogy ne kapcsolódj a tudatoddal, mert az őt – mint energiarendszert – gyengíti. Szóval ne hagyd magadat és gyakorolj!

Az ego világában mindig valamire fókuszálsz, általában az ego által kreált érzésekre, testérzetekre vagy gondolatokra. A tudattal való teljes kapcsolódás állapota pont ennek az ellentétét jelenti: a gondolatmentes, érzelemmentes és testérzet-mentes állapot a belépés a tudati energiák világába. Ehhez tágas, végtelen felé terjedő nézőpont szükséges, és hogy nyitott légy az újszerű érzésekre! Bármi történik, hagyd, hogy történjen! Az ego mindenféle rémképet képes előhozni, ha újszerű érzeteket fogsz megtapasztalni, mert nem akarja, hogy rálelj a helyes útra! Szóval bármit tapasztalsz, kérlek hagyd, hogy történjen.

Most, hogy mindent tudsz, amire szükséged van, arra kérlek, hogy keresd meg a YouTube-csatornámon vagy a Spotify-on a

Kapcsolódás a tudattal című hanganyagot. A YouTube-csatornám elérhetősége: *https://www.youtube.com/@justdobetterworld*. A Spotify-on Just Do Better Worldként találod meg.

Helyezd magad kényelmesen a meditációs tartásodba a meditációra szánt helyeden. Tudatosítsd, hogy ez most a te énidőd, és miután elindítottad a hanganyagot, hagyd, hogy elvezesselek a tudatoddal való kapcsolódás világába. Ha meghallgattad a hanganyagot és elsőre nem tapasztaltál semmit, akkor sincs semmi gond. Nekem annak idején 3 hétig kellett gyakorolnom mindennap, mire megéreztem, miről is szól ez az egész. Tehát arra kérlek, hogy a mai naptól mindennap gyakorold ezt az alapgyakorlatot.

Amikor már megtapasztaltad, amiről bizonyosan tudni fogod, hogy megérezted a meditáció lényegét, legyél nagyon hálás. Eddigi életed egyik legfontosabb pillanata volt ez, ami egy új Élet kezdete.

Innentől kezdve az életed leglényegesebb szabálya: mindennap meditálj, és soha ne hagyd abba!

13.2.2. Tudatos jelenlét – mindfulness-alapok

Az ember mióta megkapta a gondolkodás képességét, átesett a ló túloldalára. A modern ember állandóan kattog valamin. Ez az agyi kattogás olyan erős és olyan átütő, hogy sokan még alvászavarral is küszködnek miatta. Felébrednek az éjszaka közepén és az agyuk egyből elkezd valamin gondolkodni, ami miatt már nem tudnak visszaaludni. Az elme átvette a hatalmat az ember felett.

Ahogy Eckhart Tolle (2022) írta: gondolj bele abba, hogy minden testrészünknek tudunk parancsolni, csak az agyunknak nem. Akkor mozgatjuk a kezünket vagy a lábunkat, amikor akarjuk. Az agyunk az egyetlen olyan testrészünk, ami akkor is gondolkodik, amikor semmi szükség sincs rá. Ilyenkor felesleges dolgok ezrei cikáznak át rajta. Az ego imádja használni ezt az eszközt, hogy erősíthesse benned az energiarendszerét. Az ego állandóan vagy a múltat vagy a jövőt pásztázza, és azzal kapcsolatban ad fiktív gondolattömeget, melyet érzésekkel is jól megerősít. Ez az állandó agyi kattogás egy olyan belső zajt képez, ami miatt nem figyelünk a környezetünkre, nem figyelünk a jelen pillanat történéseire. Hányszor fordult elő veled, hogy elvezettél az egyik városból a másikba, de nem tudtad volna visszaidézni az út nagyobb részének részleteit? Hányszor fordult elő veled, hogy a gondolataidba mélyülve ettél anélkül, hogy megélted volna a csodálatos ízeket? Hányszor zuhanyoztál le úgy, hogy fel sem tűnt, milyen csodálatos érzés, ahogy a meleg víz cseppjei érintik a bőrödet? Számtalan példát lehetne hozni arra, hogyan siklik el mellettünk az életünk, és ez a legnagyobb pocsékolás. Pont ez a mondat a lényeg. A gondolataink miatt nem éljük meg a jelent a maga teljességében. Pedig a szellemünk azért jött a Föld nevű bolygóra, hogy megélhessen mindent, amit az Élet neki adni tud. Tudományosan bizonyított, hogy a figyelem és a gondolkodás kiütik egymást, mert ugyanazt az idegcsatornát használják. Tehát vagy külső ingerek információi érkeznek az agyadba, vagy gondolatok haladnak át ugyanezen a vonalon. Emiatt amikor agyalunk, akkor nem figyelünk, hanem robotpilóta üzemmódba kapcsolunk. **Amikor viszont figyelünk, akkor nem agyalunk! Ezért a figyelem a kiút az ego börtönéből!**

Érezted már úgy, hogy túl gyorsan telik az életed? Gondolkodtál már azon, hogyan lehetne lelassítani, hogy ne teljen el olyan gyorsan? Ezekre a kérdésekre is a tudatos jelenlét a válasz.

Ha a jelent gondolatok hozzáfűzése nélkül a maga teljességében éljük meg, azt hívjuk tudatos jelenlétnek. Ekkor az érzékszerveinken keresztül beáramló összes információ feldolgozásán keresztül igyekszünk a jelen pillanat minden részletét és aspektusát befogadni. Az élet tempója lelassul, ugyanakkor a jelen pillanatok megélésének sorozatával egyre közelebb kerülünk egy bizsergető belső béke állapotához. Ez akkor igazán sikeres, ha közben azt is tudatod magaddal, hogy ez a legjobb, amit önmagaddal tehetsz abban a szent pillanatban. Melyik az a bizonyos szent pillanat? Mindegyik. Tehát a tudatos jelenléthez nem kell mást csinálnunk, mint hogy minden érzékelésünkre egyszerre figyelve hagyjuk, hogy a lehető legtöbb érzékelés beáradjon az elménkbe, anélkül, hogy azt gondolatokkal fertőznénk, degradálnánk, rombolnánk.

Nagyszámú emberen végzett vizsgálatok igazolják, hogy a tudatos jelenlét csökkenti a depresszióra való hajlamot, a negatív gondolatokat, a stresszt, ugyanakkor növeli az átlagos boldogságszintet. Próbáld ki te is, és nap mint nap tedd az életed részévé a tudatos jelenlétet. Eleinte nagyon nehéz lesz és csak másodpercekre fog menni. De kitartó gyakorlással már percekre is nőhet a tudatos jelenléted időtartama. Napi 10 perc tudatos jelenléttel többet tehetsz a testi-lelki egészségedért, mint bármilyen vitaminkúrával (persze az is jó dolog). Ha továbbgyakorolsz, akkor megfordul benned valami. Már a jelenlét lesz a fontos és a kattogás lesz a zavaró. A megvilágosodottak olyan emberek, akik csak akkor használják az agyukat, csak akkor gondolkodnak, amikor az valamiért feltétlenül fontos. Mivel az agyukat „ritkán" használják és sosem feleslegesen, ezért ezek az emberek végtelenül kreatívak. A tudatos jelenlét fokozásának sok pozitív előnye között ez is egy. A növekvő spontaneitás, a kreativitás.

Minél nagyobb a tudatos jelenlét aránya az életedben, annál kevesebbet kattogsz. Végül is a tudatos jelenlét a nyitott szemes meditáció bevezető gyakorlata. Ha hajlamos vagy a negatív gondolkodási mintákra, akkor ezzel „szünetelteted" az agyad önpusztító hatásait. Ugyanakkor az Élet pillanatainak boldog megélésére kapsz módot, amit nem rondít el a gondolkodás leggyakrabban felesleges zaja. Amikor eszel, akkor érezd az ízeket és élvezd annak örömét. Ha tusolsz, minden vízcsepp érintését élvezd a bőrödön. Amikor sétálsz a lakásodban, élvezd a meztelen lábad érintését a padlón. Amikor a párod megérint, akkor élvezd az érintése örömét. De ugyanígy a szellő, a napsütés, az ital íze, a növények szépsége mind-mind olyan részletek, melyek megélése csodálatossá tehet egy pillanatot. Nemrég az irodánk előtti bokor egyik levelén eső után megláttam egy vízcseppet, amiben a napfény csillogott. Elámultam a természet tökéletes tisztaságán és harmóniáján, és percekig ezt a csodát néztem. Hálás voltam a végtelen pillanatért, ami fokozta a tudatos jelenlét hatásosságát.

Még egy kedvcsináló. Tapasztalataim szerint ha egy nap reggel egyhuzamban 10–15 perc tudatos jelenlétben vagy, akkor utána az egész napod tökéletes szerencsében és flow-ban zajlik. Hihetetlennek hangzik, de sokszor próbáltam és tényleg működik. Alig várom, hogy te is megtapasztald. Azt, hogy ez miért van így, a következő kötetben fogom tudni érthetően elmagyarázni.

Tedd le a múlton vagy a jövőn való kattogást! Tedd le a kattogást úgy általában. Élj meg annyi pillanatot a maga teljességében, amennyire csak képes vagy! Ami még fontosabb: gyakorolj és fokozd a tudatosan megélt pillanatok arányát. Ez a leghatékonyabb módszerek egyike, amit csak ismerek... A legjobb az benne, hogy csoportban is, de önállóan is fejleszthető. Ha szeretnél segítséget kapni a témában, akkor ajánlom neked a Tudatos jelenlét a gyakorlatban című könyvet, és Eckhart Tolle ezzel kapcsolatos videóit a YouTube-on.

Akkor állj neki a tudatos jelenlétnek, amikor a meditációban már túl vagy az első megtapasztalásokon és legalább 2–3 hónapja gyakorolsz. Ekkor már elég uralmad lesz az elméd felett ahhoz, hogy ebben a gyakorlásban is sikereket érj el.

Zárszó

Kedves Olvasó! Minden szeretetemet és önzetlenségemet beletettem ebbe a könyvbe. Nagyon hálás vagyok az Életnek, hogy lehetővé tette azt, hogy rendszerezetten átadhassam neked a tapasztalásaim fontos részeit. Sokévnyi tapasztalásból kialakult bennem egy egyedi módszer, mely egy életen át való fejlődés esélyét adja át neked. Ezzel eljuthatsz a mély szégyentől egészen a megvilágosodásig, ugyanúgy, ahogy velem is történt. Bízom benne, hogy hasznodra lesz az eddig átadott tudás. Az I. kötetben az alapokat ismertettem meg veled, míg ezzel a kötettel igyekeztem még mélyebbé és még hatásosabbá tenni számodra a valódi utadon való haladást, illetve az oda való visszatalálást. Ebben a kötetben már a tudattal is elkezdtünk foglalkozni, és ez csodálatos érzés a számomra. Ez egy nagyon komoly és kiemelten hasznos ismeretanyag. Remélem, te is így fogod látni néhány héttel jelen könyv elolvasása után.

Búcsúzóul arra kérlek, hogy légy kitartó és akkor is gyakorolj, ha nehéznek vagy lehetetlennek tűnik! Minden, amit ez a könyv átadott neked, gyakorlatias és jól kipróbált. Hogy jól le tudd ellenőrizni a gyakorlásod eredményét, kérlek írd le ide a mai nap dátumát:_____

Egy év múlva, kérlek, vedd elő újra ezt a könyvet és az alábbi – már megszokott – 10 kérdésre válaszolj teljes őszinteséggel:

(A 10 jelenti azt, hogy teljes mértékben egyetértesz, az 1 pedig azt, hogy abszolúte nem értesz egyet.)

- ▶ Reggel ébredés után kíváncsian és vágyakozással várom, hogy milyen csodákat hoz számomra ez a nap:

1 – 2 – 3 – 4 – 5 – 6 – 7 – 8 – 9 – 10

▶ A kapcsolataim harmonikusak, békések és lelki intimitás, őszinteség, önzetlenség jellemzi őket. Nem vagyok kritikus sem önmagammal, sem másokkal:

1 – 2 – 3 – 4 – 5 – 6 – 7 – 8 – 9 – 10

▶ Annyi teendőm van, amennyit tempós, de nyugodt tevékenységgel harmonikusan el tudok végezni. Rend és harmónia uralja az Életemet:

1 – 2 – 3 – 4 – 5 – 6 – 7 – 8 – 9 – 10

▶ Sokat mosolygok, amelyet nem önvédelmi páncélnak használok, hanem a boldogságom ösztönös megjelenése:

1 – 2 – 3 – 4 – 5 – 6 – 7 – 8 – 9 – 10

▶ Ritkán vagyok szomorú, békétlen vagy türelmetlen, de akkor is nagyon rövid időkre:

1 – 2 – 3 – 4 – 5 – 6 – 7 – 8 – 9 – 10

▶ Szeretem az Életemet és szeretem önmagamat:

1 – 2 – 3 – 4 – 5 – 6 – 7 – 8 – 9 – 10

▶ Tiszta odafigyeléssel, nyílt szívvel, gondolatok nélkül vagyok képes megélni az értékes pillanatokat:

1 – 2 – 3 – 4 – 5 – 6 – 7 – 8 – 9 – 10

▶ Bízom a jövőmben és hiszem, hogy az Élet jó irányba egyengeti a sorsomat (az Élet helyére bármely, a hitrendszered szerinti szót tehetsz, pl. Isten, Mindenható stb.):

1 – 2 – 3 – 4 – 5 – 6 – 7 – 8 – 9 – 10

▶ Mélyen és jól alszom nap mint nap:

1 – 2 – 3 – 4 – 5 – 6 – 7 – 8 – 9 – 10

▶ Testi egészségem tökéletes állapotban van:

1 – 2 – 3 – 4 – 5 – 6 – 7 – 8 – 9 – 10

Kérlek, most add össze a kérdésekre adott számokat és oszd el 10-zel! A kapott értékedet írd ide, mellé a dátummal:
_____

Hasonlítsd össze a jelen kötet elején és az előző kötetben kapott eredményeidet a mostani eredményeiddel!

Írd ide, kérlek, az I. kötet elején írt válaszaid átlagát és a kitöltés dátumát: _____
Írd ide, kérlek, az I. kötet végén írt válaszaid átlagát és a kitöltés dátumát: _____
Írd ide, kérlek, a II. kötet elején írt válaszaid átlagát és a kitöltés dátumát: _____
Írd ide, kérlek, a II. kötet végén írt válaszaid átlagát és a kitöltés dátumát: _____

A változás akkor hatékony, ha fokozatos és lassú. Ezért hétköznapi szinten szinte észre sem vesszük, hogy mekkorát változtunk. A fent kitöltött négy érték és négy dátum segíteni fog tisztán meglátni, hogy milyen nagy fejlődésen mentél át! Ehhez tiszta szívből gratulálok!

Ha a fejlődésedben elakadásokat tapasztalsz és segítségre van szükséged, akkor speciális tanfolyamaimon, elvonulásaimon és személyes konzultáción is szívesen látlak, melyekről részleteket a **https://www.dittricherno.hu/szemelyisegfejlesztes** oldalon találsz.

Ha úgy érzed, a jelen könyv nagy hatást gyakorolt rád, és még nem akadt a kezedbe, akkor nagy szeretettel ajánlom neked a ***A jövő neve élet?! – Megoldás a klímaváltozásra, avagy a változás 6 programja*** című művemet, melyről részleteket ezen az oldalon találsz: **https://justdobetterworld.hu/konyv/jovoneve-elet**.

A YouTube-csatornámon sok ingyenes, megértést segítő videó közül válogathatsz akár a klímavédelem, akár a spiritualitás témakörében: **https://www.youtube.com/@justdobetterworld**

A blogomon több száz írás vár, melyek szintén segítenek a lelki fejlődésedben. Így ott is tudsz kedvedre válogatni a magas rezgésű és a fejlődésedet segítő írásokból: **https://justdobetterworld.blogspot.com/**

Ha szeretnél csatlakozni a csapatunkhoz, akkor a Just Do Better World Facebook-oldalon várunk szeretettel, ahol megosztjuk az eseményeinket, emellett számos értékes hírt és információt, ami segíti a belső munkádat.

Örömmel fogadom a megtapasztalásaidat, a sikereidet, a kérdéseidet a könyv elején található e-mail-címen is.

Ha pedig úgy érzed, hogy az első kötet és az ebben átadott tudás komoly szintű és hasznos, akkor várlak szeretettel a **harmadik kötet** olvasói között is, mert ott olyan módszereket fogok átadni neked, amelyekkel fel tudod gyorsítani a változást és fokozni az életerődet! Szóval a 3. kötet teszi rá az „i"-re a pontot. Azzal válik még teljesebbé az a rendszer, amelyet azért dolgoztam ki, hogy bárki boldogan élhessen a Föld nevű bolygón.

Tiszta szívből kívánom, hogy új pályára állhasson az életed, és indulj el azon a csodás úton, amire ma már nagyon jó visszanéznem!

Köszönetnyilvánítás

Régen sokat szenvedtem az miatt, hogy a múltamban mennyi rossz dolog történt velem. De ma már nehéz életem minden percéért hálás vagyok! Ma már látom, hogy minden okkal történt. Ha nem éltem volna át a lelki mélységeket és nem tapasztaltam volna meg a saját bőrömön, hogyan lehet áttranszformálni, begyógyítani ezeket, akkor ma nem tudnék másoknak segíteni. Az önzetlenség és az alázat a boldogság mély és hatékony mozgatórugói. **Hálás vagyok az életem minden percéért és azért, hogy most a kezedben tartod és végigolvastad ezt a könyvet!** Tehát a köszönetem sora végtelen hosszú, hiszen minden Ember és minden élőlény, sőt minden élettelen dolog is, akivel vagy amivel kapcsolódtam hosszabb vagy rövidebb ideig, ide juttatott el, ahol most vagyok.

Külön szeretném kiemelni köszönetemet David R. Hawkinsnak, akinek munkásságára alapozhattam a saját eredményeimet. Jelen könyv írásakor már a fátyol túloldaláról segít minket, így sajnos személyesen nem ismerhettem. Az ő zsenialitása nélkül nem léphettem volna erre az útra, és ez a könyv sem jöhetett volna létre.

Név szerinti köszönetet szeretnék mondani azoknak az Embereknek, akik a lelki fejlődésem útján kiemelt hatást gyakoroltak rám, függetlenül attól, hogy személyes-e az ismeretségünk vagy csak a videóik, a könyveik hatottak rám. Őket a mestereimnek tartom és szeretném kifejezni a kiemelt hálámat nekik: Tönkő Ildikó, Pap Judit, Murányi József, Varga Tamás Miron, Mátyás János, Soma Mamagésa (Spitzer Gyöngyi), Szentgyörgyi-Horváth Zoltán, dr. Joe Dispenza, dr. Máté Gábor, Eckhart Tolle, Gunagriha, Sri Chinmoy, Kryon, Krizantén. Ezen mesterek könyveit, tanfolyamait, internetes anyagait, videóit tiszta szívből ajánlom minden keresőnek. A felsorolt mestereim közül külön kiemelem Varga Tamás Miront, aki a legnagyobb hatást gyakorolta az életemre, és akinek a segítsége és tudásátadása nélkül ez a könyv sem jöhetett volna létre.

Külön köszönöm azoknak, akik jelen könyv elkészítésében közreműködtek. Név szerint: dr. Gáti Renáta, Lukáts Judit, Göndöcs Gábor, Öhlmüller Eszter és csapata, Márok Attila, Kis Tünde, Novreczky Zoltán, Kreitner Krisztina, Puskás Tamás, Somfai Dávid, Szekeres Anett, Benedek Dávid, Pál Tamás, Göndöcs Bátai Rozi.

Végül, de nem utolsósorban szeretnék köszönetet mondani a családom tagjainak, akik mindenben mögöttem álltak és csodálatos, szeretetteljes hátteret biztosítottak ahhoz, hogy az lehessek, aki mindig is szerettem volna lenni. Egy másokért önzetlen szeretettel tevékenykedő ember...

Felhasznált és ajánlott irodalom

- Carl Gustav Jung: Az archetípusok és a kollektív tudattalan – C. G. Jung összegyűjtött munkái 9/1. Scolar Kiadó, Budapest, 2022.
- David R. Hawkins: Erő kontra erő. Agykontroll Kft., Budapest, 2004.
- Dittrich Ernő: A jövő neve élet?! – Megoldás a klímaváltozásra, avagy a változás 6 programja. Magyar Klímavédelmi Kft., Pécs, 2021.
- Dittrich Ernő: Élet-módszer I. Életed megértésének könyve – útmutató a lelki rezgésszinted emeléséhez. Magyar Klímavédelmi Kft., Pécs, 2023.
- Eckhart Tolle: Új Föld. Édesvíz Kiadó, Budapest, 2021.
- Erich Fromm: A szeretet művészete. Háttér Kiadó, Budapest 1987.
- György Edit: A boldog élet titka – Töredékek az emberi boldogságról. Kassák Kiadó, Budapest, 2003.
- Grandpierre Attila: Az Élet Könyve – Az átfogó életfilozófia alapjai. Titokfejtő Könyvkiadó, 2021.
- Gunagriha: A harmadik kívánság. Bioenergetic Kft., 2021.
- Hale Dwoskin: A Sedona-módszer. Édesvíz Kiadó, 2020.
- Jacques Martel: Lelki eredetű betegségek lexikona. Partvonal Könyvkiadó Kft., 2021.
- John Ronald Reuel Tolkien: A Gyűrűk Ura I–III. Európa Könyvkiadó, Budapest, 2021.
- John Bradshaw: A mérgező szégyen gyógyítása. Casparus Kiadó, Budapest, 2015.

- Joe Dispenza: Válj természetfelettivé. Bioenergetic Kiadó, Budapest, 2019.
- Judith Reichenberg-Ullman · Robert Ullman: SZENTEK, BÖLCSEK, MESTEREK ÉS MISZTIKUSOK – Megvilágosodás-beszámolók a régmúlttól napjainkig. Filosz Kiadó, 2016.
- Krizantén: Remény a holnapnak – Egy tanító, bölcs egységszellem üzenetei az újjáéledő világnak. Pécs, 2011.
- Kryon: Egy Út a Szeretetegységbe. www.kryon.hu, 2014.
- Neale Donald Walsch: A teljes beszélgetések Istennel. Édesvíz Kiadó, Budapest, 2018.
- Osho: Tantra – Szexualitáson keresztül a lélekhez. Édesvíz Kiadó, Budapest, 2009.
- Sri Chinmoy: Belső béke. Madal Bal Kiadó, 2018.
- Stephen R. Covey: A kiemelkedően eredményes emberek 7 szokása – Az önfejlesztés kézikönyve – bővített, 30 éves kiadás. Bagolyvár Trade Kft., 2022.
- Theresa Cheung: Álmok enciklopédiája. Alexandra Kiadó, Budapest, 2012.
- Uwe Albrecht: Igen vagy nem? Bioenergetik Kiadó, Budapest, 2012.
- Vörös Ákos Prakash: A használható enneagram. Tollvonás Kiadás, Pécs, 2022.
- Zindel Segal; Mark Williams; John Teasdale: Tudatos jelenlét a gyakorlatban. Kulcslyuk Kiadó, 2015.

Ajánlott filmek

Ebben a fejezetben olyan filmeket sorolok fel az alábbiakban, melyek sokat segítenek abban, hogy jelen könyv témakörében táguljon a látómeződ. Nem mellesleg magas minőségű szórakozást is nyújtanak. Az ajánlott filmek:

- Mi a csudát tudunk a világról
- Mátrix I–IV.
- A kunyhó
- A hős útja – a lélek bátorsága
- Az Ambíciótól az Értelemig – Az életcélod megtalálása
- Végtelen lehetőségek – a gondolat hatalma
- Samadhi

I. melléklet: Az egyes lelkirezgésszint-spektrumok ábrái

Jelen mellékletben gyűjtöttem össze mind a 17 lelkirezgésszint-spektrum érzelmieloszlás-ábráját. Minden egyes ábra azt mutatja meg, hogy az adott lelki rezgésszinten miként oszlanak el az érzelmeink egy átlagos napunkon.

Magyarázat az ábrák értelmezéséhez:
Minden egyes lelkirezgésszint-spektrum ábra vízszintes tengelyén a Hawkins-skála szerinti kineziológiai érték található. Az ábrák függőleges tengelyén pedig az adott kineziológiai értékhez tartozó relatív gyakoriság. Ez azt jelenti, hogy 100 érzelemből hány darab jellemző egy átlagos napon arra a rezgésértékre. Például nézd meg, kérlek, a bűntudat lelkirezgésszint-spektrumának ábráját (*II/3. ábra*). Ott a függvény csúcsa 2,1% körüli értékű a vízszintes tengely 30-as értékénél. Ez azt jelenti, hogy a 30-as kineziológiai értékkel jellemezhető bűntudat érzelme a napod 2,1%-ában van jelen, ha ezen a lelki rezgésszinten élsz. Ha végigköveted a görbét, akkor meg tudod nézni az egyes érzelmek teljes spektrumát, mely jellemző az ezen a lelki rezgésszinten élő emberre. Minél magasabb értékek vannak egy adott kineziológiai értéknél, az az érzelem annál jobban befolyásolja az életünket. Minden egyes lelkirezgésszint-spektrum ábra alatt egy táblázatot is találsz. Ezek a táblázatok úgynevezett integrált értékeket adnak. Ez azt jelenti, hogy az előző ábrára visszatérve a bűntudat érzelme 30–49,99 rezgéstartomány között jellemző. Tehát ha az a kérdés, hogy egy átlagos napon mennyit tartózkodik az az ember a bűntudat érzelmében, ha ezen a lelki rezgésszinten él, akkor azt az adott görbe 30–49,99 kineziológiai érték közötti függvény alatti területe adja meg. Ha megnézed a táblázatot, akkor

láthatod, hogy egy ilyen ember az átlagos napjának 37,2%-ában él meg bűntudatérzelmeket ebben a rezgésszinttartományban. Kérlek, ne ijedj meg, ez nem olyan bonyolult, mint amennyire elsőre hangzik! Ha ránézel a táblázatra és a felette lévő ábrára, ösztönösen érteni fogod a lényeget!

A 18 lelki rezgés eloszlása a szükséges tükrözéssel

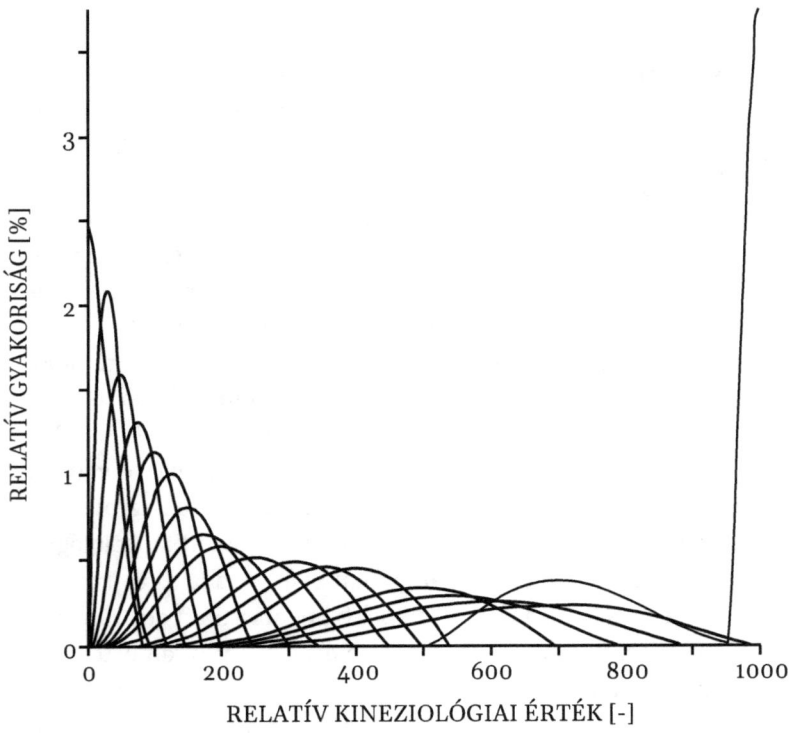

I/1. ábra: A lelkirezgésszint-spektrumokat együtt bemutató ábra: a szégyentől (balról jobbra haladva) a megvilágosultságig jól látható a lélek átalakulása, fejlődése

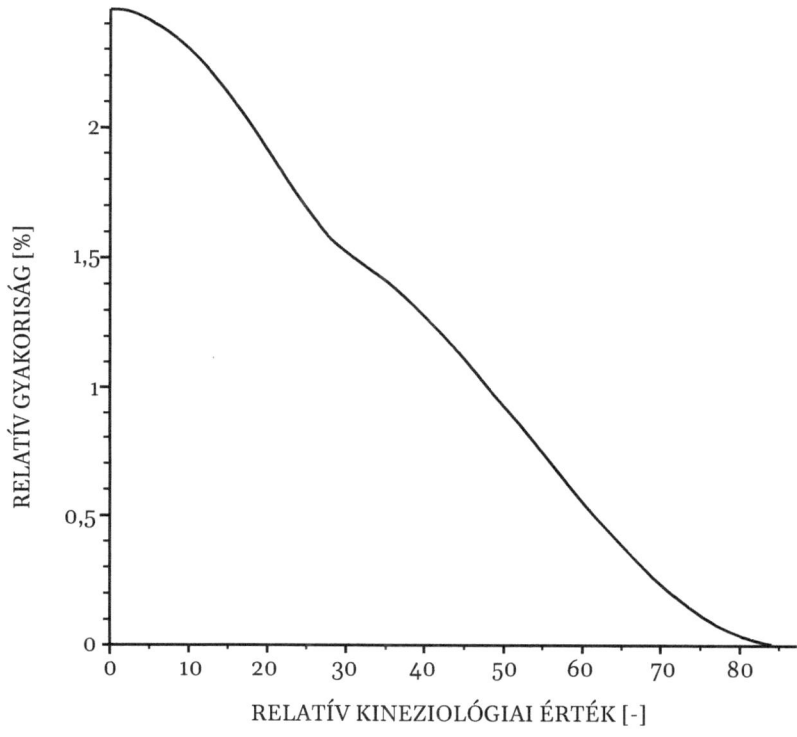

Érzelem	Szégyen	Bűntudat	Fásultság	Bánat
Hawkins-skála szerinti kineziológiai érték	20	30	50	75
Kineziológiai értéktartomány	0–29,99	30–49,99	50–74,99	75–99,99
A szégyen lelkirezgésszint-spektrum napitartósság-értékei (%)	62,2	25,1	12,2	0,5

I/2. ábra: A szégyen lelkirezgésszint-spektruma és a hozzá tartozó érzelmi eloszlás

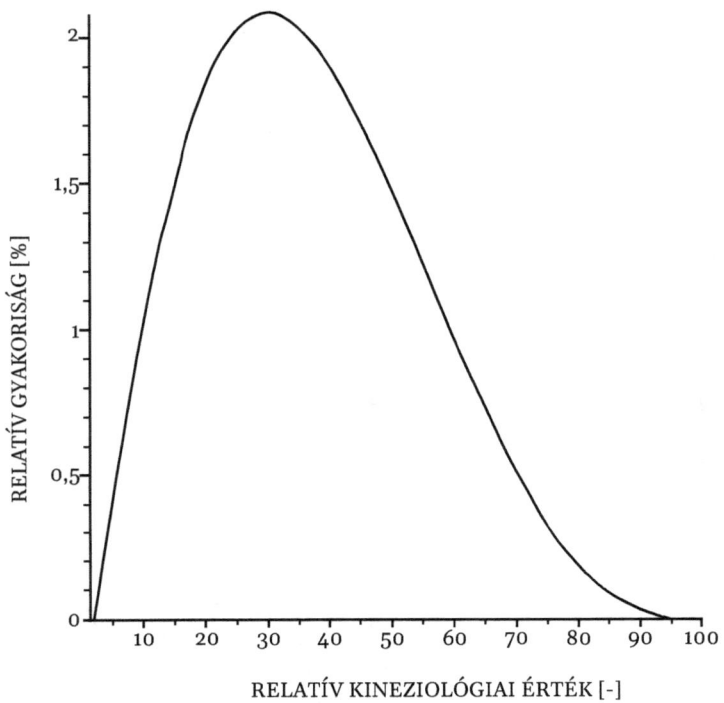

Érzelem	Szégyen	Bűntudat	Fásultság	Bánat	Félelem
Hawkins-skála szerinti kineziológiai érték	20	30	50	75	100
Kineziológiai értéktartomány	0–29,99	30–49,99	50–74,99	75–99,99	100–124,99
A szégyen lelkirezgésszint-spektrum napitartósság-értékei (%)	39	37,2	21,5	2,2	0,1

I/3. ábra: A bűntudat lelkirezgésszint-spektruma és a hozzá tartozó érzelmi eloszlás

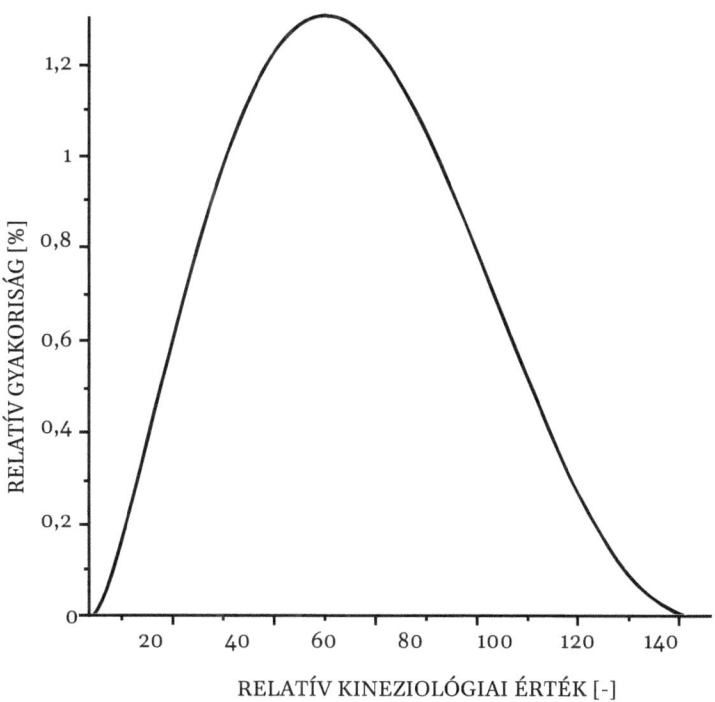

Érzelem	Szégyen	Bűntudat	Fásultság	Bánat	Félelem	Vágyakozás
Hawkins-skála szerinti kineziológiai érték	20	30	50	75	100	125
Kineziológiai értéktartomány	0–29,99	30–49,99	50–74,99	75–99,99	100–124,99	125–149,9
A szégyen lelkirezgésszint-spektrum napitartósság-értékei (%)	14,9	29,1	35,6	17,8	2,5	0,1

I/4. ábra: A fásultság lelkirezgésszint-spektruma és a hozzá tartozó érzelmi eloszlás

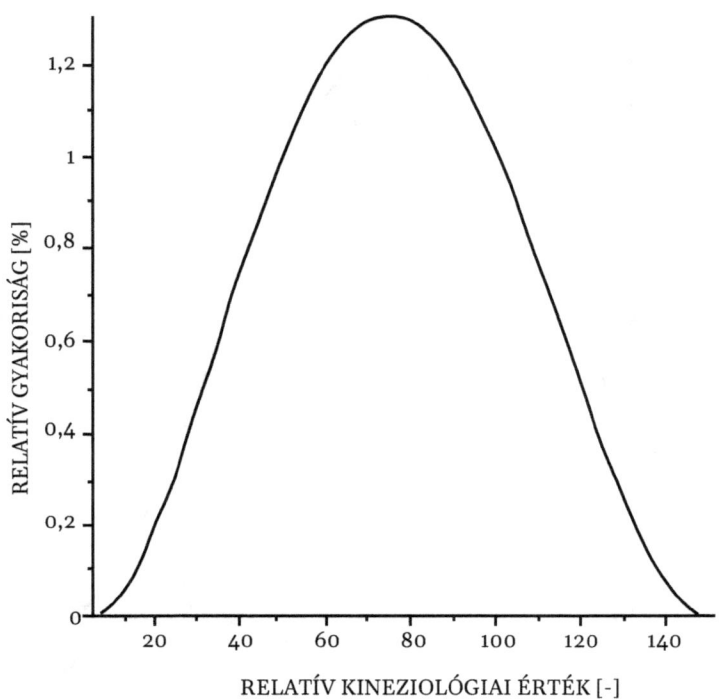

Érzelem	Szégyen	Bűntudat	Fásultság	Bánat	Félelem	Vágyakozás	Harag
Hawkins-skála szerinti kineziológiai érték	20	30	50	75	100	125	150
Kineziológiai értéktartomány	0–29,99	30–49,99	50–74,99	75–99,99	100–124,99	125–149,9	150–174,9
A szégyen lelkirezgésszint-spektrum napitartósság-értékei (%)	4,2	14,7	30	30,1	17,6	3,3	0,1

I/5. ábra: A bánat lelkirezgésszint-spektruma és a hozzá tartozó érzelmi eloszlás

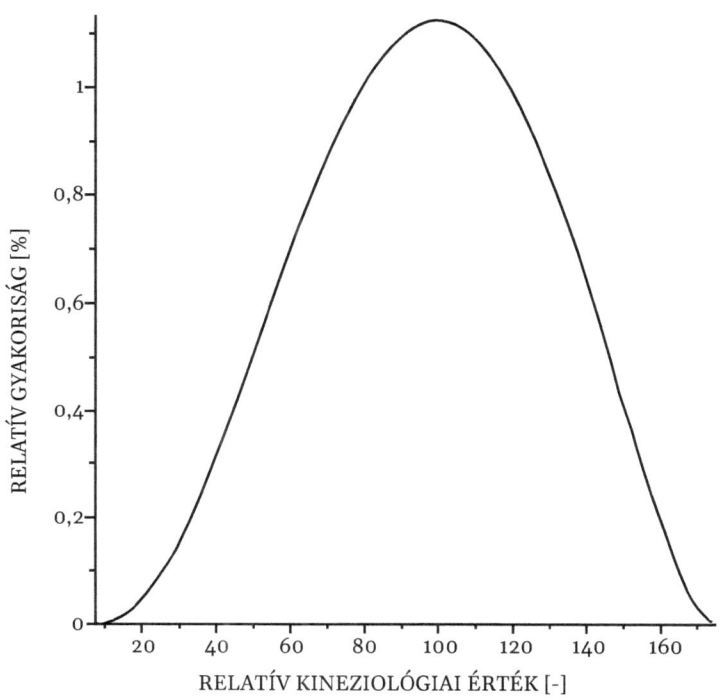

Érzelem	Szégyen	Bűntudat	Fásultság	Bánat	Félelem	Vágyakozás	Harag	Büszkeség
Hawkins-skála szerinti kineziológiai érték	20	30	50	75	100	125	150	175
Kineziológiai értéktartomány	0–29,99	30–49,99	50–74,99	75–99,99	100–124,99	125–149,9	150–174,9	175–199,9
A szégyen lelkirezgésszint-spektrum napitartósság-értékei (%)	1,1	6,4	18,3	26,5	26,6	17	4	0,1

I/6. ábra: A félelem lelkirezgésszint-spektruma és a hozzá tartozó érzelmi eloszlás

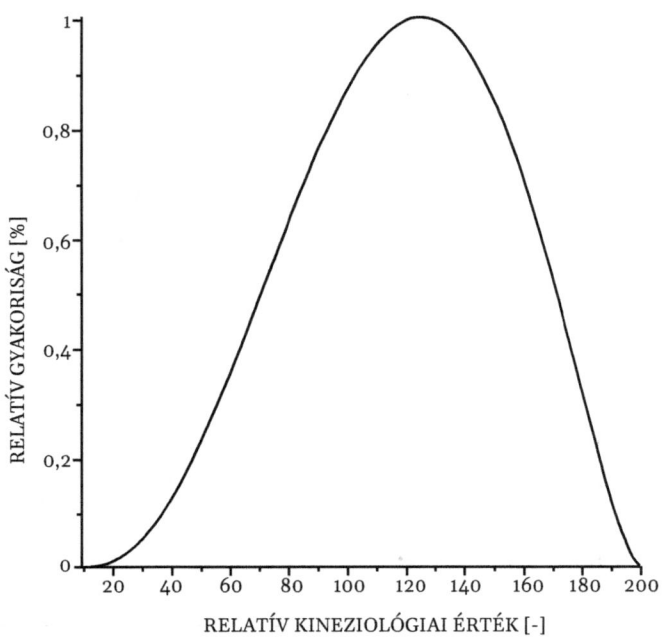

Érzelem	Szégyen	Bűntudat	Fásultság	Bánat	Félelem	Vágyakozás	Harag	Büszkeség	Bátorság
Hawkins-skála szerinti kineziológiai érték	20	30	50	75	100	125	150	175	200
Kineziológiai értéktartomány	0–29,99	30–49,99	50–74,99	75–99,99	100–124,99	125–149,9	150–174,9	175–199,9	200–249,9
A szégyen lelkirezgésszint-spektrum napitartósság-értékei (%)	0,3	2,6	9,9	18,2	23,9	24,0	16,4	4,6	0,1

I/7. ábra: A vágyakozás lelkirezgésszint-spektruma és a hozzá tartozó érzelmi eloszlás

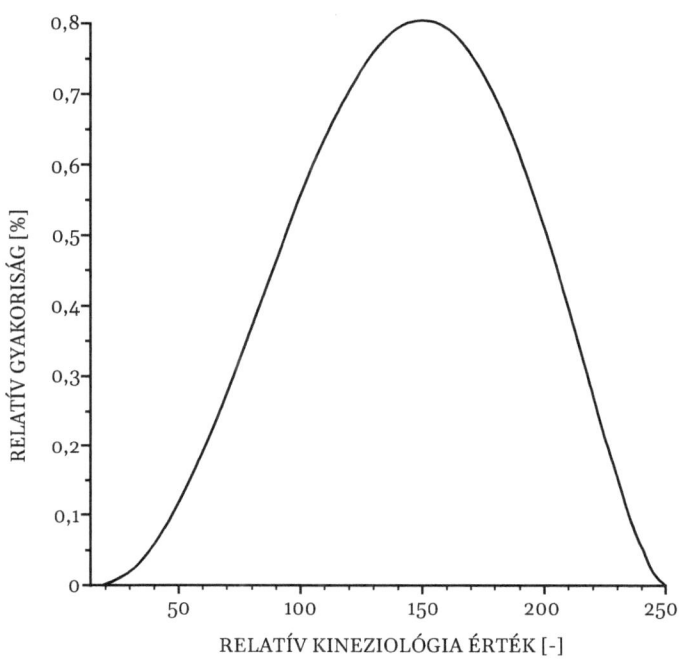

Érzelem	Szégyen	Bűntudat	Fásultság	Bánat	Félelem	Vágyakozás	Harag	Büszkeség	Bátorság	Pártatlanság
Hawkins-skála szerinti kineziológiai érték	20	30	50	75	100	125	150	175	200	250
Kineziológiai értéktartomány	0–29.99	30–49.99	50–74.99	75–99.99	100-124,99	125-149.9	150-174.9	175-199.9	200-249.9	250-309.9
A szégyen lelkirezgésszint-spektrum napitartósság-értékei (%)	0.1	1.1	5.4	11	16.3	19.5	19.5	15.8	11.2	0.1

I/8. ábra: A harag lelkirezgésszint-spektruma és a hozzá tartozó érzelmi eloszlás

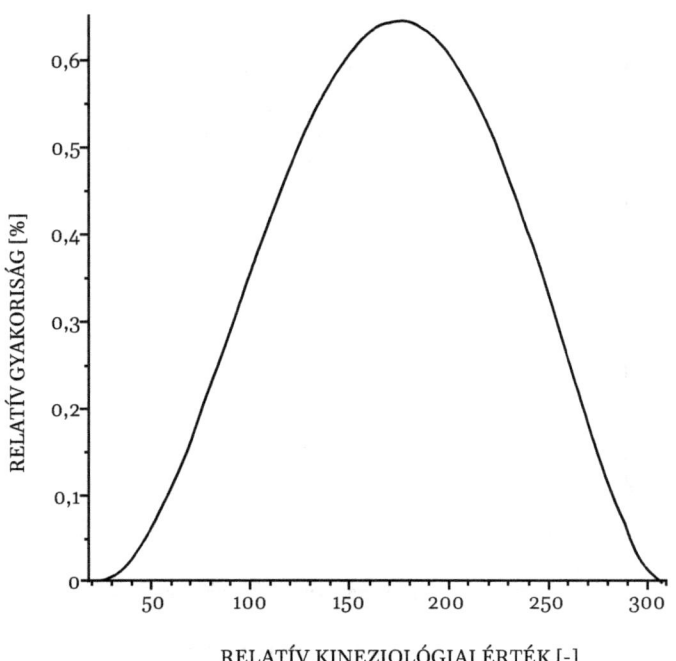

Érzelem	Szégyen	Bűntudat	Fásultság	Bánat	Félelem	Vágyakozás	Harag	Büszkeség	Bátorság	Pártatlanság	Hajlandóság
Hawkins-skála szerinti kineziológiai érték	20	30	50	75	100	125	150	175	200	250	310
Kineziológiai értéktartomány	0–29,99	30–49,99	50–74,99	75–99,99	100–124,99	125–149,9	150–174,9	175–199,9	200–249,9	250–309,9	310–349,9
A szégyen lelkirezgésszint-spektrum napitartósság-értékei (%)	0,1	0,6	3,2	6,9	10,9	14,1	15,8	24,4	11,2	8	0,1

I/9. ábra: A büszkeség lelkirezgésszint-spektruma és a hozzá tartozó érzelmi eloszlás

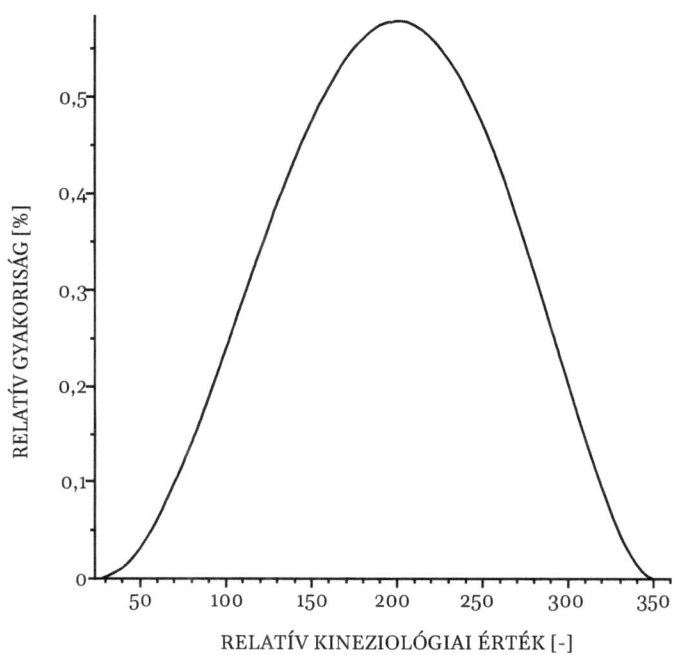

Érzelem	Szégyen	Bűntudat	Fásultság	Bánat	Félelem	Vágyakozás	Harag	Büszkeség	Bátorság	Pártatlanság	Hajlandóság	Elfogadás
Hawkins-skála szerinti kineziológiai érték	20	30	50	75	100	125	150	175	200	250	310	350
Kineziológiai értéktartomány	0–29,99	30–49,99	50–74,99	75–99,99	100–124,99	125–149,9	150–174,9	175–199,9	200–249,9	250–309,9	310–349,9	350–399,9
A szégyen lelkirezgésszint-spektrum napitartósság-értékei (%)	0,1	0,2	1,7	4,4	7,6	10,6	12,9	14,2	27,1	18,9	2,2	0,1

I/10. ábra: A bátorság lelkirezgésszint-spektruma és a hozzá tartozó érzelmi eloszlás

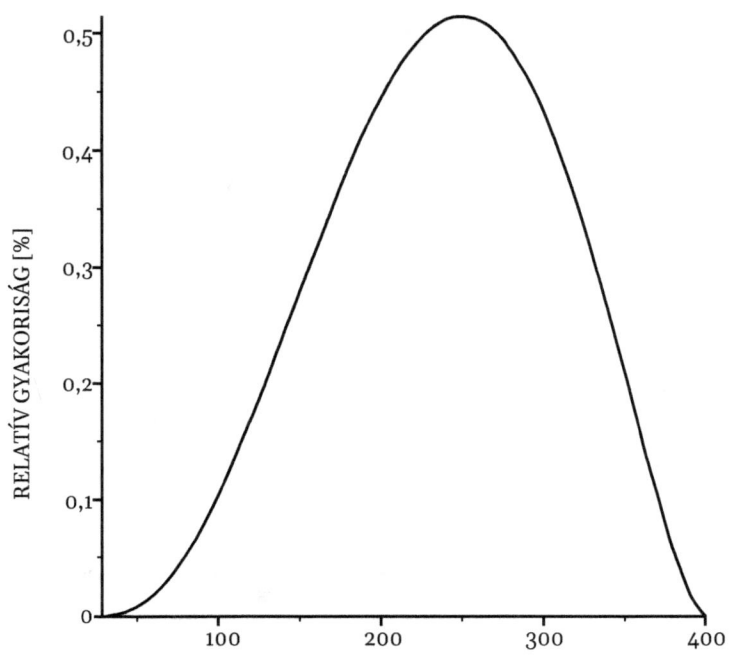

Érzelem	Bűntudat	Fásultság	Bánat	Félelem	Vágyakozás	Harag	Büszkeség	Bátorság	Pártatlanság	Hajlandóság	Elfogadás	Észszerűség
Hawkins-skála szerinti kineziológiai érték	30	50	75	100	125	150	175	200	250	310	350	400
Kineziológiai értéktartomány	30–49,9	50–74,99	75–99,99	100–124,99	125–149,9	150–174,9	175–199,9	200–249,9	250–309,9	310–349,9	350–399,9	400–499,9
A szégyen lelkirezgésszint-spektrum napitartósság-értékei (%)	0,1	0,5	1,7	3,6	5,8	8,1	10,2	24,5	28,6	12,4	4,4	0,1

I/11. ábra: A pártatlanság lelkirezgésszint-spektruma és a hozzá tartozó érzelmi eloszlás

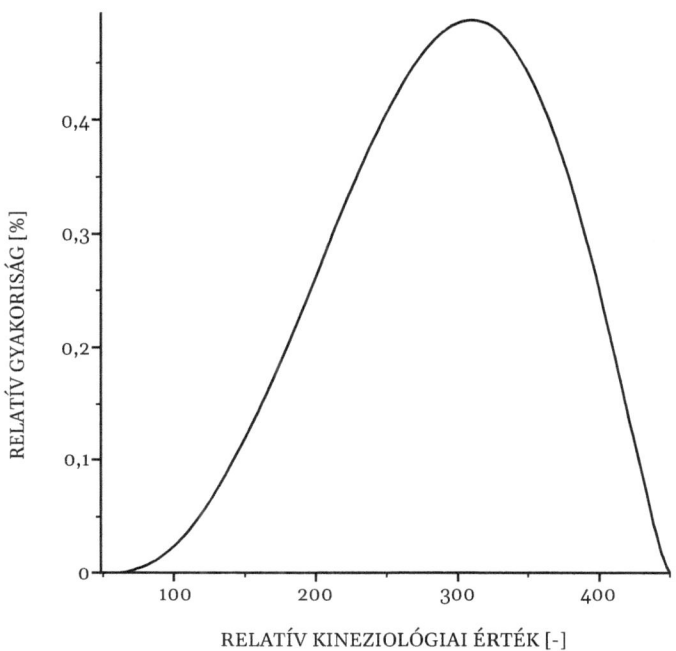

Érzelem	Fásultság	Bánat	Félelem	Vágyakozás	Harag	Büszkeség	Bátorság	Pártatlanság	Hajlandóság	Elfogadás	Észszerűség
Hawkins-skála szerinti kineziológiai érték	50	75	100	125	150	175	200	250	310	350	400
Kineziológiai értéktartomány	50–74,99	75–99,99	100–124,99	125–149,9	150–174,9	175–199,9	200–249,9	250–309,9	310–349,9	350–399,9	400–499,9
A szégyen lelkirezgésszint-spektrum napitartósság-értékei (%)	0,1	0,3	1	2,2	3,8	5,6	16,9	27,5	18,9	17,9	5,8

I/12. ábra: A hajlandóság lelkirezgésszint-spektruma és a hozzá tartozó érzelmi eloszlás

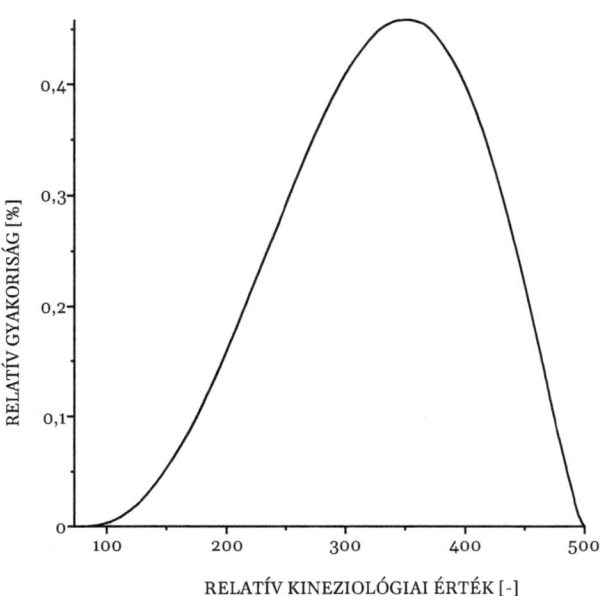

Érzelem	Bánat	Félelem	Vágyakozás	Harag	Büszkeség	Bátorság	Pártatlanság	Hajlandóság	Elfogadás	Észszerűség	Szeretet
Hawkins-skála szerinti kineziológiai érték	75	100	125	150	175	200	250	310	350	400	500
Kineziológiai értéktartomány	75–99,99	100–124,99	125–149,9	150–174,9	175–199,9	200–249,9	250–309,9	310–349,9	350–399,9	400–499,9	500–539,9
A szégyen lelkirezgésszint-spektrum napitartósság-értékei (%)	0,1	0,3	0,8	1,8	3,2	11,2	21,9	17,9	21,9	20,8	0,1

I/13. ábra: Az elfogadás lelkirezgésszint-spektruma és a hozzá tartozó érzelmi eloszlás

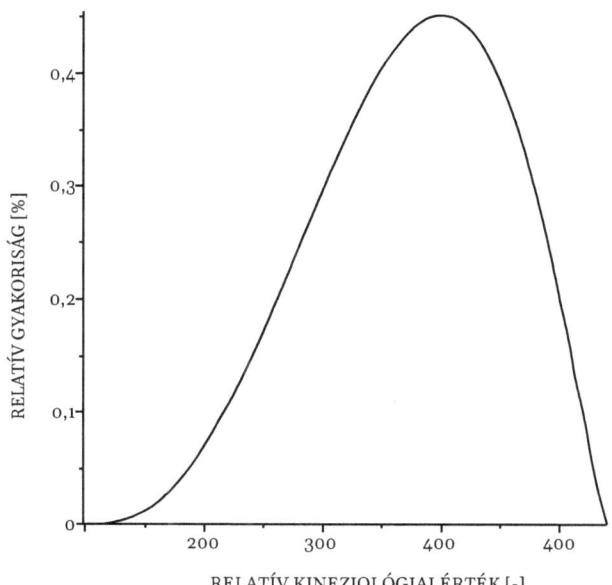

Érzelem	Félelem	Vágyakozás	Harag	Büszkeség	Bátorság	Pártatlanság	Hajlandóság	Elfogadás	Észszerűség	Szeretet	Öröm
Hawkins-skála szerinti kineziológiai érték	100	125	150	175	200	250	310	350	400	500	540
Kineziológiai értéktartomány	100–124,99	125–149,9	150–174,9	175–199,9	200–249,9	250–309,9	310–349,9	350–399,9	400–499,9	500–539,9	540–599,9
A szégyen lelkirezgésszint-spektrum napitartósság-értékei (%)	0,1	0,2	0,5	1,2	5,9	14,8	14,6	21,8	37,0	3,8	0,1

I/14. ábra: Az észszerűség lelkirezgésszint-spektruma és a hozzá tartozó érzelmi eloszlás

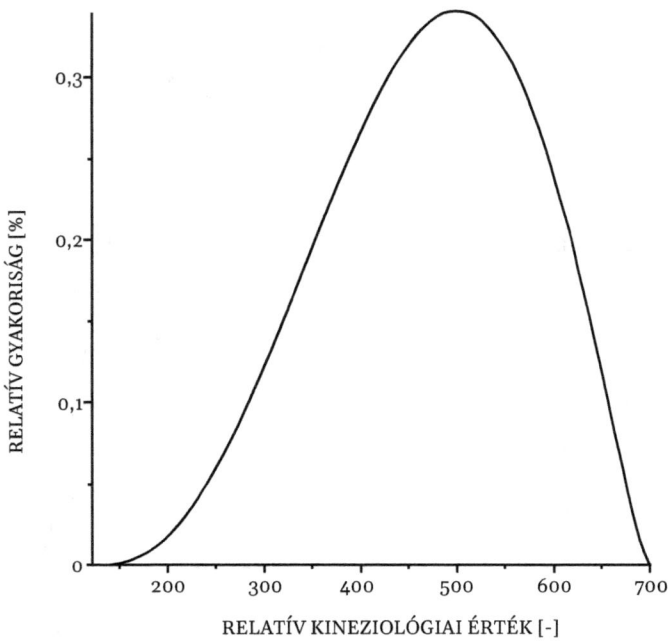

Érzelem	Vágyakozás	Harag	Büszkeség	Bátorság	Pártatlanság	Hajlandóság	Elfogadás	Észszerűség	Szeretet	Öröm	Béke	Megvilágosultság1	Megvilágosultság2	Megvilágosultság3
Hawkins-skála szerinti kineziológiai érték	125	150	175	200	250	310	350	400	500	540	600	700	701	950
Kineziológiai értéktartomány	125–149,9	150–174,9	175–199,9	200–249,9	250–309,9	310–349,9	350–399,9	400–499,9	500–539,9	540–599,9	600–699,9	700–1000		
A szégyen lelkirezgésszint-spektrum napitartósság-értékei (%)	0,2	0,5	1,2	5,9	14,8	14,6	21,8	37,0	3,8	0,1	16,7	4,3		

I/15. ábra: A szeretet lelkirezgésszint-spektruma és a hozzá tartozó érzelmi eloszlás

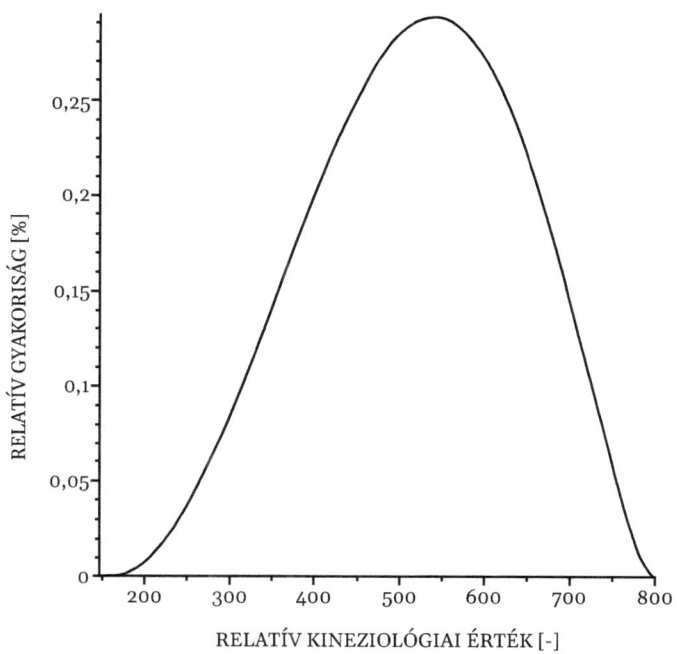

Érzelem	Harag	Büszkeség	Bátorság	Pártatlanság	Hajlandóság	Elfogadás	Észszerűség	Szeretet	Öröm	Béke	Megvilágosultság1	Megvilágosultság2	Megvilágosultság3
Hawkins-skála szerinti kineziológiai érték	150	175	200	250	310	350	400	500	540	600	700	701	950
Kineziológiai értéktartomány	150–174,9	175–199,9	200–249,9	250–309,9	310–349,9	350–399,9	400–499,9	500–539,9	540–599,9	600–699,9	700–1000		
A szégyen lelkirezgésszint-spektrum napitartósság-értékei (%)	0,1	0,1	1,0	3,8	4,7	8,6	24,9	11,6	17,2	21,7	6,3		

I/16. ábra: Az öröm lelkirezgésszint-spektruma és a hozzá tartozó érzelmi eloszlás

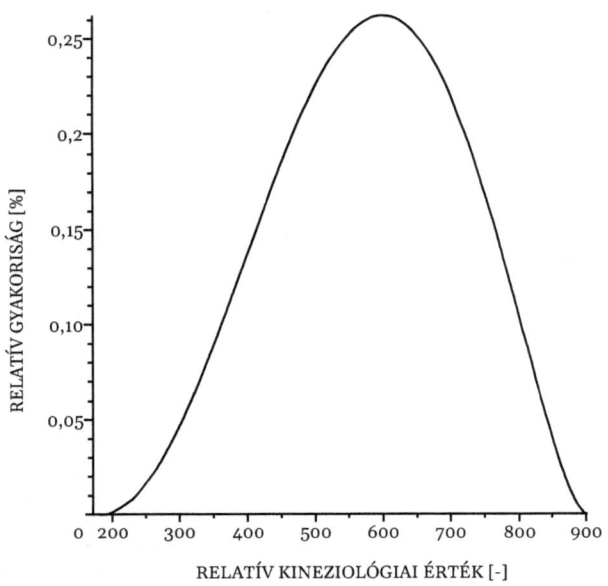

Érzelem	Büszkeség	Bátorság	Pártatlanság	Hajlandóság	Elfogadás	Észszerűség	Szeretet	Öröm	Béke	Megvilágosultság1	Megvilágosultság2	Megvilágosultság3
Hawkins-skála szerinti kineziológiai érték	175	200	250	310	350	400	500	540	600	700	701	950
Kineziológiai értéktartomány	175–199,9	200–249,9	250–309,9	310–349,9	350–399,9	400–499,9	500–539,9	540–599,9	600–699,9	700–1000		
A szégyen lelkirezgésszint-spektrum napitartósság-értékei (%)	0,1	0,5	1,1	2,6	10,6	6,4	11,7	23,1	23,0	20,9		

I/17. ábra: A béke lelkirezgésszint-spektruma és a hozzá tartozó érzelmi eloszlás

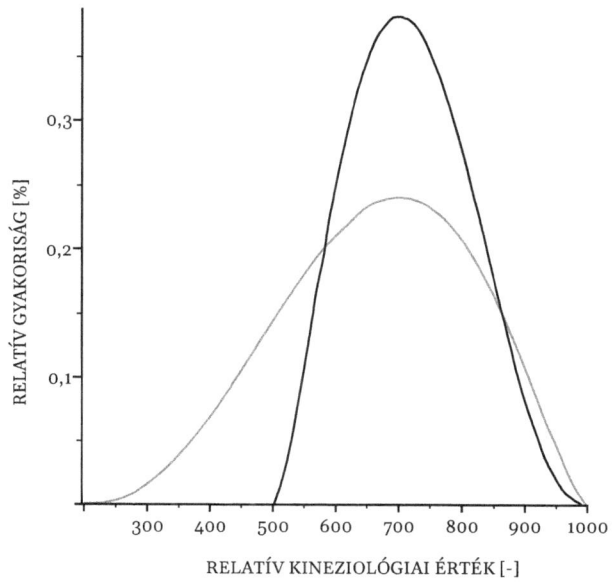

Érzelem	Büszkeség	Bátorság	Pártatlanság	Hajlandóság	Elfogadás	Észszerűség	Szeretet	Öröm	Béke	Megvilágosultság1	Megvilágosultság2	Megvilágosultság3
Hawkins-skála szerinti kineziológiai érték	175	200	250	310	350	400	500	540	600	700	701	950
Kineziológiai értéktartomány	175–199,9	200–249,9	250–309,9	310–349,9	350–399,9	400–499,9	500–539,9	540–599,9	600–699,9	700–1000		
Megvilágosultság (1) lelkirezgésszint-spektrum napitartósság-értékei (%)	0,0	0,1	0,6	1,1	2,6	10,6	6,4	11,7	23,1	43,8		
Megvilágosultság (2) lelkirezgésszint-spektrum napitartósság-értékei (%)	0,0	0,0	0,0	0,0	0,0	0,0	1,3	10,1	33,8	54,8		

I/18. ábra: A megvilágosultság alsó tartományának lelkirezgésszint-spektruma és a hozzá tartozó érzelmi eloszlások

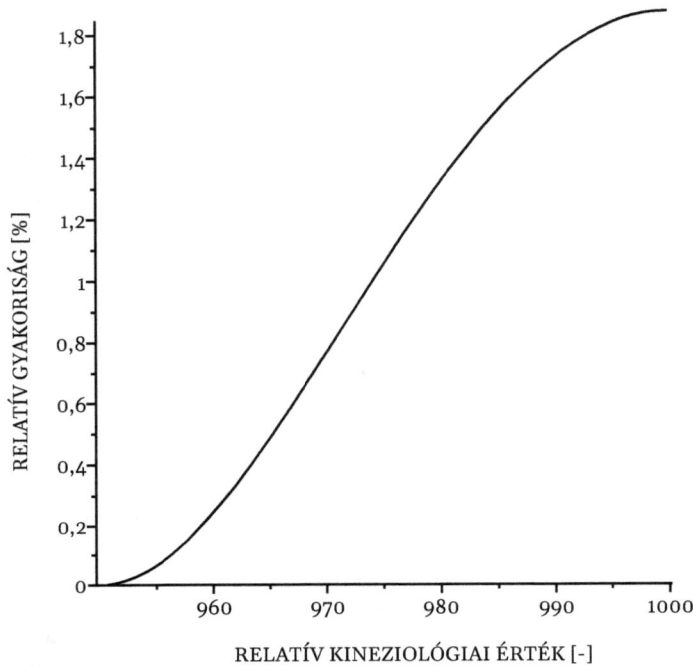

Érzelem	Szeretet	Öröm	Béke	Megvilágosultság1	Megvilágosultság2	Megvilágosultság3
Hawkins-skála szerinti kineziológiai érték	500	540	600	700	701	950
Kineziológiai értéktartomány	500–539,99	540–599,99	600–699,99	700–100		
A megvilágosultság felső tartományában a lelkirezgésszint-spektrum napitartósság-értékei (%)	0,0	0,0	0,0	100		

I/19. ábra: A megvilágosultság felső tartományának lelkirezgésszint-spektruma és a hozzá tartozó érzelmi eloszlások

II. Az érzelmi eloszlások összefoglaló táblázata

Ebben a mellékletben összefoglaltam neked az összes lelki rezgésszinthez tartozó átlagos érzelmi eloszlások értékeit. Így könnyen meg tudod nézni, hogy rád leginkább melyik érzelmi spektrum jellemző, amennyiben alaposan megfigyelted az érzéseidet, ahogy a főszövegben kértem.

Érzelem	Hawkins-skála szerinti kineziológiai érték	Kineziológiai értéktartomány	Szégyen lelkirezgésszint-spektrum napiartósság-értékei (%)	Bűntudat lelkirezgésszint-spektrum napiartósság-értékei (%)	Fásultság lelkirezgésszint-spektrum napiartósság-értékei (%)	Bánat lelkirezgésszint-spektrum napiartósság-értékei (%)
Szégyen	20	0 – 29,99	62,2	39	14,9	4,2
Bűntudat	30	30 – 49,9	25,1	37,2	29,1	14,7
Fásultság	50	50 – 74,9	12,2	21,5	35,6	30
Bánat	75	75 – 99,9	0,5	2,2	17,8	30,1
Félelem	100	100 – 124,9	0	0,1	2,5	17,6
Vágyakozás	125	125 – 149,9	0	0	0,1	3,3
Harag	150	150 – 174,9	0	0	0	0,1
Büszkeség	175	175 – 199,9	0	0	0	0
Bátorság	200	200 – 249,9	0	0	0	0
Pártatlanság	250	250 – 309,9	0	0	0	0
Hajlandóság	310	310 – 349,9	0	0	0	0
Elfogadás	350	350 – 399,9	0	0	0	0
Észszerűség	400	400 – 499,9	0	0	0	0
Szeretet	500	500 – 539,9	0	0	0	0
Öröm	540	540 – 599,9	0	0	0	0
Béke	600	600 – 699,9	0	0	0	0
Megvilágosultság1	700	700–1000	0	0	0	0
Megvilágosultság2	701	700–1000	0	0	0	0
Megvilágosultság3	950	700–1000	0	0	0	0

Érzelem	Hawkins-skála szerinti kineziológiai érték	Kineziológiai értéktartomány	Félelem lelkirezgésszint-spektrum napitartósság-értékei (%)	Vágyakozás lelkirezgésszint-spektrum napitartósság-értékei (%)	Harag lelkirezgésszint-spektrum napitartósság-értékei (%)	Büszkeség lelkirezgésszint-spektrum napitartósság-értékei (%)
Megvilágosultság3	950	700–1000	0	0	0	0
Megvilágosultság2	701	700–1000	0	0	0	0
Megvilágosultság1	700	700–1000	0	0	0	0
Béke	600	600–699,9	0	0	0	0
Öröm	540	540–599,9	0	0	0	0
Szeretet	500	500–539,9	0	0	0	0
Észszerűség	400	400–499,9	0	0	0	0
Elfogadás	350	350–399,9	0	0	0	0
Hajlandóság	310	310–349,9	0	0	0	0,1
Pártatlanság	250	250–309,9	0	0	0,1	8
Bátorság	200	200–249,9	0	0,1	11,2	24,4
Büszkeség	175	175–199,9	0,1	4,6	15,8	15,9
Harag	150	150–174,9	4	16,4	19,5	15,8
Vágyakozás	125	125–149,9	17	23,9	19,5	14,1
Félelem	100	100–124,9	26,5	24	16,3	10,9
Bánat	75	75–99,9	26,6	18,2	11	6,9
Fásultság	50	50–74,9	18,3	9,9	5,4	3,2
Bűntudat	30	30–49,9	6,4	2,6	1,1	0,6
Szégyen	20	0–29,99	1,1	0,3	0,1	0,1

Érzelem	Hawkins-skála szerinti kineziológiai érték	Kineziológiai értéktartomány	Bátorság lelkirezgésszint-spektrum napitartósság-értékei (%)	Pártatlanság lelkirezgésszint-spektrum napitartósság-értékei (%)	Hajlandóság lelkirezgésszint-spektrum napitartósság-értékei (%)	Elfogadás lelkirezgésszint-spektrum napitartósság-értékei (%)
Szégyen	20	0 – 29,99	0,1	0	0	0
Bűntudat	30	30 – 49,9	0,2	0,1	0	0
Fásultság	50	50 – 74,9	1,7	0,5	0,1	0
Bánat	75	75 – 99,9	4,4	1,7	0,3	0,1
Félelem	100	100 – 124,9	7,6	3,6	1	0,3
Vágyakozás	125	125 – 149,9	10,6	5,8	2,2	0,8
Harag	150	150 – 174,9	12,9	8,1	3,8	1,8
Büszkeség	175	175 – 199,9	14,2	10,2	5,6	3,2
Bátorság	200	200 – 249,9	27,1	24,5	16,9	11,2
Pártatlanság	250	250 – 309,9	18,9	28,6	27,5	21,9
Hajlandóság	310	310 – 349,9	2,2	12,4	18,9	17,9
Elfogadás	350	350 – 399,9	0,1	4,4	17,9	21,9
Észszerűség	400	400 – 499,9	0	0,1	5,8	20,8
Szeretet	500	500 – 539,9	0	0	0,1	0,1
Öröm	540	540 – 599,9	0	0	0	0
Béke	600	600 – 699,9	0	0	0	0
Megvilágosultság1	700	700–1000	0	0	0	0
Megvilágosultság2	701		0	0	0	0
Megvilágosultság3	950		0	0	0	0

Érzelem	Hawkins-skála szerinti kineziológiai érték	Kineziológiai értéktartomány	Észszerűség lelkiregésszint-spektrum napitartósság-értékei (%)	Szeretet lelkiregésszint-spektrum napitartósság-értékei (%)	Öröm lelkiregésszint-spektrum napitartósság-értékei (%)	Béke lelkiregésszint-spektrum napitartósság-értékei (%)
Megvilágosultság3	950	700–1000	0			
Megvilágosultság2	701	700–1000	0	4,2	6,3	20,9
Megvilágosultság1	700	700–1000	0			
Béke	600	600–699,9	0	16,7	21,7	23,0
Öröm	540	540–599,9	0,1	24,8	17,2	23,1
Szeretet	500	500–539,9	3,8	15,4	11,6	11,7
Észszerűség	400	400–499,9	37,0	9,5	24,9	6,4
Elfogadás	350	350–399,9	21,8	18,3	8,6	10,6
Hajlandóság	310	310–349,9	14,6	5,6	4,7	2,6
Pártatlanság	250	250–309,9	14,8	2,9	3,8	1,1
Bátorság	200	200–249,9	5,9	2,0	1,0	0,5
Büszkeség	175	175–199,9	1,2	0,4	0,1	0,1
Harag	150	150–174,9	0,5	0,1	0,1	0
Vágyakozás	125	125–149,9	0,2	0,1	0	0
Félelem	100	100–124,9	0,1	0	0	0
Bánat	75	75–99,9	0	0	0	0
Fásultság	50	50–74,9	0	0	0	0
Bűntudat	30	30–49,9	0	0	0	0
Szégyen	20	0–29,99	0	0	0	0

Érzelem	Hawkins-skála szerinti kineziológiai érték	Kineziológiai értéktartomány	Megvilágosultság ugrás előtti lelkirezgésszint-spektrum napitartósság-értékei (%)	Megvilágosultság ugrás utáni lelkirezgésszint-spektrum napitartósság-értékei (%)	Megvilágosultság felső tartományában a lelkirezgésszint-spektrum napitartósság-értékei (%)
Szégyen	20	0–29,99	0	0	0
Bűntudat	30	30–49,9	0	0	0
Fásultság	50	50–74,9	0	0	0
Bánat	75	75–99,9	0	0	0
Félelem	100	100–124,9	0	0	0
Vágyakozás	125	125–149,9	0	0	0
Harag	150	150–174,9	0	0	0
Büszkeség	175	175–199,9	0	0	0
Bátorság	200	200–249,9	0,1	0	0
Pártatlanság	250	250–309,9	0,6	0	0
Hajlandóság	310	310–349,9	1,1	0	0
Elfogadás	350	350–399,9	2,6	0	0
Észszerűség	400	400–499,9	10,6	0	0
Szeretet	500	500–539,9	6,4	1,3	0
Öröm	540	540–599,9	11,7	10,1	0
Béke	600	600–699,9	23,1	33,8	0
Megvilágosultság1	700	700–1000	43,8	54,8	100,0
Megvilágosultság2	701				
Megvilágosultság3	950				

III. melléklet:
A lelki rezgésszintekhez tartozó érzelmek gyűjteménye (érzelmi szinonimák)

Az alábbi táblázat az első kötetben is benne volt. Azonban ebben a kötetben ezt sokszor kell használnod, ezért ide is beletettem, és azóta kicsit ki is egészítettem. Önmagad vagy mások működésének mélyebb megértése szempontjából kifejezetten

Rezgésszint	Érték	Érzelmek
Szégyen	20	megaláztatás, gyalázat, gonoszság, öngyilkossági vágy, megvetettség, nyomorúság, fanatizmus, reménytelenség
Bűntudat	30	lelkiismeret-furdalás, lelkifurdalás, a bűnösség érzése, önutálat, paranoia, fóbia, rémület, iszony, kétségbeesés, céltévesztettség, önbüntetés, önostorozás
Fásultság	50	erőtlenség, tétlenség, elveszettség, tehetetlenség, üresség, érzéketlenség, értéktelenség, reménytelenség, nemtörődömség, lemondás, elítélés, elítéltség, eltaszítottság, elutasítottság, merevség, barátságtalanság, zordság, érzéketlenség, sivárság, lélektelenség, ridegség, kiégettség, életuntság, enerváltság, unottság, morcosság, távolságtartás, közönyösség, besavanyodottság, elkeseredettség, depresszió
Bánat	75	gyász, csüggedtség, önsajnálat, lenézés, lenézettség, a tragikusság érzése, bánkódás, búslakodás, szomorúság, keserűség, magány

fontos rálátnod, hogy melyik rezgésszinthez milyen érzelmek tartoznak. Az alábbi összefoglaló táblázat ebben segít neked:

Rezgésszint	Érték	Érzelmek
Félelem	100	kétségbeesés, szorongás, bizonytalanság, visszahúzódás, pesszimizmus, a fenyegetettség érzése, ijedtség, pánik, szorongás, riadalom, nyugtalanság, aggodalom, rettegés, riadtság, feszengés, aggály, féltékenység
Vágyakozás	125	addikció, sóvárgás, függőség, vágy, csalódottság, tagadás, szerencsétlenség, kudarc, vágyódás, szenvedély, áhítozás, epekedés, önbizalomhiány, kishitűség, kisebbrendűség, kompenzálás
Harag	150	ellenségesség, önvédelem, kritizálás, címkézés, bírálat, szembenállás, gyűlölet, vita, veszekedés, agresszió, erőszakosság, bosszú, düh, pusztítás, felháborodás, felindultság, indulat, méreg, idegesség, türelmetlenség, hatalomvágy, versengés, hibáztatás, demagógia, küzdelem, féltékenység, nacionalizmus, undor, idegesség, követelőzés
Büszkeség	175	beképzeltség, sznobság, prűdség, különbözőség, ítélkezés, bírálat, lekicsinyítés, viszonyítás, gőg, felfuvalkodottság, önzés, egoizmus, önérdekérvényesítés, birtoklás, kihasználás, kontroll, célorientáltság, beszűkültség, szabályok felett állás, ateizmus, önámítás, fölényesség, díszelgés, hiúság, önimádat, dölyfösség, önérzet, méltóság, önelégültség, kimértség, csőlátás, nárcisztikusság
Bátorság	200	szembenézés, megoldáscentrikusság, belátás, felelősségvállalás, megerősítés, bátorítás, aktivitás, egyenrangúság, megbocsátás, karakánság, lélekjelenlét, merészség, őszinteség

Rezgésszint	Érték	Érzelmek
Pártatlanság	250	megélés, reális énkép, átélés, felszabadulás, bizalom, semlegesség
Hajlandóság	315	lelkesedés, tudatosság, reményteliség, inspiráltság, motiváltság, tiszta szándék, kedv, akarat, törekvés, tetterő
Elfogadás	350	optimizmus, szabadság, egyensúly, önelfogadás, harmónia, elnéző látásmód, támogatás, segítség, megbocsájtás, jóvátétel, transzcendensség, könyörületesség
Észszerűség	400	objektivitás, racionalitás, idealizmus humanizmus, megértés, jelentőség, példamutatás, bölcsesség, igazságosság, tisztaság, erényesség, egyszerűség, következetesség, logikusság, tisztelet
Szeretet	500	önzetlenség, életszeretet, csodálat, egység, ártatlanság, türelem, alázat, áhitat, könyörületesség, szerénység, emelkedettség, hála, jóindulat, szolgálat
Öröm	550	derű, teljesség, életimádat, túlcsordultság, belső öröm, kedélyesség, derültség, jókedv, vidámság, életöröm, jókedv, boldogság, gondtalanság, felhőtlenség, gyönyör, mámor
Béke	600	áldottság, csend, rend, teljesség, tökéletes jelenlét, megnyugvás, nyugalom
Megvilágosultság	700	tökéletesség, csoda, fényesség, egomentesség, tökéletes egység, időtlenség, fényesség, tisztaság

IV. Törzsmantrák minden lelki rezgésszinthez

20–500-as lelki rezgésszint közötti általános mantra:

„A szabad akaratom tudatában kijelentem, hogy a félelem helyett a szeretetet választom."

<u>A lelki rezgésszintekhez kötött mantrák:</u>

- A szégyen lelki rezgésszintje: „Amíg élek, remélek!"
- A bűntudat lelki rezgésszintje: „Helyes cél = boldogabb élet!"
- A fásultság lelki rezgésszintje: „Kizárólag a következő apró lépésre koncentrálok!"
- A bánat lelki rezgésszintje: „Elengedem a ragaszkodást!"
- A félelem lelki rezgésszintje: „Becsülöm magamat!"
- A vágyakozás lelki rezgésszintje: „Egyenrangú vagyok másokkal!"
- A harag lelki rezgésszintje: „Jobb vagyok másoknál!"
- A büszkeség lelki rezgésszintje: „Őszinte vagyok önmagammal és másokkal!"
- A bátorság lelki rezgésszintje: „Megbocsájtom minden gyarlóságomat!"
- A pártatlanság lelki rezgésszintje: „Az önzetlenség boldoggá tesz!"

- A hajlandóság lelki rezgésszintje: „Kívül és belül mindent elfogadok!"
- Az elfogadás lelki rezgésszintje: „Elengedek minden kötést!"
- Az észszerűség lelki rezgésszintje: „A szeretet az ok-okozat felett áll!"
- A szeretet lelki rezgésszintje: „Teljes vagyok, tehát boldog vagyok!"
- Az öröm lelki rezgésszintje: „Alázattal fogadom az Élet áramlatait!"
- A béke lelki rezgésszintje: „Átadom magamat Istennek, feloldódom!"

V. melléklet: A lelkirezgésszint-spektrumok matematikai megoldásának részletes bemutatása

A matematikai módszer rövid leírása: Hálásan köszönöm dr. Klincsik Mihály matematikusnak, aki segített ennek a csodálatos rendszernek a matematikai kidolgozásában. A módszer elvi lényegét a 8. fejezetben mutattam be. Ez a melléklet azoknak szól, akik a matematika tudományának mélyebb ismerői, és szeretnék érteni a teljes matematikai megoldáscsomagot. Dr. Klincsik Mihály, miután elmondtam neki a peremfeltételeket és a szükséges matematikai megoldás menetét, első lépésként erre a feladatra alkalmas eloszlástípust keresett. Az általa javasolt eloszlástípus a PERT-eloszlás lett. A választás legfőbb oka, hogy ennek az eloszlásnak jellemző tulajdonsága, hogy egyszerűen képes jobbra és balra is dőlni! Továbbá lineáris kapcsolati helyzetek eloszlásának leírására szolgál. Az eloszlás kiválasztása után dr. Klincsik Mihály a 8. fejezetben bemutatott peremfeltételek ismeretében felállította a peremfeltételekre és a Hawkins-skála értékeire illeszkedő PERT-eloszlású sűrűségfüggvényeket. Azoknál az eloszlásoknál, ahol a sűrűségfüggvény egyes szakaszai 0 alá vagy 1000 fölé kerültek, a tükrözés elvét alkalmaztuk.

A módszer pontossága: Amikor kutatókoromban mély áramlástani folyamatok kutatásával foglalkoztam, rájöttem, hogy minél összetettebb folyamatokkal foglalkozunk, vagy minél inkább energetikai szemszögből vizsgálunk egy rendszert, annál kevésbé lehet azt egzakt matematikával leírni. Egy turbulens áramlásban nem pontos áramképek, hanem áramkép-valószínűségek vannak, melyeknél azt tudjuk megmondani, hogy milyen állapot vagy helyzet milyen valószínűséggel fordul elő. Az emberi lélek egy összetett és pulzáló energiarendszer. Ezért választottam a matematikai leírására a valószínűségi eloszlások világát. A bemutatott függvények tehát nem egzakt „tűpontos" eredményeket adnak, hanem a legvalószínűbben kialakuló átlagértékeket. Saját kalibrációs kineziológiai méréseim azt mutatják, hogy a jelen könyvben bemutatott lelkirezgésszint-spektrumokat ábrázoló sűrűségfüggvények értékeitől 10–15%-os eltérés is lehet bármelyik irányba. De ezek a kilengések általában visszatendálnak a függvény értékei felé. Fontos kiemelni, hogy David R. Hawkins kutatásai logaritmikus léptékű kapcsolatot mutattak az egyes lelki rezgésszintek kineziológiai értékei között. A logaritmikus léptékezéssel tudta „összehúzni" egy áttekinthetőbb formára az eredményeit. Mi is megtartottuk ezt az összehúzott léptéket, melyet lineáris léptékként alkalmaztunk a sűrűségfüggvények felépítésekor. Az eredeti logaritmikus-megközelítés átláthatatlanná tette volna az eredményeket a hétköznapi olvasó számára. Ez a modelltorzítás is okozhat hibát ez eredményekben, de a saját érzékenységvizsgálataim azt mutatták, hogy ez elhanyagolható mértékű. Fontos még kiemelnem, hogy ez a csodálatos modell bár közelítő képet ad az emberi lélek fejlődésének lépéseiről, a fő célja a belső folyamataink mély megértése. Jelen modellrendszernek nem célja, hogy tudományos pontossággal megadja a lélek szerkezetét. Ennek elvégzése a jövő kutatóira-filozófusaira vár, hiszen több tízezer mérés szükséges ahhoz, hogy ez a modellrendszer tudományos értelemben is egzaktnak és elfogadottnak tekinthető legyen. A jövőbeni vizsgálatokat nehezíti az a saját tapasztalataim során igazolódott tény, hogy minél alacsonyabb egy kineziológus lelki rezgésszintje, annál pontlanabbul mér! Tehát magas lelki rezgésszintű kineziológusok, pszichológusok, fizikusok közös kitartó munkája szükséges a jelen modellrendszer formálásához, fejlesztéséhez, további finomításához.

Lelki rezgések közelítése PERT-folytonos eloszlással

> *restart*
> *with(plots)* :

0. Próba

Srségfüggvény általános paraméterekkel

> $f := unapply\left(\frac{(x-a)^{\alpha-1} \cdot (c-x)^{\beta-1}}{\text{Beta}(\alpha, \beta) \cdot (c-a)^{\alpha+\beta-1}}, x, a, b, c, \alpha, \beta\right)$

$$f := (x, a, b, c, \alpha, \beta) \mapsto \frac{(x-a)^{\alpha-1} \cdot (c-x)^{\beta-1}}{B(\alpha, \beta) \cdot (c-a)^{\alpha+\beta-1}} \tag{1.1}$$

A beta(α,β) függvény a gamma függvénnyel!
> *convert*(Beta(α, β), GAMMA)

$$\frac{\Gamma(\alpha)\,\Gamma(\beta)}{\Gamma(\alpha+\beta)} \tag{1.2}$$

Az α és β paraméterek az a,b,c paraméterekkel!
> $parameterek := \left[\alpha = 1 + 4 \cdot \frac{b-a}{c-a}, \beta = 1 + 4 \cdot \frac{c-b}{c-a}\right]$

$$parameterek := \left[\alpha = 1 + \frac{4(b-a)}{c-a}, \beta = 1 + \frac{4(c-b)}{c-a}\right] \tag{1.3}$$

> $F := unapply(eval(f(x, a, b, c, \alpha, \beta), parameterek), x, a, b, c)$

$$F := (x, a, b, c) \mapsto \frac{(x-a)^{\frac{4\cdot(b-a)}{c-a}} \cdot (c-x)^{\frac{4\cdot(c-b)}{c-a}}}{B\left(1 + \frac{4\cdot(b-a)}{c-a}, 1 + \frac{4\cdot(c-b)}{c-a}\right) \cdot (c-a)^{1 + \frac{4\cdot(b-a)}{c-a} + \frac{4\cdot(c-b)}{c-a}}} \tag{1.4}$$

> $simplify(diff(F(x, a, b, c), x))$; $solve(\%, x)$

$$\left(4\,(x-a)^{\frac{-4b+4a}{-c+a}}(-c+b)(c-x)^{\frac{-3c+4b-a}{-c+a}} - 4\,(c-x)^{\frac{-4c+4b}{-c+a}}(x-a)^{\frac{-4b+3a+c}{-c+a}}(-b+a)\right) \Big/ \left((-c+a)^6 B\left(\frac{-5c+a+4b}{-c+a}, \frac{-c+5a-4b}{-c+a}\right)\right)$$

$$b, a, c \tag{1.5}$$

Próba, amely a Wikipedia https://en.wikipedia.org/wiki/PERT_distribution oldalán szerepel!
> $proba\_ABC := [a = 0, b = 20, c = 100]$

$$proba\_ABC := [a = 0, b = 20, c = 100] \tag{1.6}$$

> $PDF\_proba := eval(eval(f(x, a, b, c, \alpha, \beta), eval(parameterek, proba\_ABC)), proba\_ABC)$

$$PDF\_proba := \frac{x^{4/5}\,(100-x)^{16/5}}{112640000\,\pi \csc\left(\frac{\pi}{5}\right)} \tag{1.7}$$

> *with(ColorTools)* :

$S1 := Color([0.196, 0.6, 0.8]); S2 := Color([0.2, 0.2, 0.75]); S3 := Color([0.7, 0.2, 0.9]);$
$S4 := Color([0.3, 0.5, 0.2]); S5 := Color([0.5, 0.2, 0.9]); S6 := Color([0.1, 0.4, 0.2]);$
$S7 := Color([0.8, 0.4, 0.2]); S8 := Color([0.1, 0.7, 0.8]); S9 := Color([0.1, 0.5, 0.2]);$
$S10 := Color([0.2, 0.7, 0.1]); S11 := Color([0.7, 0.2, 0.1]); S12 := Color([0.4, 0.2, 0.6]); S13 := Color([0.7, 0.3, 0.4]); S14 := Color([1, 0, 0]); S15 := Color([0, 1, 0]);$
$S16 := Color([0, 0, 1]); S17 := Color([0.7, 0.7, 0.1]); S18 := Color([0.5, 0.5, 0.5])$

$S1 := \langle RGB : 0.196\ 0.6\ 0.8 \rangle$
$S2 := \langle RGB : 0.2\ 0.2\ 0.75 \rangle$
$S3 := \langle RGB : 0.7\ 0.2\ 0.9 \rangle$
$S4 := \langle RGB : 0.3\ 0.5\ 0.2 \rangle$
$S5 := \langle RGB : 0.5\ 0.2\ 0.9 \rangle$
$S6 := \langle RGB : 0.1\ 0.4\ 0.2 \rangle$
$S7 := \langle RGB : 0.8\ 0.4\ 0.2 \rangle$
$S8 := \langle RGB : 0.1\ 0.7\ 0.8 \rangle$
$S9 := \langle RGB : 0.1\ 0.5\ 0.2 \rangle$
$S10 := \langle RGB : 0.2\ 0.7\ 0.1 \rangle$
$S11 := \langle RGB : 0.7\ 0.2\ 0.1 \rangle$
$S12 := \langle RGB : 0.4\ 0.2\ 0.6 \rangle$
$S13 := \langle RGB : 0.7\ 0.3\ 0.4 \rangle$
$S14 := \langle RGB : 1\ 0\ 0 \rangle$
$S15 := \langle RGB : 0\ 1\ 0 \rangle$
$S16 := \langle RGB : 0\ 0\ 1 \rangle$
$S17 := \langle RGB : 0.7\ 0.7\ 0.1 \rangle$
$S18 := \langle RGB : 0.5\ 0.5\ 0.5 \rangle$

(1.8)

> $plot(PDF\_proba, x = 0..100, color = S14, thickness = 3)$

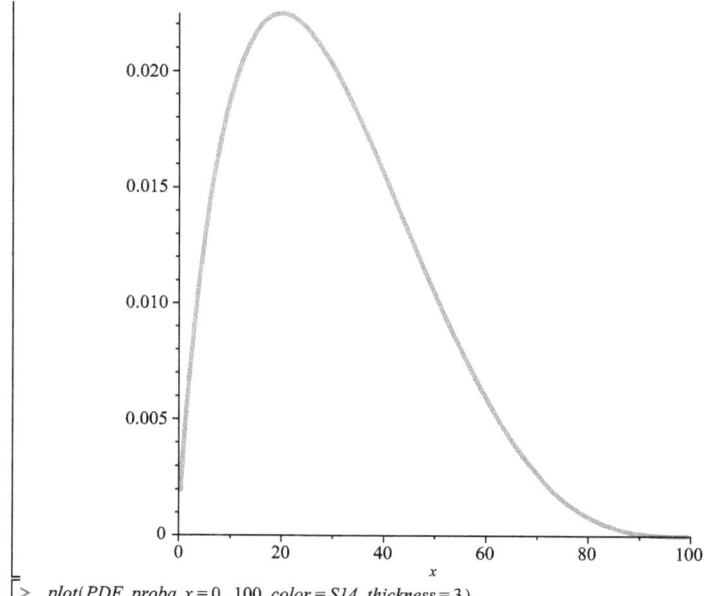

> $plot(PDF\_proba, x = 0..100, color = S14, thickness = 3)$

447

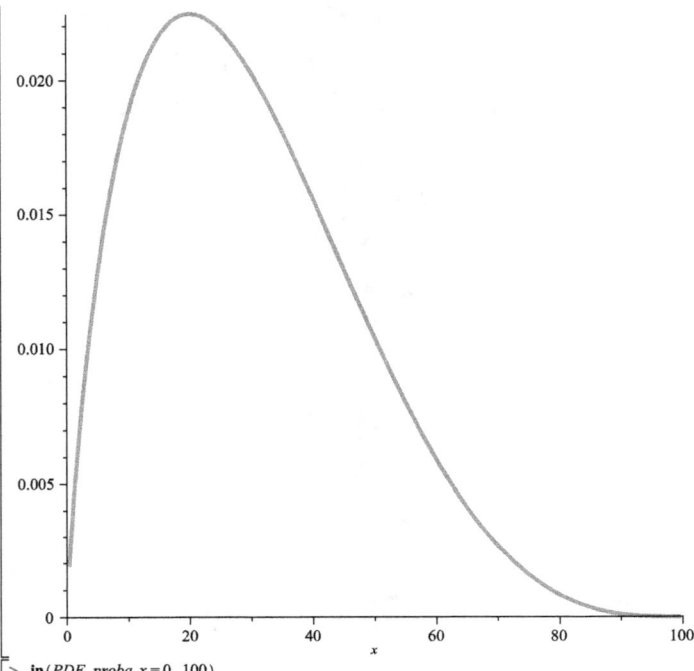

> **in**($PDF\_proba, x = 0..100$)

$$\frac{x^{4/5}(100-x)^{16/5}}{112640000 \, \pi \, \csc\left(\frac{\pi}{5}\right)} \in (x = 0..100) \tag{1.9}$$

Várhatóérték

> $\mu := int(x \cdot PDF\_proba, x = 0..100); eval\left(\frac{(a + 4 \cdot b + c)}{6}, proba\_ABC\right)$

$$\mu := 30$$
$$30 \tag{1.10}$$

> $egyenlet := Int(PDF\_proba, x = 0..t) = 0.5; M := fsolve(\%, t)$

$$egyenlet := \int_0^t \frac{x^{4/5}(100-x)^{16/5}}{112640000 \, \pi \, \csc\left(\frac{\pi}{5}\right)} \, dx = 0.5$$

$$M := 27.66722594 \tag{1.11}$$

Medián értéke

> $kozelito\_M := \frac{(a + 6 \cdot b + c)}{8}; evalf(eval(\%, proba\_ABC))$

$$kozelito\_M := \frac{a}{8} + \frac{3b}{4} + \frac{c}{8}$$
$$27.50000000 \tag{1.12}$$

> $int(PDF\_proba, x = M..100)$

$$0.5000000000 \tag{1.13}$$

>

1. Szégyen (tükrözés alulról)

1.   Szégyen   20   -30   87,5

> $szegyen\_ABC := [a = -30, b = 20, c = 87.5]$;
> $PDF\_szegyen := unapply(eval(eval(100 \cdot f(x, a, b, c, \alpha, \beta), eval(parameterek, szegyen\_ABC)), szegyen\_ABC), x)$;
> $kep\_szegyen := plot(PDF\_szegyen(x), x = -30 .. 87.5, color = S1)$

$$szegyen\_ABC := [a = -30, b = 20, c = 87.5]$$

$$PDF\_szegyen := x \mapsto 1.293240954 \times 10^{-7} \cdot (x + 30)^{1.702127660} \cdot (87.5 - x)^{2.297872340}$$

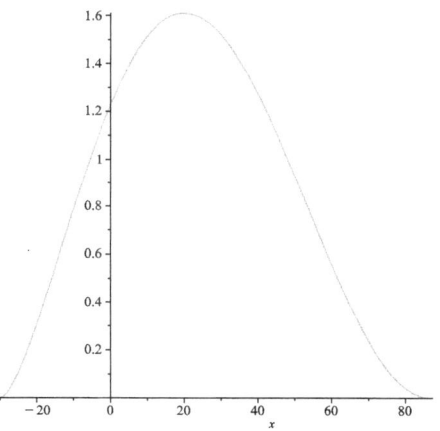

> $tukrozes1 := piecewise(0 \leq x \leq 30, PDF\_szegyen(x) + PDF\_szegyen(-x), 30 \leq x \leq 87.5, PDF\_szegyen(x))$;
> $kep\_tukrozes1 := plot(tukrozes1, x = 0 .. 87.5, color = S1)$

$$tukrozes1 := \begin{cases} 1.293240954 \times 10^{-7} (x + 30)^{1.702127660} (87.5 - x)^{2.297872340} + 1.293240954 \times 10^{-7} (30 - x)^{1.} \\ 1.293240954 \times 10^{-7} (x + 30)^{1.702127660} (87.5 - x)^{2.297872340} \end{cases}$$

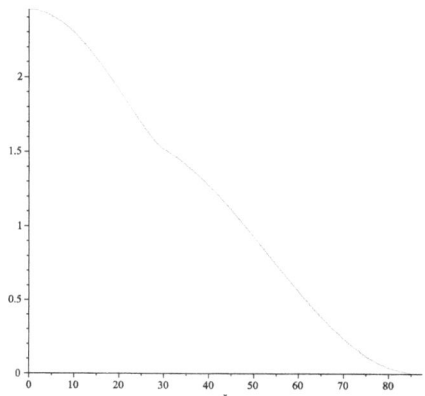

2. Bűntudat (tükrözés alulról)

```
[2.            Bűntudat      30       2         100
 > buntudat_ABC := [a = 2, b = 30, c = 100];
 > PDF_buntudat := unapply( eval( eval( 100· f(x, a, b, c, α, β)), eval(parameterek,
     buntudat_ABC) ), buntudat_ABC), x);
 > kep_buntudat := plot(PDF_buntudat(x), x = 2..100, color = S2)
```

$$\overline{buntudat\_ABC} := [a = 2, b = 30, c = 100]$$

$$PDF\_buntudat := x \mapsto \frac{25 \cdot (x-2)^{8/7} \cdot (100-x)^{20/7}}{2259801992 \cdot B\left(\frac{15}{7}, \frac{27}{7}\right)}$$

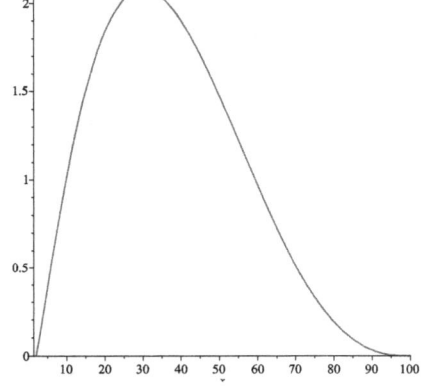

```
 > tukrozes2 := piecewise(0 ≤ x ≤ 0, PDF_buntudat(x) + PDF_buntudat(- x) , 2 ≤ x ≤ 100,
     PDF_buntudat(x) );
   kep_tukrozes2 := plot(tukrozes2, x = 2..100, color = S2)
 tukrozes2 :=
```

$$\left\{ \begin{array}{ll} \dfrac{25\,(x-2)^{8/7}\,(100-x)^{20/7}}{2259801992\,B\left(\dfrac{15}{7},\dfrac{27}{7}\right)} + \dfrac{25\,(-x-2)^{8/7}\,(100+x)^{20/7}}{2259801992\,B\left(\dfrac{15}{7},\dfrac{27}{7}\right)} & 0 \le x \le 0 \\[2ex] \dfrac{25\,(x-2)^{8/7}\,(100-x)^{20/7}}{2259801992\,B\left(\dfrac{15}{7},\dfrac{27}{7}\right)} & 2 \le x \le 100 \end{array} \right.$$

3. Fásultság (tükr,özés alulról)

```
[3.           Fásultság    50        4              125
> fasultsag_ABC := [a = 4, b = 50, c = 125];
> PDF_fasultsag := unapply(eval(eval(100· f(x, a, b, c, α, β), eval(parameterek,
    fasultsag_ABC)), fasultsag_ABC), x);
> kep_fasultsag := plot(PDF_fasultsag(x), x = 4 ..125, color = S3)
```

$$fasultsag\_ABC := [a = 4, b = 50, c = 125]$$

$$PDF\_fasultsag := x \mapsto \frac{100 \cdot (x - 4)^{\frac{184}{121}} \cdot (125 - x)^{\frac{300}{121}}}{25937424601 \cdot B\left(\frac{305}{121}, \frac{421}{121}\right)}$$

```
> tukrozes3 := piecewise(0 ≤ x ≤ 0, PDF_fasultsag(x) + PDF_fasultsag(- x) , 4 ≤ x ≤ 125,
    PDF_fasultsag(x) );
  kep_tukrozes3 := plot(tukrozes3, x = 4 ..125, color = S3)
tukrozes3 :=
```

$$\begin{cases} \dfrac{100\,(x - 4)^{\frac{184}{121}}\,(125 - x)^{\frac{300}{121}}}{25937424601\,B\left(\dfrac{305}{121}, \dfrac{421}{121}\right)} + \dfrac{100\,(-x - 4)^{\frac{184}{121}}\,(125 + x)^{\frac{300}{121}}}{25937424601\,B\left(\dfrac{305}{121}, \dfrac{421}{121}\right)} & 0 \le x \le 0 \\[2ex] \dfrac{100\,(x - 4)^{\frac{184}{121}}\,(125 - x)^{\frac{300}{121}}}{25937424601\,B\left(\dfrac{305}{121}, \dfrac{421}{121}\right)} & 4 \le x \le 125 \end{cases}$$

4. Bánat (Szimmetrikus)

[4.   Bánat   75   6   150

> $banat\_ABC := [a = 6, b = 75, c = 150]$;
> $PDF\_banat := eval(eval(100 \cdot f(x, a, b, c, \alpha, \beta), eval(parameterek, banat\_ABC))$,
> $banat\_ABC)$;
> $kep\_banat := plot(PDF\_banat, x = 6 .. 150, color = S4)$

$$banat\_ABC := [a = 6, b = 75, c = 150]$$

$$PDF\_banat := \frac{5 (x - 6)^{23/12} (150 - x)^{25/12}}{8525088 \, \pi \csc\left(\frac{\pi}{12}\right)}$$

5. Félelem

[5.   Félelem   100   8   175

> $felelem\_ABC := [a = 8, b = 100, c = 175]$;
> $PDF\_felelem := eval(eval(100 \cdot f(x, a, b, c, \alpha, \beta), eval(parameterek, felelem\_ABC))$,
> $felelem\_ABC)$;
> $kep\_felelem := plot(PDF\_felelem, x = 8 .. 175, color = S5)$

$$felelem\_ABC := [a = 8, b = 100, c = 175]$$

$$PDF\_felelem := \frac{100 (x - 8)^{\frac{368}{167}} (175 - x)^{\frac{300}{167}}}{129891985607 \, B\left(\frac{467}{167}, \frac{535}{167}\right)}$$

6. Vágyakozás

```
6.          Vágyakozás    125         10,0        200
> vagyakozas_ABC := [a = 10, b = 125, c = 200];
> PDF_vagyakozas := eval(eval(100· f(x, a, b, c, α, β), eval(parameterek, vagyakozas_ABC))),
    vagyakozas_ABC);
> kep_vagyakozas := plot(PDF_vagyakozas, x = 10 ..200, color = S6)
```

$$vagyakozas\_ABC := [a = 10, b = 125, c = 200]$$

$$PDF\_vagyakozas := \frac{(x-10)^{46/19} (200-x)^{30/19}}{2476099000 \, B\left(\frac{49}{19}, \frac{65}{19}\right)}$$

7. Harag

```
7.          Harag         150         15,0        250
> harag_ABC := [a = 15, b = 150, c = 250];
> PDF_harag := eval(eval(100· f(x, a, b, c, α, β), eval(parameterek, harag_ABC))),
    harag_ABC);
> kep_harag := plot(PDF_harag, x = 15 ..250, color = S7)
```

$$harag\_ABC := [a = 15, b = 150, c = 250]$$

$$PDF\_harag := \frac{4 \, (x-15)^{\frac{108}{47}} (250-x)^{80/47}}{28668125875 \, B\left(\frac{127}{47}, \frac{155}{47}\right)}$$

8. Büszkeség

[8.   Büszkeség   175   20   310
> $buszkeseg\_ABC := [a = 20, b = 175, c = 310]$;
> $PDF\_buszkeseg := eval(eval(100 \cdot f(x, a, b, c, \alpha, \beta), eval(parameterek, buszkeseg\_ABC))$,
  $buszkeseg\_ABC)$;
> $kep\_buszkeseg := plot(PDF\_buszkeseg, x = 20..310, color = S8)$

$$buszkeseg\_ABC := [a = 20, b = 175, c = 310]$$

$$PDF\_buszkeseg := \frac{(x-20)^{62/29} (310-x)^{54/29}}{20511149000 \, B\left(\frac{83}{29}, \frac{91}{29}\right)}$$

9. Bátorság

[9.   Bátorság   200   25   350
> $batorsag\_ABC := [a = 25, b = 200, c = 350]$;
> $PDF\_batorsag := eval(eval(100 \cdot f(x, a, b, c, \alpha, \beta), eval(parameterek, batorsag\_ABC))$,
  $batorsag\_ABC)$;
> $kep\_batorsag := plot(PDF\_batorsag, x = 25..360, color = S9)$

$$batorsag\_ABC := [a = 25, b = 200, c = 350]$$

$$PDF\_batorsag := \frac{4 (x-25)^{28/13} (350-x)^{24/13}}{145036328125 \, B\left(\frac{37}{13}, \frac{41}{13}\right)}$$

10. Pártatlanság

```
[10.          Pártatlanság    250          30          400
> partatlansag_ABC := [a = 30, b = 250, c = 400];
> PDF_partatlansag := eval(eval(100· f(x, a, b, c, α, β), eval(parameterek,
    partatlansag_ABC)), partatlansag_ABC);
> kep_partatlansag := plot(PDF_partatlansag, x = 30 ..400, color = S10)
```

$$partatlansag\_ABC := [a = 30, b = 250, c = 400]$$

$$PDF\_partatlansag := \frac{(x - 30)^{88/37} (400 - x)^{60/37}}{69343957000 \, B\left(\frac{97}{37}, \frac{125}{37}\right)}$$

11. Hajlandóság

```
[11.         Hajlandóság    310         50         450
> hajlandosag_ABC := [a = 50, b = 310, c = 450];
> PDF_hajlandosag := eval(eval(100· f(x, a, b, c, α, β), eval(parameterek,
    hajlandosag_ABC)), hajlandosag_ABC);
> kep_hajlandosag := plot(PDF_hajlandosag, x = 50 ..450, color = S11)
```

$$hajlandosag\_ABC := [a = 50, b = 310, c = 450]$$

$$PDF\_hajlandosag := \frac{(x - 50)^{13/5} (450 - x)^{7/5}}{1192755200 \, \pi \csc\left(\frac{2\pi}{5}\right)}$$

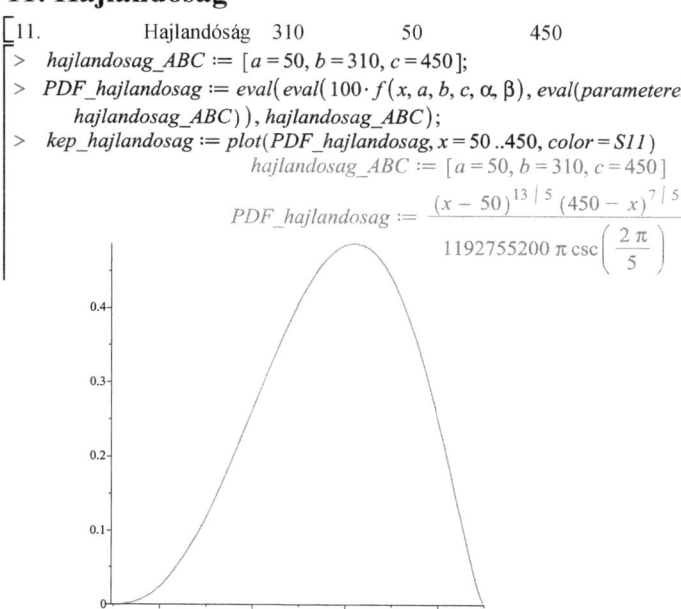

12. Elfogadás

| 12. | Elfogadás | 350 | 75 | 500 |

> $elfogadas\_ABC := [a = 75, b = 350, c = 500];$
> $PDF\_elfogadas := eval(eval(100 \cdot f(x, a, b, c, \alpha, \beta), eval(parameterek, elfogadas\_ABC))),$
> $elfogadas\_ABC);$
> $kep\_elfogadas := plot(PDF\_elfogadas, x = 75 ..500, color = S12)$

$$elfogadas\_ABC := [a = 75, b = 350, c = 500]$$

$$PDF\_elfogadas := \frac{4\,(x - 75)^{44/17}\,(500 - x)^{24/17}}{554631640625\,B\left(\frac{41}{17}, \frac{61}{17}\right)}$$

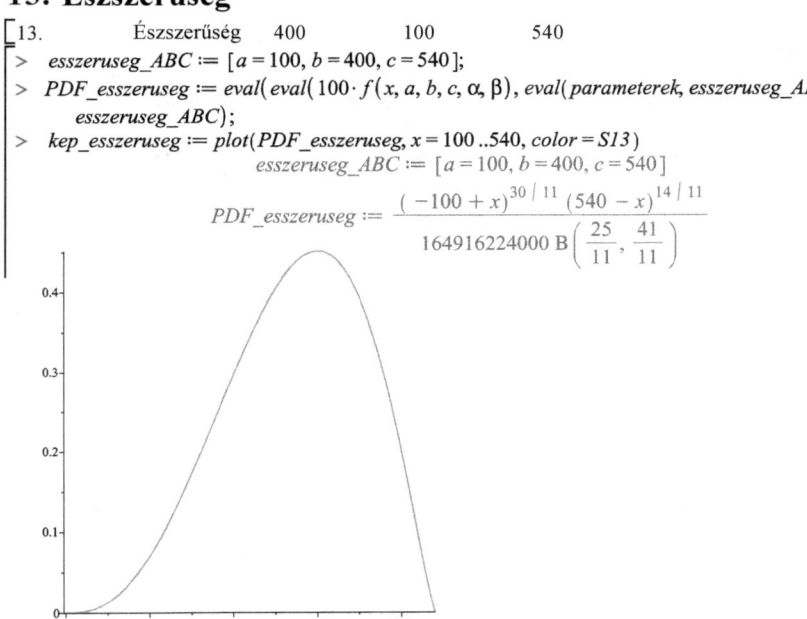

13. Észszerűség

| 13. | Észszerűség | 400 | 100 | 540 |

> $esszeruseg\_ABC := [a = 100, b = 400, c = 540];$
> $PDF\_esszeruseg := eval(eval(100 \cdot f(x, a, b, c, \alpha, \beta), eval(parameterek, esszeruseg\_ABC))),$
> $esszeruseg\_ABC);$
> $kep\_esszeruseg := plot(PDF\_esszeruseg, x = 100 ..540, color = S13)$

$$esszeruseg\_ABC := [a = 100, b = 400, c = 540]$$

$$PDF\_esszeruseg := \frac{(-100 + x)^{30/11}\,(540 - x)^{14/11}}{164916224000\,B\left(\frac{25}{11}, \frac{41}{11}\right)}$$

14. Szeretet

```
[14.          Szeretet    500        125         700
> szeretet_ABC := [a = 125, b = 500, c = 700];
> PDF_szeretet := eval(eval(100· f(x, a, b, c, α, β), eval(parameterek, szeretet_ABC)),
    szeretet_ABC);
> kep_szeretet := plot(PDF_szeretet, x = 125 ..700, color = S14)
```

$$szeretet\_ABC := [a = 125, b = 500, c = 700]$$

$$PDF\_szeretet := \frac{4\,(x - 125)^{60/23}\,(700 - x)^{32/23}}{2514196484375\,\mathrm{B}\!\left(\frac{55}{23}, \frac{83}{23}\right)}$$

15. Öröm

```
[15.          Öröm       540        150         800
> orom_ABC := [a = 150, b = 540, c = 800];
> PDF_orom := eval(eval(100· f(x, a, b, c, α, β), eval(parameterek, orom_ABC)),
    orom_ABC);
> kep_orom := plot(PDF_orom, x = 150 ..800, color = S15)
```

$$orom\_ABC := [a = 150, b = 540, c = 800]$$

$$PDF\_orom := \frac{(x - 150)^{12/5}\,(800 - x)^{8/5}}{12475444800\,\pi\,\csc\!\left(\frac{2\,\pi}{5}\right)}$$

16. Béke

```
[16.           Béke         600         175        900
> beke_ABC := [a = 175, b = 600, c = 900];
> PDF_beke := eval( eval( 100· f(x, a, b, c, α, β)), eval(parameterek, beke_ABC)), beke_ABC);
> kep_beke := plot(PDF_beke, x = 175 ..900, color = S16)
```

$$beke\_ABC := [a = 175, b = 600, c = 900]$$

$$PDF\_beke := \frac{4 \, (x - 175)^{68/29} \, (900 - x)^{48/29}}{8012167578125 \, B\left(\dfrac{77}{29}, \dfrac{97}{29}\right)}$$

17. Megvilágosodás1 (min) tükrözés felülrl

```
[17.         Megvilágosultság (min)   700        200        1000
> megvilagosodas1_ABC := [a = 200, b = 700, c = 1000];
> PDF_megvilagosodas1 := unapply( eval( eval( 100· f(x, a, b, c, α, β)), eval(parameterek,
    megvilagosodas1_ABC)), megvilagosodas1_ABC), x);
> kep_megvilagosodas1 := plot(PDF_megvilagosodas1(x), x = 200 ..1000, color = S17)
```

$$megvilagosodas1\_ABC := [a = 200, b = 700, c = 1000]$$

$$PDF\_megvilagosodas1 := x \mapsto \frac{(x - 200)^{5/2} \cdot (1000 - x)^{3/2}}{38400000000 \cdot \pi}$$

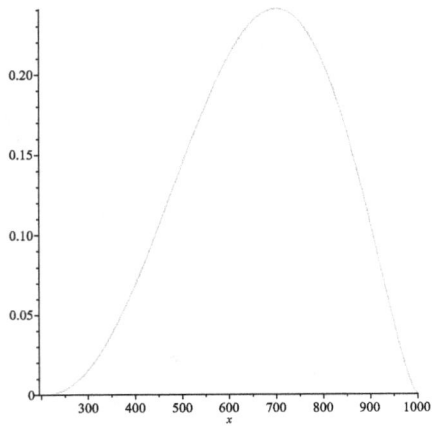

tukrozes1_jobbrol := *unapply*(*piecewise*(200 ≤ x ≤ 1000, *PDF_megvilagosodas1*(x), 1000 ≤ x ≤ 1000, *PDF_megvilagosodas1*(x) + *PDF_megvilagosodas1*(2000 − x)), x);
kep_megvilagosodas1_tukor := *plot*(*tukrozes1_jobbrol*(x), x = 200..1000, *color* = S17)
krozes1_jobbrol := x

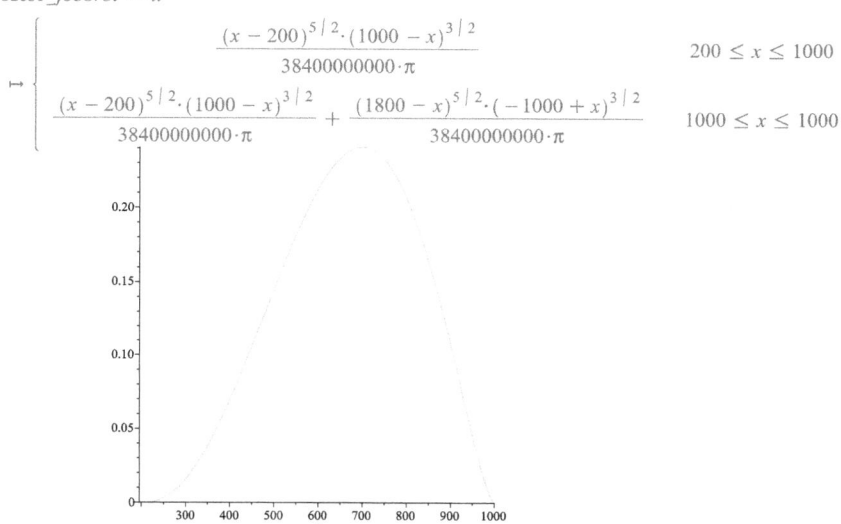

18. Megvilágosodás2 (min) tükrözés felülrl

[17.   Megvilágosodás (min)   700   500   1000
> *megvilagosodas2_ABC* := [a = 500, b = 700, c = 1000];
> *PDF_megvilagosodas2* := *unapply*(*eval*(*eval*(100·f(x, a, b, c, α, β), *eval*(*parameterek*, *megvilagosodas2_ABC*)), *megvilagosodas2_ABC*), x);
> *kep_megvilagosodas2* := *plot*(*PDF_megvilagosodas2*(x), x = 500..1000, *color* = S18)

$$megvilagosodas2\_ABC := [a = 500, b = 700, c = 1000]$$

$$PDF\_megvilagosodas2 := x \mapsto \frac{(x - 500)^{8/5} \cdot (1000 - x)^{12/5}}{3360000000 \cdot \pi \cdot \csc\left(\frac{2 \cdot \pi}{5}\right)}$$

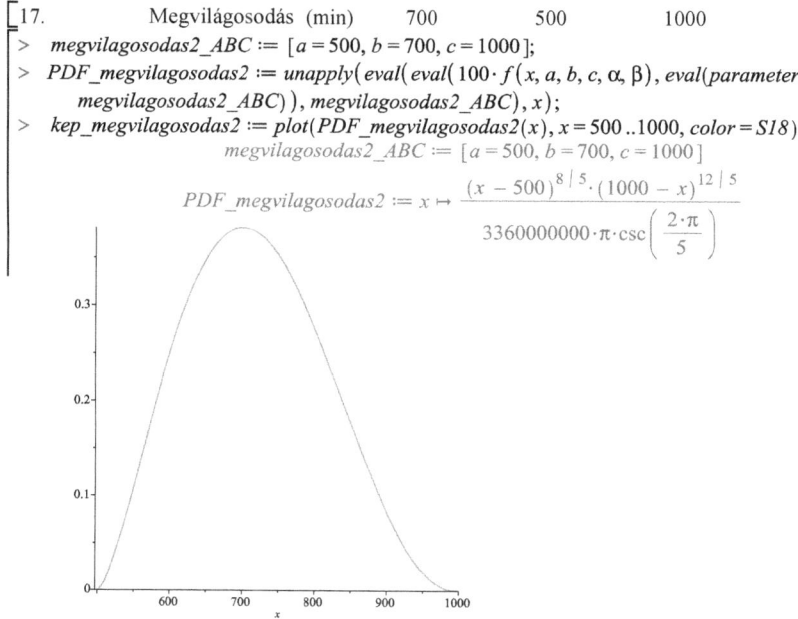

19. Megvilágosodás (max) tükrözés felülrl

[19.   Megvilágosultság (max)   1000   950   1050
> *megvilagosodas3_ABC* := [*a* = 950, *b* = 1000, *c* = 1050];
> *PDF_megvilagosodas3* := *unapply*(*eval*(*eval*(100· *f*(*x*, *a*, *b*, *c*, α, β), *eval*(*parameterek*, *megvilagosodas3_ABC*)), *megvilagosodas3_ABC*), *x*);
> *kep_megvilagosodas3* := *plot*(*PDF_megvilagosodas3*(*x*), *x* = 950..1000, *color* = *S18*)

$$megvilagosodas3\_ABC := [a = 950, b = 1000, c = 1050]$$

$$PDF\_megvilagosodas3 := x \mapsto \frac{3 \cdot (x - 950)^2 \cdot (1050 - x)^2}{10000000}$$

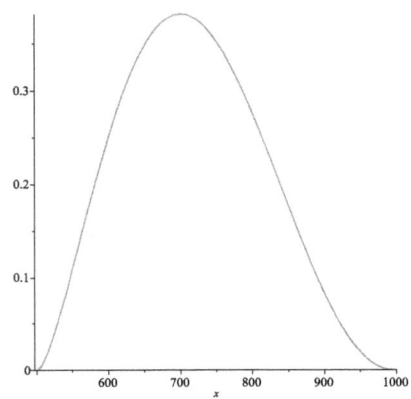

> *tukrozes3_jobbrol* := *piecewise*(950 ≤ *x* ≤ 1000, *PDF_megvilagosodas3*(*x*) + *PDF_megvilagosodas3*(2000 − *x*));
  kep_megvilagosodas3_tukor := *plot*(*tukrozes3_jobbrol*, *x* = 950..1000, *color* = *S18*)

$$tukrozes3\_jobbrol := \begin{cases} \dfrac{3\,(x - 950)^2\,(1050 - x)^2}{5000000} & 950 \leq x \leq 1000 \\ 0 & otherwise \end{cases}$$

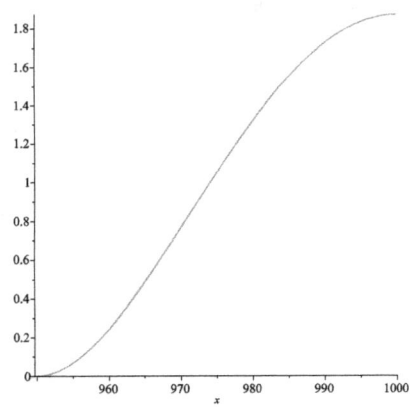

> *display(kep_tukrozes1, kep_tukrozes2, kep_tukrozes3, kep_banat, kep_felelem, kep_vagyakozas,*
  kep_harag, kep_buszkeseg, kep_batorsag, kep_partatlansag, kep_hajlandosag,
  kep_elfogadas, kep_esszeruseg, kep_szeretet, kep_orom, kep_beke,
  kep_megvilagosodas1_tukor, kep_megvilagosodas2_tukor, kep_megvilagosodas3_tukor,
  title = "A 18 lelki rezgés eloszlása a szükséges tükrözéssel")

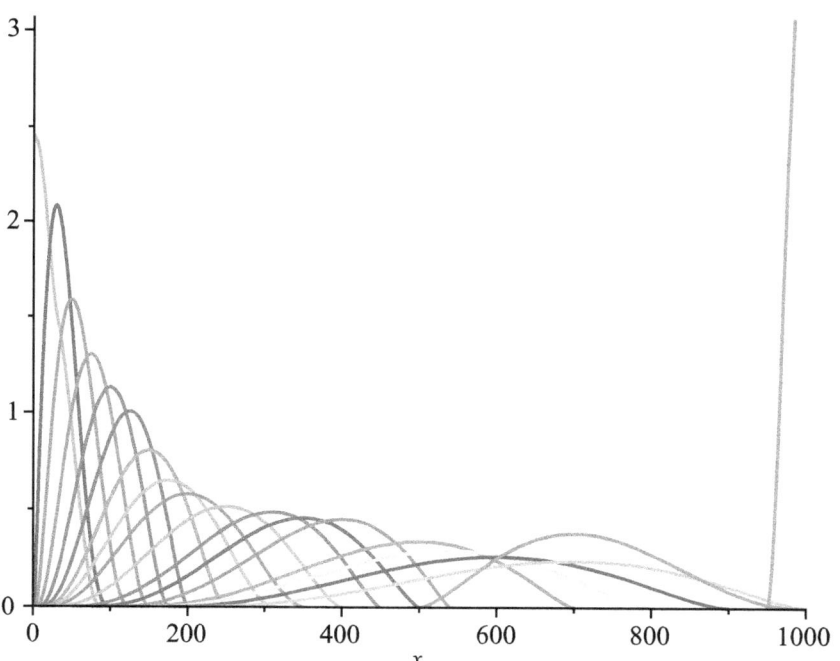

> kimutatas_banat := [seq(evalf(int(pdf4, x = bal[k]..jobb[k], numeric), 3), k = 1..18)];
add(%[k], k = 1..nops(%))

$$pdf4 := \begin{cases} \dfrac{5(x-6)^{23/12}(150-x)^{25/12}}{8525088\,\pi\,\csc\left(\dfrac{\pi}{12}\right)} & 6 \le x \le 150 \\ 0 & \text{otherwise} \end{cases}$$

kimutatas_banat := [4.19, 14.8, 30.0, 30.1, 17.6, 3.36, 0., 0., 0., 0., 0., 0., 0., 0., 0., 0., 0., 0.]

$$100.05 \tag{6}$$

> pdf5 := piecewise(eval(a, felelem_ABC) ≤ x ≤ eval(c, felelem_ABC), PDF_felelem, 0);
> kimutatas_felelem := [seq(evalf(int(pdf5, x = bal[k]..jobb[k], numeric), 3), k = 1..18)];
> add(kimutatas_felelem[k], k = 1..nops(kimutatas_felelem))

$$pdf5 := \begin{cases} \dfrac{100(x-8)^{\frac{368}{167}}(175-x)^{\frac{300}{167}}}{129891985607\,B\left(\dfrac{467}{167}, \dfrac{535}{167}\right)} & 8 \le x \le 175 \\ 0 & \text{otherwise} \end{cases}$$

kimutatas_felelem := [1.15, 6.41, 18.3, 26.6, 26.5, 17.0, 4.03, 0., 0., 0., 0., 0., 0., 0., 0., 0., 0., 0.]

$$99.99 \tag{7}$$

>
> pdf6 := piecewise(eval(a, vagyakozas_ABC) ≤ x ≤ eval(c, vagyakozas_ABC), PDF_vagyakozas, 0)

$$pdf6 := \begin{cases} \dfrac{(x-10)^{46/19}(200-x)^{30/19}}{2476099000\,B\left(\dfrac{49}{19}, \dfrac{65}{19}\right)} & 10 \le x \le 200 \\ 0 & \text{otherwise} \end{cases} \tag{8}$$

> kimutatas_vagyakozas := [seq(evalf(int(pdf6, x = bal[k]..jobb[k], numeric), 3), k = 1..18)];
add(%[k], k = 1..nops(%))

kimutatas_vagyakozas := [0.323, 2.67, 9.87, 18.2, 24.0, 23.9, 16.4, 4.57, 0., 0., 0., 0., 0., 0., 0., 0., 0., 0.]

$$99.933 \tag{9}$$

>
> pdf7 := piecewise(eval(a, harag_ABC) ≤ x ≤ eval(c, harag_ABC), PDF_harag, 0)

$$pdf7 := \begin{cases} \dfrac{4(x-15)^{\frac{108}{47}}(250-x)^{80/47}}{28668125875\,B\left(\dfrac{127}{47}, \dfrac{155}{47}\right)} & 15 \le x \le 250 \\ 0 & \text{otherwise} \end{cases} \tag{10}$$

> kimutatas_harag := [seq(evalf(int(pdf7, x = bal[k]..jobb[k], numeric), 3), k = 1..18)];
add(%[k], k = 1..nops(%))

$kimutatas\_harag := [0.0924, 1.25, 5.39, 11.0, 16.3, 19.5, 19.5, 15.8, 11.2, 0., 0., 0., 0., 0., 0., 0., 0., 0.]$

$$100.0324 \qquad (11)$$

> $pdf8 := piecewise(eval(a, buszkeseg\_ABC) \le x \le eval(c, buszkeseg\_ABC), PDF\_buszkeseg, 0)$

$$pdf8 := \begin{cases} \dfrac{(x-20)^{62/29}(310-x)^{54/29}}{20511149000\, B\left(\dfrac{83}{29}, \dfrac{91}{29}\right)} & 20 \le x \le 310 \\ 0 & otherwise \end{cases} \qquad (12)$$

> $kimutatas\_buszkeseg := [seq(evalf(int(pdf8, x = bal[k]..jobb[k], numeric), 3), k = 1..18)];$
  $add(\%[k], k = 1..nops(\%))$

$kimutatas\_buszkeseg := [0.0233, 0.637, 3.20, 6.95, 10.9, 14.1, 15.9, 15.9, 24.4, 8.04, 0., 0., 0., 0., 0., 0., 0., 0.]$

$$100.0503 \qquad (13)$$

> $pdf9 := piecewise(eval(a, batorsag\_ABC) \le x \le eval(c, batorsag\_ABC), PDF\_batorsag, 0):$
> $kimutatas\_batorsag := [seq(evalf(int(pdf9, x = bal[k]..jobb[k], numeric), 3), k = 1..18)];$
  $add(\%[k], k = 1..nops(\%))$

$kimutatas\_batorsag := [0.00177, 0.257, 1.79, 4.44, 7.58, 10.6, 12.9, 14.2, 27.1, 18.9, 2.19, 0., 0., 0., 0., 0., 0., 0.]$

$$99.95877 \qquad (14)$$

>

> $pdf10 := piecewise(eval(a, partatlansag\_ABC) \le x \le eval(c, partatlansag\_ABC), PDF\_partatlansag, 0):$
> $kimutatas\_partatlansag := [seq(evalf(int(pdf10, x = bal[k]..jobb[k], numeric), 3), k = 1..18)];$
  $add(\%[k], k = 1..nops(\%))$

$kimutatas\_partatlansag := [0., 0.0410, 0.539, 1.76, 3.60, 5.81, 8.11, 10.2, 24.5, 28.6, 12.4, 4.46, 0., 0., 0., 0., 0., 0.]$

$$100.0200 \qquad (15)$$

>

> $pdf11 := piecewise(eval(a, hajlandosag\_ABC) \le x \le eval(c, hajlandosag\_ABC), PDF\_hajlandosag, 0):$
> $kimutatas\_hajlandosag := [seq(evalf(int(pdf11, x = bal[k]..jobb[k], numeric), 3), k = 1..18)]; add(\%[k], k = 1..nops(\%))$

$kimutatas\_hajlandosag := [0., 0., 0.0311, 0.320, 1.05, 2.23, 3.79, 5.61, 16.9, 27.5, 18.9, 17.9, 5.80, 0., 0., 0., 0., 0.]$

$$100.0311 \qquad (16)$$

>

> $pdf12 := piecewise(eval(a, elfogadas\_ABC) \le x \le eval(c, elfogadas\_ABC), PDF\_elfogadas, 0):$

> *kimutatas_elfogadas* := [*seq*(*evalf* (*int*(*pdf12*, *x* = *bal*[*k*] .. *jobb*[*k*], *numeric*), 3), *k* = 1 ..18)];
   add (%[*k*], *k* = 1 ..*nops* (%))
kimutatas_elfogadas := [0., 0., 0., 0.0262, 0.268, 0.876, 1.87, 3.20, 11.2, 21.9, 17.9, 21.9, 20.8, 0., 0., 0., 0., 0.]

$$99.9402 \tag{17}$$

> *pdf13* := *piecewise*(*eval*(*a, esszeruseg_ABC*) ≤ *x* ≤ *eval*(*c, esszeruseg_ABC*), *PDF_esszeruseg*, 0) :
> *kimutatas_esszeruseg* := [*seq*(*evalf* (*int*(*pdf13*, *x* = *bal*[*k*] .. *jobb*[*k*], *numeric*), 3), *k* = 1 ..18)];
   add (%[*k*], *k* = 1 ..*nops* (%))
kimutatas_esszeruseg := [0., 0., 0., 0., 0.0140, 0.160, 0.567, 1.28, 5.90, 14.8, 14.6, 21.8, 37.0, 3.85, 0., 0., 0., 0.]

$$99.9710 \tag{18}$$

> *pdf14* := *piecewise*(*eval*(*a, szeretet_ABC*) ≤ *x* ≤ *eval*(*c, szeretet_ABC*), *PDF_szeretet*, 0) :
> *kimutatas_szeretet* := [*seq*(*evalf* (*int*(*pdf14*, *x* = *bal*[*k*] .. *jobb*[*k*], *numeric*), 3), *k* = 1 ..18)];
   add (%[*k*], *k* = 1 ..*nops* (%))
kimutatas_szeretet := [0., 0., 0., 0., 0., 0.00833, 0.0883, 0.300, 1.85, 5.76, 6.62, 11.6, 31.3, 13.4, 17.3, 11.8, 0., 0.]

$$100.02663 \tag{19}$$

> *pdf15* := *piecewise*(*eval*(*a, orom_ABC*) ≤ *x* ≤ *eval*(*c, orom_ABC*), *PDF_orom*, 0) :
> *kimutatas_orom* := [*seq*(*evalf* (*int*(*pdf15*, *x* = *bal*[*k*] .. *jobb*[*k*], *numeric*), 3), *k* = 1 ..18)];
   add (%[*k*], *k* = 1 ..*nops* (%))
kimutatas_orom := [0., 0., 0., 0., 0., 0., 0.0122, 0.110, 1.04, 3.87, 4.74, 8.59, 24.9, 11.6, 17.2, 21.7, 6.30, 0.]

$$100.0622 \tag{20}$$

> *pdf16* := *piecewise*(*eval*(*a, beke_ABC*) ≤ *x* ≤ *eval*(*c, beke_ABC*), *PDF_beke*, 0) :
> *kimutatas_beke* := [*seq*(*evalf* (*int*(*pdf16*, *x* = *bal*[*k*] .. *jobb*[*k*], *numeric*), 3), *k* = 1 ..18)];
   add (%[*k*], *k* = 1 ..*nops* (%))
kimutatas_beke := [0., 0., 0., 0., 0., 0., 0., 0.0105, 0.367, 2.02, 2.86, 5.65, 18.3, 9.49, 15.4, 24.8, 16.7, 4.38]

$$99.9775 \tag{21}$$

> *pdf17* := *piecewise*(*eval*(*a, megvilagosodas1_ABC*) ≤ *x* ≤ *eval*(*c, megvilagosodas1_ABC*), *tukrozes1_jobbrol*(*x*), 0) :
> *kimutatas_megvilagosodas1* := [*seq*(*evalf* (*int*(*pdf17*, *x* = *bal*[*k*] .. *jobb*[*k*], *numeric*), 3), *k* = 1 ..19)]; *add* (%[*k*], *k* = 1 ..*nops* (%))
kimutatas_megvilagosodas1 := [0., 0., 0., 0., 0., 0., 0., 0., 0.0440, 0.588, 1.12, 2.64, 10.6, 6.38, 11.7, 23.1, 23.0, 16.2, 4.76]

$$100.1320 \tag{22}$$

> *pdf18* := *piecewise*(*eval*(*a, megvilagosodas2_ABC*) ≤ *x* ≤ *eval*(*c, megvilagosodas2_ABC*),

> `kimutatas_megvilagosodas2 := [seq(evalf(int(pdf18, x = bal[k]..jobb[k], numeric), 3), k = 1..19)]; add(%[k], k = 1..nops(%))`

tukrozes2_jobbrol(x), 0) :

kimutatas_megvilagosodas2 := [0., 0., 0., 0., 0., 0., 0., 0., 0., 0., 0., 0., 1.32, 10.1, 33.8, 34.4, 17.8, 2.66]

$$100.08 \qquad (23)$$

> `pdf19 := piecewise(eval(a, megvilagosodas3_ABC) ≤ x ≤ eval(c, megvilagosodas3_ABC), tukrozes3_jobbrol, 0) :`
> `kimutatas_megvilagosodas3 := [seq(evalf(int(pdf19, x = bal[k]..jobb[k], numeric), 3), k = 1..19)]; add(%[k], k = 1..nops(%))`

kimutatas_megvilagosodas3 := [0., 0., 0., 0., 0., 0., 0., 0., 0., 0., 0., 0., 0., 0., 0., 0., 0., 0., 100.]

$$100. \qquad (24)$$

>

www.ingramcontent.com/pod-product-compliance
Lightning Source LLC
Chambersburg PA
CBHW070603230426
43670CB00010B/1388